高职高专能力导向市场营销学科规划教材

市场营销实务

（第2版）

刘厚钧 编著

SHICHANG
YINGXIAO
SHIWU

SHICHANG
YINGXIAO
SHIWU

SHICHANG
YINGXIAO
SHIWU

SHICHANG
YINGXIAO
SHIWU

SHICHANG
YINGXIAO
SHIWU

電子工業出版社
Publishing House of Electronics Industry
北京 · BEIJING

图书在版编目（CIP）数据

市场营销实务/刘厚钧编著. —2 版. —北京：电子工业出版社，2014.8
ISBN 978-7-121-23246-6

Ⅰ. ①市… Ⅱ. ①刘… Ⅲ. ①市场营销学－高等职业教育－教材 Ⅳ. ①F713.50

中国版本图书馆 CIP 数据核字（2014）第 102494 号

策划编辑：晋 晶
责任编辑：刘淑敏
印 刷：三河市双峰印刷装订有限公司
装 订：三河市双峰印刷装订有限公司
出版发行：电子工业出版社
北京市海淀区万寿路 173 信箱 邮编 100036
开 本：787×980 1/16 印张：18.5 字数：440 千字
版 次：2010 年 3 月第 1 版
2014 年 8 月第 2 版
印 次：2017 年 4 月第 3 次印刷
定 价：38.00 元

凡所购买电子工业出版社图书有缺损问题，请向购买书店调换。若书店售缺，请与本社发行部联系，联系及邮购电话：（010）88254888，88258888。

质量投诉请发邮件至 zlts@phei.com.cn，盗版侵权举报请发邮件至 dbqq@phei.com.cn。

本书咨询联系方式：（010）88254199，sjb@phei.com.cn。

前言

《市场营销实务》(第2版)以全新的形象展现在广大教师和学生面前。《市场营销实务》(第2版)是目前高等职业教育教材市场上首部把中国式市场营销的“生意经”与西方“市场营销”有机结合的市场营销教材，也是首部突出市场营销策略“如何运用”的市场营销教材。本书重点突出市场营销策略在什么条件下运用、运用的方法、运用的操作程序及运用中应该注意的问题，力争成为与企业市场营销紧密结合、实用性更强的市场营销教材。在课程整体设计上以课程培养质量为核心进行了全面创新，突出了“课程定位的准确性、设计理念的职业性、课程内容的技能性、编写方法的可操作性”的特色，并且在高等职业教育技能型教材的改革上进行了创新实践。

《市场营销实务》(第2版)是编者从事20年企业管理的职业经验与从事15年高等职业教育(河南省特色专业——营销与策划专业带头人)的第一线教学教研教改实践相结合的综合成果。希望能比《市场营销实务》(第1版)更具职业性、技能性、实践性、操作性，能够提高“市场营销实务”的培养质量，促进学生市场营销能力的全面提升，能够受到更多教师和学生的好评。

1. “市场营销实务”课程培养质量设计思路的创新

“市场营销实务”是市场营销专业实现“把需要工作和职业发展的学生培养成能够适应营销岗位工作需要的具有综合能力的创新型营销合格职业人培养目标”的专业核心课之一。它是解决企业生存和发展问题的经营之道、生财之道，具有极强的职业性、技能性和实践性。要贯彻“市场营销实务”“把需要工作和职业发展的学生培养成能够适应营销岗位工作需要的具有发现(创造)消费需求、满足消费需求和管理消费需求的综合能力的创新型营销合格职业人”的培养理念，就要以市场营销过程应该具备的发现(创造)消费需求、满足消费需求和管理消费需求的职业能力作为培养目标，彻底把传统的普通高等教育市场营销学知识导向的学科型课程模式，转变为高等职业教育工作过程导向的技能型课程模式。不是把市场营销作为一门学科去研究，而是当作一种技能去培养。所以就要把体现知识导向的学科型课程“市场营销学”更名为“市场营销实务”。以“市场营销实务”培养的营销岗位所需要的营销职业能力为导向，确立课程培养质量观念，进而确定“市场营销实务”的课程培养质量的内容，包括课程培养理念、课程定位、课程设计理念、课程培养目标、课程培养内容、课堂形式、立体化培养模式。从根本上改变“重知识、轻能力”，“重书本、轻技能”，“重课堂讲授、轻实践”的教学弊端，突出高等职业教育职业性、开放性和实践性的特点，培养出有用之才，为实现学生“零距离上岗”打下良好基础。

2．编写内容的创新

（1）为了体现高等职业教育工作过程导向的技能型课程模式，本书内容的设计打破了传统的市场营销学科理论体系，在总结中国式市场营销的“生意经”三部曲［找生意（寻找生意）—做生意（经营生意）—管生意（管理生意）］的基础上，有机地把中国式市场营销“生意经”的三部曲与“市场营销”的三个环节——发现（创造）消费需求、满足消费需求、管理消费需求结合起来，对本书的内容进行全新的设计。分为三部分：①找生意（寻找生意）——发现（创造）消费需求；②做生意（经营生意）——满足消费需求；③管生意（管理生意）——管理消费需求，突出了内容的逻辑性、统一性和整体性，使学生更容易理解和掌握市场营销的理论和方法。为了实现职业能力培养目标和社会能力培养目标，设计了制定“×公司市场营销方案”团队项目任务化实践培养模式，根据市场营销实务课程的 12 个项目任务，让学生针对选择的企业运用所学的营销策略同步进行诊断和策划；创立了“市场营销实务”大学生综合能力自我培养模式，形成了课程实践培养模式的特色。

（2）为了改变市场营销教材与企业市场营销实际脱节的现状，在分销策略中增加了直销和特许经营，便于学生就业和创业，同时让学生掌握直销和传销的区别，以免误入传销的陷阱。在分销渠道的决策中，增加了选择中间商的条件，以及对渠道成员评估和调整的内容。在分销渠道管理中，由于窜货管理是一项既重要又棘手的工作，所以增加了窜货管理的内容。

3．编写方法的创新

（1）为了实现培养目标，把传统的市场营销学科理论体系编写的方法改为工作过程导向的技能型课程模式的编写方法，在每个单元的内容中，突出了“如何运用”，即如何培养学生市场营销能力。在讲明某个营销理论“是什么”的基础上，重点讲述“如何运用”，即某个营销策略在什么条件下运用、运用的操作程序、运用的方法及运用中应该注意的问题。

（2）每篇、每单元、每节都设计了“学习与培养思路”。在“学习与培养思路”中，梳理了篇与篇之间、单元与单元之间、节与节之间的逻辑关系，确立了每单元学习与培养的思路，以及每单元内容的重要性、营销知识学习目标和营销能力培养目标，使学生处于明确的学习与培养状态，更容易理解和掌握市场营销内容的整体性、逻辑性、统一性。

通过课程培养质量设计思路的创新、编写内容的创新、编写方法的创新，本书以一个全新的形象奉献给广大教师和学生。在课程培养质量观念的指导下，高等职业教育的工作过程导向的技能型课程教材如何编写，这是一个新的课题。本书的编写也是一次探讨，希望广大读者给予批评指正。

本书不仅适用于高职高专学生，也可作为个人自学和企业培训教材使用。

本书有不妥之处，请批评指正。

编　者

Contens 目录

基 础 篇

实 务 篇

第 1 部分　找生意（寻找生意）——发现（创造）消费需求

第 2 部分　做生意（经营生意）——满足消费需求

第 3 部分 管生意（管理生意）——管理消费需求

绪　论

为了提升对“市场营销实务”课程的认识，进而提高驾驭“市场营销实务”课程的能力，首先要确立课程培养质量观念，学习、掌握课程培养质量的内容，包括课程培养理念、课程定位、课程设计理念、课程培养目标、课程培养内容、课堂形式、立体化培养模式。使学生处于“明确”的学习与培养状态，才能积极主动地配合教师进行学习与培养，提高课程培养质量，保证“市场营销实务”培养目标的实现。

1．“市场营销实务”课程定位

“市场营销实务”是市场营销专业实现“把需要工作和职业发展的学生培养成能够适应营销岗位工作需要的具有综合能力的创新型营销合格职业人培养目标”的专业核心课之一。它是解决企业生存和发展问题的经营之道、生财之道，具有极强的职业性、技能性和实践性。要贯彻“市场营销实务”“把需要工作和职业发展的学生培养成能够适应营销岗位工作需要的具有找生意（寻找生意）——发现（创造）消费需求、做生意（经营生意）——满足消费需求和管生意（管理生意）——管理消费需求的综合能力的创新型营销合格职业人”的培养理念，就要以市场营销过程应该具备的找生意（寻找生意）——发现（创造）消费需求、做生意（经营生意）——满足消费需求和管生意（管理生意）——管理消费需求的职业能力作为培养目标，彻底将传统的普通高等教育“市场营销学”知识导向的学科型课程模式转变为高等职业教育工作过程导向的技能型课程模式。不是把“市场营销”作为一门学科去研究，而是当作一种技能去培养，所以就要把体现知识导向的学科型课程“市场营销学”更名为“市场营销实务”。以“市场营销实务”培养的营销岗位所需要的营销综合能力为导向，确立课程培养质量观念，进而确定“市场营销实务”的课程培养质量的内容和形式。从根本上改变重知识、轻能力，重书本、轻技能，重课堂讲授、轻实践训练的弊端，突出高等职业教育职业性、开放性、实践性的特点，培养出有用之才，为实现学生“零距离上岗”打下良好基础。

2．“市场营销实务”课程设计理念

“市场营销实务”的课程设计理念就是在“市场营销实务”课程培养理念的指导下，以找生意（寻找生意）——发现（创造）消费需求、做生意（经营生意）——满足消费需求和管生意（管理生意）——管理消费需求为中心的课程培养质量而设计的。打破传统的学科型模式，建立“以职业化课程质量建设为条件，以模块化培养内容为基础，以立体化实践培养体系为主体，以多样化课堂形式为手段，以学生自我培养为保证”的工作过程导向的技能型模式。通过综合培养实现“市场营销实务”课程培养目标，使学生具备综合能力。

“市场营销实务”课程设计主要考虑以下因素：

（1）课程设计首先考虑到课程培养质量的重要性，“市场营销实务”课程培养质量是市场营销专业培养质量和高等职业教育培养质量的基础、关键与灵魂，因此，必须确立“市场营销实务”课程培养质量的理念，构建“市场营销实务”课程培养质量体系。

（2）课程设计考虑到市场营销专业的设置要体现高等职业教育以就业为导向的方针。市场营销专业要体现高等职业教育以就业为导向的方针，“市场营销实务”就要贯彻专业培养理念。

（3）课程设计考虑到市场营销专业学生就业岗位应具备的岗位职业能力。市场营销专业学生的就业企业有工业品生产企业、消费品生产企业、服务类企业、综合性商场、超级市场、直销企业，就业岗位有销售代表、销售经理、区域经理、品牌经理、客服经理、客户经理、公关经理、策划经理、副总经理、总经理、楼层经理、商品部经理、管理人员、店长、电商。创业经营可以采用独立经营或合伙经营，可自己当店长。市场营销专业学生应具备的岗位职业能力包括社会能力和职业能力。社会能力包括职业道德、交往与合作能力、心理承受能力、计算机应用能力、创业与创新能力和自我管理能力。职业能力包括市场调研能力、市场开发与市场管理能力、营销策划能力、商务谈判能力和客户服务能力等。“市场营销实务”是培养营销岗位职业能力的核心理论和方法。

（4）课程设计考虑到职业资格证书考试的内容，便于学生考取职业资格证书。

（5）课程设计考虑到营销职业人的职业发展与岗位晋升。营销职业人的岗位晋升规律是销售员→商务代表→业务主管→区域经理→营销总经理。“市场营销实务”还要考虑营销职业人的岗位晋升所需要的知识和能力。

（6）课程设计考虑到“市场营销实务”课程由学科体系转向工作过程体系的情况。课程开发方法、开发过程、课程标准、课程内容、培养设计、培养方案、培养方法等都要贯彻以工作过程为导向的高等职业教育理念。学习内容即营销工作内容；学习任务即营销工作任务；学习情境即营销工作情境；通过行动学习，学习职业行动；学习的是“工作过程知识”，而非传统的“学科理论知识”；学习形式即（或接近于）工作形式；学习成果与实际工作成果相一致；学习成果的衡量标准是来源于实际工作岗位的考核标准。“市场营销实务”课程要体现职业性、技能性和实践性。

（7）课程设计考虑到市场营销专业学生综合能力自我培养问题。解决了围绕“做一个合格的、能够适应营销岗位工作需要的创新型营销职业人”如何进行自我培养的问题，使市场营销专业学生变“迷茫”学习与培养状态为“明确”学习与培养状态，变被动地跟着教师学的局面为积极、主动地配合学院培养。“市场营销实务”课程要考虑通过综合培养实现培养目标。

3. “市场营销实务”课程培养目标

（1）营销知识学习目标。

1）熟悉市场、市场营销、营销观念、顾客让渡价值、营销道德的概念；掌握营销观念、顾客让渡价值的内容和运用的方法。

2）熟悉找生意（寻找生意）——发现（创造）消费需求的相关概念（市场营销环境、市场分析、市场细分、目标市场选择、市场定位）；掌握发现消费需求的内容、操作程序和策略。

3）熟悉做生意（经营生意）——满足消费需求的相关概念（产品策略、价格策略、分销策略、促销策略、营销组合）；掌握满足消费需求的内容、操作程序和策略。

4）熟悉管生意（管理生意）——管理消费需求的相关概念；掌握制定市场营销战略和营销管理的内容、操作程序和方法；掌握市场营销策划的操作程序、方法和营销策划报告结构的内容。

（2）营销职业能力培养目标。

1）培养找生意（寻找生意）——发现（创造）消费需求（创造消费需求）的能力。

2）培养做生意（经营生意）——满足消费需求的能力。

3）培养管生意（管理生意）——管理消费需求的能力。

4）培养综合运用营销理论和方法，进行营销诊断分析、策划、制定营销方案的能力。

5）培养管理消费需求的能力。

6）培养营销创新的能力。

（3）社会能力培养目标。

1）培养营销道德。

2）培养交际与沟通的能力。

3）培养团队合作的能力。

4）培养自我管理、自我培养的能力。

4. “市场营销实务”课程内容

依据本课程营销知识学习目标、营销职业能力培养目标和社会能力培养目标，本书分为基础篇、实务篇两部共 13 个单元。

基础篇是认知市场营销部分。包括第 1 单元，主要学习市场、市场营销、市场营销观念、顾客让渡价值的概念，市场营销观念的发展和内容、顾客让渡价值的内容和运用。

实务篇由 3 部分内容构成。第 1 部分　找生意（寻找生意）——发现（创造）消费需求。包括第 2～5 单元：运用市场营销环境分析、运用市场分析、运用市场细分、目标市场选择和运用市场定位。第 2 部分　做生意（经营生意）——满足消费需求。包括第 6～10 单元：运用产品策略、运用定价策略、运用分销策略、运用促销策略、运用市场营销组合模式。第 3 部分　管生意（管理生意）——管理消费需求。包括第 11～13 单元：运用市场营销战略，运用市场营销计划、组织、实施和控制，运用市场营销策划。

5. “市场营销实务”课堂形式

课堂形式由理论课堂向实训课堂、社会（市场）课堂、企业课堂延伸，形成课堂形式的多样化，保证课程培养质量的实现。

第一课堂	+	第二课堂	+	第三课堂	+	第四课堂
为基础		为条件		为依托		为关键
理论课堂		校内实训课堂		社会（市场）课堂		企业课堂
（理论学习）		（专题实训+综合实训）		（社会+市场实践）		（见习+实践+顶岗实习+就业基地）

6. “市场营销实务”立体化培养模式

学：认识营销，理论学习模式，解决“是什么”的问题。

见：体验营销，实践培养模式，解决“如何做”的问题。

练：体验营销，能力培养模式，解决“如何做”的问题。

战：实践营销，能力培养模式，提高“如何做”的问题。

“学”是“市场营销实务”理论学习的方式，是培养职业技能的基础，解决“是什么”的问题。按照理论够用的原则，理论教学围绕“是什么”和“如何做”讲授。在学习每种理论和方法的概念后，重点学习每种方法在什么条件下运用、如何运用、在运用中应该注意哪些问题。

“见”、“练”、“战”是“市场营销实务”综合能力培养的途径和方式，也是实践培养模式，解决“如何做”的问题。“见”是实践教学模式的初级层次。通过见习，学生到校外基地参观和座谈，参加企业营销活动，增强对营销的认识和感悟。“练”是实践培养模式的中级层次，既是重点又是难点。通过训练，学会了解自我、自我管理和自我培养。练的途径有课内与课外结合，校内与校外结合，第一课堂与第二课堂、第三课堂、第四课堂结合，网上与网下结合，团队与项目结合。“战”是实践培养学模式的高级层次，既是关键点又是难点。通过“战”的环节，工学结合，在企业、市场、顶岗实习岗位、创业实践等职业环境中，提升职业技能。

结合附录 A 制定“×公司市场营销方案”团队项目任务化实践培养模式，根据市场营销实务课程的 12 个项目任务，让学生针对选择的企业运用所学的营销策略同步进行诊断和策划；结合附录 B“市场营销实务”课程大学生综合能力自我培养模式，进行立体化培养，更能够起到立竿见影的效果，形成课程实践培养模式的特色。

立体化培养模式学、见、练、战相结合，将全面提高学生的综合能力。百学不如一见，百见不如一练，百练不如一战。

基础篇

【学习与培养思路】

学习市场营销首先要掌握市场营销基础知识，为学习市场营销核心内容打下良好的基础。

通过学习，掌握市场、市场营销、市场营销观念、顾客让渡价值的概念和内容。

通过培养，具备运用顾客让渡价值的能力。

第1单元

认知市场营销

【学习与培养思路】

市场营销的实质是解决企业生存和发展问题的经营之道、生财之道。正确理解市场营销的相关概念、市场营销观念、顾客让渡价值是学习市场营销的基础条件。

在掌握市场、市场营销、市场营销观念、顾客让渡价值的相关概念与内容的基础上，培养运用顾客让渡价值的能力，掌握顾客让渡价值应注意的问题。

1.1 认知市场营销的内涵

【学习与培养思路】

明确市场营销的内涵，以及市场营销活动的主体、客体、交易对象、活动范畴，才能处于明确的学习状态。

在掌握市场的内涵、特点、类型的基础上，重点掌握市场营销的内涵与市场营销活动的要素，正确认知市场营销的含义。

1.1.1 认知市场

1．认知市场的内涵

从狭义的角度来看，市场是商品交换的场所。从空间形式来考察，市场就是一个地理概念，如国内市场、国际市场等。这种概念下，买卖双方一手交钱，一手交货，各得其所。

从广义的角度来看，市场是指一定时间、一定地点条件下商品交换关系的总和。任何一个商品生产者、经营者的买卖活动必然会与其他商品生产者、经营者的买卖活动发生联系，市场就是商品生产者、中间者、消费者交换关系的总和。

从市场营销的角度来看，市场是由人口、购买力、购买欲望三者有机构成的总和。这是站在卖方的角度、从买方的行为出发来定义的。市场包含 3 个主要构成因素，即有某种需要的人、有满足这种需要的购买能力和购买欲望，用公式来表示为：

市场=人口+购买力+购买欲望

1）人口因素。人口是构成市场最基本的条件。凡是有人居住的地方，就有各种各样的物质和精神方面的需求，从而才可能有市场；没有人就不存在市场。人口即购买者，包括现实的购买者和潜在的购买者。

2）购买力因素。购买力是消费者支付货币购买商品或服务的能力。消费者购买力是由消费者的收入决定的。有支付能力的需求才是有意义的市场。购买力水平的高低是决定市场容量大小的重要指标。

3）购买欲望因素。购买欲望是指消费者产生购买行为的动机、愿望和要求，是消费者把潜在购买力变成现实购买力的首要条件。

市场的这 3 个因素是相互制约、缺一不可的，只有三者结合起来才能构成现实的市场，才能决定市场的规模和容量。例如，一个国家或地区人口众多，但收入很低，购买力有限，则不能构成容量很大的市场。又如，一个国家或地区，其购买力虽然很大，但人口很少，也不能成为很大的市场。只有满足人口既多、购买力又高的条件，才能成为一个有潜力的大市场。但是，如果产品不适合需要，不能引起人们的购买欲望，对卖方来说，仍然不能成为现实的市场。所以，市场是上述 3 个因素的统一。

2．认知市场的特点

1）市场的双向选择性。一方面，企业可以选择市场，如果企业所进入的市场对自己不利或发现了更有发展前景的市场，企业可以退出现在的市场。另一方面，市场（消费者）也可以选择企业及其产品。

2）市场的时间推移性变化。市场会因经济、社会、文化的进步和发展等，随时间推移而发生变化。既有量的变化，又有质的变化。这种变化与企业意图没有任何关系。因此，企业对于这种变化必须给予极大的关心，并通过市场调研等对其进行分析，把握现在的状况和未来的动向，以发展的眼光和动态的观点予以应对。

3）市场的竞争性。市场是企业竞争的场所，众多的企业正在市场上展开激烈的竞争。市场经济体制的一个重要前提就是企业之间在市场中决定优劣，谁能在市场中战胜对手，就说明它在市场上获得了更多的消费者及其所给予的支持。

4）市场的导向性和归着性。市场承担着起点和终点的双重职能。一方面，市场是企业一切经营活动的出发点。产品的研究开发、生产、销售及服务的提供都必须以市场为导向，企业绝不能想法主观、自以为是。另一方面，市场又是企业一切经营活动的直接目标和归着点。企业在市场上展开激烈竞争，并不是为了竞争本身，也不是为了其他目的，而是为了争夺市场、争夺消费者，即获得更大的市场和更多的消费者。

5）企业对市场的可改变性。市场会随时间的推移而自然发生变化，也可以通过企业的积极作用而发生改变。也就是说，市场蛋糕可以做大，甚至可以创造。企业可以开发全新市场，关键是看企业是否有这种意识，并愿意为此付出积极努力。

3．认知市场的类型

（1）根据市场出现的先后划分市场

1）现实市场。现实市场指的是当前对企业经营的某种商品既有需求，又有支付能力，同时有购买意愿的消费者。

2）潜在市场。潜在市场指的是有可能转化为现实市场的市场。上述构成市场的 3 个条件中，任何一个条件处于潜在状态都意味着市场是潜在市场。对某种产品有购买动机但没有足够支付能力的人（包括组织机构，下同）是该产品的潜在市场，对某种产品只有需求但尚未形成购买动机的人是该产品的潜在市场，对某种产品仅有潜在需求的人也是该产品的潜在市场。

3）未来市场。未来市场是指暂时尚未形成或只处于萌芽状态，但在一定条件下必将形成并发展的市场。例如，对一些进入老年化社会的国家或地区，供老年人安度晚年、锻炼身体和保障健康的各种消遣用品、运动器械、保健食品及药物均存在着一个巨大、健康服务业的未来市场。

（2）根据消费者性质划分市场

市场营销强调企业的经营要以满足消费者需求为中心，那么市场分类也应以消费者购买行为的差异为依据。

1）消费者市场。消费者市场是指为了个人消费而购买商品（及服务）的个人和家庭。它是现代市场营销研究的主要对象。

2）组织市场。组织市场指工商企业为从事生产、销售等业务活动，以及政府部门和社会团体为履行职责而购买产品和服务所构成的市场。它包括生产者市场、中间商市场、政府市场和社会团体市场。

1.1.2 认知市场营销

1. 认知市场营销的内涵

市场营销最权威的概念是世界著名营销专家、美国西北大学教授菲利普·科特勒博士与北卡罗来纳大学教授加利·阿姆斯特朗合著的、1996 年美国出版的《市场营销原理》第 7 版的定义——市场营销是通过创造和交换产品与价值，使个人或群体满足欲望和需求的社会与管理过程。从这一概念中可以看出，市场营销主要包括以下内容：

1）市场营销是一种创造性行为。市场营销不仅寻找已存在的需求并满足它，而且激发和解决消费者并没有提出的要求，正像索尼公司的创始人盛田昭夫所宣称的，他不是服务于市场而是创造市场。

2）市场营销是一种自愿交换的行为。买卖双方自由交换，使各方通过提供某种东西并取得回报。交换是市场营销的基础。

3）市场营销是一种满足人们需求的行为。消费者的各种需求和欲望是企业营销工作的出发点。因此，企业必须对市场进行调研，寻求、了解、识别并研究和掌握消费者的需求和欲望，从而确定需求量的大小。

4）市场营销是一个系统的管理过程。它不仅包括生产经营之前的具体经济活动，如收集信息、市场调研、分析市场机会、进行市场细分、选择目标市场、设计开发新产品等，而且包括生产过程完成后进入销售过程的一系列具体的经营活动，如产品定价、选择分销渠道、开展促销活动、提供销售服务等，还包括销售过程之后的售后服务、信息反馈等一系列活动。可见，市场营销过程是远远超出了流通领域而涉及生产、分配、交换和消费的总循环过程。

5）市场营销是联结企业与社会的纽带。营销工作者在制定市场营销政策时必须权衡企业利益、消费者需求和社会利益。只有满足社会利益的企业才能获得经营成功。

通过市场营销的内涵，可以归纳出简练的市场营销概念，即市场营销是企业发现（创造）消费需求、满足消费需求和管理消费需求的活动过程。

市场营销概念的再认知：

中国式市场营销“生意经”的三部曲为找生意—做生意—管生意。找生意即寻找生意，做生意即经营生意，管生意即管理生意。将其与市场营销 3 个环节的内容“发现（创造）消费需求—满足消费需求—管理消费需求”进行比较，不难发现中国式市场营销“生意经”三部曲的内容与市场营销 3 个环节的内容有着内在规律上的一致性。因此，也可以这样理解市场营销的概念：市场营销是企业找生意（寻找生意）——发现（创造）消费需求、做生意（经营生意）——满足消费需求、管生意（管理生意）——管理消费需求的活动过程。

2. 认知市场营销活动的构成要素

1）市场营销活动的主体。企业是市场营销活动的主体，所以市场营销是卖方企业的活动。卖方企业包括消费品生产企业、工业品生产企业、中间商及服务类企业。

2）市场营销活动的客体。消费者即买方是市场营销活动的客体，是企业营销活动的对象。企业营销活动正是围绕着发现消费需求、满足消费需求和管理消费需求而进行的。买方包括消费品生产企业、工业品生产企业、中间商、服务类企业消费者及非营利组织。

3）市场营销活动的交易对象。产品是市场营销活动的交易对象。产品包括有形产品和无形产品。

4）市场营销活动涉及的范畴。从市场营销的概念及内涵可见，市场营销活动涉及生产、分配、交换和消费全过程。

案例分析

鞋子的市场观

美国一鞋业公司的总经理派一位推销员去非洲国家了解公司的鞋能否在那里找到销路。一个星期后，这位推销员发电报回来说：“这里的人不穿鞋，因而这里一点市场都没有。”

接着，该鞋业公司的总经理又派了最好的推销员去这个国家进行仔细调查。一个星期后，该推销员发电报回来说：“这里的人不穿鞋，是一个巨大的市场。”

为了弄清情况，鞋业公司总经理再派市场营销副总经理去解决这一问题。两个星期后，市场营销副总经理发电报回来说：“这里的人不穿鞋，但是他们有脚疾，穿鞋对脚会有好处的。他们的脚比较小，所以我们必须再行设计我们的鞋子，而且我们必须在教育他们穿鞋有益方面花一大笔钱，开始之前还必须得到部落首领的同意，向部落首领送礼品。这里的人没有什么钱，但是他们有我之前未曾尝过的最甜的菠萝。我估计鞋的潜在销售量在 3 年以上，因而我们的一切费用包括推销费用都将得到补偿。总体算来，我们还可以赚得垫付款30%的利润。我认为，我们应该毫不迟疑地去干。”

辩证性分析：

第一位推销员只懂得被动地发现需求；第二位推销员懂得积极地发现需求；而营销副总经理不仅懂得积极地发现需求，而且能够设计满足需求的方案，这才是市场营销活动的过程。

1.2 认知市场营销观念

【学习与培养思路】

市场营销观念是企业从事营销管理的指导思想。它是营销实践活动的一种导向、一种观念、一种态度、一种企业思维方式，其正确与否往往对企业营销的成败具有决定性意义。市场营销观念在一定的社会经济环境下形成，并且随着环境的变迁而发展演变。

重点掌握市场营销观念、大市场营销观念、绿色营销观念、关系营销观念、网络营销观念、服务营销观念和全员营销观念。

1.2.1 认知以企业为中心的市场营销观念

1. 认知生产观念

时间：生产观念盛行于19世纪末20世纪初。

背景：卖方市场。

特点：以生产为中心，以产定销，“我们生产什么，就卖什么”。

内容：一切从生产出发，强调生产的产品数量和成本，产量越大、成本越低，赢利就越多。企业的主要任务就是努力提高效率、降低成本、扩大生产。

实质：重生产、传统、古老的经营思想。

2. 认知产品观念

时间：产品观念存在于1920—1929年。

背景：卖方市场。消费者对产品的要求由“量”转变为“质”，并在心理上总是喜欢高质量、多功能又有特色的产品。

特点：以产品为中心，以产定销，“皇帝的女儿不愁嫁”，“酒香不怕巷子深”。

内容：企业致力于生产高质量产品，并不断加以改进，做到物美价廉。

实质：产品观念会导致“营销近视症”，它过于重视产品本身，而忽视市场的真正需求。

生产观念和产品观念都属于以生产为中心的经营思想，其区别只在于前者注重以量取胜，后者注重以质取胜，二者都没有把市场需求放在首位。产品观念在本质上仍然是以生产为中心。

3. 认知推销观念

时间：推销观念存在于1929年至第二次世界大战后。

背景：1929 年开始的经济大萧条，使大批产品供过于求、销售困难，使竞争加剧，企业担心的已不是生产问题而是销路问题。

特点：产品是卖出去的，而不是被卖出去。

内容：企业以销售为中心，强调千方百计地采取各种措施销售产品，各种广告术、推销术应运而生，以刺激消费者大量购买本企业产品。

实质：既定产品的推销，“我卖什么，顾客就买什么”。

推销观念与生产观念相比较，不同的是后者是以抓生产为重点，通过增加产量、降低成本来获利；前者则是以抓推销为重点，通过开拓市场、扩大销售来获利。从生产导向发展为推销导向是经营思想的一大进步，但基本上仍然没有脱离以生产为中心、“以产定销”的范畴。

1.2.2　认知以消费者为中心的市场营销观念

1. 认知市场营销观念

时间：市场营销观念形成于 20 世纪 50 年代。

背景：买方市场。

特点：“顾客至上”、“顾客是上帝”、“顾客永远是正确的”、“顾客才是企业的真正主人”。

内容：市场营销观念是“发现需要并设法满足它们”，而不是“制造产品并设法推销出去”；是“制造能够销售出去的产品”，而不是“推销已经生产出来的产品”。

意义：市场营销观念取代传统观念是企业经营思想上一次深刻的变革，是一次根本性的转变。

新旧观念的根本区别可归纳为以下 4 点。

1）起点不同。按传统观念，市场处于生产过程的终点，即产品生产出来之后才开始经营活动；市场营销观念则以市场为出发点来组织生产经营活动，市场处于生产过程的起点。

2）中心不同。传统观念以卖方需要为中心，着眼于卖出现有产品，“以产定销”；市场营销观念则强调以买方需求即顾客需求为中心，按需求组织生产，“以销定产”。

3）目的（终点）不同。传统观念以销出产品取得利润为终点；市场营销观念则强调通过消费者的满足来获得利润，因而不但关心产品销售，而且十分重视售后服务和消费者意见的反馈。

4）手段不同。传统观念主要采取广告等促销手段千方百计地推销既有产品；市场营销观念则主张通过整体营销的手段，充分满足消费者物质和精神上的需求，实实在在为消费者服务，处处为消费者着想。

2. 认知社会市场营销观念

时间：社会市场营销观念形成于 20 世纪 70 年代。

背景：市场环境发生了许多变化，如能源短缺、通货膨胀、失业增加、消费者保护运动盛行等。这种背景下，人们纷纷对单纯的市场营销观念提出了怀疑和指责，某些企业忽视了满足消费者个人需要同社会长远利益之间的矛盾，从而造成了资源大量浪费和环境污染等社会弊端。

特点：保护社会环境，以消费者整体的和长远的利益为中心。

内容：不仅要满足消费者的需求和欲望并由此获得企业的利润，而且要符合消费者自身和整个社会的长远利益，要正确处理消费者欲望、企业利润和社会整体利益之间的矛盾，统筹兼顾，求得三者之间的平衡与协调。

意义：是对市场营销观念的补充、完善和发展。

3．认知大市场营销观念

时间：大市场营销观念形成于 20 世纪 80 年代。

背景：许多国家的政府加强了对经济的干预，贸易保护主义抬头。

特点：企业可以影响其周围的经营环境，而不是仅仅顺从它和适应它；改造、改变目标消费者的需求；用 6P 来打开和进入某一市场。

内容：在市场营销组合 4P（产品策略、定价策略、分销策略、促销策略）的基础上，增加“政治力量”和“公共关系”，形成 6P。

1.2.3 认知市场营销观念的新发展

1．认知绿色营销观念

时间：绿色营销观念形成于 20 世纪 80 年代。

背景：各国经济都进入高速增长时期，带来了人口爆炸、环境恶化、资源耗竭等问题，要求走可持续发展之路，对环境保护日益关注。

特点：掀起了一股绿色浪潮，绿色工程、绿色工厂、绿色商店、绿色商品、绿色消费等新概念应运而生，许多绿色环保组织也相继成立。

内容：企业以环境保护观念作为经营指导，充分利用资源研制开发产品，保护自然、变废为宝，以此满足消费者绿色消费需求，努力消除和减少生产经营对生产环境的破坏和影响。

意义：绿色营销观念是社会营销观念的新的、更高的体现。

2．认知关系营销观念

时间：关系营销观念形成于 20 世纪 70 年代。

背景：市场竞争激烈化，企业营销是一个与各种组织和个人发生互动作用的过程，正确处理与这些关系是企业营销的核心，是企业成败的关键。

特点：同消费者结成长期的相互依赖的关系，发展消费者与企业及其产品之间的连续性的交往，以提高品牌忠诚度，巩固市场，促进销售。

内容：把市场营销活动看成一个企业与消费者、供应商、分销商、竞争者、政府机构及其他公众发生互动作用的过程，其核心是建立和发展与这些公众的良好关系。

3．认知网络营销观念

背景：互联网技术的发展，消费者个性化需求的发展，企业低成本营销的需要。

特点：消费者与企业之间可以进行交互式的交流；企业面临的市场是全球的市场，企业竞争环境更加复杂多变。

内容：运用网络产品策略、网络定价策略、网络促销策略、网络渠道策略，实现市场、订货、购物、支付和运送等环节在互联网上运行。

4．认知服务营销观念

背景：70%的客户流失是因为服务水平的欠缺；争取一个新客户比维护一个老客户的费用高 6～10 倍；满足客户的基本需求，便可使营业额增长 20%左右；客户的满意度提高 5%，营业额就可以增加一倍；客户不满意时，可能有 75.3%的人停止或减少购买；每位投诉的客户身后，有 49 位不满意却没吭声的客户，投诉后得到迅速解决会有 82%的客户重新购买。

特点：以服务为导向，企业营销的是服务。

内容：服务是企业从产品设计、生产、广告宣传、销售安装、售后服务等各个部门的事，甚至是每位员工的事。服务营销观念下，企业关心的不仅是产品是否成功售出，更注重的是用户在享受企业通过有形或无形的产品所提供服务的全过程感受，使企业与用户建立长久的、良好的客户关系，为企业积累宝贵的用户资源。

5．认知全员营销观念

背景：企业之间的市场竞争进入争夺消费者资源阶段，要求企业内部每个人参与整个企业的营销活动。

内容：全员营销的关键是协调企业内部所有职能来满足消费者的需求，让企业内部所有部门、全体员工都为消费者着想，在营销观念、质量意识、行为取向等方面形成共同的认知和准则，一心一意地为消费者提供优质产品与优质服务，提高消费者的满意度。

1.3 运用顾客让渡价值

【学习与培养思路】

顾客让渡价值为企业市场营销提供了一种全新的营销思路，是企业创造消费需求、满足消费需求、激发顾客购买欲望，进而培养满意顾客、忠诚顾客的依据。企业要获得竞争优势，就要为顾客创造更多的价值，在提高顾客总价值的同时降低顾客的总成本，这样将会创造出最大的让渡价值，增强对顾客的吸引力，提高顾客满意度，培养更多的忠诚顾客。

在掌握顾客让渡价值的内容、顾客让渡价值的策略以及运用顾客让渡价值应注意的问题的基础上，培养运用顾客让渡价值的能力。

1.3.1 认知顾客让渡价值

1．认知顾客让渡价值的概念

顾客让渡价值是指顾客购买的总价值与顾客购买的总成本之间的差额。其中，顾客购买的总价值是顾客购买某一产品与服务所期望获得的一组利益；顾客购买的总成本是指顾客为购买某一产品所耗费的时间、精神、体力及所支付的货币资金等。

2．认知顾客购买的总价值的内容

顾客获得更大“顾客让渡价值”的途径之一，是增加顾客购买的总价值。顾客购买的总价值由产品价值、服务价值、人员价值和形象价值构成，其中每一项价值的变化均对总价值产生影响。

（1）产品价值

产品价值是由产品的功能、特性、品质、品种与款式等所产生的价值。它是顾客需求的中心内容，也是顾客选购产品的首要因素。因此，一般情况下，它是决定顾客购买总价值大小的主要因素。产品价值是由顾客需求来决定的，在分析产品价值时应注意两点：

1）在经济发展的不同时期，顾客对产品的需求有不同的要求，构成产品价值的要素及各种要素的相对重要程度也会有所不同。

2）在经济发展的同一时期，不同类型的顾客对产品价值也会有不同的要求，在购买行为上显示出极强的个性特点和明显的需求差异性。这就要求企业必须认真分析不同经济发展时期顾客需求的共同特点，以及同一发展时期不同类型顾客需求的个性特征，并据此进行产品的开发与设计，增强产品的适用性，从而为顾客创造更大的价值。

（2）服务价值

服务价值是指伴随产品实体的出售，企业向顾客提供的各种附加服务，包括产品介绍、送货、安装、调试、维修、技术培训、产品保证等所产生的价值。服务价值是构成顾客总价值的重要因素之一。现代市场营销实践中，随着消费者收入水平的提高和消费观念的变化，消费者在选购产品时，不仅注意产品本身价值的高低，更加重视产品附加价值的大小。特别是在同类产品的质量与性质大体相同或类似的情况下，企业向顾客提供的附加服务越完备，产品的附加价值就越大，顾客从中获得的实际利益就越大，从而购买的总价值就越大；反之，则越小。因此，在提供优质产品的同时，向消费者提供完善的服务，已成为现代企业市场竞争的新焦点。

（3）人员价值

人员价值是指企业员工的经营思想、知识水平、业务能力、工作效益与质量、经营作风、应变能力等所产生的价值。企业员工直接决定着企业为顾客提供的产品与服务的质量，决定着顾客购买总价值的大小。一个综合素质较高又具有顾客导向营销观念的工作人员，会比知识水平低、业务能力差、营销观念不端正的工作人员为顾客创造更高的价值，从而创造更多的满意顾客，进而为企业创造市场。人员价值对企业、顾客的影响作用是巨大的，并且这种作用往往是潜移默化、不易度量的。因此，高度重视企业人员综合素质与能力的培养，加强对员工日常工作的激励、监督与管理，使其始终保持较高的工作质量与水平就显得至关重要。

（4）形象价值

形象价值是指企业及其产品在社会公众中形成的总体形象所产生的价值，包括企业的产品、技术、质量、包装、商标、工作场所等构成的有形形象所产生的价值，公司及其员工的职业道德行为、经营行为、服务态度、作风等行为形象所产生的价值，以及企业的价值观念、管理哲学等理念形象所产生的价值等。形象价值与产品价值、服务价值、人员价值密切相关，很大程度上是上述三个方面价值综合作用的反映和结果。形象对于企业来说是宝贵的无形资产，良好的形象会对企业的产品产生巨大的支持作用，赋予产品较高的价值，从而带给顾客精神上和心理上的满足感和信任感，使顾客的需求获得更高层次和更大限度的满足，从而增加顾客购买的总价值。因此，企业应高度重视自身形象塑造，为企业和顾客带来更大的价值。

3. 认知顾客购买的总成本的内容

使顾客获得更大“顾客让渡价值”的另一途径是降低顾客购买的总成本。顾客购买的总成本不仅包括货币成本，还包括时间成本、精神成本、体力成本等非货币成本。一般情况下，顾客购买产品时首先要考虑货币成本的大小，因此货币成本是构成顾客购买的总成本大小的主要因素和基本因素。货币成本相同的情况下，顾客在购买时还要考虑所花费的时间、精神、体力等，因此这些支出也是构成顾客购买的总成本的重要因素。这里主要分析时间成本和精力成本。

（1）时间成本

顾客购买的总价值与其他成本一定的情况下，时间成本越低，顾客购买的总成本越小，从而“顾客让渡价值”越大。例如，顾客为购买餐馆、旅馆、银行等服务行业所提供的服务时，常常需要等候一段时间才能进入到正式购买或消费阶段，在营业高峰期更是如此。服务质量相同的情况下，顾客等候购买该项服务的时间越长，所花费的时间成本越大，购买的总成本就会越大。同时，等候时间越长，越容易引起顾客对企业的不满意感，中途放弃购买的可能性亦会增大。反之，购买的总成本越小，放弃购买的可能性减小。因此，努力提高工作效率，在保证产品与服务质量的前提下，尽可能减少顾客的时间支出，降低顾客的购买成本，是创造更大的“顾客让渡价值”、增强企业产品市场竞争能力的重要途径。

（2）精力成本

精力成本是指顾客购买产品时，在精神、体力方面的耗费与支出。顾客购买的总价值与其他成本一定的情况下，精神与体力成本越小，顾客为购买产品所支出的总成本就越低，从而顾客让渡价值就越大。因为顾客购买产品的过程是一个从产生需求、寻找信息、判断选择、决定购买到实施购买及购后感受的全过程。在购买过程的各个阶段，顾客均需付出一定的精神与体力。例如，当消费者对某种产品产生了购买需求后，就需要收集该种产品的有关信息。消费者为收集信息而付出的精神与体力的多少，会因购买情况的复杂程度不同而有所不同。就复杂购买行为而言，顾客一般需要广泛、全面地收集产品信息，因此需要付出较多的精神与体力。对于这类产品，如果企业能够通过多种渠道向潜在顾客提供全面而详尽的信息，就可以减少顾客为获取产品情报所花费的精神与体力，从而降低顾客购买的总成本。因此，企业采取有效的措施，对增加顾客购买的实际利益、降低购买的总成本、获得更大的“顾客让渡价值”具有重要意义。

1.3.2　运用顾客让渡价值的策略

1. 运用创造顾客价值的策略

1）创造顾客价值的低价格策略。企业在保持产品质量和服务质量不变的前提下降低价格时，只要顾客能够认可产品和服务中所包含的价值，就能成功。

2）提升产品质量和服务质量，创造顾客价值。很多行业中，发展的一个重要趋势是企业通过延伸产品和服务的利益来为顾客提供更大的价值，以此来使企业远离价格竞争，获取更大的利益。

3）提升人员价值，创造顾客价值。营销员的个人形象、修养及技能熟练度、亲和力等能在相当程度上维系顾客的心，增添回头客。

4）提升形象价值，创造顾客价值。完善 CIS 系统，通过媒介舆论宣传提高企业与品牌知名度与美誉度、联想度，诚信经营，注重服务，提高企业形象与产品品牌形象。

5）价值创新，创造顾客价值。竞争会使所有的产品和服务随着时间的推移而逐渐沦为普通商品。单纯地压低价格或提供产品质量并不足以使企业与竞争者区别开来。要想获得持续的竞争优势，需要对产品价值、服务价值、人员价值、形象价值和货币价值进行创新组合。

2．运用降低顾客成本的策略

1）降低货币成本策略。降低顾客的货币成本，一般会采取打折的办法，但打折会在相当程度上损害企业品牌形象、降低品牌档次，通常不提倡使用。对老顾客送贵宾卡、开业及节假日送优惠券，以及其他促销手段，均可使用。

2）降低时间成本策略。降低顾客的时间成本，即提高服务水准及扩大服务内容，包括提高营销员素质及操作的熟练度，销售过程中要动作快捷、表达明确，售后服务要及时、周到。

3）降低精力成本策略。提倡优质服务，注重细节营销，强化包括售前、售中与售后的服务精神，努力减少每一位顾客的购买精力。

4）降低体力成本策略。提高终端服务，送货上门，降低顾客体力成本。

1.3.3 运用顾客让渡价值应注意的问题

1．认知影响顾客让渡价值的因素

顾客让渡价值的多少受顾客购买的总价值与顾客购买的总成本两个方面因素的影响。顾客购买的总价值（TCV）是产品价值（Pd）、服务价值（S）、人员价值（Ps）和形象价值（I）等因素的函数，可表示为 TCV=f(Pd, S, Ps, I)，其中任何一项价值因素的变化都会影响顾客购买的总价值。

顾客购买的总成本（TCC）是货币成本（M）、时间成本（T）、精力成本（E）等因素的函数，即 TCC = f (M, T, E)，其中任何一项成本因素的变化均会影响顾客购买的总成本，由此影响顾客让渡价值的大小。

同时，顾客购买的总价值与总成本的各个构成因素的变化及其影响作用不是各自独立的，而是相互作用、相互影响的。某一项价值因素的变化不仅影响其他相关价值因素的增减，还影响顾客购买的总价值与总成本的大小，进而影响顾客让渡价值的大小。因此，企业在制定各项市场营销决策时，应综合考虑构成顾客购买的总价值与总成本的各项因素之间的关系，从而用较低的生产与市场营销费用为顾客提供具有更多顾客让渡价值的产品。

2．运用不同的顾客期望

不同顾客群对产品价值的期望与对各项成本的重视程度是不同的。企业应根据不同目标顾

客群的需求特点，有针对性地设计和增加顾客总价值、降低顾客总成本，以提供产品的实用价值。例如，对于工作繁忙的顾客来讲，时间成本是最为重要的因素，企业应尽量缩短顾客从产生需求到具体实施购买，以及产品投入使用和维修的时间，最大限度地满足其求速、求便的心理要求。总之，企业应根据不同细分市场顾客的不同需要，努力提供实用价值强的产品，这样才能增加顾客购买的实际利益，减少其购买成本。同时，有针对性地提供满意服务，使顾客的需求获得最大限度的满足。

3．掌握顾客让渡价值的合理界限

为了争取顾客、战胜竞争对手、巩固或提供产品的市场占有率，企业往往过度采取顾客让渡价值最大化策略。这样过度追求顾客让渡价值最大化的结果却往往会导致成本增加、利润减少。因此，市场营销实践中，企业应掌握合理的限度，不应片面追求顾客让渡价值最大化，从而大幅度增加成本费用。换言之，企业顾客让渡价值的大小应以既能够达到吸引顾客又能够实现企业营销目标为原则。

1）顾客让渡价值＜顾客期望价值。运用顾客让渡价值时，如果顾客让渡价值＜顾客期望价值，使顾客“大失所望”，对顾客没有吸引力，不能激发顾客的购买欲望，则顾客让渡价值策划失败。

2）顾客让渡价值＝顾客期望价值。运用顾客让渡价值时，如果顾客让渡价值=顾客期望价值，即顾客让渡价值能够满足顾客的期望价值，使顾客产生“不出所料”的感觉，满足了顾客的现实需求。这是顾客让渡价值策划的基本状态。

3）顾客让渡价值>顾客期望价值。运用顾客让渡价值时，如果能够挖掘顾客让渡价值，创造顾客利益，就会创造需求，这样顾客让渡价值才能>顾客期望价值，使顾客“喜出望外”，极大地激发顾客的购买欲望，对顾客形成较强的吸引力，企业才具有竞争力。这是顾客让渡价值策划的最高境界。

案例分析

“地瓜洗衣机”的诞生说明了什么？

1997 年，国内某著名家电公司，一时间内收到许多农民顾客对其洗衣机质量问题的投诉。本来，该家电公司在国内外享有很高的知名度，而洗衣机又是其拳头产品，为什么会遭到农民顾客的投诉呢？公司立即派出调查小组对此问题进行调查。结果发现，由于农民没有按操作规程操作，用洗衣机洗地瓜，导致洗衣机受到损伤，从而发生故障。

如何看待这个问题？一些人认为，这是农民素质太低造成的，不是公司产品质量问题，公司给农民解释清楚就行了。

公司主要领导，尤其是营销负责人却不以为然。他们认为，农民的投诉给公司带来了一个十分难得的发展机会，那就是农民正需要这样一种机器：既能洗衣服又能洗地瓜。种地瓜在中国广大农村是非常普遍的，就是说对这种机器的需求将是一个不小的数目。于是，公司立即进行市场调研，在预测市场潜在量的基础上，组织技术攻关，在短短的两个月内，一种新型的洗衣机——地瓜洗衣机诞生了。洗衣机上市后，一下子成了农民的抢手货。在整个家电行业不景气的情况下，因为地瓜洗衣机的推出，公司找到了新的利润增长点，市场前景一片光明。

“洗地瓜的洗衣机的发明”——说明该公司卖的不是产品，是解决用户难题的方案。

（资料来源：www.ycwb.com,2009.7.18）

辩证性思考：

通过此案例谈谈你对市场营销观念的认识。

营销知识检测

1. 怎样理解市场的概念？
2. 如何理解市场营销的内涵？
3. “营销并非是公司中负责推销公司产品的这群人的工作，公司中每个成员都应该起到营销者的作用。”这说明公司已具备什么市场营销观念？
4. 如何运用顾客让渡价值？

营销能力训练

训练项目：

1. 访问一家校企合作企业，说说该企业适合采用哪种营销观念来指导营销工作。
2. 运用顾客让渡价值分析一家企业的节日促销活动。

训练目的：

通过训练，加深对顾客让渡价值的认识与掌握，树立正确的市场营销观念。

训练要求：

由班级学习委员组织全班讨论、交流。

实务篇

【学习与培养思路】

企业市场营销活动的核心是“以满足消费者的需求为中心”的，所以市场营销的内容科学设计为 3 个部分：第 1 部分，找生意（寻找生意）——发现（创造）消费需求；第 2 部分，做生意（经营生意）——满足消费需求；第 3 部分，管生意（管理生意）——管理消费需求。这一设计突出了市场营销实务的逻辑性、统一性和整体性。

通过学习，掌握找生意（寻找生意）——发现（创造）消费需求、做生意（经营生意）——满足消费需求、管生意（管理生意）——管理消费需求的内容、方法、操作程序、市场营销策略运用的适用条件与运用中应注意的问题。

通过培养，具备找生意（寻找生意）——发现（创造）消费需求、做生意（经营生意）——满足消费需求、管生意（管理生意）——管理消费需求的能力。

第1部分

找生意（寻找生意）——发现（创造）消费需求

【学习与培养思路】

如果一个企业对为哪些消费者服务、满足消费者哪些类型的需求都不明确，那它就如同无舵的航船，只能在茫茫的大海中随风飘荡，没有抗击任何市场波澜的能力，难以生存。所以，找生意是企业市场营销活动的起点。

如何找生意，首先，要运用市场营销环境分析。一方面，分析市场营销环境给企业创造的市场机会和可能给企业带来的某种威胁；另一方面，分析企业内部环境影响市场营销的优势和劣势，以便制定相应的市场营销战略。其次，运用市场分析，掌握市场需求和购买行为特点及规律。再次，运用市场竞争分析，有的放矢地制定竞争战略。最后，运用市场细分、目标市场选择和市场定位，确定企业市场营销的服务对象，满足目标消费群的消费需求，在目标市场上为企业和产品确定一个富有竞争优势的地位。

通过学习，掌握市场营销环境分析、市场分析、市场竞争分析的内容和方法；掌握市场细分、目标市场选择与市场定位的方法、操作程序，以及目标市场营销策略运用的适用条件和运用中应注意的问题。

通过培养，具备市场营销环境分析、市场分析与市场竞争分析的能力；具备市场细分、目标市场选择与市场定位的能力。

第2单元

运用市场营销环境分析

【学习与培养思路】

企业市场营销活动成败的关键在于企业能否适应不断变化着的市场营销环境，寻找市场营销机会和避免环境威胁。市场营销管理者的任务就是以各种不同的方式增强适应环境的能力，避免来自市场营销环境的威胁，在变化的环境中寻找新的机会，并尽可能地在一定的条件下运用经营资源去影响和改变市场营销环境，为企业创造一个更有利的活动空间，实现企业营销目标。

通过学习，掌握市场营销环境的内容，正确认知企业对市场营销环境的反应和适应；掌握运用市场营销环境分析的方法、操作程序和对策。

通过培养，具备市场营销环境分析的能力。

2.1 认知市场营销环境

【学习与培养思路】

培养分析市场营销环境的能力，首先要理解市场营销环境的概念、构成要素和特点，明确市场营销环境对企业的生存与发展、对市场营销活动及决策过程产生着有利或不利的影响，产生着不同的制约作用和效果。企业必须重视对市场营销环境的分析和研究。

2.1.1 认知市场营销环境

1．认知市场营销环境的概念

市场营销环境指的是与企业市场营销活动相关的特定的影响因素和条件。市场营销环境是企业的生存空间，是企业谋求生存和发展的前提条件，是市场营销活动的重要基础。

2．认知市场营销环境的分类

（1）按影响范围分类

按影响范围分类，市场营销环境可分为微观环境和宏观环境，如图 2-1 所示。

1）微观环境。又被称为直接环境，指与企业紧密相连，直接影响其市场营销能力的各种参与者。这些参与者包括企业的供应商、营销中介、顾客、市场竞争者，以及社会公众和企业内部条件。

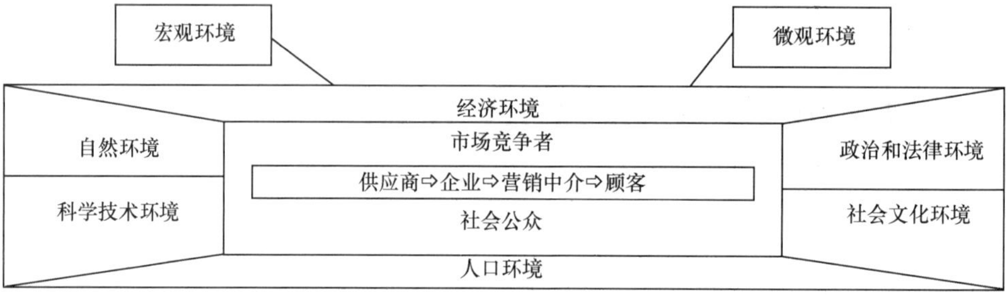

图 2-1　市场营销环境的构成要素

2）宏观环境。又被称为间接环境，指影响企业微观环境的巨大社会性力量和因素，包括人口环境、经济环境、自然环境、科学技术环境、政治和法律环境、社会文化环境等多个方面。

宏观环境与微观环境之间不是并列的关系，而是并列和包容的关系。微观环境受宏观环境的大背景所制约，宏观环境则借助微观环境发挥作用。

（2）按控制性难易分类

1）可控制的因素。指由公司及市场营销人员支配的因素，即微观环境中的企业内部条件。它既包括最高管理部门可支配的因素，如产业方向、总目标、公司市场营销部门的作用、其他职能部门的作用，又包括市场营销部门可控制的因素，如目标市场的选择、市场营销目标、市场营销机构类型、市场营销计划等。

2）不可控制的因素。指影响公司的工作和完成情况，而公司及市场营销人员不能控制的因素，即宏观环境因素和微观环境中的企业外部环境。

2.1.2　认知市场营销环境的特点

1．客观性

市场营销环境作为一种客观存在，它是不以企业的意志为转移的，有着自己的运行规律和发展趋势，对市场营销环境变化的主观臆断必然会导致营销决策的盲目与失误。因此，企业的生存和发展，愈来愈取决于其适应外界环境变化的能力。如果企业不能很好地适应外界环境的变化，则很可能在竞争中失败，从而被市场所淘汰。

2．差异性

市场营销环境的差异性不仅表现在不同的企业受不同环境的影响，而且同一种环境因素的变化对不同企业的影响也不尽相同。例如，不同国家或地区之间，在民族、人口、经济、社会文化、政治、法律、自然地理等方面存在着广泛的差异性，这些差异性势必对企业的市场营销活动产生不同的影响。可见，由于外界环境因素存在差异性，要求企业必须采取相应的市场营销对策。

3．相关性

市场营销环境作为一个完整的系统，其各个影响因素之间发生相互作用是不可避免的，其中存在相互制约和相互依存的关系。例如，消费者对某种商品的需求量不仅受商品本身价格的影响，也受相关商品（互补品和替代品）的价格、消费者的收入水平、消费偏好及心理预期的影响，甚至还受国家宏观经济政策的调控。因此，企业有必要充分关注各种因素之间的相互作用。

4. 动态多变性

市场营销环境是一个动态的概念，它总是处在一个动态变化的过程之中。就中国当今的市场营销环境而言，企业所处的环境已经有了很大的改善。当然，市场营销环境的变化是有快慢、大小之分的。其中，科技、经济等因素的变化相对快而大，因而对企业市场营销活动的影响相对短且波动大。例如，技术革新和发明创造不是均匀的、连续的过程，而是有高潮和低潮的，这会导致经济的上升和下降，从而形成不同的经济周期。而人口、社会文化、自然因素等相对变化较慢、较小，对企业市场营销活动的影响相对长而稳定。因此，企业的市场营销活动必须适应环境的变化，不断地调整和修正自己的市场营销策略，否则将会丧失市场机会。

5. 不可控性

影响市场营销环境的因素是多方面且复杂的，企业对其不可控制。例如，一个国家的政治、法律制度、民族结构及一些社会文化习俗等，企业是不可能随意改变的。而且，这种不可控性对不同企业表现不一，有的因素对某些企业来说是可控的，对另一些企业则可能是不可控的；有些因素在今天是可控的，到了明天则可能变为不可控因素。

市场营销环境的特点决定了它对企业的生存与发展、市场营销活动及决策过程产生着有利的或不利的影响，产生着不同的制约作用和效果。一方面，它为企业提供了市场营销机会；另一方面，市场营销环境也会给企业造成某种威胁。因此，企业必须重视对市场营销环境的分析和研究，善于把握市场营销环境的变化趋势，懂得根据市场营销环境的变化制定和调整市场营销对策，扬长避短，趋利避害，抓住机遇，从而实现企业的市场营销目标。

2.1.3　正确认知企业对市场营销环境的反应和适应

企业对市场营销环境的反应和适应，并不意味着企业对于市场营销环境是无能为力或束手无策的，只能消极地、被动地改变自己以适应环境，而是应从积极主动的角度出发，能动地去适应市场营销环境。也就是说，企业既可以以各种不同的方式增强适应市场营销环境的能力，避免来自市场营销环境的威胁，也可以在变化的市场营销环境中寻找自己的新机会，并尽可能地在一定的条件下转变市场营销环境因素，制定有效的市场营销策略去影响营销环境，在市场竞争中处于主动地位，占领更大的市场。

2.2　认知市场营销环境的内容

【学习与培养思路】

培养分析市场营销环境的能力，是在解决分析什么问题的基础上进行的。因此，企业要掌握市场营销环境的构成因素，以及市场营销环境的构成因素对企业市场营销的影响。

2.2.1 认知市场营销的宏观环境因素

1. 认知人口环境因素

人口是构成一个市场的首要因素，人口动力可以创造新机会、新市场。人口环境是企业制定营销决策的重要参照，是市场营销宏观环境的首要因素。企业应该加强对人口环境因素的研究，密切关注人口特性及其发展动向，善于抓住市场机会。另外，当出现威胁时，要相应地调整市场营销策略，以适应人口环境的变化。

（1）人口数量与增长速度对企业市场营销的影响

在消费者收入水平相当的前提下，人口数量的多少直接决定了市场的发展空间，人口数量与市场规模成正比。我国 13 亿人口就是一个巨大的市场。从全球的视角看，世界人口依然呈现出爆炸性的增长趋势，到 2012 年北京时间 10 月 19 日凌晨 4 时 36 分，全球人口总数增至 70 亿。世界人口的增长速度对营销活动具有较大的影响，人口规模的增加势必导致人类消费需求的增长。

（2）人口结构对企业市场营销的影响

人口结构包括人口的年龄结构、性别结构、教育结构、家庭结构、社会与民族结构等多种因素。

1）年龄结构。这是最关键的因素，它直接关系到市场的实际需求量及企业的目标市场选择。在一个市场上，不同年龄段的消费者对商品的需求自然存在差异性。市场营销人员应首先明确年龄段中最可能成为目标市场的具体群体。我国人口老龄化规模将进一步扩大并越来越突出，对产品消费和生活方式更加追求“天然”和健康。

2）性别结构。人口的性别不同，其市场需求也有明显的差异。据调查，0～62 岁年龄组内，男性略大于女性，其中 37～53 岁的年龄组内，男性约大于女性 10%；但到 73 岁以上，女性约大于男性 20%。这反映到市场上就会出现男性用品市场和女性用品市场。男性市场和女性市场在需求上表现为明显的差异性，这种差异为市场营销带来了新的契机。

3）教育结构。教育结构对市场需求同样会产生较大的影响。例如，受教育程度较低的群体的消费行为一般趋于感性，广告应突出企业的形象而不是产品本身；而对于受教育程度较高的群体，接触到的广告媒体则更多的是一些专业报纸、期刊或互联网。随着高等教育的大众化，人们将更加看重教育、旅游和休闲的价值。

4）家庭结构。现代家庭是社会的细胞，从生存性消费品、享受性消费品到发展性消费品，绝大多数商品都是以家庭为单位购买和消费的。一个国家或地区的家庭单位和家庭平均成员的多少，以及家庭组成状况等，直接影响着许多消费品的需求量。

依据第六次全国人口普查数据，我国共有家庭户 4 0152 万户，家庭户人口 124 461 万人，平均每个家庭户的人口为 3.10 人，中国家庭规模趋于小型化、数量增加的趋势，这对经营日常家庭消费品的企业提供了新的市场机会。非家庭住户也在迅速增加，企业应注意和考虑这些住户的特殊需要和购买习惯。家庭生命周期阶段及其需求与消费特征如表 2-1 所示。

表 2-1　家庭生命周期阶段及其需求与消费特征

家庭生命周期的阶段	需求及消费特征
单身阶段	注重社交需要、娱乐需要，新观念的带头人
新婚阶段	由住房需要，消费各种家具、电器等耐用品
满巢Ⅰ期	家庭用品购买的高峰期，购买较多的儿童用品
满巢Ⅱ期	注重档次较高的商品及子女的教育投资，文化娱乐消费增加
满巢Ⅲ期	更新耐用消费品，注重储蓄，购买冷静、理智
空巢阶段	注重健康需要，娱乐及服务性消费支出增加
孤独阶段	注重情感、健康需要，注重安全保障

5）社会与民族结构。我国第六次人口普查结果显示，我国农村人口约占总人口的 50.32%。因此，农村是有着巨大潜力的市场。我国是一个多民族的国家，民族不同，其生活习性、文化传统也不相同，反映到市场上，就是各民族的市场需求存在着很大的差异。因此，企业营销者要注意民族市场的营销，重视开发适合各民族特性并受其欢迎的商品。

（3）人口地理分布

人口分布即人口的地理分布。从人口区域分布看，我国东部沿海地区经济发达，人口密度大，消费水平高；中西部地区经济相对落后，人口密度小，消费水平低。随着我国城镇化战略的实施，必然推动城乡之间、地区之间的人口在数量和质量上都呈现强势流动的态势。不同城市之间流动人口的多少不等，反映在吃、住、行等方面的市场需求量就会有很大差别。因此，研究人口的地域差别和变化，对企业的市场营销有着更为直接的意义。

案例分析

伴随着经济的快速增长，我国的城镇化呈现空前猛烈的发展态势，城镇化率从 1978 年的 18%上升到 2012 年的 52.57%。据预测，随着经济的持续增长，我国城镇化水平将进一步提升，2020 年将超过 60%。城镇化的过程实际上就是市场需求不断拓宽和加深的过程。

辩证性思考：

随着我国城镇化速度的加快，城镇人口占全国人口的比重也在迅速上升，同时农村进城打工的人口也在增加，这种人口的变化趋势为哪些行业提供了机遇？是什么机遇？

2. 认知经济环境因素

经济环境是指企业市场营销活动所面临的社会经济条件及其运行状况和发展趋势，其中最主要的指标是社会购买力。而购买力直接或间接受消费者收入水平、消费者支出方式、价格水平、储蓄与信贷等经济因素的影响。可见，企业应特别关注消费者收入与消费模式的主要变化趋势。

（1）消费者收入水平的变化对企业市场营销的影响

社会购买力来自消费者的收入水平，所以消费者收入是影响社会购买力、市场规模、消费支出多少和支出模式的重要因素。

1）可支配收入。指扣除消费者个人交纳的各种税款和交给政府的非商业性支出后可用于个人消费和储蓄的收入，它是影响购买力和消费者支出的决定性因素。

2）可随意支配收入。指可支配收入减去维持基本生活消费所必需的支出，如减去必要的食物、房租、水电费等必需费用和固定费用后所剩下的收入。可随意支配收入是影响消费者需求变化的最活跃的因素，也是消费者市场重点研究的收入。

3）货币收入和实际收入。因为实际收入会影响实际购买力，假设消费者的货币收入不变，物价下跌，消费者的实际收入便增加；相反，物价上涨，消费者的实际收入便减少。即使消费者的货币收入随着物价上涨而增长，但如果通货膨胀率超过了货币收入增长率，消费者的实际收入也会减少。

（2）消费者支出结构的变化对企业市场营销的影响

消费者支出主要是指消费结构，即消费者在各种支出中的比例关系。随着居民收入水平的变化，消费支出结构也会发生相应的变化，从而使一个国家或地区的消费结构也发生变化。西方一些经济学家常用恩格尔系数来表示这种变化。恩格尔系数表明，在一定的条件下，随着家庭收入的增加，用于购买食物的支出占家庭收入的比重会下降，用于住宅建筑和家务经营的支出占家庭收入的比重大体不变，用于其他方面的支出和储蓄占家庭收入的比重会上升。根据联合国粮农组织提出的标准，恩格尔系数在59%以上为贫困，50%～59%为温饱，40%～50%为小康，30%～40%为富裕，低于 30%为最富裕。据统计，改革开放以来，我国城镇居民家庭恩格尔系数逐渐下降，1978 年为 57.5%，2011 年为 36.3%；我国农村居民家庭恩格尔系数也在下降，1978 年约为 68%，2011 年约为 40.4%。

案例分析

中国居民历经三次消费结构升级

1949—1978 年，我国百姓度过了“高积累、低消费”的 30 年。在这 30 年中，国家的人力、物力都向重工业倾斜，导致生活消费品极度匮乏，柴米油盐、衣食住用都由国家包揽、凭票供应。70 年代中期，居民生活有所好转，于是自行车、手表和缝纫机这个所谓的“三大件”成为消费的最高梦想。由于这“三大件”都是百元级的消费品，能够同时拥有它们的家庭在当时即富裕型家庭。

1978 年到 20 世纪 90 年代，我国居民迎来了消费结构的第二次升级。这 20 年中，我国从初步工业化国家过渡到新型工业化国家，国内生产总值从 6 175 亿元上升到 89 404 亿元，消费需求急剧扩张，新“三大件”电视、冰箱和洗衣机成为家庭消费的主要目标。新“三大件”的消费水平已上升到了千元的级别，受此消费结构升级的推动，我国的产业结构也发生了巨大的变化，如我国从家电进口国跻身于世界家电生产大国。

迈入新世纪，居民消费步入享受型、发展型。汽车、住房、投资等过万元的消费成为主体，百姓消费从追求数量过渡到追求质量。

辩证性思考：

第三次消费结构升级为企业提供了哪些市场营销机会和威胁？企业如何根据消费结构升级制定和调整市场营销策略？

（3）消费者储蓄与信贷水平的变化对企业市场营销的影响

居民个人收入不可能全部用于消费，总有一部分会以各种形式储蓄起来，这是一种潜在的社会购买力。个人储蓄的形式包括银行存款、国债、股票、证券投资基金和不动产等，这些均可随时变现，从而转化为现实的社会购买力。如果储蓄倾向增加，社会购买力和消费支出则随之减少；反之，如果储蓄倾向减少，购买力和消费支出便随之增加。

消费信贷就是指先消费后还款，消费者利用信用先取得商品的使用权，然后按期归还贷款，是一种预支未来收入的购买力。信贷消费在汽车、房地产行业的发展大大促进了这两个行业的发展。

（4）经济发展水平对企业市场营销的影响

企业的市场营销活动还受到一个国家或地区的整个经济发展水平的制约。经济发展阶段不同，居民的收入不同，消费者对产品的需求也不一样，从而会在一定程度上影响企业的市场营销。

1）国内生产总值。它是衡量一个国家经济实力与购买力的重要指标。从国内生产总值的增长幅度，可以了解一个国家经济发展的状况和速度。一般来说，工业品的市场营销与这个指标有关，消费品的市场营销则与此关系不大。国内生产总值增长越快，对工业品的需求和购买力就越大，反之就越小。

2）人均国民收入。这是用国民收入总量除以总人口的比值。这个指标大体反映了一个国家人民生活水平的高低，也在一定程度上决定商品需求的构成。一般来说，人均收入增长，对消费品的需求和购买力就大，反之就小。

（5）其他影响企业市场营销活动的经济环境因素

一个国家或地区的经济体制、行业发展状况、城市化程度等因素都对企业市场营销活动产生或多或少的影响。所以，企业制定市场营销战略要综合考虑各方面的因素。

3．认知政治和法律环境因素

政治因素像一只有形的手，调节着企业市场营销活动的方向；法律是企业的行为准则。政治和法律相互联系，共同对企业的市场营销活动发挥影响。

（1）政治环境对企业市场营销的影响

1）政治局势。政治局势指企业市场营销所处的国家或地区的政治稳定状况。如果政局稳定、经济发展、人民安居乐业，就会给企业带来良好的营销环境。相反，政局不稳，社会矛盾尖锐，战争、暴乱、罢工、政权更替等政治事件不断，经济处于崩溃状态，就会对企业市场营销产生不利的影响。因此，社会是否安定对企业的市场营销影响极大。

2）政府的宏观经济政策。政府的宏观经济政策对企业的市场营销活动能够产生深刻的影响，主要包括人口政策、产业政策、能源政策和财政金融货币政策及其调整变化对企业营销活动的影响。这些政策不仅规定了国民经济的发展方向和速度，也直接关系到社会购买力的提高和市场消费需求的增长，甚至会使消费需求结构发生变化。例如，国家扶持或限制的行业方向对企业目标市场的选择与市场营销战略的选择都会产生重大的影响。

（2）法律环境对企业市场营销的影响

法律是体现统治阶级意志、由国家制定或认可、并以国家强制力保证实施的行为规范的总和。对企业来说，法律是评判企业市场营销活动的准则，只有依法进行的各种市场营销活动，才能受到国家法律的有效保护。因此，企业开展市场营销活动，必须了解并遵守国家或政府颁布的有关经营、贸易、投资等方面的法律、法规。它对规范和制约企业市场营销行为具有权威性和强制性，企业必须依据经济政策、法律、法规进行营销活动，同时凭借法律、法规维护自身的权益。

小思考

2013年10月1日开始实施的《中华人民共和国旅游法》对旅游市场产生了哪些影响？

4．认知自然环境因素

一个国家、一个地区的自然地理环境包括该地的自然资源、地形地貌和气候条件，这些因素都会不同程度地影响企业的营销活动，这种影响有时对企业的生存和发展起决定的作用。企业要避免由自然地理环境带来的威胁，最大限度利用环境变化可能带来的市场营销机会，就应不断地分析和认识自然地理环境变化的趋势，根据不同的环境情况来设计、生产和销售产品。

1）某些自然资源短缺或即将短缺对企业市场营销的影响。地球上的资源包括3种：①无限资源，如空气和水等。这类资源从总体上讲是取之不尽、用之不竭的，但污染问题严重，亟待解决。②可再生有限资源，如森林、粮食等。我国由于城市和建设事业发展快，耕地迅速减少。③不可再生资源，如石油、煤和金属等矿物。由于这类资源供不应求或在一段时期内供不应求，必须寻找替代品。这种情况下，就需要研究与开发新的资源和原料，这就给某些企业带来了新的市场机会。目前，这些资源不同程度上都出现了危机。

2）环境污染日益严重对企业市场营销的影响。在许多国家，随着工业化和城市化的发展，环境污染程度日益增加。一方面，这种动向对那些造成污染的行业和企业就是一种环境威胁，它们在社会舆论的压力和政府的干预下，不得不采取措施控制污染；另一方面，这种动向给控制污染、研究和开发不致污染环境的行业和企业带来了新的市场机会。

3）政府对自然资源管理的干预日益加强对企业市场营销的影响。随着经济的发展和科学技术的进步，许多国家的政府加强了对自然资源管理的干预。但是，政府为了社会利益和长远利益而对自然资源加强干预，往往与企业的经营战略和经济效益相矛盾。例如，企业必须购置昂贵的控制污染设备，这样就可能影响企业的经济效益。因此，国家必须统筹兼顾地解决这种矛盾，力争做到既能减少环境污染，又能保证企业发展，提高企业经营效益，以达到经济可持续发展的目的。

5．认知科学技术环境因素

科学技术的发明和应用，可以造就一些新的行业、新的市场，同时又使一些旧的行业与市场走向衰落。例如，太阳能、核能行业的兴起，必然给掌握这些技术的企业带来新的机会，同时也给水力、火力发电行业带来较大的威胁。科学技术的发展，使得产品更新换代速度加快，产品的市场寿命缩短，也使人们的生活方式、消费模式和消费需求结构发生深刻的变化。科学技术是一种"创造性的毁灭力量"。它本身创造出新的东西，同时又淘汰旧的东西。一种新技术的应用，必然导致新的产业部门和新的市场出现，使消费对象的品种不断增加，范围不断扩大，消费结构发生变化。互联网作为跨时空传输的"超导体"媒体，能够克服市场营销过程中时空的限制，可以为市场中所有顾客提供及时的服务，同时通过互联网的交互性可以了解不同市场顾客特定需求并针对性地提供服务。互联网是市场营销中满足消费者需求最具魅力的市场营销工具之一。互联网将同 4P（产品、价格、分销、促销）和以顾客为中心的 4C（顾客、成本、方便、沟通）相结合，对企业市场营销产生深刻影响。

6．认知社会文化环境因素

社会文化是指一个社会的民族特征、价值观念、生活方式、风俗习惯、伦理道德、教育水平、语言文字、社会结构等的总和。社会文化因素通过影响消费者的思想和行为来影响企业的市场营销活动。因此，企业在从事市场营销活动时，应重视对社会文化的调查研究。

1）价值观念对企业市场营销的影响。价值观念是人们对社会生活中各种事物的态度、评价标准和崇尚风气。不同的文化背景下，人们的价值观念差别是很大的，而消费者对产品的需求和购买行为深受其价值观念的影响。例如，东方人将群体、团结放在首位；西方人则注意个体和个人的创造精神。我国整体上崇尚节俭，储蓄消费为主；而西方一些国家崇尚个人享受，信贷消费非常流行。

2）教育水平对企业市场营销的影响。一个国家、地区的教育水平与经济发展水平往往是一致的。不同的文化修养表现出不同的审美观，购买商品的选择原则和方式也不同。一般来讲，教育水平高的地区，消费者对商品的鉴别能力强，容易接受广告宣传和接受新产品，购买的理性程度高。因此，在产品设计和制定产品策略时，应考虑当地的教育水平，使产品的复杂程度、技术性能与之相适应。另外，企业的分销机构和分销人员受教育的程度等也对企业的市场营销产生一定的影响。

3）审美观对企业市场营销的影响。不同的国家、民族、宗教、阶层和个人，往往因社会文化背景不同，其审美标准也不一致。例如，对人形体的看法，有的以胖为美，有的以瘦为美。不同的审美观对消费的影响是不同的，企业应针对不同的审美观所引起的不同消费需求开展自己的营销活动，特别要把握不同文化背景下的消费者审美观念及其变化趋势，制定良好的市场营销策略以适应市场需求的变化。

4）宗教信仰对企业市场营销的影响。不同的宗教信仰有不同的文化倾向和戒律，从而影响人们认识事物的方式、价值观念和行为准则，影响人们的消费行为，带来特殊的市场需求。宗教信仰与企业的市场营销活动有密切的关系，特别是在一些信奉宗教的国家和地区，宗教信仰对市场营销的影响更大。某些国家和地区的宗教组织在教徒的购买决策中有重大的影响。一种新产品的出现，宗教组织有时会提出问题和禁止使用，认为该产品与宗教信仰相冲突。相反，有的新产品出现，得到宗教组织的赞同和支持，它就会号召教徒购买、使用，起到一种特殊的推广作用。

实用链接

一个比利时商人为了把自己的地毯打进阿拉伯市场，根据阿拉伯国家穆斯林教徒跪在地毯上做朝拜时必须面向麦加城方向的特点，特意设计了一种地毯。这种地毯中间嵌有永远指向麦加城方向的指针，这样教徒只要铺上了地毯，就能知道麦加城的方向所在。这种地毯一上市，就受到穆斯林教徒的欢迎，成了供不应求的热门货。

5）风俗习惯对企业市场营销的影响。风俗习惯是人们根据自己的生活内容、生活方式和自然环境，在一定社会物质生产条件下长期形成并世代相袭的一种风尚，以及由于重复、联系而巩固下来并变成需要的行动方式等的总称。它在饮食、服饰、居住、婚丧、信仰、节日、人际关系等方面都表现出独特的心理特征、伦理道德、行为方式和生活习惯。不同的国家与民族有不同的风俗习惯，它对消费者的消费嗜好、消费模式、消费行为等具有重要的影响。

2.2.2 认知市场营销的微观环境因素

微观环境是指与企业市场营销活动直接相关的各种环境因素的总和，由供应商、营销中介、顾客、竞争者、社会公众和企业内部条件组成。经过企业的努力，微观环境的一些因素可以不同程度地加以控制。市场营销的微观环境因素如图 2-2 所示。

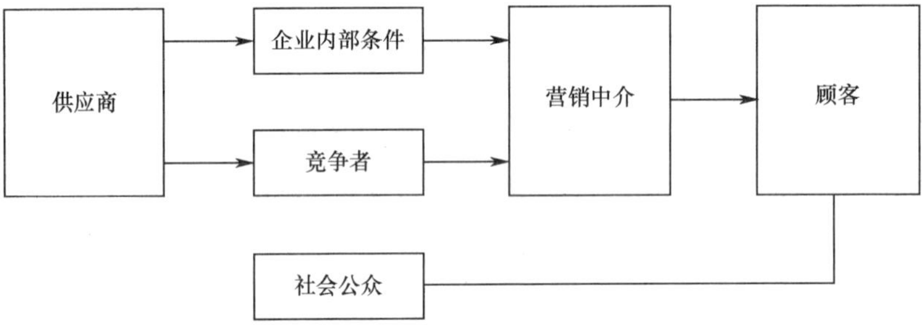

图 2-2　市场营销的微观环境因素

1. 供应商对企业市场营销的影响

供应商就是向企业及其竞争者提供生产经营所需的各种资源的企业和个人。企业要在生产经营中获得优势，就必须从供应环节取得资源优势，这样才能为销售环节提供可靠的物质和精神保证。

（1）供应商对企业市场营销的影响因素

这些因素包括供应商提供资源的价格、供应商提供资源的数量、供应商提供资源的质量及供应商提供资源的时间。

（2）供应商对企业市场营销的不良后果

1）短期影响。企业将难以按时完成生产计划和销售计划，直接导致销售额的减少，影响企业的资金周转。

2）长期影响。企业如果不能按时生产、按期交货，将损害企业在顾客中的信誉，减少了销售量，导致市场占有率降低。

（3）分析供应商主要应该了解的信息

1）企业所购物品在供应商销售收入中所占的比重，它是企业对供应商是否重要的一个尺度。

2）有关备选供应品的来源、适用性及接受备选品供应商的可能性。

3）供应商与企业竞争对手协议的条件内容。

（4）正确处理与供应商的关系

1）作为竞争对手的供应商。①使供应商多样化，以免因过分依赖某些供应商造成被动局面。②向供应商表明企业有能力实现后向一体化，即企业有实力成为供应商的竞争者而不仅仅是一般的顾客。并且，应该主动了解供应商的制造过程和原材料成本方面的信息，从而使企业处于有利的讨价还价地位。③选择一些相对较小的供应商，使企业的购买成为其收入的一个重要部分，亦即增加供应商对企业的依赖性。

2）作为合作伙伴的供应商。①可以考虑与供应商签署长期合同而不是采用间断式的购买方式从供应商那里获得资源。②说服供应商接近顾客，让供应商尽量地了解顾客的需求，有助于企业更好地为顾客提供所需服务。③分担供应商的风险。

2. 营销中介对企业市场营销的影响

营销中介是指协助企业促销、销售和配送其产品给最终购买者的企业或个人，包括中间商、物流商、营销服务机构（调研公司、广告公司、咨询公司等）、金融中介（银行、信托公司、保险公司等）。营销中介是一个完整的市场营销活动不可缺少的中间环节，大多数企业的营销活动都需要有它们的协助才能使产品顺利地送到最终购买者手中。因为经过分工可以最大限度地降低交易成本，所以，企业必须重视并处理好与它们的关系。

3. 顾客对企业市场营销的影响

对企业来说，最重要的环境要素是顾客。顾客是企业服务的对象，也是企业的目标市场。根据购买者动机和类别，可以把企业的目标市场分为如下两类：

1）消费者市场。指个人和家庭为满足生活消费需要而购买商品和劳务的市场。消费者市场是一切市场的基础，是最终市场。因此，一切企业，无论是生产企业，还是商业、服务企业，也无论是否直接为消费者服务，都必须研究消费者市场及其购买者，必须深入研究消费者市场需求的特点和消费者行为模式，以消费者的需要为依据来制定营销方案，满足消费者需求，方能在竞争中取胜。

2）组织市场。指各种组织机构形成的对企业产品和服务的市场需求总和。组织市场包括：①生产者市场，即为了生产、获得利润而购买的生产企业所构成的市场；②中间商市场，即为了转卖、获得利润而购买的批发商和零售商所构成的市场；③政府市场，即为了履行职责、满足社会公共需要而购买的政府机构所构成的市场。

当然，每种顾客市场的特点各不相同，具体的市场需求规模、市场占有率、发展速度也有所不同。因此，企业针对不同顾客的市场营销策略要具有差异性。

4. 竞争者对企业市场营销的影响

竞争者的市场营销战略和市场营销策略直接影响企业的市场营销活动。企业要想在市场竞争中获得成功，就必须能够比其竞争对手更好地发现消费者的需求并满足其需求。因此，企业必须高度关注竞争者的变化，及时调整对策。竞争者分为以下形式：

1）品牌竞争者。当其他公司以相似的价格向相同的顾客提供类似的产品与服务时，公司将其视为竞争者。例如，被伊利公司视为主要竞争者的是价格与档次相似、生产同样乳制品的蒙牛公司。

2）行业竞争者。公司可把生产同样或同类产品的公司都广义地视为竞争者。

3）产品形式竞争者。指生产同种产品，但规格、型号、款式不同的竞争者。

4）形式竞争者。公司可把所有能提供相同服务和产品的公司都视为竞争者。例如，TCL公司可以认为自己不仅在与家电生产商竞争，还与其他电子产品生产商竞争。

5）通常竞争者。公司还可以进一步把所有争取同一消费者的企业都视为竞争者。

5. 社会公众对企业市场营销的影响

社会公众是指对企业实现其市场营销目标构成实际或潜在影响的任何团体。社会公众具体包括如下方面：

1）金融公众。即影响企业取得资金能力的任何集团，如银行、投资公司等。

2）媒体公众。即报纸、杂志、无线电广播、电视、网络等具有广泛影响的大众媒体。

3）政府公众。即负责管理企业业务经营活动的有关政府机构。

4）群众团体。指为维持某些部分的社会成员利益而组织起来的，会对立法、政策和社会舆论产生重大影响的各种社会团体，如消费者协会、环境保护组织等。

5）地方公众。即企业附近的居民群众、地方官员等。

以上这些公众，都与企业的营销活动有直接或间接的关系。现代企业是一个开放的系统，它在经营活动中必然与各方面发生联系，因此企业需设立公共关系部门，专门负责处理与公众的关系。

6. 企业内部条件对企业市场营销的影响

企业内部条件包括企业资源、企业能力、企业文化等因素，也称企业内部环境。企业内部环境是企业内部与战略有重要关联的因素，是企业市场营销活动的基础，是企业可以控制的因素，是制定战略的出发点、依据和条件，是市场竞争取胜的根本。

1）企业文化。企业文化就是企业家及其率领的群体所拥有并积淀的赋予企业的性格，具体表现为价值标准、企业精神、管理制度、行为规范等。良好的企业文化环境氛围有助于增进企业全体员工对企业的好感，并可以通过员工向外辐射这种感情以美化企业的对外形象。

2）治理机制。企业内部必须有许多职能部门，它们各司其职，各行其是。企业整体要求各部门之间要相互联系，有效配合。但是，各部门一旦形成，就存在各自的利益关系，从而客观上存在着产生矛盾的可能。

3）资源基础。企业以具备优秀的“人”资源为要，但还必须具有良好的“物”资源。“人”“物”双优，加之良好的机制，就能实现企业资源效能整体优化。

2.3 运用市场营销环境分析的方法与对策

【学习与培养思路】

市场营销环境分析可以运用环境机会分析法、环境威胁分析法、机会与威胁综合分析法与SWOT分析法进行分析，进而采取相应的对策。

在掌握环境机会分析法、环境威胁分析法、机会与威胁综合分析法与SWOT分析法的内容、操作程序、方法、对策，以及运用中应注意的问题的基础上，培养运用市场营销环境的能力。

2.3.1 运用环境机会分析的方法与对策

环境机会是指由环境变化造成的对企业营销活动富有吸引力和利益空间的领域。这些领域存在着尚未满足的需求，并且企业拥有竞争优势。

1．寻找新的市场机会

企业可以通过4种途径寻找新的市场机会。

（1）识别市场渗透机会

市场渗透的目标是取得市场份额（准备进入市场）或扩大市场份额（已进入市场）。

1）识别取得市场份额机会。企业以现有产品进入既定的目标市场，取得一定的市场份额往往不是一件轻而易举的事情，要遇到许多障碍或壁垒。进入市场的障碍，往往以有待解决的问题存在，有待解决的问题也是一种机会。

2）识别扩大市场份额机会。对于已经进入目标市场的产品，市场渗透的主要目标是扩大市场份额。而企业产品市场份额的主要来源是市场潜量的剩余（市场潜量剩余=市场饱和点-市场销售量总和）和抢占竞争对手的市场份额。因此，企业必须对市场潜量剩余和竞争对手的市场份额有个基本的判断和识别，以便明确市场渗透方向，即明确向潜量剩余渗透还是向竞争对手的市场份额渗透。但无论从哪个方向渗透，均要对市场结构要素，即顾客、竞争对手和市场法律法规进行分析，以便找出有效的市场渗透手段，识别提高渗透速度的机会。

（2）识别市场开发机会

企业以现有产品去满足现有目标市场以外的市场需求，称为市场开发。企业可以从3个方面进行识别：

1）以人口变量为线索，寻找现有产品的新目标市场的需求。

2）以地理变量为线索，寻找现有产品的新销售区域。

3）开发现有产品的新用途，发现现有产品的新目标市场。

（3）识别产品开发机会

随着社会的进步，消费者需求不会停留在原有水平上，不同消费者有不同层次的需求。因此，企业必须进行产品创新，不断开发新产品来满足现有目标市场上不同层次消费者不断变化的需求。产品开发机会的方法有以下几种：

1）分析现有产品的问题与缺陷。现有产品包括企业本身的产品和竞争对手的产品。新产品的构思往往源于对现有产品的问题与不足的分析。而现有产品的问题与不足又多源于消费者的需求和欲望未被现有产品所满足。因此，应着重调查和分析顾客对现有产品的不满和意见，以形成符合顾客需求的新产品构思。

2）对目标市场的再细分。目标市场的消费者需求基本上一致，但不是完全一致，其中任何两个消费者的需求都有差异，即使是微小的差异。更为重要的是，同一目标市场的消费者需求，随着时间的推移会发生变化，微小的需求差异会演变成较大的需求差异。因此，对目标市场可以再细分。通过对目标市场的再细分可以发现现有产品的不足，启发新产品的创新灵感，使产品差异化程度更高，差别化利益更大。

3）关注市场法律法规。市场法律法规是市场结构的要素之一，它每时每刻都在控制和影响着市场营销活动，也为产品开发提供着机会。

4）宏观环境分析。经常分析外部宏观环境会给消费者带来什么新的需求，也就是为企业发掘产品创新的机会。

（4）识别差异化机会

差异化经营是以新的产品去满足新目标市场的需求来取得利润的一种企业活动。因此，差异化机会既包括产品开发机会，又包括市场开发机会。市场细分的方法是识别差异化机会的主要方法。另外，由于新目标市场的“新”特点是消费者具有新的产品需求，而这种新需求不仅由消费者自身决定，市场外部宏观环境和法律法规也会极大地影响和制约这种决定。因此，识别差异化机会的方法，不仅主要指市场细分，也指对宏观环境和法律法规的分析，即分析宏观环境和法律法规及它们的变化将会给整个市场带来什么新的需求。

2．评价市场机会

企业应从市场机会的潜在吸引力（营利性）和成功可能性（企业优势）的大小两个方面来确定企业的最佳市场营销机会。市场机会能否成为企业的营销机会，还要看它是否与企业的目标和资源相符。评价市场机会，可以用环境机会分析矩阵，如图 2-3 所示。

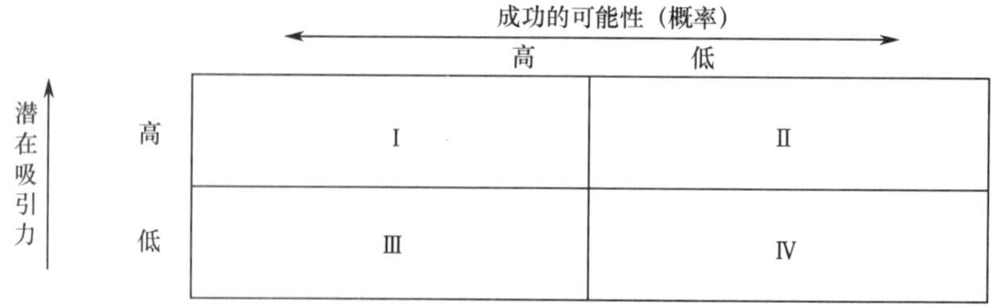

图 2-3　环境机会分析矩阵

环境机会分析矩阵中，横轴表示成功可能性的高低，纵轴表示潜在吸引力的高低。可见，在 4 个区域中，Ⅰ区域成功的可能性和潜在吸引力均比较大，所以企业最佳的机会出现在区域Ⅰ中；区域Ⅳ成功的可能性和潜在吸引力均比较小，所以该区域可以不考虑；区域Ⅱ和区域Ⅲ

的情况介于二者之间，企业应具体分析。

3．实施有效的对策

企业把握环境机会应采取如下对策：

1）发展策略。又称抢先策略。一旦企业认为机会较好，即可抓住机会开发新产品和新服务，抢先进入市场，在竞争中处于领先地位。一般来说，这种策略投资较大，并且有一定的风险。

实用链接

自 2002 年 3 月下旬以来，我国北方绝大部分地区都受到了沙尘暴或沙尘天气的影响，沙尘所到之处天空昏暗、空气混浊，居民即使紧闭门户，室内也会沙尘飞扬。沙尘暴不折不扣地成为北方越来越频繁的“城市灾害”。多数人都看到了沙尘暴的危害，然而独具慧眼的著名家电品牌海尔集团抢先一步，在灾害中发现了巨大商机，及时推出“防沙尘暴Ⅰ代”商用空调，在有限的空间内，为使用者筑起一道健康的防护墙。据悉，在海尔“防沙尘暴Ⅰ代”商用空调推向市场的两周内，仅在北京、西安、银川、太原、天津、济南等十几个城市就卖出去了 3 700 多套，部分城市甚至出现了产品供不应求的局面。仅凭“防沙尘暴Ⅰ代”商用空调，海尔商用空调在 2002 年 3 月的销量便达到了上年同期的 147.8%。

2）利用策略。又称紧跟策略。企业分析后认为经营风险大，但对企业的吸引力也大，此时在市场上已有企业进入的情况下，采取紧跟方式，既可避免风险，又可较早进入市场。

3）维持策略。又称观望策略，是一种较为保守的做法。企业对机会采取观望态度，一旦时机成熟再加以利用。这一策略使企业往往有较大的回旋余地，比较适合中小企业。

实用链接

流水声音卖高价

费涅克是一名美国商人，了解许多城市居民饱受各种噪声干扰之苦，却又无法摆脱。在一次休假旅游中，小瀑布的水声激发了他的灵感。他带上立体声录音机，专门到一些人烟稀少的地方逛游，录下了小溪、小瀑布、小河流水、鸟鸣等声音，然后回到城里复制出录音带高价出售。想不到他的生意十分兴隆，尤其买“水声”的顾客川流不息。这种奇妙的商品，能把人带入大自然的美妙境界，使那些久居闹市的人暂时忘却尘世的烦恼，还可以使许多失眠者在水声的陪伴下安然进入梦乡。

2.3.2　运用环境威胁分析的方法与对策

1．运用环境威胁分析的方法

环境威胁是指营销环境变化中所出现的对企业不利的发展趋势及由此形成的挑战。环境威胁分析可以运用环境威胁分析矩阵表示，如图 2-4 所示。

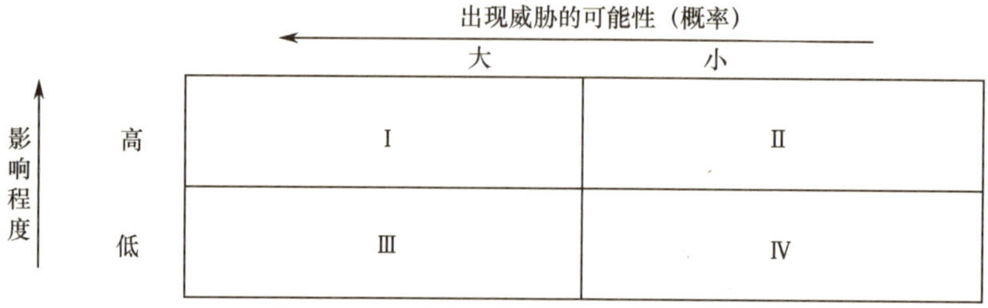

图 2-4　环境威胁分析矩阵

环境威胁分析矩阵中，横轴表示出现威胁的可能性，一般用概率表示；纵轴表示影响程度的高低。该图的 4 个区域中，Ⅰ区域威胁出现的概率和影响程度都比较高，所以企业要特别重视该区域；Ⅳ区域威胁出现的概率和影响程度都比较小，所以该区域可以不考虑；Ⅱ区域威胁出现的概率小而影响程度却比较大，Ⅲ区域威胁出现的概率大而影响程度却比较小，所以应该密切监控这两个区域。

2．分析环境威胁的对策

（1）反抗策略

反抗策略也称抗争策略，即试图通过自己的努力限制或扭转环境中不利因素的发展。例如，通过各种方式促使（或阻止）政府通过某种法令或与有关权威组织达成某种协议，努力促使某项政策或协议的形成，以用来抵消不利因素的影响。这是一种积极的、主动的策略。

（2）减轻策略

减轻策略也称削弱策略，即企业力图通过改变自己的某些策略，达到降低环境变化威胁对企业的负面影响程度。一般可以通过调整市场营销组合等来改善环境，以减轻环境威胁的严重性。例如，烟草公司大力宣传在公共场所设单独的吸烟区。

（3）转移策略

转移策略也称转变或回避策略，指企业通过改变自己受到威胁的主要产品的现有市场或将投资方向转移来避免环境变化对它的威胁。一般有如下几种转移策略：

1）企业原有销售市场的转移。

2）企业往往不仅仅限于目标市场的改变，而常常是做自身行业方面的调整。

3）企业依据营销环境的变化，放弃自己原有的主营产品或服务，将主要力量转移到另一个新的赢利更多的行业或市场中。例如，烟草公司可以扩大香烟对发展中国家的出口，同时增加食品和饮料等业务，实行多元化经营。

2.3.3　运用机会与威胁综合分析的方法与对策

1．运用机会与威胁综合法分析机会与威胁

市场营销活动的过程中，当某一环境发生了变化，往往既是威胁，又是机会。企业需要将两者结合起来进行分析。

运用市场机会与环境威胁矩阵法分析、评价市场营销环境，可得出 4 种不同的结果，即理想业务、冒险业务、成熟业务和困难业务，如图 2-5 所示。

图 2-5　机会与威胁的综合分析

2. 运用机会与威胁综合法分析的对策

1）对理想业务，即高机会和低威胁的业务，应看到机会难得，甚至转瞬即逝，必须抓住机遇，迅速行动；否则，将会丧失战机。

2）对冒险业务，即高机会和高威胁的业务，面对高利润与高风险，既不宜盲目冒进，也不应迟疑不决、坐失良机，应全面分析自身的优势与劣势，扬长避短，创造条件，争取突破性的发展。

3）对成熟业务，即低机会和低威胁的业务，机会与威胁处于较低水平，可作为企业的常规业务，用以维持企业的正常运转，并为开展理想业务和冒险业务准备必要的条件。

4）对困难业务，即低机会和高威胁的业务，要么努力改变环境，走出困境或减轻威胁，要么立即转移，摆脱无法扭转的困境。

2.3.4　运用调节市场需求的策略

受市场环境因素变化的影响，市场需求呈现出多样性。面对不同的市场需求，企业不仅要迎合，更要主动出击，使用不同的市场营销策略，调整消费者的需求，使之与企业的产品与服务相协调。

（1）运用扭转性市场营销策略

扭转性市场营销策略是指企业面对“否定需求”或“负需求”时采取的市场营销对策。面对这种情形，企业应通过自身市场营销策略的调整，改变这部分消费者对产品或服务的信念和态度，为自己创造市场条件。

（2）运用刺激性市场营销策略

刺激性市场营销策略是指企业面对“无需求”时采取的市场营销对策。企业应通过促销宣传的各项活动设法把产品或服务能够带给消费者的利益让这些人理解，通过市场营销刺激来激发消费者的购买兴趣。

（3）运用开发性市场营销策略

开发性市场营销策略是指企业面对现实中没有适当的产品和服务能够满足消费者需求时所

采取的市场营销对策。在确实认清消费者需求及其规模的前提下，企业可通过新产品和新的服务项目的开发将潜在的消费者需求变为现实的消费者需求，为自己创造新的市场机会。

（4）运用恢复性市场营销策略

恢复性市场营销策略是指企业面对产品或服务处在“需求下降”的通道中所采取的营销对策。企业应通过自身营销策略的调整为产品重新定位，挖掘其内在价值，再创市场销售新高潮，以延续其产品或服务的市场生命周期。

（5）运用协调性市场营销策略

协调性市场营销策略是指面对由于季节、时点等变化造成的某些产品或服务需求波动时企业的营销对策。企业市场营销管理的任务是通过运用灵活的价格策略、推销方法和各种刺激手段，引导和改变消费者的需求习惯和方式，达到减少需求大幅度波动的目的。

（6）运用保持性市场营销策略

保持性市场营销策略是指面对产品或服务的需求水平、时间、时点与期望的需求和时间一致时企业的市场营销对策。这种情形下，企业的任务是通过及时发现消费者的偏好，保持产品质量的稳定，严格控制企业的成本，在维持企业自身竞争地位的同时，努力维持现有的需求水平。

（7）运用降低性市场营销策略

降低性市场营销策略是指面对超过企业供应能力的产品或服务时的企业市场营销对策。企业一般通过提高价格、减少促销活动来“低调”营销，其目的是通过企业行为来协调市场需求。

（8）运用抵制性市场营销策略

抵制性市场营销策略是指企业面对一些不健康的产品或服务的需求时应采取的市场营销策略。为了消费者的长远利益，企业应采取抵制办法，通过劝说、宣传等方式使这类产品或服务的消费者放弃这种需求。

2.3.5 运用 SWOT 分析法分析

1. 认知SWOT分析法的概念

SWOT 分析法也称 TOWS 分析法，即态势分析法，用来分析企业优势（Strength）、劣势（Weakness）、机会（Opportunity）和威胁（Threats）。因此，SWOT 分析法实际上是对企业内外部条件各方面内容进行综合和概括，进而分析组织的优劣势、面临的机会和威胁的一种方法。通过分析不正确企业的优势和缺陷，企业可以了解自身所面临的机会和挑战，从而制定企业战略。SWOT 分析模型如图 2-6 所示。

	优势	劣势
机会	SO战略 发挥优势，利用机会	WO战略 利用机会，克服劣势
威胁	ST战略 利用机会，避免风险	WT战略 减少劣势，避免风险

图 2-6　SWOT 分析模型

2. 运用SWOT分析法的操作程序

1）收集信息。SWOT 分析法实质上是机会、威胁分析与优势、劣势分析的综合，信息的收集也就是对外部环境和内部环境资料的收集。信息收集主要包括宏观环境信息的收集、行业（中观）环境信息的收集、微观环境信息的收集。

2）整理与分析信息。把收集到的信息分别归类到宏观环境、行业环境和微观环境后，再分析信息的含义，看其是否表明企业所面临着机会或者遭遇威胁，是否反映了企业的优势与劣势。

3）确定企业具体业务所处的市场位置。资料收集整理完毕后，再看企业某项具体业务面临的环境是机会多于威胁还是威胁多于机会，企业在这项业务上是处于优势还是劣势，并在 SWOT 分析模型中标出其市场地位。

4）拟定市场营销战略。企业某项业务的市场位置确定后，就可以根据其具体情况制定相应的市场营销战略和策划方案，决定企业是否应加大对这项业务的投资，以及产品组合、促销组合等方面有哪些要改进的具体问题。

3. 运用SWOT分析法应注意的问题

1）明确在 SWOT 分析法中，优势、劣势与机会、威胁的地位是不同的，外部环境因素是通过改变竞争双方的优劣势对比来为研究对象产生一定机会或威胁的，这是 SWOT 分析法的基本结构。

2）从内容上说，SWOT 分析既应该包含静态分析，也应该包含动态分析，即既要分析研究对象与其竞争对手现实的优势、劣势或现实的优势、劣势对比，还要探讨研究对象与其竞争对手各自的优势、劣势及其面临的机会、威胁发展变化的规律性，由此预测现实优势、劣势在未来可能发生的变化，据此分析战略目标的合理性，并设想战略措施。

3）在战略管理中，SWOT 分析不能是孤立的，而应该同对现状产生原因的分析，特别是达到未来战略目标或阶段战略目标需满足的条件的分析相结合。对现状的原因没有客观、全面的认识，或对达到战略目标应具备的条件做出错误判断，均可能导致对优势、劣势和机会、威胁的认识错误。

4）确立对优势、劣势正确的态度。“扬长避短”这句话并不永远正确，如果某一劣势阻碍了实现达到战略目标的一个必要条件，就应该弥补这一劣势，而不是一味回避它。只有当劣势在战略所覆盖的未来一段时间内难以改变时，才采取避开该劣势的态度。对优势、劣势的态度还应取决于所选择的战略目标和战略途径，实现某一战略目标的充分条件可能有多组，这决定了达到战略目标可能有多条途径，对于决策者最终选择的战略途径，应该采取措施，放弃或回避与该战略途径无关的优势、劣势，保持或增强与该战略途径有关的优势，并弥补与之有关的劣势，促使全面实现该战略途径对应的充分条件。找出实现战略目标的充分条件可能是困难的，但却永远是理性的战略家努力的方向。

SWOT 分析法就是一把双刃剑，只有真正地理解了它，才能真正地发挥它的最大功用，尽可能避免它的不利方面。

案例分析

比亚迪汽车有限公司的营销环境分析

比亚迪汽车有限公司（以下简称比亚迪）自 2003 年成立，就开始了汽车制造与销售的发展征程。至今为止，它已建成西安、北京、深圳、上海四大汽车基地，在整车制造、模具研发、车型开发等方面达到了世界领先水平，迅速成长为中国最具创新的自主品牌。比亚迪致力于燃油汽车、电动汽车和混合动力汽车的研发与生产，以客户的需求为导向，以强大的技术和资金实力为基础，充分发挥中国制造业的资源优势，全面整合汽车制造业的产业链条。企业大量吸收国际汽车制造业先进的非专利技术，实现整车制造成本的大幅降低和品质的迅速提升，遵循自主研发、自主生产、自主品牌的发展路线，打造真正质优价低的汽车，产品的设计吸取国际先进理念，又符合中国文化的特色。近年来，比亚迪也积极参与赈灾救危、捐学资教、支持文化体育等公益事业，积极关注社会，不断履行自己的承诺和义务，为社会做出贡献。

1．环境分析

（1）潜在进入者的威胁

在汽车行业，比亚迪独有的品牌提高了消费者的忠诚度，整车制造企业的投资、研发和产能等标准和规模都有严格要求，使得进入壁垒难以逾越。汽车行业研发成本较大，所以当产品的产量不能达到一定的规模将难以摊销，规模经济同时还体现在管理与采购成本以及销售成本上。比亚迪有较强融资能力，可以增加利益相关方的信心；企业对市场比较了解，投入大量资金并拥有专利及非专利产品技术，能够获得政府的补贴；企业在行业积累的经验和熟练的技术人员有利于节约成本。这些对于潜在进入者存在一定的壁垒。目前，所有企业都要自建渠道，这需要投入巨大的精力，况且国内新品牌与日俱增，渠道将成为重要的资源。比亚迪拥有较多销售点，目前仍在继续扩大，对潜在进入者来说渠道堡垒形成了对抗潜在进入者的有力武器。但是，对于汽车行业来说，消费者从一个供货商转向另一个供货商的成本较低，如果比亚迪的产品对顾客失去吸引力，消费者可能会购买其他企业的产品，此时进入壁垒较低，企业无能为力。

（2）供应商的议价能力

市场上有很多的供应商，选择比较多，同时转换成本较低。比亚迪的垂直整合，将全部的零件纳入自己的制造体系。供应商提供的产品对比亚迪的生产影响较小，企业自身具备直接生产的能力，对于供应商的议价能力较强。对于外购部分，由于企业自身同样制造零件，可以较好地锁定成本，有利于价格磋商，所以在议价方面同样具有优势。

（3）购买商的议价能力

对于汽车行业，购买商主要是指消费者。汽车的功能大致相同，购买者不需要锁定一家供应商，同时可在多个供应商中选择，这就对每个产品产生了购买分流，并会处于同时被几家竞争对手比较的局面。比亚迪与较多的竞争者竞争，包括国内、外的各大品牌，这就提高了购买者选择的范围和讨价还价的能力。

（4）替代产品的威胁

面对竞争激励的汽车市场，国内外众多品牌充斥市场，使竞争加剧。由于替代品的入侵，企业必须提高质量或降价，否则其销量与利润增长有可能受阻。但是，比亚迪的低成本优势可以抵御替代品的威胁。同时，社会“绿色”文化意识的增强和小型电动汽车的面世，电动汽车可能将成为下一代代步车中的新宠。但现阶段电动汽车成为替代品还为时过早，技术有待提高，这也是比亚迪正在努力的方向。

（5）同业竞争的竞争强度

汽车市场被认为是具有挑战性的，市场上已有的汽车品牌抢占了大部分的国内市场。国内的自主品牌也在瓜分市场，各个品牌都占有一席之地。因此，同业竞争激烈，国内市场的竞争强度较强。面对市场，消费者可以充分选择具有特色或者质优价低的产品，导致商家自愿降价和提高服务来吸引消费者，使得竞争加剧。比亚迪公司针对自己的研发能力，降低售价后，仍可保持赢利状态，但面对具有品牌忠诚度的消费者将无能为力。

2．竞争对手分析

比亚迪的竞争对手是奇瑞、吉利、长安等。

竞争对手分析如表 2-2 所示。

表 2-2　竞争对手分析

	2010 年销量（万辆）	市场增长率	主要车系
比亚迪	51.98	15.5%	F0、F3、F3DM、F3R、F6、G3、L3
奇瑞	68.2	22%	奇瑞、瑞虎、旗云
吉利	41.52	24.5%	美日、豪情、优利欧、中国龙
长安	40	34%	奔奔、悦翔、杰勋、长安

在 2010 年各企业制定的销售目标中，只有比亚迪未完成目标，其销售目标是 80 万辆，实际完成 51.98 万辆。在市场增长率方面，长安的竞争实力较强，高于行业平均增长水平 32%。在汽车定价方面，比亚迪、奇瑞、吉利、长安主要面向中低端市场，产品可选择的种类较多。但是，比亚迪在技术上优势比较突出，尤其是拥有电动汽车的技术，并研发了多项专利，超越了大多数的竞争对手，而这种能力很难被模仿。企业在流程上用人+机器=机器人的模式代替全自动的机器，这种成本优势对于企业来讲是具有战略价值的。其他企业的自主研发能力相对较弱，人才也相对匮乏，资金需求得不到满足，但它们成立时间均早于比亚迪，具有一定的品牌知名度，并且 2010 年长安在销售增长上远胜于比亚迪，仍然值得关注。

3．SWOT 分析

SWOT 分析结合了内部资源与能力，以及外部环境的机会与威胁，目的是明确企业在市场中所处的地位。

SWOT 分析如图 2-7 所示。

S—优势	W—劣势
企业专家研发能力较强，拥有多项专利 采用人与机器的半自动生产线 电池的制造能力及国际领先市场地位 精准营销模式，经销商遍布全国	进入汽车行业时间还比较短，经验数据较少 电动汽车技术上需要突破
O—机会	**T—威胁**
生活水平提高增加对汽车的需求 电动车竞争对手较少、壁垒高，与世界各国汽车企业站在同一起跑线，重新赛跑 政府对电动车多项补贴政策 丰田汽车的声誉败坏 鼓励自主品牌实施“走出去”战略，要求企业海外销量需占其总销量的 20%	车辆购置税从 7.5%的税率恢复为 10% 局部地区限制车牌发放 研发投入的资金巨大，尤其是电动车 各个企业争相研发电动车 到 2015 年，汽车燃油消耗量要比 2008 年降 20%

图 2-7　SWOT 分析

根据分析，比亚迪公司针对内部的优势和劣势，以及外部的机会和威胁，可采用如下战略：

SO 积极发展型战略：公司利用自主研发能力及成本优势，保持市场地位、建立自己的品牌形象，总体战略采用成长型战略中的密集型战略。

ST 克服威胁型战略：为新能源汽车的研发整合上下游企业，增加融资的渠道，总体战略采用成长型战略中的一体化战略。

WO 降低劣势型战略：引入先进的技术和人才，加大新能源汽车开发力度，总体战略采用成长型战略中的密集型战略。

WT 防御型战略：公司加大新能源汽车的研发，并增加融资的渠道，总体战略采用成长型战略中的密集型战略或采用公司总体战略中的收缩型战略。

（资料来源：www.chinaacc.com，2012.12.3）

辩证性思考：

未来几年，中国汽车产业发展的环境将如何？有何机会和威胁？

营销知识检测

1. 市场营销宏观环境的构成因素主要有哪些？
2. 市场营销微观环境的构成因素主要有哪些？
3. 如何进行环境机会分析？面对市场机会应采取哪些对策？
4. 如何进行环境威胁分析？面对环境威胁应采取哪些对策？

5. 简述 SWOT 分析的操作程序。运用 SWOT 分析方法时应注意什么？

营销能力训练

训练项目：

访问一家校企合作企业，对该企业进行市场营销环境分析，撰写市场营销环境分析报告。

训练目的：

通过训练，加深对市场营销环境分析的认识与把握，具备市场营销环境分析的能力。

训练要求：

由班级学习委员组织全员对市场营销环境分析报告进行讨论、交流。

运用市场分析

【学习与培养思路】

运用市场分析首先要解决3个问题，才能处于明确学习状态。

1．谁来分析市场

卖方企业是市场营销活动的主体。所以，卖方企业开展市场营销活动必须进行市场分析。卖方企业包括工业品生产企业、消费品生产企业和中间商。

2．分析什么市场

卖方企业分析买方市场，包括工业品生产企业分析组织市场（生产者市场、中间商市场、政府市场），消费品生产企业分析消费者市场、组织市场（中间商市场、政府市场），中间商企业分析消费者市场、组织市场（生产者市场、政府市场）。

3．如何分析市场

消费者市场重点分析消费者购买行为模式，掌握了消费者购买行为规律，即发现了消费者需求，便于消费品生产企业、中间商制定市场营销组合策略，满足消费者的需求；组织市场重点分析组织市场的购买行为的内容和方法。消费者市场与组织市场对比分析的重点是对组织市场营销与消费者市场营销进行比较。

通过学习，掌握消费者市场分析与组织市场分析的内容、方法，掌握区别消费者市场与组织市场的内容、方法。

通过培养，具备消费者市场分析与组织市场分析的能力，具备区别消费者市场与组织市场的能力。

3.1 运用消费者市场分析

【学习与培养思路】

消费者购买行为模式是消费者购买行为的规律，掌握了消费者购买行为的规律即发现了消费者的需求规律，便于制定市场营销策略，满足消费者的需求。这是企业针对消费者市场开展市场营销活动的思路。

在掌握消费者市场的特点、消费者购买决策过程的参与者、消费者购买行为的类型、影响消费者购买行为的因素与消费者购买行为模式的内容的基础上，培养分析影响消费者购买行为的因素与运用消费者购买行为模式的能力。

3.1.1 认知消费者市场

1. 认知消费者市场的概念

消费者市场是指所有为了个人消费而购买产品或服务的个人和家庭所构成的市场。在消费者市场，购买者购买产品或服务的目的是满足自身的最终消费，而不是作为生产资料获取利润，因此消费者市场也称为最终产品市场、最终消费市场。消费者需求是人类社会的原生需求，组织市场需求都由此派生而来。消费者市场从根本上决定其他所有市场的需求，因而是其他市场乃至整个经济活动为它服务的最终市场。

2. 认知消费者市场的特点

（1）广泛性与分散性。生活中的每个人都不可避免地发生消费行为或消费品购买行为，成为消费者市场的一员，因此消费者市场人数众多，范围广泛。消费者市场的分散性体现在两个方面：一是消费者地理分布范围广，且分散不集中；二是消费者每次购买的数量少，但购买次数频繁。因此，绝大部分商品都是通过中间商系统广泛分销，以方便消费者购买。

（2）多样性与复杂性。由于受年龄、性别、身体状况、性格、习惯、文化、收入、职业、教育程度和市场环境等多方面的影响，消费者的消费需求和消费行为体现出明显的多样性和差异性，购买产品时对所购产品的品种、规格、质量、外观、价格、服务等会有不同的要求。另外，很多消费品的需求还呈现出明显的地区性和季节性。

小思考

消费者的声音：20 世纪五六十年代，10 个消费者只有一种声音；七八十年代，10 个消费者 10 种声音；90 年代以后，1 个消费者 10 种声音。为什么？

（3）易变性与发展性。消费 z 需求具有求新求异的特性，要求商品的品种、款式不断翻新，有新奇感，不喜爱一成不变的老面孔。随着市场商品供应的丰富和企业竞争的加剧，消费者对商品的挑选性增强，消费风潮的变化速度加快，商品的流行周期缩短，这些变化往往令人难以把握。随着新产品不断出现，消费者收入水平不断提高，消费需求也就呈现出由少到多、由粗到精、由低级到高级的发展趋势。

（4）关联性与替代性。消费者的需求是多种多样的，各种需求之间往往具有一定的关联性。例如，购买了一套西服，可能会顺便购买衬衫、领带、皮鞋等；购买电饭煲，又可能会顺便购买榨汁机、豆浆机等。营销者往往利用这种关联性来设计产品系列，销售商则据此来安排商品货架陈列。

消费者需求还具有相互替代性的特点。这种替代性使消费品市场常常出现某种（某类）商品销售量增长，而另一种（一类）商品销售量减少的现象。例如，禽流感期间，对家禽类产品的需求减少，取而代之的是猪、牛、羊肉制品需求的增加。消费品这种替代性较强的特点，往往导致其需求弹性较大，市场伸缩性较强。

实用链接

NCR 公司旗下的 Teradata 数据仓库事业部在为沃尔玛公司所建的数据仓库进行数据分析时，发现纸尿片和啤酒这两类风马牛不相及的产品，在销售上表现出惊人的相关性，当纸尿片销量上升时，啤酒的销量也同步上升。深入调研后发现，原来，受妻子指派做购买纸尿片这一乏味的事情时，多数丈夫会在买纸尿片的同时顺便购买啤酒“喝一杯”来解乏。基于这种不同类产品关联的启发，商场便将纸尿片与啤酒安排在相邻的货架上。从此，纸尿片与啤酒的销量日见上升。

（5）非专业性与可诱导性。消费品市场的购买者大多缺乏相应的商品知识和市场知识，其购买行为属非专业性购买。消费者购买行为具有可诱导性，他们对产品的选择受广告宣传的影响较大。生产和经营部门应注意做好商品的宣传广告，指导消费，一方面当好消费者的参谋，另一方面也能有效地引导消费者的购买行为。

消费者市场的变化趋势是，消费行为日趋个性化，精神消费日益上升，知识产品成为时尚，信贷消费将日益盛行，绿色消费深入人心，对便利的要求更高。

3．认知消费者购买决策过程的参与者

家庭购买决策在许多情况下并不是由一个人单独做出的，而是有其他成员的参与，是一种群体决策的过程。一般来说，参与购买决策的成员大体可形成 5 种主要角色：

1）发起者。即购买行为的建议人，首先提出要购买某种产品或劳务。

2）影响者。即对发起者的建议表示支持或者反对的人，这些人不能对购买行为的本身进行最终决策，但是他们的意见会对购买决策者产生影响。

3）决策者。指对是否购买、买什么、买多少、怎样购买等做出全部或部分最终决策的人。

4）购买者。即执行具体购买任务的人，会对产品的价格、质量、购买地点进行比较选择，并同卖主进行谈判和成交。

5）使用者。即产品的实际使用人，其决定了对产品的满意程度，会影响购买后的行为和再次购买的决策。

这 5 种角色相辅相成，共同促成了购买行为。在营销活动中，企业一方面可根据各种不同角色在购买决策过程中的作用，有的放矢地按一定的程序分别进行市场营销宣传活动；另一方面也必须注意到有些商品在购买决策中的角色错位，如男士的内衣、剃须刀等生活用品有时会由妻子决策和采购，儿童玩具的选购过程中家长的意愿占了主要的地位等，这样才能找准市场营销的发力点、关键点，提高市场营销活动的效果。

3.1.2 认知消费者购买行为的类型

消费者在购买产品时，产品价格、购买频率不同，投入购买的程度也不同。根据消费者在购买过程中的介入程度和品牌间的差异程度，可以将消费者的购买行为分为 4 种类型，如表 3-1 所示。

表 3-1 消费者购买行为类型

品牌差异 \ 介入程度	高度介入	低度介入
品牌差异大	复杂的购买行为	广泛选择的购买行为
品牌差异小	减少不协调的购买行为	习惯性的购买行为

1. 认知复杂的购买行为

当消费者初次选购价格昂贵的、购买次数较少的、冒风险的和高度自我表现的产品（如汽车）时，属于高度介入购买。由于对这些产品的性能缺乏了解，为慎重起见，消费者往往需要广泛收集有关信息，并经过认真的学习，产生对这一产品的信念，形成对品牌的态度，并慎重地做出购买决策。

针对消费者复杂购买行为采取的市场营销策略：首先，突出品牌重要属性方面的声望；其次，利用印刷媒体和较长的广告描述产品的优点；最后，谋求中间商销售人员和购买者熟人的支持。

实用链接

上海大众对于帕萨特销售人员提出了这样的要求：销售人员在和客户接触过程中必须了解消费者需求。其服务内容是：

1）通过与消费者初步沟通，明确消费者对帕萨特的认知和偏好。

2）有针对性地介绍帕萨特产品的基本知识和帕萨特助理式服务的基本知识。

3）帮助消费者明确对产品的需求，包括型号、颜色、车型、基本装备和选装件等。

车辆介绍服务中又提出了强调专业化的要求：

1）介绍车辆时语言表述应当简洁，专业术语使用得当，并辅以通俗性的理解。

2）介绍特点时，应当注意连贯性，不能跳跃。

3）进行全面的现场介绍，包括销售公司的基本经销战略，以及帕萨特的销售政策、历史、产品特点、相关的技术指标和一些售后服务的内容。

2. 认知减少不协调的购买行为

当消费者高度介入某项产品的购买，但又看不出各个品牌有何差异时，对所购产品往往产生失调感。因为消费者在购买一些品牌差异不大的产品时，虽然其购买行为持谨慎的态度，但他们的注意力更多地集中在品牌价格是否优惠及购买时间、地点是否便利上，而不是花很多精力去收集不同品牌间的信息并进行比较，而且从产生购买动机到决定购买之间的时间较短。这种购买行为容易产生购买后的不协调感，即消费者购买某一产品后，或因产品自身的某些方面不称心，或得到了其他产品更好的信息，从而产生不该购买这一产品的后悔心理或心理不平衡。为了改变这种心理，追求心理平衡，消费者会广泛地收集各种对已购产品的有利信息，以证明自己购买决定的正确性。

针对减少不协调的购买行为采取的市场营销策略：营销者要提供完善的售后服务，通过各种途径经常提供有利于本企业和产品的信息，增强消费者的信念，使之有满意感。

3．认知广泛选择的购买行为

广泛选择的购买行为又叫做寻求多样化购买行为。如果一个消费者购买的产品品牌间差异虽大，但可供选择的品牌很多时，他们并不花太多的时间选择品牌，而且也不专注于某一产品，而是经常变换品种。例如，消费者购买饼干，上次买的是巧克力夹心的，而这次想购买奶油夹心的。这种品种的更换并非对上次购买的饼干不满意，而是想换换口味。

针对消费者广泛选择的购买行为采取的市场营销策略：运用多种促销方式，如产品摆满货架，降低价格，提供优惠、赠券、免费样品，制作提醒式广告和宣传使用新产品的广告，会有很好的效果。

4．认知习惯性的购买行为

消费者有时购买某一产品，并不是因为特别偏爱某一品牌，而是出于习惯。比如，食盐、糖、醋等这些价格低廉、品牌间差异不大的产品，消费者购买它们时，并未深入地寻找与该产品有关的信息，并不经过信念→态度→行为的正常顺序，大多不会关心品牌，而是靠习惯去选定某一品牌。

针对消费者习惯性的购买行为采取的市场营销策略：利用价格策略与促销策略作为某品牌产品试用的诱因，是一种非常有效的方法；运用广告策略时，低介入度的电视广告比印刷品广告更为有效；通过增加产品特色，把低介入度产品转化为高介入度产品，也是一个好的策略。

3.1.3 分析影响消费者购买行为的因素

消费者的购买行为受主观、客观等众多因素的影响，如图 3-1 所示。

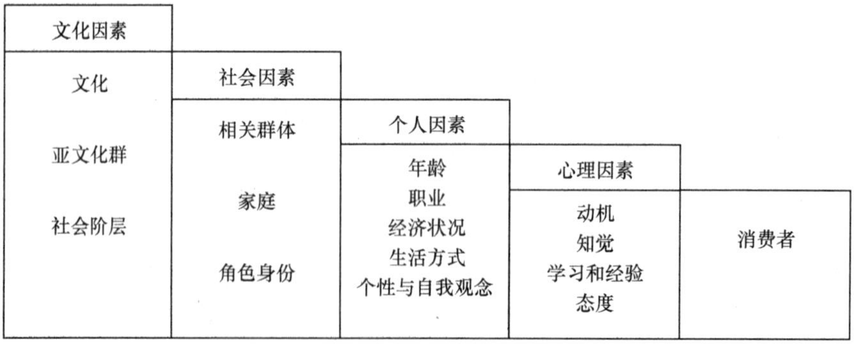

图 3-1 影响消费者购买行为的因素

1．分析文化因素对消费者购买行为的影响

1）文化。每个人都生长在一定的文化氛围中，并接受这种文化所含价值观念、行为准则和风俗习惯的规范。文化的差异引起消费行为的差异，表现在物质和文化生活的各个方面。

2）亚文化群。亚文化群包括民族亚文化群、地区亚文化群和宗教亚文化群。比如，地区亚文化群，由于地理位置、气候、历史、经济、文化发展的影响，我国可明显地分出南方、北方，或者东部沿海、西部内陆区等亚文化群。不同地区自然条件不同，经济发展水平和人们的生活习惯都不同，消费自然有别，甚至许多风俗习惯也不同。同属一个亚文化群的消费者往往具有相同或相似的价值观念、生活习俗和态度倾向。

3）社会阶层。每个社会客观上都会存在社会阶层的差异。现代社会，一般认为所从事职业的威望、受教育水准、收入水平和财产数量综合决定一个人所处的社会阶层。显然，处于不同社会阶层的人，经济状况、价值观取向、生活背景和受教育水平也不同。

2．分析社会因素对消费者购买行为的影响

（1）相关群体

相关群体指对个人的态度、偏好和行为有直接或间接影响的人群。人们往往有意无意地按照或跟随周围人的意向决定自己购买什么、购买多少。根据这些联系的密切程度，相关群体可分为 3 种：①关系密切的相关群体，如家庭成员、邻居和同事等；②关系一般的相关群体，如校友会、歌迷会、商业俱乐部等；③没有直接联系但影响力很大的群体，如影视明星、体育明星等。

相关群体对消费者购买行为的影响有：①信息性影响，指相关群体的价值观和行为被个体作为有用的信息加以参考；②功利性影响，指相关群体的价值观和行为方式对消费者发生作用后，可以帮助其获得奖赏或避免惩罚；③价值表现的影响，指群体的价值观和行为方式被个人内化，无须任何外在的奖罚就会依据群体的价值或规范行事。这时，相关群体的价值观和行为规范已经完全被个体接受，成为个体价值观和行为规范。

小思考

如何评价“明星”在营销中的影响力及号召力？

（2）家庭

家庭是社会中最重要的消费者购买组织。一个人从出生就生活在家庭里，家庭在个人消费习惯方面给人以种种倾向性的影响，这种影响可能终其一生。而且，家庭还是一个消费者购买组织，家庭规模的大小、家庭生命周期的不同阶段、家庭各成员的态度和参与决策的程度，都会影响到购买。家庭决策类型分为 4 种：

1）各自做主型：在购买一些个人使用产品（如剃须刀、化妆品）时，由丈夫、妻子独立做出决定。

2）丈夫支配型：在购买汽车、保险、维修工具等商品时通常由丈夫做主。

3）妻子支配性：在购买清洁、厨房用品和食品时，通常由妻子做主。

4）共同支配型：在度假、孩子上学、购买和装修住宅时，多为丈夫和妻子共同做出购买决策。

（3）角色身份

角色是指个人在群体、组织及社会中的地位和作用。一个人在一生中会参加许多群体，如家庭、班级、俱乐部及其他多种社团组织。每个人在各个群体中的位置可用角色身份来确定，在不同的环境中扮演着不同的社会角色，塑造不同的自我，具有不同的行为，并且这种角色身份随着不同阶层和地理区域而改变。

3．分析个人因素对消费者购买行为的影响

1）年龄。不同年龄的消费者的兴趣、爱好和欲望都有所不同，他们购买或消费商品的种类和式样也有区别。

2）职业、性别和受教育程度。由于生理和心理上的差异，不同性别的消费者在购买欲望、消费过程和购买习惯上也有所不同。职业和受教育程度也影响人们的需求和兴趣，受教育程度越高，购买商品越理智；而受教育程度低的消费者在购买商品更容易冲动，且更多表现出从众性购买。

3）经济状况。消费者的经济状况包括消费者的可支配收入、储蓄与个人资产、举债能力和对消费与储蓄的态度。经济状况的好坏直接决定了消费者的购买力，消费者通常会在可支配收入的范围内考虑以最合理的方式安排支出，以便更有效地满足自己的需求。一般来说，收入较低的消费者往往比收入较高的消费者更关注产品价格的高低。

4）生活方式。生活方式是个人行为、兴趣、思想方面所表现出来的生活模式。简单地说，就是一个人如何生活。通常，生活方式比一个人的社会阶层或个人性格更能说明问题，因为它勾勒了一个人在社会上的行为。市场营销人员应找出其产品和各种生活方式群体之间的关系，努力使本企业的产品适应消费者不同生活方式的需要。

5）个性与自我观念。个性在心理学中也称为人格，是指个人带有倾向性的、比较稳定的、本质的心理特征的总和。它是个体独有的，并与其他个体区别开来的整体特性。自我观念也称自我感觉或自我形象，是指个人对自己的能力、气质、性格等个性特性的感觉、态度和评价。一般说来，气质影响着消费者行为活动的方式，性格决定着消费者行为活动的方式，能力标志着消费者行为活动的水平。

4．分析心理因素对消费者购买行为的影响

（1）动机

动机是所有消费者行为的基本。它是一种驱使人满足需要、达到目标的内在驱策力，能够及时引导人们去探求满足需要的目标。消费者购买消费品主要是情绪性动机起作用。

（2）知觉

这个世界充满了各种刺激。人们对各种刺激进行了选择、组织，并在头脑里连贯成画面的过程叫做知觉。通常，人们对同一刺激物会产生不同的知觉，这是因为人们要经历 3 种知觉过程，即选择性注意、选择性曲解和选择性记忆。

1）选择性注意。并不是所有的外界刺激都会引起同等的注意，人们倾向于注意那些与其当时需要有关的、与众不同的或反复出现的外界刺激。

2）选择性理解。人们接收了外部刺激，但并不一定会得出同样的解释，而是根据自己以往的经验或成见对信息进行理解。

3）选择性记忆。人们获悉的大部分信息很快就被忘记了，只有少数被记住。

（3）学习和经验

学习是指通过形成经验引起个人行为改变的过程。一个人的学习是通过驱动力、刺激物、诱因、响应和强化的相互作用而产生的。经验是一种经历和体验，是在外界环境与个人认知和情感中形成的。经验是消费者学习的一种重要方式，是消费行为的核心。营销人员促销产品，实质上是在促销一种产品消费经验。

（4）态度

态度是指个人对某些事物较长期持有的喜欢与讨厌等认识上的评价、情感上的感受和行为倾向。表现态度的词语常用信念、意见、倾向、偏好、感情等。人们对品牌的喜好，大多介于非常喜欢和讨厌之间，还有一种就是消费者对品牌不完全了解。市场营销管理者应对消费者采取相应的措施，或者强化现有的喜好态度，或者让消费者喜欢上新产品和不了解的品牌；或者让其改变现有态度，提高喜欢的程度。

3.1.4 运用消费者购买行为模式

消费者购买行为模式直接反映消费者的购买行为，通过对其进行分析，可以弄清消费者购买行为的规律性及变化趋势。掌握消费者购买行为规律，以便制定和实施与之相适应的市场营销战略和策略，这是消费品企业和中间商开展市场营销活动的思路与方法。消费者购买行为模式如表 3-2 所示。

表 3-2 消费者购买行为模式

（1）谁是购买者	购买者
（2）购买什么	购买对象
（3）为何购买	购买目的
（4）何时购买	购买时间
（5）何地购买	购买地点
（6）如何购买	购买行为

1．分析谁是购买者

分析谁是购买者解决谁是购买者和参与购买者的问题。这里分析以下问题：该市场由谁构成？谁购买？谁参与购买？谁决定购买？谁使用所购产品？谁是购买的发起者？谁影响购买？

分析谁是购买者和参与购买者，明确了某种产品的购买者，解决了两个方面的问题：一是消费品生产企业如何选择中间商和消费者的问题；二是消费品生产企业和中间商有针对性地制定接待消费者、说服消费者、激发消费者购买策略的问题。

2．分析购买什么

分析购买什么解决消费者购买对象的问题。这里分析以下问题：消费者需要什么？消费者的需求和欲望是什么？对消费者最有价值的产品是什么？满足消费者购买愿望的效用是什么？消费者购买产品想从中获得的核心利益是什么？

分析购买什么，明确了消费者的需求，解决了两个方面的问题：一是消费品生产企业开发生产什么产品、销售什么产品的问题；二是中间商购进什么产品、销售什么产品的问题。

3. 分析为何购买

分析为何购买解决消费者购买目的的问题，即购买动机。动机有实有虚。这里分析以下问题：购买的目的是什么？为何喜欢？为何讨厌？为何不购买或不愿意购买？为何买这个不买那个？为何买本企业产品而不买竞争者的产品？为何买竞争者的产品而不买本企业产品？

分析为何购买，明确了消费者的购买目的，即消费者的买点，解决了两个方面的问题：一是卖方即消费品生产企业和中间商如何确定产品利益点、卖点的问题，只有产品的利益点、卖点适应了消费者的利益点，买点才能实现交易；二是卖方即消费品生产企业和中间商如何确定推销产品利益点、卖点的问题。

4. 分析何时购买

分析何时购买，解决消费者购买时间的问题，即掌握消费者购买的时间规律，包括关键月、关键日、关键时，以及消费者购买产品的时令性、季节性。这里分析以下问题：何时购买？什么季节购买？何时需要？何时使用？曾经何时购买过？何时重复购买？何时换代购买？何时产生需求？何时需求发生变化？

分析何时购买，明确了消费者购买产品的时间规律，解决了两个方面的问题：一是消费品生产企业何时生产产品、何时销售产品的问题；二是中间商何时购进产品、何时销售产品及确定营业时间的问题。

5. 分析何地购买

分析何地购买解决消费者购买地点的问题，即“只适宜”或“最适宜”在某个地方购买。消费者对购买地点的选择有其规律性，日常必需品习惯于就近购买，选择性较强的或贵重的产品到商业街、购物中心购买，某些特殊产品到有信誉的专业店购买，某些地方特色产品或专用产品还喜欢去产地、生产企业购买。而且，当消费者对某一商家形成良好的印象时，便乐意经常到它那里购买，形成对购买地点的习惯性。这里分析以下问题：在城市购买还是在农村购买？在超市购买还是在农贸市场购买？在大商场购买还是在小商店购买？通过电视购买还是网上购买？

分析何地购买，明确了消费者的购买地点，解决了两个方面的问题：一是消费品生产企业确定销售方式及中间商数量的问题；二是中间商确定网点设立在什么地点、设立多少网点的问题，以及如何利用消费者对购买地点的习惯性提高服务质量、培养满意消费者和忠诚消费者的问题。

6. 分析如何购买

分析如何购买解决消费者购买行为方式的问题，即消费者的购买类型与支付方式。这里分析以下问题：消费者如何决定购买行为？以什么方式购买？按什么程序购买？

分析如何购买，明确了消费者的购买方式，解决了两个方面的问题：一是消费品生产企业、中间商、电商为消费者提供多种购买方式、开展多种促销活动以激发消费者购买的问题；二是消费品生产企业、中间商、电商根据不同的购买类型为消费者提供针对性服务以提高服务质量的问题。

小思考

在学校开一家超市，如何对学生购买行为模式进行分析，确定经营思路？

实用链接

金嗓子喉宝的消费者购买行为模式分析

购买者	烟酒爱好者、足球爱好者、空气污染严重地区人群、唱歌爱好者、推销员、教师、导游、学生
购买对象	保护嗓子的好东西
购买目的	咽喉痛、上火、口臭、润喉、送人
购买行为	少量购买、重复
购买时间	唱歌、吸烟喝酒之后、讲课时、天气干燥……
购买地点	便利店、超市、药店

3.2 运用组织市场分析

【学习与培养思路】

与消费者市场不同的是，组织市场是组织对组织的营销。组织市场更注重与供应商及用户建立长期的利益纽带，从而获得共同的利益。

在掌握组织市场的特点、不同组织市场购买的参与者、不同组织购买决策的内容、影响不同组织购买决策因素的基础上，培养分析生产者市场、中间商市场与政府市场的能力。

3.2.1 认知组织市场

1．认知组织市场的概念

组织市场指工商企业为从事生产、销售等业务活动，以及政府部门和社会团体为履行职责而购买产品和服务所构成的市场。简言之，组织市场是以某种组织为购买单位的购买者所构成的市场，包括生产者市场、中间商市场、政府市场和社会团体市场。

2．认知组织市场的特点

（1）认知组织市场的市场结构特点

1）购买者少、购买规模大。在消费者市场上，购买者是消费者个人或家庭，购买者必然为数众多，购买规模很小。而在组织市场上，情形正好相反，如鞋厂的数量要比使用鞋子的消费者数量少。尽管组织市场的用户数量少，但用户的购买量很大，主要表现在总交易量、每笔交易的当事人数、用户经营活动的规模和多样性、生产阶段的数量和持续的时间等方面。组织市场的购买还按照一定的周期重复购买如旅馆对香皂的需求量，远比一般家庭的香皂需求量大得多。

2）组织市场的地理分布相对集中。例如，石油、橡胶、钢铁、农业等行业就显示出相当强的地理区域集中性。在我国，大多数组织用户集中在北京、天津、上海、武汉、广州、成都、深圳等国内工业较为集中的城市。

（2）认知组织市场的需求特点

1）组织市场的派生需求。没有消费者市场的相应需求，就没有组织市场的需求。组织市场的需求还随着消费者市场相应需求的变化而变化。组织市场的派生需求往往是多层次的，形成环环相扣的链条。消费者市场的相应需求是这个链条的起点，是组织市场需求的动力和源泉。例如，消费者市场对汽车的需求带来汽车制造商对轮胎、汽车制造设备等的需求，而这些需求又引发对橡胶业、钢铁业等相关行业产品的需求。

2）需求缺乏弹性。相对于消费者市场，生产者市场产品价格的上升或下降，对产品需求不太会有影响。组织市场的需求具有派生性。它对原料的需求主要来自于消费者对产品的需求。如果消费者的需求没有增加，即使原料价格下跌，组织市场的需求也不会出现。此外，组织市场本身的需求还受限于有效产能与仓库固定容量，因此原料价格下降还要看产能的消化能力与仓储的容量状况来决定其影响，所以需求弹性较低。

3）需求波动大。组织市场对工业性产品的需求，特别是新工厂对原材料和设备的需求，通常比消费产品的需求还不稳定。消费者需求只要有一点增加或减少，就会引起生产产品的工厂和设备需求很大的变动。例如，当消费者的需求增加时，零售商为了满足消费者的需求增加，就会增加其对产品的需求，从而批发商或经销商也增加对产品的需求，最后制造商也会受到影响而增加产品的需求。

（3）认知组织市场购买者的成分特点

组织市场上的购买者成分复杂，并多为受过专门训练的采购人员。经过专业训练的采购人员，具有丰富的产品和购买知识，他们不仅要对购买的产品在性能、规格及技术细节上的要求较为熟悉，而且要灵活运用谈判技巧。在涉及较为复杂的购买决策时，会涉及更多的人甚至公司高管或政府高官。供应商应十分重视推销人员的挑选和培训，使之具有良好的专业知识和销售知识，具有较强的人际交往能力。技术性较强的产品，其推销人员更应具有完备的技术知识。

（4）认知组织市场购买者的决策特点

组织市场购买者的决策，通常比消费者的决策更为复杂，涉及更大数额款项、更为复杂的技术和经济问题，因此往往需要花费更多的时间反复论证。组织购买者的决策行为比消费者更为规范，对大额购买通常要求详细的产品规格、文字购买清单、对供应商的调查和真实的审批程序。

（5）认知组织市场买卖双方的关系特点

在组织市场上，买卖双方往往倾向于建立长期用户关系，保持密切往来。在购买决策的各个阶段，从帮助用户确定需求，寻找能满足这些需求的产品和劳务，直至售后服务，卖方始终参与并同用户密切合作，甚至还要经常按用户要求的品种、规格定期提供产品和劳务。从长期看，组织市场上的营销者要通过为用户提供可靠的服务及预测他们眼前和未来的需要，与用户建立持久的关系，从而保持自身的销售额。另外，买卖双方的关系有时体现为互惠购买，即买卖双方经常互换角色，互为买方和卖方。此外，组织市场往往通过租赁方式取得所需产品。许多企业无力购买或需要融资购买所需的昂贵产品，如机器设备、车辆等。采用租赁的方式可以节约成本。

3.2.2 认知生产者市场

1. 认知生产者市场的概念

生产者市场也叫企业市场，是指由购买产品和服务用于再生产其他产品以供出售、出租给他人的所有组织和个人所组成的市场。它主要由以下产业构成：①农、林、牧、渔业；②采矿业；

③制造业；④建筑业；⑤运输业；⑥通信业；⑦公用事业；⑧银行、金融、保险业；⑨服务业。

2．认知生产者市场购买的类型

1）直接重购。直接重购是按照原来的购买方式和条件，向原来的供应商订货的一种购买行为。这种采购方式，原有的供应者不必重复推销，只需要使产品的质量和服务保持稳定的水平。

2）修正重购。修正重购是企业因为生产的需要或为了争取更优惠的交易条件而变更产品的规格、数量、价格或其他条款，或重新选择供应商的一种购买行为。这种类型对原来的供应商很不利。当然，频繁更换供应商，对采购方也不利。

3）新购。新购是在市场上寻找供应商，首次购买从未购买过的设备、原料、服务等生产资料的购买行为。这种购买成本高、风险大，购买决策较复杂。采购方要善于收集和运用信息，尽快建立自己的采购网络。

3．认知生产者市场购买的参与者

购买类型不同，购买决策的参与者也不同。多数情况下，买方的采购决策受到许多人直接或间接的影响。这些人分别扮演着以下 6 种角色中的一种或几种。

1）使用者。指生产者用户内部使用这种产品或服务的成员。使用者往往首先提出购买建议，并协助确定产品规格。

2）影响者。指生产者用户的内部和外部能够直接或间接地影响采购决策的人员。他们协助确定产品规格和购买条件，影响供应商的选择。

3）决策者。指有权决定买与不买，决定产品规格、购买数量和供应商的人员。有些购买活动的决策者很明显，有些却不明显，供应商应当设法弄清谁是决策者，以便有效地促成交易。

4）批准者。指有权批准决策者或购买者所提购买方案的人员。

5）采购者。指被赋予权力按照采购方案选择供应商和商谈采购条款的人员。如果采购活动较为重要，采购者中还会包括高层管理人员。

6）信息控制者。指生产者用户的内部或外部能够控制信息流向采购中心成员的人员。比如，采购代理人或技术人员可以拒绝或终止某些供应商和产品的信息。

4．分析影响生产者购买决策的因素

（1）分析环境因素对生产者购买决策的影响

环境因素泛指影响企业市场营销活动的一切外部因素，主要包括政治法律、经济形势、文化、技术进步、市场竞争及产品的供应条件等因素。生产者市场上，购买者受当时和预期经济环境因素的影响极大，如经济前景、市场需求、技术发展变化、资金成本、社会需求水平等情况。

（2）分析组织因素对生产者购买决策的影响

组织因素指生产者企业内部的各种因素，主要包括企业的经济目标、购买政策、业务程序、组织结构、制度体系、企业文化等。这些因素从组织内部的利益、营销运作和发展战略等方面影响生产者的购买决策。供应商和生产资料营销人员应了解和把握这些组织因素、变化趋势及对企业购买可能产生的影响方向与程度，并采取适当措施加速生产者的购买决策过程。

（3）分析人际因素对生产者购买决策的影响

人际因素泛指企业内部的人事关系。一般来说，生产者购买活动具体由企业的采购中心执行，采购中心通常又包括使用者、影响者、批准者、采购者、决策者和信息控制者。这 6 种成员共同参与购买决策过程，因其在组织中的地位、职权、说服力以及他们之间的关系不同而对购买决策产生不同有时甚至是微妙的影响。设法洞悉这些敏感的人际因素，有利于市场营销人员了解生产者购买过程中的群体动态及其作用，并制定恰当的营销策略。

（4）分析个人因素对生产者购买决策的影响

个人因素指企业内参与生产资料购买决策的个人的年龄、工作职位、受教育程度、个性、价值观念和风险态度等。企业生产资料的购买实质上是采购中心成员在企业内外各种因素约束下的具体购买行为，因此这些个人因素必然对生产者的购买决策产生潜移默化的影响，即影响各参与者对要采购的生产资料和供应商的感觉和看法，进而影响其购买决策和购买行为。

5. 运用生产者购买行为的操作程序

生产者购买行为包含谈判、决策、管理等诸多活动，分为 8 个阶段，但并非每次采购都经过这 8 个阶段，这要依采购业务的不同类型而定。生产者购买行为过程如表 3-3 所示。

表 3-3　生产者购买行为过程

购买类型 购买阶段	新　　购	修订重购	直接重购
1. 提出需要	是	可能	否
2. 确定需要	是	可能	否
3. 说明需要	是	是	是
4. 寻找供应商	是	可能	否
5. 征求建议	是	可能	否
6. 选择供应商	是	可能	否
7. 签订订单	是	可能	否
8. 绩效评价	是	是	是

1）提出需要。需要的提出，既可以是企业内部的原因，也可以是外部的刺激。例如，企业决定生产新产品，需要采购新的设备和原材料，或者因为各种原因要更换供应商等，属于企业内部原因；商品广告，或业务人员发现了市场上质量更好、价格更低的产品等，属于外部刺激。

2）确定需要。需要提出后，就要确定所需项目的总特征和需要的数量。对标准或常规项目的采购，一般都是采购人员直接决定；而复杂项目的采购，应由企业内部的使用者、工程技术人员及相关负责人共同决定。

3）说明需要。这是第二阶段的延伸，就是对所需产品做更详细、更精确的描述，对产品各项技术指标做具体分析，并做出详细的说明，供采购人员参考。对产品的分析，一般采用价值分析法。

4）寻找供应商。企业可以通过广告、用户网络、互联网等各种途径，尽量寻求一些声誉好、服务周到、产品质量高的供应商。寻找供应合作伙伴时，要立足于双方长期的利益。

5）征求建议。如果购买的产品不需要较高的信息量，“寻找供应商”和“征求建议”两个阶段会同时发生。当所购买的产品很复杂时，就存在许多经济、交易和技术上的问题，对候选供应商的筛选等还需要有关部门的参与和讨论。

6）选择供应商。企业一般会要求候选的供应商提供较详细的产品说明。在收到多个供应商的有关资料后，企业应根据自己的情况，选择比较满意的供应商。确定供应商后，就要与这些入选者协商具体的购买事宜。

7）签订订单。企业选定供应商后，就会向他们发出订货单，其中应包括所需产品规格、数量、交货日期、退货、保修、运输及保证等方面的内容。

8）绩效评价。产品购进后，企业会在使用中了解所购买的产品是否起到了应有的作用，并以此来确定合同履行情况的评价，成为再采购、修改或取消与对方合作的依据。

3.2.3　认知中间商市场

1．认知中间商市场的概念

中间商市场也称转卖者市场。它由所有以赢利为目的而从事转卖或租赁业务的个体和组织构成。中间商市场由批发市场和零售市场组成。批发市场是为零售商、生产企业及其他商业转卖者提供商品交易的场所和领域，它是从生产领域向消费领域转移的起点。零售市场是为个人、家庭消费需要和企业团体非生产性消费需要提供零星商品交易的场所和领域，它是从生产领域向消费领域转移的终点。中间商市场中，批发商和零售商处于生产和消费的中间环节，是媒介商品交换的中间商人。

中间商市场不创造使用价值，但创造时间价值、空间价值和所有权价值。

2．认知中间商市场的购买类型

1）新产品采购。即中间商对是否购进及向谁购进以前未经营过的某一新产品做出决策。

2）最佳供应商选择。指中间商为已经确定需要购进的产品寻找最合适的供应商。

3）改善交易条件的采购。指中间商希望现有供应商在原交易条件上再做些让步，使自己得到更多的利益。

4）直接重购。指中间商并不想更换供应商，但试图从原有供应商那里获得更为有利的供应条件。

3．认知中间商购买过程的参与者

采购决策的参与者根据企业规模的大小而不同，对于小型商贸企业经营者往往就是决策者，大型商业企业通过建立采购委员会的方式进行决策。

4．认知中间商购买决策的内容

1）配货决策。指中间商决定经营商品的花色品种，即中间商的产品组合。①独家货色，即中间商决定只经营一家制造商的产品。②专深货色，即中间商决定经营许多家制造的同类产品的各种型号和规格。③广泛货色，中间商决定所经营的商品种类多、经营范围广泛，但没有跨

行业经营。④杂乱货色，即中间商决定经营许多没有关联的产品。

2）供应商组合决策。指中间商决定与之进行交易活动的有关供应商。

3）供货条件决策。指中间商决定采购的购买数量、价格、交货期、相关服务及其他相关条件。

3.2.4 认知政府市场

1．认知政府市场的概念

政府市场是指服务于国家和社会，以实现社会整体利用为目标的有关组织。它包括各级政府和下属各部门，以及保障国家公共安全与社会稳定的军队、公检法等机构为执行政府职能而采购或租用产品所构成的市场。

2．认知政府市场的购买类型

1）公开招标选购。指政府的采购部门通过传播媒体发布广告或发出信函，说明拟采购的产品名称、规格、数量和有关要求，邀请供应商在规定的期限内投标。有意争取这一业务的企业要在规定的时间内填写标书，密封后送政府的采购部门。招标单位在规定的日期开标，选择综合条件符合要求的供应商作为中标企业。

2）议价合约选购。指政府的采购部门同时和若干供应商就某一采购项目的价格和有关交易条件展开谈判，最后与符合要求的供应商签订合同，达成交易。这种方式适用于复杂的工程项目，或者发生在缺乏有效竞争的场合。

3）日常性采购（例行选购）。指政府为了维持日常办公和其运作的需要而进行的采购。这类采购金额较少，一般是即期付清，即期交货，多为直接再购。

3．认知政府采购过程的参与者

1）采购人。即货物、工程或服务的需要机构，由他们使用财政性资金进行采购并使用。

2）采购机构。即专门设立的政府采购机构，集中采购的情况下由他们负责代理采购人履行采购业务。

3）供应商。即参与政府采购的投标、谈判，并在中标后向采购方提供货物、工程或服务的企业。

4）采购相关人员。即在政府采购过程中进行中介、参与评标或谈判的有关人员，也包括提供有关信息的机构和人员。

5）政府采购监督管理部门。属于政府的职能部门，负责对政府采购活动依法实施监督和管理。

这 5 个方面的机构和人员的关系大体是，由采购人提出采购申请，由专门的政府采购代理机构向有关供应商进行采购，采购相关人员参与采购的有关活动，政府采购监督管理部门对采购全过程实施监督。

4．分析影响政府购买行为的主要因素

1）分析社会公众监督对政府购买行为的影响。虽然各国的政治经济制度不同，但是政府采购工作都要受到社会各方面的监督。以我国为例，政府采购会受到国家权力机关和政治协商会议、行政管理和预算办公室、传播媒体、公民和社会团体等的监督。

2）分析国际国内政治形势对政府购买行为的影响。例如，在国家安全受到威胁或出于某种原因发生战争时，军备开支或军需用品需求就增多，而在和平时期用于建设和社会福利的支出就大。

3）分析国际国内经济形势对政府购买行为的影响。经济疲软时期，政府就会缩减开支，经济高涨时则会增加支出。国家经济形势不同，政府用于调控经济的支出也会随之增减。例如，美国前总统罗斯福在美国经济衰退时就采取了由国家投资大搞基础设施建设的手段，有效地刺激了国家经济增长。

4）分析自然环境对政府购买行为的影响。例如，各种自然灾害会使政府用于救灾的资金和物资大量增加。

5．运用政府采购的操作程序

1）采购单位填报政府采购申请表。

2）制定政府采购实施方案。

3）发布政府采购信息。

4）对供应商进行资格审查。

5）编制政府采购文件。

6）组织实施政府采购。

7）履行与管理合同。

3.3 区别消费者市场与组织市场

【学习与培养思路】

有效地开发消费者市场与组织市场的前提条件是，掌握消费者市场与组织市场的区别。消费者市场与组织市场的区别从产品策略、定价策略、分销策略、促销策略 4 个方面进行分析。

在掌握组织市场营销的实质、消费者市场营销与组织市场营销区别的内容的基础上，培养区别消费者市场与组织市场的能力。

3.3.1 认知组织市场营销的实质

对于组织市场营销来说，由于行业、产品、销售对象不同，各企业市场营销策略也有所不同，而且各组织内部的运作透明性不高，缺乏借鉴性。用有关消费者市场的市场营销理论对组织市场营销进行实践的指导收效甚微，其原因就在于组织购买品与最终消费品在购买对象、购买目的和产品 3 个方面有着很大的差别。组织市场营销的实质是组织对组织的营销。虽然消费者市场营销的基本概念和理论对组织市场营销有一定的指导和借鉴意义，但组织市场更注重关系营销，即通过与供应商、用户建立长期的利益纽带而获得共同的利益，所以市场营销策略的侧重点及采取的市场营销手段各有不同。

3.3.2 分析消费者市场营销与组织市场营销的区别

这里从产品策略、定价策略、分销策略、促销策略 4 个方面，分析组织市场营销与消费者市场营销之间在市场营销理念、市场营销策略的侧重点及采取的市场营销手段等方面的区别。

1．分析产品策略的区别

企业为消费者市场的每个细分市场所提供的基本上都是标准产品，每个细分市场都存在着有相似消费偏好的、人数众多的消费者，并采取着统一的定价、促销、分销策略。对于一些标准的组织购买品来说，它们可以按标准满足各类组织类用户的需求；但对于其他购买品，如大型设备、计算机系统等，它们基本上按照用户的特殊要求进行单独设计，这意味着企业为每个用户所提供的产品或服务是唯一的，同时意味着买卖双方在交易前后及达成交易的过程中必须密切合作、及时沟通、加强了解，而产品或服务是完全满足、符合每个用户需求的。这些都是关系营销理念的体现。

2．分析定价策略的区别

消费品的定价过程主要体现了卖方的意愿，包括为促销所做出的价格调整策略。而在组织购买中，由于购买批量大，采购价格将直接或间接影响组织用户的产品价格，进而影响其产品的竞争力。因此，价格协商与谈判是经常发生的一个重要环节，价格的最终确定取决于采购批量、对卖方产品成本结构及销售状况等信息的掌握情况及谈判技巧等因素。一般来说，购买批量大、掌握的信息完全、谈判技巧高，组织用户所获得的价格优惠就多。这同时意味着不同的组织用户将以不同的价格获得同样的产品或服务。那些为特定用户单独设计的特制产品更需要通过采购价格来确定价格。

一些组织限于法律的规定或为了能够获得在质量、价格、规格、供货速度等方面更让人满意的产品，往往通过竞争投标的方式来采购，组织购买品的价格因此通过竞争投标而产生。随着关系营销理念被越来越多的组织所重视，很多供应商在价格制定上更多地考虑按照用户所能承受的价格来开发、设计产品，而非在传统营销理念的指导下将用户作为自己的利润中心来对待。关系营销所关注的是长期合作所带来的双方利益的双赢而非短期的既得利益。

3．分析分销策略的区别

由于消费者数量多且分布比较分散，因此消费者市场一般采用长且宽的分销渠道。在组织市场中，如果用户的规模大，或者每个用户的规模小但在地理区域上比较集中，则组织一般采用直销方式。如果用户规模小，且分布比较分散，组织则倾向于采用代理商、厂商销售代表或经销商等间接分销渠道。在某一个市场区域，如果同时存在着一个或几个规模较大的用户、众多个规模较小的用户，组织则会采取直销和间接销售两种分销渠道。

研究表明，组织市场中通过直销的方式将产品销售给组织用户的比例高达 68%，而且这一比例有不断上升的趋势。导致这种现象的原因一方面在于有些组织购买品具有技术复杂、服务方面的要求较高、售价昂贵等特点，不适合采用间接分销渠道；另一方面，买卖双方更愿意通过直接沟通，相互了解，以获得彼此的利益：买方能够及时地获得技术、服务上的支持，获得更为公平的价格；卖方则能够及时了解买方的需求并提供满足这种需求的产品和服务，而且通过直销能更好地体现自己的市场营销观念和市场营销策略。直销既促进了组织之间的沟通，又满足了组织类用户购买的便利，因此是关系营销的一项重要策略。

4．分析促销策略的区别

由于组织市场的用户规模大、数量少且分布比较集中，因此组织购买品在促销策略上更多地采用人员销售方式，而较少采用广告。一般来说，消费品的广告预算通常超过销售额的 5%，组织购买品的广告预算大约为销售额的 1%～2%。组织购买品主要通过专业网站、企业网站、产品展示会、直接邮寄、专业性杂志、典型用户及行业内有影响力的用户等途径进行企业、产品和服务的宣传。

组织市场营销对营销人员的要求相对较高，他们既要懂得一定的技术，又要能够协调用户与工程师、生产人员及销售经理的关系，还需要了解组织中有哪些人参与了采购决策、哪些人能够影响采购决策及其原因。

一个组织用户往往通过供应商的营销人员来认知其实力、信誉和形象，而营销人员通过与组织用户的直接沟通了解其有关需求的信息并传递给供应商。因此，人员销售能够增强组织与组织之间的及时沟通和了解，是实现关系营销的一个重要纽带和环节。这点与消费者市场营销所惯用的“压迫式”单向促销有明显的不同。

案例分析

“80 后”购买行为分析

1. 认知“80 后”

“80 后”指 1980—1989 年出生的人。与“50 后”“、60 后”、“70 后”相比，这一代人身上有其较独特的特征。未来 10 年内将是整个市场消费的主力军。

“80 后”是计划生育政策出台后的第一代独生子女。其特征为：第一，家庭结构发生变化。“三位一体”的新型家庭结构，父母双方只养育一个孩子，可以说他们把更多的时间、精力、金钱都放在了孩子身上。“80 后”无论从精神上，还是从物质上都相对较丰富，所以社会上流传“小公主”、“小皇帝”的说法。第二，受教育程度较高。改革开放以来，大家的生活水平不断提高，孩子数量的减少，孩子在家庭中的地位不断上升。据有关资料显示，与“文革”中丧失教育机会的一代人不同，今天中国 20 多岁的年轻人中有 1/4 上了大学。自 1978 年改革开放以来，共有 60 多万人出国留学，其中 16 万人学成归国。第三，个性“独立”。

2. 影响“80 后”购买行为的因素

（1）“80 后”自身因素

1）“80 后”的经济状况。“80 后”的消费信心来自三个方面：第一，自己的工资。第二，家庭的支持，已经工作了，父母还每月给钱的比例可以达到 13.3%。“80 后”有强大的消费保障：父母是后盾。第三，“80 后”信贷消费比例高。有很大一部分人的消费观念是“有钱就花，没钱就贷”。进商场、超市买东西刷卡，买房、买车、买大件按揭。强烈的消费欲望，将会把上一代，甚至上几代人的存款和积蓄消费殆尽，可以说未来拥有 2 亿人的“80 后”消费市场将会有强大的购买力。

2）“80 后”的性格与自我观念性格。“80 后”从小处于家庭核心，形成了独立、自我的个性，不满足于标准化、模式化，有独立的思考方式和价值观，追求个性，彰显与众不同。一些广告语专门针对“80 后”，如美特斯邦威“每个人都有自己的舞台”、“不走寻常路”，中国移动的动感地带“我的地盘听我的”，这些广告词句句都体现出了当前年轻人的心声。他们在消费上更喜欢个性化的东西。

（2）社会因素

1）社会文化因素。当前的“80 后”较少受传统文化的影响，他们学历高，可以通过书本、报纸杂志、电视电话、网络等各方接收到太多太多的信息。加之，交通通信的发达，相对缩短了地理上的距离，促进了文化交流。因此，来自不同地区、不同民族、不同种族、不同国家的文化因素他们都可以接收到，同时也影响着他们的思想，从而影响着他们的行为。

2）相关群体。“80 后”较少受家庭因素的影响，由于他们追求时尚、喜欢个性化的东西，加上接受信息的速度比较快，所以较容易受影视明星、体育明星的影响。他们有较强的效仿欲望，各种产品借助体育明星的知名度和影响力树立品牌形象，如刘翔代言可口可乐、诸宸代言清华紫光等，这也能刺激“80 后”的消费。

（3）企业和产品

1）产品设计。为了迎合“80 后”的心，企业在产品的设计上也下了不少的工夫。现在产品的生命周期越来越短，科学技术的进步越来越快，消费者的观念更新速度也越来越快，使市场竞争越来越大，企业只有不断更新产品才会有好的发展前景。生活中，每年有超过 25 000 个新产品上市。例如，海尔的个性化产品健康金超人、节能世纪超人、变频太空金元帅、直流数码变频空调、网络空调等 8 大系列产品，让消费者的个性化需求得到满足。

2）广告宣传。我们经常听到“百事可乐，年青一代的选择”，移动的动感地带“我的地盘听我的”，满足了年轻人的心理需要：我是年轻的，喝百事可乐；我是动感的，我要有属于自己的地盘，就用移动的动感地带。

除以上因素外，“80 后”购买行为还受家庭因素，以及个人的职业与生活方式，个人的动机、知觉、学习等心理因素的影响。在市场营销活动中，企业要全面地分析各种影响“80 后”购买行为的因素，根据目标市场的具体情况，制定营销策略，有针对性地引导“80 后”消费者的购买行为，才能使企业在市场竞争中永远立于不败之地。

（资料来源：www.chinqlcing.com，2006.11.27）

辩证性思考：

你认为针对影响“80 后”购买行为的因素应采取哪些营销策略？

营销知识检测

1. 在市场营销活动中，哪些企业需要对消费者市场进行分析？
2. 影响消费者购买行为的因素有哪些？

3. 消费者市场购买行为主要有哪些类型？
4. 在市场营销活动中，哪些企业需要对生产者市场与中间商市场进行分析？
5. 影响生产者购买决策的因素有哪些？
6. 中间商购买决策的内容有哪些？
7. 简述组织市场营销与消费者市场营销的区别。

营销能力训练

训练项目：

1. 选择一家商场或消费品生产企业，对该企业进行消费者市场分析，撰写消费者市场分析报告。

2. 针对本地区的高等院校，进行大学生购买行为分析，撰写大学生购买行为分析报告。

训练目的：

通过训练，进一步熟悉、掌握消费者市场分析的方法，具备消费者市场分析的能力。

训练要求：

由班级学习委员组织全员对消费者市场分析报告进行讨论、交流。

第4单元

运用市场竞争分析

【学习与培养思路】

人们常用“没有硝烟的战争”来比喻企业的市场营销活动，这是因为有市场竞争的存在。除了没有流血以外，市场竞争的激烈程度是可与任何流血战争相比的。市场营销不仅提供能满足消费者需要的产品或服务，而且要求比竞争对手做得更好。因此，市场竞争是进行市场营销活动的前提条件。企业必须认真地对各种现实的和潜在的竞争者进行识别和分析，有的放矢地制定市场竞争战略，才能在激烈的市场竞争中求得生存和发展。

通过学习，掌握市场竞争者分析、市场竞争战略地位与市场竞争战略选择的内容、操作程序与方法，以及市场竞争战略运用的适用条件与运用中应注意的问题。

通过培养，具备分析市场竞争者的能力。

4.1 运用市场竞争者分析

【学习与培养思路】

知己知彼，才能对市场竞争者施以更有效的攻击，才能够防御较强市场竞争者的“攻击”。因此，对市场竞争者进行识别和分析是有的放矢地制定市场竞争战略的基础。

在掌握识别市场竞争者的内容、分析竞争者的优势与劣势、分析竞争者的市场反应行为类型的基础上，培养分析市场竞争者的能力。

4.1.1 认知市场竞争者分析

市场竞争者分析是指企业通过某种分析方法识别出市场竞争对手，并对它们的目标、资源、市场力量和当前战略等要素进行评价。其目的是准确判断市场竞争对手的战略定位和发展方向，并在此基础上预测市场竞争对手未来的战略，准确评价市场竞争对手对本企业战略行为的反应，估计市场竞争对手在实现可持续市场竞争优势方面的能力。

4.1.2 识别市场竞争者

1．从市场角度识别市场竞争者

1）品牌竞争者。企业把同一行业中以相似的价格向相同的消费者提供类似产品或服务的其他企业称为品牌竞争者。例如，家用空调市场中，格力空调、海尔空调、三菱空调等生产厂家

之间的关系就属于品牌竞争者。品牌竞争者之间的产品相互替代性较高，因而市场竞争非常激烈，各企业均以培养消费者品牌忠诚度作为争夺消费者的重要手段。

2）行业竞争者。企业把提供同种或同类产品，但规格、型号、款式不同的企业称为行业竞争者。所有同行业的企业之间存在彼此争夺市场的竞争关系，如家用空调与中央空调的生产厂家、高档汽车与中档汽车的生产厂家之间的关系。

3）形式竞争者。提供不同种类的产品，但满足和实现消费者同种需求的企业称为形式竞争者。例如，航空公司、铁路客运、长途客运汽车公司都可以满足消费者外出旅行的需求，当火车票价上涨时，乘飞机、坐汽车的旅客就可能增加，它们相互之间争夺满足消费者的同一需求。

4）一般竞争者。企业把提供不同产品，满足消费者的不同愿望，但目标消费者相同的企业称为消费竞争者。例如，很多消费者收入水平提高后，可以把钱用于旅游，也可用于购买汽车或购置房产，因而这些企业间存在相互争夺消费者购买力的竞争关系。消费支出结构的变化，对企业的市场竞争有很大影响。

2．从行业的角度识别市场竞争者

1）现有同类产品生产企业。指本行业内现有的与企业生产同样产品的其他厂家，这些厂家是企业的直接市场竞争者。

2）潜在加入者企业。当某一行业前景乐观、有利可图时，就会引来新的市场竞争企业，使该行业增加新的生产能力，并要求重新瓜分市场份额和主要资源。另外，某些多元化经营的大型企业还经常利用其资源优势从一个行业进入另一个行业。新企业的加入，将可能导致产品价格下降，利润减少。

3）替代品生产企业。与某一产品具有相同功能，能满足同一需求的不同性质的其他产品，属于替代品。随着科学技术的发展，替代品将越来越多，某一行业的所有企业都将面临与生产替代品的其他行业的企业进行市场竞争。

3．从竞争者的竞争地位角度识别市场竞争者

1）市场领导者。市场领导者指在某一行业的产品市场上占有最大市场份额的企业。例如，宝洁公司是日化用品市场的领导者。市场领导者在产品开发、价格变动、分销渠道、促销力量等方面处于主宰地位。市场领导者的地位是在竞争中形成的，但不是固定不变的。

2）市场挑战者。市场挑战者指在行业中处于次要地位（第二、第三甚至更低地位）的企业。例如，高露洁是日化用品市场的挑战者。市场挑战者往往试图通过主动竞争来扩大市场份额，提高市场地位。

3）市场追随者。市场追随者指在行业中居于次要地位，并安于次要地位，在战略上追随市场领导者的企业。现实市场中存在大量的追随者。市场追随者最主要的特点是跟随。技术方面，它不做新技术的开拓者和率先使用者，而是做学习者和改进者。营销方面，它不做市场培育的开路者，而是搭便车，以减少风险和降低成本。市场追随者通过观察、学习、借鉴、模仿市场领导者的行为，不断提高自身技能，不断发展壮大。

4）市场补缺者。市场补缺者是行业中相对较弱小的一些中小企业。它们专注于市场上被大

企业忽略的某些细小部分，在这些小市场上通过专业化经营来获取最大限度的收益，在大企业的夹缝中求得生存和发展。市场补缺者通过生产和提供某种具有特色的产品和服务，赢得发展的空间，甚至可能发展成为“小市场中的巨人”。

小思考

目前日化行业市场竞争战略地位的现状如何？

4.1.3 分析竞争战略群体

竞争战略群体是指行业内执行同样或类似战略，并具有类似战略特性的一组企业。同行业中，具有相同战略与相同地位的企业，常常有可能结合成战略群体。同一战略群体内，企业在生产规模和市场占有率等方面可能有所不同，但它们的性质都基本相同，处于相同的竞争地位，因而对环境变化的反应会有所相同。

企业进入某一战略群体，必须注意两个问题：

1）进入各个战略群体的难易程度不同。一般小型企业适于进入投资和声誉都较低的群体，因为这类群体较易打入；实力雄厚的大型企业则可考虑进入竞争性强的群体。

2）要明确谁是主要的竞争对手，然后决定自己的竞争战略。

4.1.4 分析竞争者的优势与劣势

企业需要分析竞争者的优势及劣势，才能有针对性地制定市场竞争战略，以便避其锋芒、攻其弱点，实现企业竞争目标。

1. 分析竞争者优劣势的内容

1）产品。竞争企业产品在市场上的地位、产品的适销性及产品组合等。

2）销售渠道。竞争企业销售渠道的广度与深度、销售渠道的效率与实力、销售渠道的服务能力等。

3）市场营销。竞争企业市场营销组合的水平、市场调研与新产品开发的能力、销售队伍的培训与技能等。

4）生产与经营。竞争企业的生产规模与生产成本水平、设施与设备的技术先进性与灵活性、专利与专有技术、生产能力的扩展、质量控制与成本控制、区位优势、员工状况、原材料的来源与成本、纵向整合程度等。

5）研发能力。竞争企业内部在产品、工艺、基础研究、仿制等方面所具有的研究与开发能力，以及研究与开发人员的创造性、可靠性、简化能力等方面的素质与技能等。

6）资金实力。竞争企业的资金结构、筹资能力、现金流量、资信度、财务比率、财务管理能力等。

7）组织。竞争企业组织成员价值观的一致性与目标的明确性、组织结构与企业策略的一致性、组织结构与信息传递的有效性、组织对环境因素变化的适应性与反应程度、组织成员的素质等。

8）管理能力。竞争企业管理者的领导素质与激励能力、协调能力、管理者的专业知识，以及管理决策的灵活性、适应性、前瞻性等。

2．运用竞争者优劣势分析的操作程序

1）收集信息。收集竞争者的信息主要包括销售量、市场份额、利润率、投资收益率、现金流量、生产能力、综合管理能力等。

2）分析评价。根据收集的信息综合分析竞争者的优势与劣势，如表 4-1 所示。表中，根据优、良、中、差 4 个等级综合评价 A\B\C 3 个竞争者。

表 4-1　竞争者优势与劣势分析

竞争者	消费者对竞争者的评价				
	消费者知晓度	产品质量	产品利用率	技术服务	企业形象
A	优	优	差	差	良
B	良	良	优	良	优
C	中	良	良	中	中

3）确定超越基准。找出竞争者在管理和市场营销方面的较好做法作为标准，然后加以模仿、组合和改进，力争超过竞争者。确定超越中，企业必须确定超越的对象，即评价最好的企业。企业超越应当集中在影响用户满意和成本的关键项目上。

4.1.5　分析竞争者的市场反应行为

分析竞争者反应行为解决企业确认在什么地方应集中优势进攻，在什么地方应加强防守，在什么地方应主动退让，应进攻谁、回避谁的问题，拟定较适合企业的市场竞争战略，争取处于较为有利的市场竞争地位。

1．分析迟钝型竞争者

某些竞争企业对市场竞争措施的反应不强烈，行动迟缓。这可能是因为竞争者受到自身资金、规模、技术等方面能力的限制，无法做出适当的反应；也可能是因为竞争者对自己的竞争力过于自信，不屑于采取反应行为；还可能是因为竞争者对市场竞争措施重视不够，未能及时捕捉到市场竞争变化的信息。

2．分析选择型竞争者

某些竞争企业对不同的市场竞争措施的反应是有区别的。例如，大多数竞争企业对降价这样的价格竞争措施总是反应敏锐，倾向于做出强烈的反应，力求在第一时间采取报复措施进行反击，而对改善服务、增加广告、改进产品、强化促销等非价格竞争措施则不大在意，认为对自己不构成直接威胁。

3．分析强烈反应型竞争者

有些竞争企业对市场竞争因素的变化十分敏感，一旦受到竞争挑战就会迅速地做出强烈的市场反应，进行激烈的报复和反击，将挑战自己的竞争者置于死地而后快。这种报复措施往往是全面的、致命的，甚至是不计后果的，不达目的绝不罢休。这些强烈反应型竞争者通常都是市场上的领先者，具有某些竞争优势，一般企业轻易不敢或不愿挑战其在市场上的权威，尽量避免与其做直接的正面交锋。

4. 分析随机型竞争者

这类竞争企业对市场竞争所做出的反应通常是随机的，往往不按规则出牌，使人感到不可捉摸。例如，随机型竞争者在某些时候可能会对市场竞争的变化做出反应，也可能不做出反应；既可能迅速做出反应，也可能反应迟缓；其反应既可能是剧烈的，也可能是柔和的。

实用链接

聪明的报童

某一地区，有两个报童在卖同一份报纸，两个人是竞争对手。第一个报童很勤奋，每天沿街叫卖，嗓子也很响亮，可每天卖出的报纸并不多，而且还有减少的趋势。第二个报童肯用脑子，除了沿街叫卖，他还每天坚持去一些固定场合，去了后就给大家分发报纸，过一会儿再来收钱；地方越跑越熟，报纸卖出去的也就越来越多，当然也有些损耗。而第一个报童能卖出去的报纸越来越少了，不得不另谋生路。

辩证性思考：

第二个报童的做法有什么深意？

4.2 运用市场竞争战略

【学习与培养思路】

企业在识别、分析市场竞争者的基础上，必须明确自己在市场竞争中的地位，有的放矢地选择市场竞争战略，才能在激烈的市场竞争中求得生存和发展。

在掌握市场竞争战略的内容、适用条件，选择市场竞争战略应注意的问题和确立市场竞争战略地位的策略、适用条件的基础上，培养运用市场竞争战略的能力。

4.2.1 选择基本的市场竞争战略

在激烈的市场竞争中，企业能够长时间维持高于平均水平的经营业绩，其根本基础是持久性竞争优势。企业的竞争优势有两个：一是成本优势，即在生产同一档次产品的经营活动中能体现出成本领先的优势；二是产品优势，即在不断提高产品档次的经营活动中能体现出产品差异的优势。根据企业的两个基本竞争优势，可以采用以下 3 种基本市场竞争战略，顺利地进行市场竞争。

1. 选择成本领先市场竞争战略

成本领先市场竞争战略是指企业通过有效途径，使本企业的总成本低于竞争对手的成本，甚至达到全行业最低，以构建市场竞争优势的战略。

（1）选择成本领先市场竞争战略的条件

1）企业管理水平较高。企业在采购成本、生产成本、资金占用、人力成本等方面都能精打细算，厉行节约，从而达到低成本运作。

2）规模经营。一般来说，单位产品成本与经营规模的扩大呈按比例下降的趋势。

3）提高市场占有率。市场容量大，销售增长率高，成本也随之降低。

4）不断提高技术水平。对企业进行技术改造，在扩大生产的同时大大提高效率，以技术领先来降低成本，同样可以达到低价竞争的优势。

（2）实现成本领先市场竞争战略的策略

成本领先市场竞争战略可以给企业带来很多优势，但要取得这种地位并不容易，需要采取一种或多种有效的策略。

1）实现规模经济。通过规模经济生产和分销是实现成本领先市场竞争战略最重要的措施。规模经济是指在技术水平不变时，单位产品的成本随着累计产量的增加而下降。如果一个企业可以比其竞争对手更快地扩大其产量，则其经验曲线将比它的竞争对手下降得更快，从而可以拉大它们之间的成本差距。

2）产品的再设计。要实现规模经济进而取得成本优势，企业还必须设计出易于制造的产品。可以说，能否利用新的制造技术和工艺来提高劳动生产率的关键在于产品的重新设计。

3）降低输入成本。大多数行业，由于各种各样的原因，不同企业输入的成本有很大差异。企业要从多方面采取措施降低输入成本。①减少由于地域原因造成的输入成本上的差异；②选择低成本的供应来源；③提高讨价还价的能力；④稳定与供应商的关系。

4）采用先进的工艺技术。多数产品生产过程中，总有几种或更多种生产工艺技术可供选择。在产出相同的情况下，如果某种工艺技术少消耗某种输入要素，而同时又不多消耗其他输入要素，那么这种工艺技术就有一定的优越性。

5）紧缩间接费用和其他行政性费用的支出；保持适度的研究开发、广告、服务和分销费用。

（3）选择成本领先市场竞争战略应注意的问题

运用成本领先市场竞争战略，一定要考虑技术革新和技术进步的影响，注意竞争对手的战略反应和产品、市场的变化，降低或规避成本领先战略存在的风险。

2. 选择差异化市场竞争战略

差异化市场竞争战略是指为使本企业的产品与服务明显区别于竞争对手，形成与众不同的特点而采取的战略。这种战略的重点是创造被全行业和消费者都视为独特的产品与服务，能比同行业竞争者更有效地满足目标消费群的需求。

（1）选择差异化市场竞争战略的条件

1）企业比竞争者拥有独特的、明显的有利条件。即无论是产品特色、市场营销战略、服务水平、技术水平都是竞争者暂时不具备的。保持这种有利地位，可以使企业在市场竞争中能暂时独占鳌头，但当竞争者奋起直追，也拥有某方面的独特性后，差异化即会减弱。

2）企业在硬技术和软技术开发上具有很强的创新能力。硬技术的创新使企业产品不断推陈出新，以技术领先，保证企业的差异化；软技术的开发和运用，保证企业高效运作，也是竞争者难以模仿和比拟的。例如，沃尔玛公司的管理系统都各具特色，同行难以抗衡。

3）企业具有很强的市场营销能力。即企业的市场营销战略、策略和方法手段别具一格。与竞争者相比，有独特的市场营销创意，对市场的适应能力和应变能力都很强，也是保持企业差别化的重要方面。

（2）差异化市场竞争战略的内容

1）产品差异化。产品差异化是指某一企业生产的产品，在质量、性能上明显优于同类产品的生产厂家，从而形成独自的市场。对同一行业的竞争对手来说，产品的核心价值是基本相同的，不同的是性能和质量。在满足消费者基本需求的情况下，为消费者提供独特的产品的是差异化战略追求的目标，而实现这一目标的根本在于不断创新。

2）形象差异化。即由企业的品牌战略和CI战略而产生的差异。企业通过强烈的品牌意识和成功的CI战略，借助媒体的宣传，使企业在消费者心目中树立起优异的形象，从而对该企业的产品发生偏好，一旦需要，就会毫不犹豫地选择这一企业生产的产品。

3）市场差异化。指由产品的销售条件、销售环境等具体的市场操作因素而生成的差异。它包括销售价格差异、分销差异、售后服务差异。

（3）选择差异化市场竞争战略应注意的问题

1）实现差异化的成本很高，形成较高的产品价格，如果这种价格超过消费者的承受能力，为了大量地节省费用，消费者会放弃差异化的产品特征、服务或形象，转而选择物美价廉的产品。

2）消费者不太关注所需的产品的差异性。尤其是当市场转向标准化产品的生产时，技术的进步和行业的成熟使产品的差异性被忽略。

3）竞争对手的模仿使消费者看不到产品之间的差异。企业的技术水平越高，形成产品差异化时需要的资源和能力越具有综合性，则竞争对手模仿的可能性越小。因此，企业要注意保护自己的知识产权。

3．选择集中化市场竞争战略

集中化市场竞争战略是指企业将目标市场锁定在某个或某几个较小的细分市场，实行专业化经营，走小而精、小而专的道路。集中化市场竞争战略并不是一种独立的市场竞争战略，它是企业因受到资源与能力的约束而采取的一种折中战略。集中化市场竞争战略的基本思想是，一个规模和资源有限的企业很难在其产品市场上展开全面的市场竞争，因而需要集中力量于某个特定的细分市场，为特定的顾客群提供特定的产品和服务，实现有限的目标市场上的竞争优势。

（1）选择集中化市场竞争战略的条件

企业所拥有产品或技术是某一特定目标市场必备的要求，企业在这个特定细分市场上有能力占领极大的市场占有率，成为小行业中的小巨人，并在充分挖掘特定目标市场需求之后有拓展能力。

（2）选择集中化市场竞争战略应注意的问题

1）原来以较宽的市场为目标的竞争对手找到了可以再细分的市场，并以此目标来实施集中化战略，从而使企业一直保持的集中化战略受到挑战，失去优势。

2）由于技术进步、替代品的出现、价值观念的更新、消费者偏好改变等各种原因，细分市场和总体市场之间的产品和服务需求的差异逐步缩小，企业原先赖以生存的目标集中战略的基础将逐渐失掉。

3）企业采用集中化市场竞争战略与竞争对手拉开差距，保持自己的特色，有时需要增加一定的成本费用。随着市场竞争的逐步加剧，采用集中化市场竞争战略的企业与在较宽范围经营的市场竞争对手之间的成本差距会逐步扩大，有可能抵消企业采取集中化市场竞争战略所取得的成本优势或产品优势，导致企业集中化市场竞争战略的失败。

4.2.2　确立市场竞争战略地位

随着企业在行业中所占市场份额逐渐拉开并维持一个相对稳定的局面，不同市场份额者之间会进行比较长久的市场竞争。因此，企业要明确自己在同行业市场竞争中的地位，制定和实施不同的市场竞争策略。

1．确立市场领先者竞争战略地位

市场领先者是在行业中处于领先地位的企业，占有最大的市场份额，一般是该行业的领导者。一般来说，大多数行业都有一家企业被认为是市场领先者，它在价格变动、新产品开发、分销渠道的宽度和促销力量等方面处于主宰地位，为同行业所公认。

市场领先者要保持自己的市场占有额和在行业中的经营优势，有 3 种策略可供选择。

（1）选择扩大市场需求量策略

1）寻找新的使用者。一些潜在的消费者可能因为不知道企业的产品，或者因为对企业的产品不感兴趣，或者因为他们认为企业产品的价格不合理或存在缺陷等因素，从而没有购买企业的产品，企业可以从这些群体中发掘新的使用者。

2）发现和推广产品的新用途。如果企业能够发现和推广产品的新用途，也能扩大市场总需求。例如，香水可以除去身上的异味，也可以驱蚊。

3）促使使用者增加使用。企业可能通过适当方式，说服消费者更多地使用企业的产品，这也能有效地增加产品的销售量。例如，日本铃木公司曾将盛有味精的小瓶打了许多小孔，不仅方便了消费者使用，又使人们在不知不觉中增加了消费量。

实用链接

吉列公司从 20 世纪 90 年代开始研制传感剃须刀具，获得了 29 项专利成果，产品在市场上无人能够仿制，畅销世界各个国家和地区，拥有 7 亿名消费者。

（2）选择保持市场占有率策略

1）阵地防御。采取阵地防御，是在现有市场四周构筑起相应的“防御工事”。典型的做法是企业向市场提供较多的产品品种和采用较大分销覆盖面，并尽可能地在同行业中采用低定价策略。这是一种最为保守的竞争做法，因缺少主动进攻，长期实行会使企业滋生不思进取的思想和习惯。这一策略只有当竞争者发起的攻击不出企业所料时才能奏效，而这是很难做到的；当竞争者的攻击出乎企业预料时，可能会导致企业防线的崩溃，给企业造成重大损失。而且简单地防守企业现有的地位或产品，即使竞争者没有向企业直接发起攻击，企业也可能因为患上“营销近视症”而丧失市场领导者地位。

2）侧翼防御。侧翼防御是指市场领先者对在市场上最易受攻击处，设法建立较大的业务经营实力或显示出更大的进取意向，借以向竞争对手表明：在这方面或领域内，本企业是有所防备的。企业不但要保护自己的主要阵地，还应建立一些侧翼阵地以保护企业的薄弱部分或作为今后出击的前哨阵地。

3）先发制人。这是一个以进攻的姿态进行积极防御的做法。即在竞争对手欲发动进攻的领域内，或者在其可能的进攻方向上，首先挫伤它，使其无法进攻或不敢再轻举妄动。

4）反击防御。当市场领先者受到竞争对手攻击时，采取主动的甚至是大规模的进攻，而不是仅仅采取单纯防御做法，就是反击式防御。这种反击可能是正面反击，也可能是进攻竞争者的侧翼，或者采取锥形攻势切断进攻者的退路。有时有效的方式是进入竞争者的领域里发起攻击。

5）运动防御。运动防御指市场领先者将其业务活动范围扩大到其他领域中，一般是扩大到和现有业务相关的领域中，而这些新领域又可能成为企业未来的防御或进攻的中心。企业扩展市场可以采用两种方式：一种是市场扩大化，即企业将其注意力从现有产品转移到主要的基本需要和对与该需要相关联的整套技术上进行研究开发。比如，企业的业务范围从生产电视机改为生产家用电器，这说明企业将涉及空调、冰箱等许多产品的生产经营。另一种是市场多元化，即进入与现有市场不相关联的市场，实行集团多元化经营。

6）收缩防御。当市场领先者的市场地位受到来自多个方面的竞争对手的攻击时，企业可能受到短期资源不足与竞争能力限制，只好采取放弃较弱业务领域或业务范围，收缩到企业应该主要保持的市场范围或业务领域内，这就是收缩防御。收缩防御并不放弃企业现有细分市场，只是在特定时期，集中企业优势，应付来自各方面竞争的威胁和压力。

（3）选择提高市场占有率策略

1）产品创新策略。产品创新是市场领先者主要应该采取的能有效保持现有市场地位的竞争策略。

2）质量策略。质量策略也是市场领先企业采用较多的市场竞争策略，即不断向市场提供超出平均质量水平的产品。这种竞争做法，或者是为了直接从高质量产品中得到超过平均投资报酬率的收入；或者是在高质量产品的市场容量过小时，不是依靠其获得主要市场营销收入，而仅仅是为了维持品牌声誉或保持企业产品的市场号召力，从而能为企业的一般产品保持较大市场销售量。

3）多品牌策略。此策略为美国的宝洁（P&G）公司首创。即在企业销路较大的产品项目中，采用多品牌营销，使品牌转换者在转换品牌时都是在购买本企业的产品。

4）大量广告策略。市场领先企业往往可以在一定的时期，采用高强度、多频度的广告来促使消费者经常保持对自己的品牌印象，使其增加对品牌熟悉的程度或产生较强的品牌偏好。

5）有效或较强力度销售促进。即通过更多销售促进工作来维持市场份额。例如，不断加强售后服务，提供更多质量保证，建立更多的销售和消费者服务网点。

2. 确立市场挑战者竞争战略地位

市场挑战者是市场占有率位居市场领先者之后而在其他的市场竞争对手之上，采取向市场领先者或其他竞争者发起攻击的方式来争取更多市场份额的企业。但是，我们并不能完全把它们看作竞争实力一定次于市场领先者，因为它们有时很可能是一些很有实力的企业，因为暂时对某项业务还没有投入更多精力或还没有将其作为主要业务来发展。

（1）市场挑战者成功进攻市场领先者的条件

1）市场挑战者拥有一种持久的竞争优势，如成本优势或创新优势。以前者之优创造价格之优，继而扩大市场份额；或以后者之优创造高额利润。

2）市场挑战者必须有某种办法部分或全部地抵消领先者的其他固有优势。

3）具备某些阻挡市场领先者报复的办法，必须使市场领先者不愿或不能对市场挑战者实施旷日持久的报复。如果没有一些阻挡报复的办法，拥有资源和稳固地位的市场领先者一旦卷入战斗就能用进攻性的报复，迫使市场挑战者付出无法承受的经济和组织代价。

（2）选择市场进攻对象

1）攻击市场领先者。市场挑战者需仔细调查研究市场领先者的弱点和失误，如有哪些未满足的需要、有哪些使顾客不满意的地方，然后确定自己进攻的目标。例如，为了向亚洲的主要金融市场东京发起挑战，中国香港和新加坡采取的策略是向用户收取更低的费用、提供更自由的管理、努力克服官僚主义作风等。

2）攻击与自己实力相当者，设计夺取它们的市场阵地。

3）攻击小企业。对一些地方性小企业中经营不善、财务困难者，可夺取它们的消费者，甚至这些企业本身。

4）连横伐纵。与同行业的竞争企业结成战略伙伴或者整体合并。

（3）选择市场挑战者的战略目标

1）进攻目标。市场挑战者在市场上发起进攻，或是攻击市场领先者较弱的细分市场，或是攻击比自己更小的企业。当市场挑战者具备如下条件时，就可以考虑选取进攻目标：①当企业在行业中具有一定的市场声望，并且可以利用已有声望来扩大现有的市场份额，而又难以寻找到新的市场时；②当企业财力较强，有充足的资金积累，却还没有更为适宜的新投资领域时；③当主要的竞争者——他们可能是一个市场领先者，也可能是一个和自己的地位相差不多的挑战者转换了战略目标，而市场竞争对手所实行的新的市场营销战略和本企业已经实行的市场营销战略很类似时；④主要的市场竞争者如果正在犯某种市场营销错误，留下可乘之机时。

2）固守目标。市场挑战者具备下列条件时，可以采取固守目标：①当所在行业市场需求处于总体性缩小或衰退时；②估计市场竞争对手会对所遭受的进攻做出激烈反应，而本企业缺乏后继财力予以支撑可能出现的长期竞争消耗战时；③企业虽找到了更好的新的投资发展领域，但对新领域的发展风险不能准确估计，因而需要在现有的市场中维持一段时间时；④主要的市场竞争对手调整了竞争战略或采用了新的营市场销战略目标，本企业一时还不能摸清对手意图时。

（4）选择市场挑战者进攻策略

市场挑战者在本行业中要寻求进一步的发展，一般要靠采取进攻战略。因此，进攻战略是市场挑战者主要奉行的市场竞争战略。市场挑战者的进攻战略主要有：

1）正面进攻。这是正面地向对手发起进攻，攻击对手真正实力所在而不是它的弱点，即便不能一役以毙之，也可极大消耗对手实力。进攻的结果取决于谁的实力更强或更有持久力，即正面进攻采取的是实力原则。正面进攻的常用方式有以下几种：

产品对比。将自己的产品和市场竞争对手的产品用合法的形式进行特点对比，使竞争者的用户相信应重新考虑是否有必要更换品牌。

采用攻击性广告。即使用与市场竞争者相同的广告媒介，拟定有对比性的广告文稿，针对市场竞争者的每种广告或广告中体现的其他的市场营销定位因素进行攻击。

价格战。价格战既是传统市场竞争手法，也是今天的市场挑战者在比较极端的情况下仍会考虑采用的市场竞争战略。价格战的后果是难以预料的，尤其可能使参战的每一方都受到损失，甚至损失严重。所以，在现代市场营销活动中，价格战并不是市场挑战者所首选的战略。价格战有两种方法：一是将产品的价格定得比市场竞争者价格更低，或者调整到低于市场竞争者的价格。如果市场竞争者没有采取降价措施，而且消费者相信本企业所提供的产品在价值上和其他市场竞争者尤其和市场领先者的产品相当，则此种方法会奏效。二是采用相对降低价格的做法，即企业通过改进产品的质量或提供更多的服务，明显提高产品可觉察价值，但保持原销售价格。这要求企业必须在提高质量的同时，采取降低成本的方法，以能够保持原来赢利水平；必须能使消费者相信或有相应的价值感觉，使消费者能认为本企业的产品质量高于竞争者；必须是为“反倾销”立法所允许的，即在法律许可的范围内。

2）侧翼进攻。侧翼进攻采取的是“集中优势兵力攻击对方弱点”的战略原则。当市场挑战者难以采取正面进攻时，或者使用正面进攻风险太大时，往往会考虑采用侧翼进攻。侧翼进攻包括两个战略方向——地理市场或细分市场，以向一个对手发动攻击。

地理市场战略方向。即向同一地理区域市场范围市场竞争对手发起进攻。常用的做法有两种：一是在市场竞争对手所经营的相同市场范围内，建立比市场竞争对手更强有力的分销网点，以“拦截”市场竞争对手的用户；二是在同一地理区域内，寻找到市场竞争对手产品没有覆盖的市场即“空白区”，占领这些区域并组织市场营销活动。

实用链接

美国微软公司的比尔·盖茨，当年利用各个大型计算机公司 DOS 操作系统互不兼容的特点，创立出通用性很好的个人微机 DOS 操作系统，从而发展起来。实际上，当年微软公司的 DOS 产品，是向所有市场领先者发动攻击。但盖茨并没有专门针对任何特定竞争对手的产品，而攻击的是这些对手的共同弱点所在，使这些各自为阵的大公司都“束手无策”，以致使微软公司“坐大”为世界电脑软件产品的领袖地位。

细分市场战略方向。指利用市场竞争对手产品线的空缺或是市场营销组合定位的单一而留下的空缺，冲入这些细分市场，迅速地用市场竞争对手所缺乏的产品品种加以填补。

3）包围进攻。包围进攻是在对手市场领域内，同时在两个或两个以上的方面发动进攻的做法。这主要用来对付如果只在单一方面进攻，会迅速反应的市场竞争对手，使被攻击者首尾难顾。

4）绕道进攻。绕道进攻如同采用军事上的“迂回进攻”的方法，即尽量避免正面冲突，在对方所没有防备的地方或不可能防备的地方发动进攻。

5）游击进攻。游击进攻是采用“骚扰对方”“拖垮对方”的策略方法进攻对手。市场挑战者往往是在准备发动较大的进攻时，先依靠游击进攻作为全面进攻的战略准备，迷惑对手，干扰对手的战略决心或“火力侦察”。其特点是进攻不是在固定的地方、固定方向上展开，而是“打一枪换一个地方”。例如，采用短期促销、降价、不停变换广告等进行骚扰，就属于游击进攻。

3．确立市场追随者竞争战略地位

市场追随者是在市场中居于次要地位，参与市场竞争，但不准备向市场领先者或其他市场竞争者发起进攻，而是跟随在领先者之后自觉地维持共处局面的企业。市场追随者选择的追随策略有：

1）紧紧追随。紧紧追随是指在尽可能多的细分市场和市场营销组合中模仿市场领先者的做法。这种情况下，市场追随者很像一个市场挑战者。但是，市场追随者采取避免直接发生冲突的做法，使市场领先者的既有利益不受妨碍或威胁。例如，在产品功能上，市场追随者可以和市场领先者一致；但是，在品牌声望上，却和市场领先者保持一定差距。

2）距离追随。即市场追随者总是和市场领先者保持一定的距离。例如，在产品的质量水平、功能、定价的性能价格比、促销力度、广告密度及分销网点的密度等方面，都不使市场领先者和挑战者觉得市场追随者有侵入的态势或表示。市场领先者往往很乐意有这种追随者存在，并让它们保持相应的市场份额，以使市场领先者自己更符合反垄断法的规定。采取这种策略的市场追随者一般靠兼并更小的企业来获得增长。

3）有选择地追随。指采取在某些方面紧跟市场领先者，而在另外一些方面又走自己的路的做法。这类企业具有创新能力，但是它在整体实力不如对方的时候，需要采用完全避免直接冲突的做法，以便企业有时间悉心培养自己的市场和市场竞争实力，可望在日后成长为市场挑战者。

实用链接

蒙牛初创期选择跟随策略要做行业的"老二"，是为了避开竞争品牌伊利的打压，并在跟随的过程中结合"借势行销"，使自己实现了快速壮大。在强大到与主要竞争对手伊利几乎可以平分天下的时候，蒙牛开始转换角色，同时加大攻势，最终在部分市场领域超越了最初的领先品牌。

4．确立市场补缺者竞争战略地位

市场补缺者是指那些致力于在一个或很少几个细分市场上开展市场营销活动和建立相对的市场竞争优势而避免与大企业竞争的那些企业。作为市场补缺者，在市场竞争中重要的是应该寻找到一个或多个安全的和有利可图的补缺基点。补缺策略的关键是"专业化"，即利用分工原理，专门生产和经营具有特色的或是拾遗补缺的、为市场所需要的产品或服务。由于是在一个较小的领域内追求较大市场份额，补缺也可以使那些最小的企业获得发展或取得较高的投资赢利。市场补缺者选择的专业化策略有：

1）最终用户专业化。即企业专门为最终使用用户提供服务或配套产品。例如，一些较小的计算机软件公司专门提供防病毒软件，成为"防病毒专家"。

2）纵向专业化。即企业专门在市场营销链的某个环节上提供产品或服务，如专业性的设备搬运公司、清洗公司等。

3）消费者类型专业化。即市场补缺者可以集中力量专为某类消费者服务。例如，在产业用品市场上，存在众多为大企业所忽视的小用户，市场补缺企业专为这些小用户服务。例如，某些小型装修公司，专门承接家庭用户的住房装修业务，这些是大型装修公司所不愿意为之的。

4）地理区域专业化。指企业将市场营销范围集中在比较小的地理区域，这些地理区域往往具有交通不便的特点，为大企业所不愿经营。

5）产品或产品线专业化。即企业专门生产一种产品或是一条产品线。而所涉及的这些产品，是被大企业看作市场需求不够、达不到经济生产批量要求而放弃的。这就为市场补缺者留下很好的发展空缺，如家用电器维修安装业务。

6）定制专业化。当市场领先者或市场挑战者比较追求规模经济效益时，市场补缺者往往可以碰到许多希望接受定制业务的用户。专门为这类用户提供服务，可以构成一个很有希望的市场。近年来，我国城市中的许多家庭在住房装修、家具等产品和服务方面，越来越倾向于定制，就为许多小企业或个体业主提供虽分散却数量极大的市场营销机会。

7）服务专业化。即专门为市场提供一项或有限的几项服务。例如，我国城市中的"搬家服务公司"、"家教服务中心"，以及农村中的"农技服务公司"、"种子服务公司"等，都为市场提供专业化服务。

案例分析

家电业的——格兰仕

格兰仕微波炉是中国的消费者所熟悉的产品，但它的制造商——格兰仕集团却是以生产羽绒制品起家的。

1991 年，格兰仕最高决策层经过认真的分析和研究，决定实行战略大转移：放弃目前经营尚可的羽绒制品生产行业，进军家电行业——生产微波炉。理由有四个：第一，羽绒制品生产要求的技术及资金条件不高，行业进入门槛低，竞争激烈，企业在这样的市场难成大器。第二，公司地处广东顺德，顺德是中国著名的家电产业基地，元器件、配件的供应及其他制造技术和服务较为稳定。如果进军家电行业，公司可以占尽“地利”优势。第三，当时的微波炉市场处在发育的初期，与发达国家相比差距很大，因此其市场前景看好，市场潜力大；而且，微波炉生产企业不多，其规模大多在 10 万台以下，市场竞争程度比其他家电产品要低得多。第四，外国品牌的微波炉在市场上居主导地位，但这些产品在其制造商的销售总额中所占的比重很小，因此微波炉并非这些制造商的战略性或主导性产品。

战略方向选定后，格兰仕从日本东芝集团引进具有 20 世纪 90 年代先进水平的自动化生产线，并与其进行技术合作，获取了进入新行业后的第一步优势——高起点。

1992 年 9 月，中外合资的格兰仕电器有限公司开始试产，第一台以“格兰仕”为品牌的微波炉正式诞生。

1993 年，格兰仕试产微波炉 1 万台。

1994 年，实现产销量 10 万台的目标。

1995 年，格兰仕微波炉销售量达 25 万台，市场占有率为 25.1%，在中国市场占据第 1 位，获得惊人的业绩。

1998 年，格兰仕微波炉大举进入美洲、欧洲市场，年产销量达 450 万台，成为全球最大规模化、专业化制造商。

2000 年，格兰仕微波炉年产销量已达 1 200 万台，在中国的市场份额高达 74.1%，已到增长极限。客观上，一个产品的规模扩张不可能无止境，在微波炉市场一路飙升并稳坐了多年世界冠军之后，格兰仕需要寻找新的增长点。公司董事会经过研究后决定，以空调为突破口，向白色家电领域扩张。理由是：第一，空调需求量大，一个家庭可能需要两台、三台，甚至四台。第二，目前的空调产业最高品牌占有率不超过 13%，行业处于散沙状，凭格兰仕的规模和成本优势，有很大的发展空间。

依托格兰仕多年的外贸基础，格兰仕空调还是选择从海外开始起步，集中精力向海外市场发起进攻。2004 年，格兰仕跃升中国空调出口第一的位置。

在迅猛拓展国际市场的同时，2005 年格兰仕在广东中山建成具有核心自我配套、自主创新能力的全球最大空调研制基地。格兰仕空调开始了内外销齐头并进的征程。

格兰仕在进军空调市场取得成功后，又向市场陆续推出了冰箱、洗衣机、电饭煲等家电产品。

2008 年，在全球金融危机的背景下，格兰仕产品在出口方面仍然保持稳定发展。

与此同时，格兰仕顺利入选国家“家电下乡”项目，正在开拓广阔的农村市场。

辩证性思考：

1. 格兰仕成为市场领先者的主要原因是什么？
2. 你是否赞同格兰仕进军空调、洗衣机等行业？理由是什么？

营销知识检测

1. 如何识别竞争者？
2. 市场领先者应如何确定自己的市场营销策略？
3. 市场领先者如何防御市场竞争对手的攻击？
4. 企业处于挑战者地位时应如何选择市场营销策略？
5. 市场挑战者的攻击策略主要有哪几种形式？
6. 市场追随者的追随策略主要有哪些？
7. 简述市场补缺型企业的市场营销策略选择。

营销能力训练

训练项目：

对学校所在地的大、中型零售企业进行市场竞争分析，确立其市场竞争战略地位，选择市场竞争策略，撰写市场竞争分析方案。

训练目的：

通过训练，进一步认知、掌握市场竞争分析的方法和市场竞争战略与策略，具备市场竞争分析和选择市场竞争策略的能力。

训练要求：

由班级学习委员组织全员对市场竞争分析方案进行讨论、交流。

第5单元

运用市场细分、目标市场选择与市场定位

【学习与培养思路】

运用市场细分、目标市场选择与市场定位解决两个问题：一是找位，找对象，即服务对象是谁、满足谁的需求、哪些类型的需求。通过市场细分、目标市场选择解决这个问题。二是定位，在目标市场上为产品、品牌、企业形象确定一个富有市场竞争优势的地位。通过市场定位解决这个问题。

通过学习，掌握市场细分、目标市场选择与市场定位的内容、方法、操作程序，以及运用市场细分应注意的问题。

通过培养，具备市场细分、目标市场选择与市场定位的能力。

5.1 运用市场细分

【学习与培养思路】

市场细分是目标市场选择和市场定位的必要前提。市场细分有利于企业寻找、发现未被满足（或未被充分满足）的消费需求，从而为企业提供新的市场营销机会。

在掌握市场细分的概念、细分依据、细分变量、细分方法、市场细分操作程序，以及运用市场细分应注意的问题的基础上，培养市场细分的能力。

5.1.1 认知市场细分

1. 认知市场细分的概念

市场细分是指企业根据消费者之间需求的差异性，把一个整体市场划分为若干个消费者群体，从而确定目标市场的活动过程。每一个消费者群就是一个细分市场，每一个细分市场都是由需求倾向类似的消费者构成的群体，所有细分市场之总和便是整体市场。不同的细分市场之间，需求差别比较明显，而在每一个细分市场内部，需求差别则比较细微。

市场细分不是对自己的产品进行分类，也不是按企业的性质进行分类，而是按照消费者的需求进行分类。市场细分过程，不仅是区分消费者需求的过程，同时是辨别市场竞争对手、寻求市场竞争优势的过程。它把一个整体市场划分成若干个子市场，使企业可以比较清楚地发现哪个子市场上存在市场竞争者，哪个子市场上的市场竞争不是十分激烈或者没有市场竞争。这样，企业就可以根据自身状况与能力，合理地选择自己的目标市场和市场竞争策略，或避实就

虑，或针锋相对，总能使企业立于不败之地。

2．认知市场细分的依据

市场细分的依据是整体市场存在消费需求的差异性。市场细分不是以物为分析依据的，而是以消费者需求差异性作为划分依据的，即根据消费者需求的差异性，把整体市场划分为若干不同的细分市场，以便企业选择适合自己并能充分发挥自身资源优势的目标消费者群，实施相应的营销策略。同时，消费需求客观上存在相对同质性。企业应该看到，同一地理条件、社会环境和文化背景下的人们会形成具有相对类似人生观、价值观的亚文化群，他们的需求特点和消费习惯大致相同。正是因为消费需求在某些方面的相对同质，市场上绝对差异的消费者才能按一定标准聚合成不同的群体。每一个群体都是一个有相似欲望和需求的市场部分或子市场。所以，分析消费需求的绝对差异性和相对同质性，就是用“求同存异”的思想分析现实消费者的需求。消费需求的绝对差异造成了市场细分的必要性，消费需求的相对同质性则使市场细分有了实现的可能性。

5.1.2 运用市场细分变量细分市场

1．运用消费者市场细分变量细分市场

（1）运用地理变量细分市场

运用地理变量细分市场是指按照消费者所处的地理位置与自然环境来细分市场。也就是说，根据国家、地区、城市、乡村、城市规模、人口密度、气候、地形地貌等方面的差异，将整体市场分为不同的小市场。

地理变量易于识别，是细分市场应予考虑的重要因素，但是处于同一地理位置的消费者需求仍会有很大差异。例如，在北京、上海，流动人口超过百万，这些流动人口本身就构成一个很大的市场，这一市场显然有许多不同于常住人口市场的需求特点。所以，简单地以某一地理特征区分市场，不一定能真实地反映消费者的需求共性与差异，企业在选择目标市场时还需结合其他细分变量予以综合考虑。

（2）运用人口变量细分市场

运用人口变量细分市场是指按照人口统计变量细分市场。即根据年龄、性别、职业、收入、教育、家庭人口、家庭生命周期、国籍、民族、宗教、社会阶层等方面的差异，将整体市场分为不同的小市场。这些人口变量与需求差异性之间存在着密切的因果关系，因此依据人口变量来细分市场，历来为人们所普遍重视。

人口统计变量比较容易衡量，有关数据相对容易获取，这是企业经常以它作为市场细分依据的重要原因。

（3）运用心理变量细分市场

运用心理变量细分市场是指按照消费者的心理特征细分市场。即根据生活方式、个性、购买动机、价值取向、对商品供求趋势和销售方式的感应程度等方面的差异，将整体市场分为不同的小市场。不同性格消费者的需求特点如表5-1所示。

表 5-1　不同性格消费者的需求特点

性　格	消费需求特点
习惯型	偏爱、信任某些熟悉的品牌，购买时注意力集中，定向性强，反复购买
理智型	不易受广告等外来因素影响，购物时头脑冷静，注重对商品的了解和比较
冲动型	易受商品外形、包装或促销的刺激而购买，对商品评价以直观为主，购买前并没有明确目标
想象型	感情丰富，善于联想，重视商品造型、包装及命名，以自己丰富想象去联想产品的意义
时髦型	易受相关群体、流行时尚的影响，以标新立异、赶时髦为荣，购物注重引人注意或显示身份和个性
节俭型	对商品价格敏感，力求以较少的钱买较多的商品，购买时精打细算、讨价还价

生活方式是人们对消费、工作和娱乐的特定习惯。由于人们生活方式不同，消费倾向及需要的产品也不一样。许多企业从生活方式细分中发现了有吸引力的市场机会，但是按心理变量细分市场比按地理变量细分市场和按人口变量细分市场的难度要大。

（4）运用行为变量细分市场

运用行为变量细分市场是指按照消费者消费行为细分市场。即根据购买时机、追求的利益、使用状况、使用频率、忠诚程度、待购阶段和对产品态度等方面的差异，将整体市场分为不同的小市场。顾客忠诚度细分如表 5-2 所示。

表 5-2　顾客忠诚度细分

忠诚度类型	购买特征	营销对策
专一品牌忠诚者	始终购买同一品牌	用俱乐部制等办法维持老顾客
几种品牌忠诚者	同时喜欢几种品牌，交替购买	分析竞争者的分布及竞争者营销策略
转移忠诚者	不固定忠于某种品牌，一段时间忠于 A，一段时间忠于 B	了解营销工作的弱点
犹豫不定者	从来不忠于任何品牌	使用有力的促销手段吸引他们

行为变量能更直接地反映消费者的需求差异，因而成为市场细分的最佳起点。例如，城市公共汽车运输公司可根据上班高峰时期和非高峰时期乘客的需求特点，划分不同的细分市场并制定不同的市场营销策略，也可根据顾客忠诚度类型制定相应的市场营销决策。

案例分析

中国消费者的 5 种面貌

AC 尼尔森在北京、上海和广州 3 个主要的城市进行了一项电脑辅助电话访问调查。参加调查的 1 500 多名消费者被问及他们对洗发水、方便面、瓶装水、牙刷、手机和 CD 随身听等某些大众消费品类所偏好的品牌，以及认为应该支付的价位。

AC尼尔森中国区董事长艾励达先生说："我们首次明确发现，中国各种消费群体对于某些品牌有其特别的偏好，并且他们由于各自的价值观念而表现不同的消费习惯。"中国有5类消费者：

敢于冒险者，占14%，乐于尝试新事物，喜欢购买最新技术和新潮的东西。

努力耕耘者，占22%，以质量为第一位，愿意花钱买高质量的品牌。

价格至上者，占27%，讲究物有所值，为买得合算商品情愿等到商品降价。

潮流追随者，占26%，容易受到广告影响。

时代落伍者，占10%，也要买品牌，但国际品牌还是国内品牌对他们来说区别不大。

调查结果表明：商家应该更加注重市场细分，避免陷入价格竞争和盲目广告投放之中。

调查所覆盖的3个城市当中，上海以价格至上者为主，有31%的受访者属于这类群体；在广州，潮流追随者占所有受访者的1/3；北京是唯一一个各类消费者群体分布较为平均的城市。

（资料来源：国际金融报．2002-04-04）

辩证性思考：

本案例运用了哪些细分变量进行消费者市场细分？

2．运用组织市场细分变量细分市场

1）运用用户规模变量细分市场。用户规模是细分组织市场的一个重要变量，一般可以分为大、中、小用户。企业应当根据用户规模大小来细分市场，并针对规模不同的用户制定市场营销组合策略。

2）运用最终用户类型变量细分市场。在组织市场上，不同的最终用户对同一种组织用品的市场营销组合策略往往有不同的要求。企业可根据最终用户的要求，将要求大体相同的用户集合成群，制定不同市场营销组合策略。

3）运用购买方式变量细分市场。组织市场的用户购买方式包括新购、更改重购、直接重购，以及直接采购或通过中间商采购，议价采购或招标采购。企业可根据用户购买方式的不同细分市场，然后制定不同市场营销组合策略。

4）运用地理位置变量细分市场。用户的地理位置对于企业合理组织销售力量、选择适当的分销渠道及有效地安排货物运输影响很大。因此，用户的地理位置也是细分市场的依据之一。企业可按用户所在地与本企业距离的远近及用户所在地的区域特征细分市场，并制定不同的市场营销组合策略。

同消费者市场一样，组织市场的许多企业实际上不是用一个变量来细分组织市场的，而是用几个变量甚至一系列变量来细分组织市场的。

5.1.3 运用市场细分的方法

1．运用单一因素法细分市场

运用单一因素法细分市场即按影响消费需求的某一个因素来细分市场。例如，奶粉企业按年龄细分市场，可分为婴儿、儿童、中老年等细分市场。

2. 运用综合因素法细分市场

运用综合因素法细分市场即按影响消费需求两种或两种以上的因素综合细分市场。例如，某公司对家具市场的细分采用了 3 个标准，可分为 36 个细分市场，如表 5-3 所示。

表 5-3　某公司对家具市场的细分

户主年龄	65 岁以上、　50～64 岁、　35～49 岁、　18～34 岁
家庭人口	1～2 人、　3～4 人、　5 人以上
月收入水平	1 000 元以下、　1 000～3 000 元、　3 000 元以上

3. 运用系列因素法细分市场

这种方法是根据两种或两种以上的因素，且按照一定的顺序，由粗到细依次地对市场进行细分。下一阶段的细分是在上一阶段选定的子市场中进行的。细分的过程也就是一个比较、选择分市场的过程。这种方法可使目标市场更加明确具体，有利于企业更好地制定相应的市场营销策略。某企业的服装市场细分如表 5-4 所示。

表 5-4　某企业的服装市场细分

性别	年龄	文化程度	职业	收入（月）	住址	性格
男	婴儿、儿童	文盲	企业白领	2 000 元以下	城市	内向
女	少年	小学	企业蓝领	2 000～3 000 元	郊区	外向
	青年	中学	农民	3 000～4 000 元	乡村	
	中年	大学及以上	商人	5 000～60 000 元		
	老年		行政事业单位职员	6 000 元以上		
			学生			
			运动员			

5.1.4　运用市场细分的操作程序

（1）明确企业的经营方向和经营目标

明确企业的经营方向和经营目标是市场细分的基础和前提。一般而言，企业的经营方向和经营目标是由企业的高层决定的。

（2）根据用户需求状况确定市场细分的细分变量

根据用户需求状况确定市场细分的细分变量是企业进行市场细分的依据，企业一定要按照实际需要加以确定。

（3）根据细分变量进行初步细分

一般根据消费者需求的具体内容，可初步确定将消费者群分为哪几种不同的类型。

（4）进行筛选

由于同类的消费者群还存在某些差异，因而要抓住重点、求同存异，删除某些次要的因素。

（5）对市场细分初步命名

企业应采用形象化的方法，使细分市场的名称既简单又富有艺术性。

（6）进行检查分析

进一步认识初步确定的细分市场是否科学、合理和恰当，是否需要做一些合并或者进一步拆分。

（7）确定目标市场

企业需要对各个细分市场进行细致、全面的分析，尤其要对经济效益和发展前景做出评价，这将有利于明确选择目标市场。

5.1.5 运用市场细分应注意的问题

1. 正确选择市场细分的变量

市场细分实质上是需求细分。选择市场细分的变量是指采用什么变量来区分消费者对一种产品的需求差异。正确选择细分变量，是细分市场的关键。不同企业、不同产品，在不同时期、不同市场，选择市场细分的变量是不一样的。这就要求企业从实际情况出发，选择市场细分变量时，要因地、因时、因产品、因市场、因企业而制宜，要"针对需求，切实可行"，选择比较切合实际的市场细分变量，才能合理地把市场细分化，从而发现有利的市场机会。

2. 市场细分变量是动态的

市场细分变量不是一成不变的，企业应根据市场的变化，树立动态观。产品不同或企业不同，选择的变量就不一样；即便同一产品，在不同市场、不同时间，市场细分的变量也是不同的。因为，同一样产品，随着时间的推移和市场的变化，消费者购买产品所追求的利益会发生变化，如果还采用相同的变量就不能正确区分需求。随着消费需求的变化，企业对市场的细分变量也应变化，而不能静止不变。动态观还意味着企业选择细分变量要有创新精神。企业选择了不为市场竞争者所采用的细分变量往往会发现新的细分市场，如果这是适当的目标市场又未被市场竞争者注意，就会使企业出奇制胜。

3. 以多个变量来细分市场

一个理想的细分市场，往往不是用一个变量划分来确定的，常用多个变量划分确定。因为消费需求往往不受一个变量影响，而是多变量综合影响的结果。因此，大多数情况下，用一系列变量结合起来进行市场细分。

案例分析

零食消费男女儿童有别，细分市场有潜力

为了了解孩子对零食的消费情况，架起食品生产商与市场沟通的桥梁，北京一家调查公司对儿童零食消费市场进行了一次调研。本次调查涉及北京、上海、广州、成都、西安5大消费先导城市。调查以街头拦截式访问方式进行，调查对象为0～12岁儿童的家长和7～12

岁的儿童。调查结果如下：

1）女孩偏爱果冻和水果，男孩偏爱饮料和膨化食品。

2）9 岁以下儿童喜爱吃饼干和饮料，10 岁以上儿童偏爱巧克力和膨化食品。

3）零食消费中果冻独占鳌头，城市儿童对果冻有特别的偏好。

本次调查显示，六成以上的儿童表示平时爱吃果冻；其次是水果，占 57.2%；表示爱喝饮料的儿童占 51.7%。

5 个城市中经常购买果冻的家长一年用于果冻的花费大约为 105.9 元。分城市看，广州和成都的家长一年在果冻上的开销较高，分别达到了 174.1 和 170.7 元，居前两位；

北京和上海的家长花费分别大约为 66.3 和 56 元，分列三、四位；相比之下，西安的儿童家长一年花费在果冻上的开销最低，仅为 22.3 元。

“喜之郎”以其强大的广告攻势及优良的品质不仅赢得了孩子们的喜欢，也赢得了家长们的心。本次调查显示，“喜之郎”在儿童家长中的综合知名度最高，提及率达到 90%；“乐百氏”和“旺旺”的提及率也超过五成，分别为 66.2%和 53.9%；“徐福记”和“波力”的提及率分别为 42.8%和 35.2%，分列四、五位。

男女孩消费品种和比例不同的调查，可以帮助相关企业在儿童零食商品市场开发、宣传等方面准确定位。

辩证性思考：

你认为儿童零食消费市场细分应该采用哪些细分变量？

5.2 运用目标市场选择

【学习与培养思路】

企业经过市场细分后，要从众多的细分市场中选择那些具有市场营销价值的、符合企业市场营销目标的子市场作为企业的目标市场。要完成找位，即寻找市场营销对象的任务，企业必须认识到市场细分是依据消费者的特征来进行的，而目标市场的选择是依据企业特征来进行的。

在掌握目标市场选择的条件、选择的模式、目标市场营销策略，以及影响选择目标市场营销策略的因素的基础上，培养目标市场选择的能力。

5.2.1 认知目标市场

1. 认知目标市场的概念

目标市场是企业决定要进入的那个市场，即企业在市场细分的基础上，根据自身能力和特长意欲为之服务的那部分消费群体。市场细分的目的在于正确地选择目标市场，如果市场细分显示了企业所面临的机会，目标市场选择则是企业通过评价各种市场机会，决定为多少个细分市场服务的重要市场营销策略。

2. 认知目标市场选择的条件

1）有足够的市场需求。目标市场一定要有尚未满足的需求，理想的目标市场应该是有利可图的市场，没有需求而不能获利的市场谁也不会去选择。

2）市场上有一定的购买力。市场仅存在未满足的需求，不等于有购买力和销售额。如果没有购买力或购买力很低，就不可能构成现实市场。因此，选择目标市场必须对目标市场的人口、购买力、购买欲望进行分析和和评判。

3）企业必须有能力满足目标市场的需求。在市场细分的子市场中，可以发现有利可图的市场有许多，但是不一定都能成为企业目标市场，企业必须选择有能力去占领的市场作为自己的目标市场。同时，开发任何市场都必须花费一定的费用，将花费的费用和带来的利润相比较，只有给企业带来的利润大于企业花去的费用的目标市场，才是有效的目标市场。

4）企业在被选择的目标市场上具有市场竞争的优势。市场竞争优势主要表现为该市场上没有或者很少有市场竞争；如有市场竞争也不激烈，并有足够的能力击败对手；未来该企业可望取得较大的市场竞争优势。

5.2.2 运用目标市场选择的模式

企业在以市场细分为基础选择目标市场时，关键是确定目标市场的范围。根据选择范围的不同，可供企业选择的目标市场模式有 5 种，如图 5-1 所示。

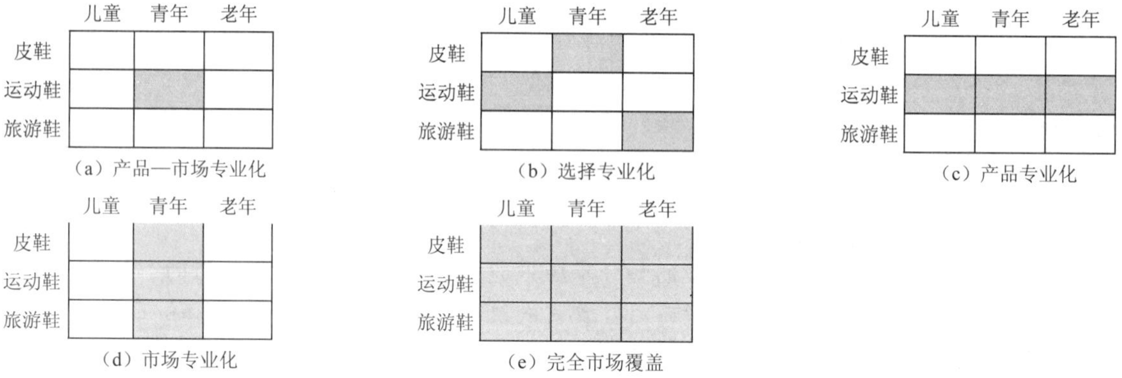

图 5-1 目标市场选择模式

1. 运用产品—市场专业化模式

这是一种最简单的模式，即企业的目标市场无论是从产品角度还是从市场（消费者）角度看，都集中于一个细分市场。这意味着企业只生产一种标准化产品，只供应某一消费群体。例如，某一鞋厂只生产青年运动鞋来满足青年的需求。这种模式的运用如图 5-1（a）所示。

产品—市场专业化模式比较适合于小型企业或新建企业，这样企业既能获得较好的效益，又能发挥自己的专长，取得成功后再向更多的细分市场扩展。但是，选择产品—市场专业化模式也存在较大的风险。当细分市场出现一蹶不振的情况或者因强大竞争者决定进入同一个细分市场时，就会对企业的生产经营造成威胁。

2. 运用选择专业化模式

这种专业化模式是指企业选择若干个具有一定潜在规模和结构吸引力，且符合企业发展目标和资源优势的细分市场作为目标市场，分别用不同性能、不同规格的产品去满足不同细分市场的不同消费群体的需求，各细分市场之间很少有联系或者根本没有联系。例如，某一鞋厂同时为儿童、青年、老年提供不同的鞋。这种模式的运用如图 5-1（b）所示。

企业采用专业化模式选择若干个细分市场，其中每个细分市场在客观上都有吸引力，并且符合企业的目标和资源，每个细分市场都有相应的获利能力。其优点是企业可以有效地分散经营风险，即使某一细分市场的赢利不佳，仍可从其他的细分市场获得赢利。但选择此模式的企业，一般需要具有雄厚的资源优势和市场营销实力。

3. 运用产品专业化模式

产品专业化模式是指企业集中生产一种产品，并向所有的消费者销售这种产品。例如，某一鞋厂集中生产运动鞋满足儿童、青年、老年的需求。这种模式的运用如图 5-1（c）所示。

企业专注于某一种或某一类产品的生产，有利于形成生产和技术上的优势，在某个产品方面容易获得好的市场声誉和树立很好的市场形象。其局限性是如果产品被一种全新的产品或技术代替时，企业就会遭受很大的打击，产品的销售就会发生大幅度滑坡，对企业的生存形成威胁。因此，企业要加强新产品的开发，保持某一种或某一类产品的市场竞争优势。

4. 运用市场专业化模式

市场专业化模式是指企业专门为满足某一类消费群体的各种需求服务，对同一消费群体提供其所需要的不同产品。例如，某一鞋厂为满足青年对鞋的需求，生产皮鞋、运动鞋、旅游鞋。这种模式的运用如图 5-1（d）所示。

企业专门只为某个消费群体服务，从而在这类消费群体中获得良好的声誉，并成为这个消费群体所需的各种新产品的提供者。但是，如果这个消费群体的需求突然减少或其发展受到限制，从这个企业购买产品的数量大幅度下滑，企业就会产生收益滑坡的危险，这一点在生产资料市场中尤为突出。

5. 运用完全市场覆盖模式

完全市场覆盖模式是指企业把整体市场作为自己的目标市场，全方位进入各个细分市场，用一系列产品满足各类消费群体的各种需求。例如，某一鞋厂生产各类鞋投放于各类消费群体市场。这种模式的运用如图 5-1（e）所示。

一般只有实力雄厚的大型企业选用完全市场覆盖模式，从而垄断这一市场。市场经济条件下，市场竞争十分激烈，企业很少或根本不可能真正垄断某一市场，因此应用这一策略必须十分慎重，应做好周密的调查研究和分析工作。

企业在选择应用上述 5 种模式时，一般总是首先进入最有吸引力、最能发挥自身资源优势的细分市场，待条件和时机成熟时，再逐步扩大目标市场的范围，进入其他细分市场。

5.2.3 运用目标市场营销策略

1．运用无差异性市场营销策略

（1）认知无异性市场营销策略的概念

无差异性市场营销策略是企业把一种产品的整体市场看做一个大的目标市场，市场营销活动只考虑消费者或用户在需求方面的共同点，而不管他们之间是否存在差异。因而，企业只推出单一的标准化产品，运用单一的市场营销组合，力求满足尽可能多的消费者的需求。无差异性市场营销策略如图 5-2 所示。

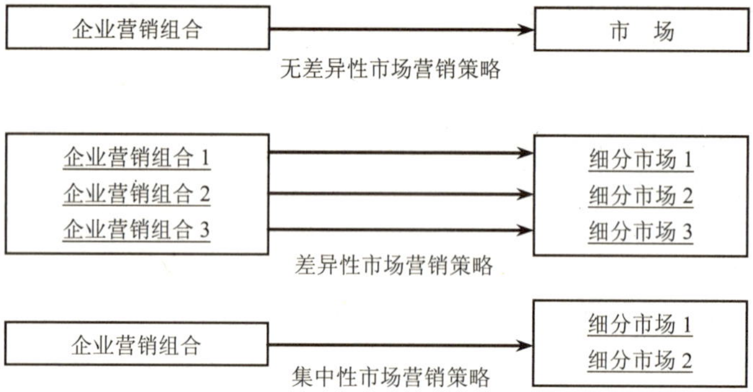

图 5-2　3 种不同的目标市场营销策略

（2）无差异性市场营销策略的适用条件

1）企业面对的市场是同质市场。因为这些市场的需求本身就不存在实质性的差别。即使买方需求是有差别的，但他们有足够的相似之处，可以作为同质市场加以对待。

2）企业把整个市场看成一个无差异的整体，认定所有消费者对某种需求基本上是一样的。

3）适合需求广泛、市场同质性高且能大量生产、大量销售的产品，以及具有垄断性、不易仿制的产品。

（3）运用无差异性市场营销策略应注意的问题

无差异性营销策略被称为产品导向策略，考虑的主要是企业自身的利益，如生产的方便与经济、成本的节约、经营管理的简化等，而忽视了市场实际存在的需求差别。这种策略对多数企业已经不适用了。

1）消费者需求客观上是千差万别的、不断变化的。

2）许多企业同时在一个市场上采取这种策略，市场竞争必然激化，获得市场的机会反而减少。

3）以一种产品和一套市场营销组合方案来满足不同层次、不同类型的所有消费者的需求，也是很难做到的，总会有一部分需求尚未满足，这对企业和消费者来说都是不利的。因此，国际上一些曾长期采用这种策略的大企业也不得不改变策略，转而实行差异性市场营销策略，如可口可乐公司。

2. 运用差异性市场营销策略

1）认知差异性营销策略的概念。差异性市场营销策略是企业在对市场进行细分的基础上，根据自身的资源条件，选择多个细分市场作为目标市场，并为各目标市场制定不同的市场营销组合策略。差异性市场营销策略如图 5-2 所示。例如，许多服装企业，为不同性别、不同年龄、不同收入水平、不同爱好的消费者生产质地、规格、款式、颜色、档次不相同的各季服装，就是实行的差异性市场营销策略。采用这种目标市场策略的企业，通常比实行无差异市场营销策略的企业能获得更高的销售量。

2）差异性市场营销策略的适用条件。①企业面对的市场是异质市场。②差异性市场营销策略适合大中型企业。

3）运用差异性市场营销策略应注意的问题。由于产品品种、分销渠道、广告宣传的扩大化与多样化，市场营销费用会大幅度增加。同时，运用差异性市场营销策略在推动成本和销售额上升时，市场效益并不具有保障性。因此，企业在市场营销中有时需要进行“反细分”或“扩大顾客的基数”，作为对差异性市场营销策略的补充和完善。

实用链接

广西有个三宝食品厂，它在对市场进行细分的基础上，集中生产 3 个子市场产品，产品始终供不应求。其中有专为婴儿生产的食品，命名为婴宝；专为贫血者生产的补充营养品，命名为血宝；专为老年人夜宵和胃溃疡患者生产的营养强化食品，命名为健宝。

3. 运用集中性市场营销策略

（1）认知集中性市场营销策略的概念

集中性市场营销策略是企业在将整体市场分割为若干细分市场后，只选择其中某一细分市场作为目标市场，集中力量，实行专业化生产和经营的有效策略。其指导思想是把企业的人财物集中用于某一个细分市场或将几个性质相似的小型市场归并为一个细分市场，不求在一个大的整体市场上占有较小的份额，只求在较小的目标市场上占有较大的市场份额。集中性市场营销策略的实质是，与其四处出击收效甚微，不如突破一点取得成功。在市场细分的基础上，企业只对局部市场实行重点服务，专业化经营，实行一种有针对性的市场开发策略。集中性市场营销策略如图 5-2 所示。

（2）集中性市场营销策略的适用条件

1）集中性市场营销策略主要适合资源有限的中小企业，或是初次进入新市场的大企业。这些小企业如果与大企业硬性抗衡，弊多于利，因而必须学会寻求对自己有利的微观生存环境。也就是说，如果小企业能避开大企业竞争激烈的市场，选择一两个能够发挥自己技术、资源优势的小市场，往往容易成功。集中性市场营销策略是中小企业变劣势为优势的最佳选择。

2）集中性营销策略适合某些财力较弱的中小企业，或是处于产品生命周期衰退期的企业。这些企业恰当地采用这种策略，既可以在较小的市场上形成经营特色或商品信誉，获得消费者的信任，提高投资收益率，又可以伺机在条件成熟迅速扩大生产、提高市场占有率。

（3）运用集中性营销策略应注意的问题

运用集中性营销策略经营者承担的风险较大，由于目标市场集中，一旦目标市场的需求情况突然发生变化，目标消费者的兴趣突然转移（这种情况多发生于时髦商品）、价格猛跌或是市场上出现了更强有力的市场竞争对手，企业就可能陷入困境。因此，多数企业在采取密集性市场营销策略的同时，仍然愿意局部采用差异性市场营销策略，将目标分散于几个细分市场中，以便获得回旋余地。所以，采用集中性市场营销策略的企业，要随时密切关注市场动向，充分考虑企业对未来可能发生的意外情况下的各种对策和应急措施。

5.2.4 分析影响选择目标市场营销策略的因素

1．分析企业资源能力因素对选择目标市场营销策略的影响

企业实力雄厚，管理水平较高，可考虑采用差异性或无差异性市场营销策略；资源有限，无力顾及整体市场或几个细分市场的企业，则宜选择集中性市场营销策略。当企业的内、外部条件发生重大变化时，目标市场营销策略也需进行调整和转变。

2．分析产品同质性因素对选择目标市场营销策略的影响

同质性产品，消费需求差异较小，产品之间竞争主要集中在价格上，如钢铁、大米、食盐等初级产品，适用于无差异市场营销策略。差异较大的产品，如汽车、家用电器、服装、食品等，适宜采用差异性市场营销或集中性市场营销策略。

3．分析市场同质性因素对选择目标市场营销策略的影响

如果消费者需求、购买行为基本相同，对市场营销策略的反应也大致相同，即市场是同质的，可实行无差异市场营销策略。反之，则应采用差异性或集中性市场营销策略。

4．分析产品生命周期因素对选择目标市场营销策略的影响

如果企业是向市场投入新产品，市场竞争者少，宜采取无差异性市场营销策略，以便了解和掌握市场需求和潜在消费者；当产品进入成长期或成熟阶段以后，就可采用差异性市场营销策略，以开拓新的市场或实行集中性市场营销策略，设法保持原有市场，延长产品生命周期。

5．分析市场竞争对手的市场营销策略因素对选择目标市场营销策略的影响

企业生存于市场竞争环境中，对市场营销策略的采用受到了市场竞争对手的制约。当市场竞争对手已实行差异性市场营销策略时，如果本企业采用无差异性市场营销策略，就等于无法有效参与市场竞争，很难占有一个有利的地位，除非本身有极强的实力和较大的市场占有率。此时，企业应对市场进行更有效的细分，寻找新的机会，实行差异性市场营销策略或集中性市场营销策略。如果市场竞争对手用无差异性市场营销策略，则企业无论本身实力大于还是小于对手，“跟踪追击”，实行差异性市场营销策略或集中性市场营销策略，都是有利可图、有优势可占的。此外，市场竞争者数量的多少，也是企业选择目标市场营销策略时要考虑的因素，“知己知彼”“攻虚避实，乘虚而入”，方能百战百胜。表 5-5 对目标市场营销策略的选择及其影响因素之间的关系进行了概括。

表 5-5 目标市场营销策略的选择

	企业资源与实力	产品的同质性	市场的同质性	产品生命周期	竞争者的实力与策略	市场供求状况
无差异性营销策略	强	高	高	导入期	竞争者实力较弱	供不应求
差异性营销策略	强	低	低	成长期、成熟期	差异、无差异	供过于求
集中性营销策略	弱	低	低	衰退期、导入期	差异、无差异	供过于求

5.3 运用市场定位

【学习与培养思路】

企业选定目标市场之后，就要进行市场定位。这关系到企业及其产品在激烈的市场竞争中，占领消费者心理、树立企业及产品形象、实现企业市场营销战略目标等一系列至关重要的问题。

在掌握市场定位的实质、定位的层次、定位的方式、定位的方法、定位的策略、定位的操作程序，以及市场定位应注意的问题的基础上，培养市场定位的能力。

5.3.1 认知市场定位

1. 认知市场定位的概念

市场定位就是设计出本企业与众不同的产品、品牌、企业形象与服务，使之具有鲜明的特色或个性，从而使企业能在目标消费群心目中占有一个独特的位置。

市场定位的实质是根据市场竞争者在细分市场上所处的地位和消费者对本企业产品、品牌、企业形象、服务的某些属性的偏爱程度，塑造出与众不同的鲜明个性或形象，使本企业与其他企业严格区分开来，使目标消费群明显感觉和认识到这种差别，从而在目标消费群心目中占有特殊的位置，并在细分市场上占有有利位置，进而获得市场竞争优势。

理解市场定位的实质要把握以下 3 点：

1）定位的目的。定位的目的在于“攻心”，即在消费者心目中确定位置，而不是在某个空间定个位置。

2）定位的前提。定位的前提是要周密地进行调查研究，了解消费者对某类产品各种属性的重视程度及市场竞争对手目前的市场位置。

3）定位的手段。定位的手段是制造差异，即制造与市场竞争对手的差异。

小思考

市场定位的关键不是对产品本身做些什么，而是在消费者心目中做些什么。这种说法是否正确？

2. 认知市场定位的层次

市场定位包括 3 个相互关联的层次，如图 5-3 所示。

1）产品定位。产品定位指将某个具体产品定位于消费者心中，让消费者产生类似的需求就会联想起这种产品。这一层次的定位是其余所有定位的基础，因为公司最终向消费者提供的是产品，没有产品这一载体，品牌及公司在消费者心目中的形象都难以维持。

2）品牌定位。品牌定位是企业在市场定位和产品定位的基础上，对特定的品牌在文化取向及个性差异上的商业性决策，是建立一个与目标市场有关的品牌形象的过程和结果。品牌定位必须以产品定位为基础，通过产品定位来实现。无论什么产品，它们本身的高品质是优质品牌的基础，也是这一印象发挥效用的载体。但品牌定位一旦成功，便成为一项无形资产，且能与产品脱离而独立显示其价值。

3）企业定位。企业定位指企业组织形象的整体或其代表性的局部在公众心目中的形象定位，它的着眼点不是具体的产品或品牌，而是其组织形象整体或局部性的特点与优点。

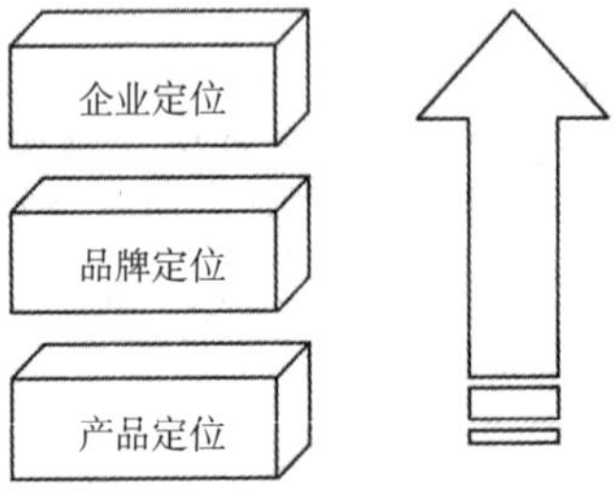

图 5-3　市场定位的层次

企业定位处于定位阶梯的最高层，这 3 个层面相互制约、相互影响、互动互进。它们好比是一栋多层建筑，每一层都是上一层的基础，随意抽掉其中的一层，顶上只能是空中楼阁。没有好的产品定位和品牌定位，企业定位难以树立起来；反过来，较高的企业定位可以维持公司的产品及品牌定位。因此，进行市场定位时，必须将三者有机地结合起来。

5.3.2　运用市场定位的操作程序

市场定位的操作程序如图 5-4 所示。

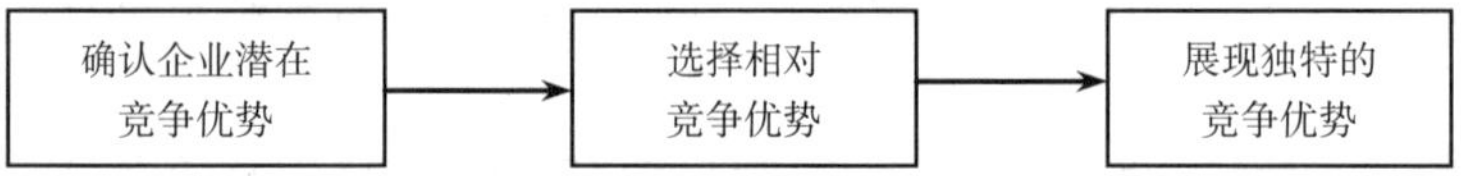

图 5-4　市场定位操作程序

1. 分析目标市场的现状，确认本企业潜在市场竞争优势

在确认本企业潜在市场竞争优势时，要明确以下 3 个问题：

1）市场竞争对手的产品定位如何？

2）目标市场上的消费者欲望得到满足程度如何？还需要什么？

3）对市场竞争者的市场定位和潜在消费者真正需要的利益要求，企业应该能够做什么？

明确了上述 3 个问题，企业就可从中把握和确定自己的潜在市场竞争优势。要明确上述问题，企业市场营销人员便要对企业市场调研人员通过一切调研手段所搜索到的与上述问题有关的资料，以及上交的调研报告，进行认真、详细的分析与研究。

2．准确地选择相对市场竞争优势，对目标市场初步定位

准确地选择相对市场竞争优势就是将一个企业各方面的实力与市场竞争者的实力相比较的过程。比较的指标应是一个完整的体系，这样才能准确地选择相对市场竞争优势。常用的方法是分析、比较企业与市场竞争者在经营管理、技术开发、采购、生产、市场营销、财务和产品 7 个方面的强项与弱项，选出最适合本企业的优势项目，以初步确定企业在目标市场上所处的位置。

3．展现独特的竞争优势

企业在这一程序中的主要任务是通过一系列的宣传促销活动，使其独特的市场竞争优势准确地传播给潜在消费者，并在消费者心目中留下深刻印象。

1）使目标消费群了解、知道、熟悉、认同、喜欢和偏爱本企业的市场定位，在目标消费群心目中建立与该定位相一致的形象。

2）企业应通过一切努力来强化目标消费群形象，保持对目标消费群的了解，稳定目标消费群的态度和加深与目标消费群的感情，以巩固与市场相一致的形象。

3）企业应注意目标消费群对其市场定位理解出现的偏差或由于企业市场定位宣传上的失误而造成的目标消费群认识上的模糊、混乱和误会，及时矫正与市场定位不一致的形象。

总之，当企业和市场情况发生变化时，都需要对目标市场定位的方向进行调整，使企业的市场定位策略符合企业特色和发挥企业优势的原则，从而取得良好的市场营销利润。

5.3.3　选择市场定位的方式

1.从定位的时机选择市场定位的方式

（1）初次定位方式

初次定位是指企业向市场推出一种新产品时对其进行的第一次定位。企业在进入目标市场时，往往是市场竞争者的产品已经上市或已经形成了一定的市场格局。这时，企业应认真研究同一产品市场竞争对手在目标市场上的位置，从而确定本企业产品的有利位置。

初次定位是最重要的，因为它塑造的是“第一印象”；但初次定位又是最难的，难在定位者对环境、对自身的研究还不够，市场对产品的认可和接纳有一个过程，所谓万事开头难。初次定位跟打靶一样，最好是一发击中。如果发现定位错误再重新定位，对企业来说可能已经造成了很大的损失。

（2）重新定位方式

选定了市场定位目标后，针对以下情况可以考虑重新定位：定位不准确或虽然开始定位得当，但市场情况发生变化时；遇到市场竞争者定位与本公司接近，侵占了本公司部分市场；由于某种原因消费者或用户的偏好发生变化，转移到市场竞争者方面时。重新定位是以退为进的策略，目的是实施更有效的定位。

实用链接

太太药业集团的市场定位

深圳的太太药业集团推出的太太口服液的市场定位，曾有过几次的调整。

起初，该公司的产品以治黄褐斑为重点，诉求点“三个女人，三个黄”，随着产品知名度的提高，这个定位对女性保健需要而言明显过窄了，使市场扩大受到限制。

20世纪90年代中期，公司决定用“祛斑、养颜、活血、滋阴”等功能定位，但又与众多的其他保健品没有多大区别，产品失去特色。

1996年以后，该公司主要强调产品含有F.L.A，能够调理内分泌，令肌肤重现真正天然美的纯中药制品等，诉求点“发自内在的魅力……挡也挡不住”，成功地实现重点功能定位。

2．从定位的依据选择市场定位的方式

（1）属性定位方式

属性定位是指根据特定的产品属性来定位。例如，广东客家酿酒总公司把自己的“客家酿酒”，定位为“女人自己的酒”，突出这种属性对女性消费者来说就很具吸引力。

（2）利益定位方式

利益定位是指根据产品能满足的需求或提供的利益来定位，通常可采用多种利益进行产品定位。例如，宝洁旗下有多个洗发水品牌，定位各不相同：海飞丝定位于去头皮屑，飘柔定位于使头发柔顺，潘婷定位于使头发健康，沙宣定位于保湿、超乎寻常的呵护。

（3）质量和价格定位方式

质量和价格定位是指综合运用质量和价格两种因素来定位。产品的质量和价格通常是消费者在购买决策时最直观和最为关注的因素，并且往往是将两者结合起来综合考虑的，但不同的消费者又会各有侧重。价格和质量两个因素可以形成多种组合，最有市场竞争力的是高质高价和高质低价两种。高价格是一种高质量的象征，只要企业或产品属于“高质”的类别，且高质量、高水平服务、高档次能让消费者实实在在地感受到，就可以选择这种定位方式。

实用链接

劳斯莱斯的高质高价定位

劳斯莱斯汽车是富豪生活的象征，其昂贵的车价近40万美元。据说该车的许多部件都是手工制作，精益求精，出厂前要经过上万公里无故障测试。拥有这种车的顾客都具有以下特征：2/3的人拥有自己的公司，或者是公司的合伙人；几乎每个人都有几处房产；每个人都拥有一辆以上的高级轿车；50%的人有艺术收藏，40%的人拥有游艇；平均年龄在50岁以上。可见，这些人买车并不是在买一种交通工具，而是在买一种豪华的标志。

3. 从处理竞争关系的角度选择市场定位的方式

（1）避强定位方式

避强定位是指企业力图避免与实力最强的或较强的其他企业直接发生市场竞争，而将自己的产品定位于另一市场区域内，使自己的产品在某些特征或属性方面与最强或较强的对手有比较显著的区别。避强定位策略能使企业较快地在市场上站稳脚跟，并能在消费者或用户中树立形象，风险小。避强往往意味着企业必须放弃某个最佳的市场位置，很可能使企业处于最差的市场位置。

（2）对抗定位方式

对抗定位是指企业根据自身的实力，为占据较佳的市场位置，不惜与市场上占支配地位的、实力最强或较强的市场竞争对手发生正面市场竞争，从而使自己的产品进入与对手相同的市场位置。市场竞争过程往往相当引人注目，甚至产生所谓的轰动效应，企业及其产品可以较快地为消费者或用户所了解，易于达到树立市场形象的目的，但具有较大的风险性。

实行对抗性定位，必须知己知彼，应清醒估计自己的实力，不一定要压垮对方，只要能够平分秋色就是巨大的成功。

5.3.4 运用市场定位的方法

（1）运用产品属性（特色）、利益、使用定位的方法

这是指根据产品的某项特色属性及由此给消费者带来的某项特殊利益来定位。例如，雷达表宣传它“永不磨损”的品质特色，高露洁突出“没有蛀牙”的功效，王老吉强调去火，舒肤佳强调除菌。有些产品的定位侧重于使用的时间和场合，如“红牛”饮料把自己定位于增加体力、消除疲劳的功能性饮料，“金嗓子喉宝”专门用来保护嗓子。

（2）运用价格、质量定位的方法

价格和质量的不同组合，构成不同的定位。例如，海尔家电产品定位于高价格、高品质，“雕”牌洗衣粉的定位是“只买对的、不买贵的”。

（3）运用产品档次定位的方法

这是指依据消费层次的高、中、低档进行产品不同档次定位。例如，汽车中劳斯莱斯是高档车的代表，道奇则代表经济适用；丰田公司推出雷克萨斯、凯美瑞、卡罗拉、小明星等不同档次的汽车，以迎合不同的消费者。

（4）运用根据市场竞争者定位的方法

根据市场竞争者定位也叫对比定位法，指以某知名度较高的市场竞争品牌为参考点来定位，在消费者心目中确立明确的位置。例如，蒙牛最初相对于伊利的“老二”策略，百事可乐针对可口可乐的“新一代选择”，都属于对比定位。

（5）运用产品种类定位的方法

开发新产品之后，告诉预期消费者该产品不是什么，比告诉产品是什么更管用。例如，世界上第一辆汽车称为“不用马拉”的车子、七喜饮料的广告语“七喜非可乐”、我国亚都公司恒

温换气机的诉求点是“我不是空调”等，都在不同程度上加强了自己在消费者心目中的形象。

（6）运用根据使用者定位的方法

根据使用者定位是把产品和特定消费群联系起来的定位策略。它试图让消费者对产品产生一种量身定制的感觉，如“太太口服液”定位于女性，儿童医院是针对儿童的专业医院。

（7）运用生活方式定位的方法

运用生活方式定位是将产品人格化，赋予其与目标消费群十分相似的个性。例如，百事可乐以“年轻、活泼、刺激”的个性形象在一代又一代年轻人中产生共鸣。

（8）运用多重因素定位的方法

如果一些定位因素是兼容的，定位不一定拘泥于一个因素。例如，比彻姆公司在促销其阿克福来希牙膏时，声称可提供 3 重利益，即防蛀、清新口气和增白。

5.3.5 运用制造市场定位差异的方法

企业可以从 5 个方面制造市场定位的差异，如表 5-6 所示。

表 5-6 市场定位差异的变量

产　品	服　务	人　员	渠　道	形　象
形状 特色 性能质量 耐用性 一致性质量 可靠性 可维修性 风格 设计	订货方便 交货及时 安装服务 客户培训 客户咨询 维修服务 多种服务 抱怨处理	职称 谦恭 诚实 可靠 反应 沟通	覆盖面 专业化 绩效 模式	标志 文字 视听媒体 气氛 事件

1. 运用制造产品差异的方法

1）形状。指产品的尺寸、形状和外形。

2）特色。指增补产品基本功能的某些特征。

3）性能质量。指产品主要特征或属性在运用中的水平。

4）一致性质量。指产品的设计和使用与预定标准的吻合程度。

5）耐用性。指衡量一个产品在自然或重压条件下的预期操作寿命。

6）可靠性。指在一定时间内产品将保持不坏的可能性。

7）可维修性。指一个产品出了故障或用坏后可以修理的容易程度。

8）风格。指产品给予顾客的视觉和感觉的效果。

9）设计。指从顾客要求出发，能影响一个产品外观和性能的全部特征的组合。

案例分析

白加黑——治疗感冒，黑白分明

1995年，“白加黑”感冒药上市仅180天销售额就突破1.6亿元，在拥挤的感冒药市场上分割了15%的份额，登上了行业第二品牌的地位。

“白加黑”是个了不起的创意。它看似简单，只是把感冒药分成了白片和黑片，并把感冒药中的镇静剂“扑尔敏”放在黑片中，其他什么也没做；实则不简单，它不仅在品牌的外观上与竞争品牌形成很大的差别，更重要的是它与消费者的生活形态相符合，达到了引发联想的强烈传播效果。

在广告公司的协助下，“白加黑”确定了干脆、简练的广告口号“治疗感冒，黑白分明”，所有广告传播的核心信息是“白天服白片，不瞌睡；晚上服黑片，睡得香”，产品名称和广告信息都清晰地传达了产品的概念。

辩证性思考：

“白加黑”感冒药制造产品差异化的成功点是什么？

2. 运用制造服务差异的方法

1）订货方便。指如何使顾客能方便地向公司订货。

2）交货及时。指产品或服务及时地送达顾客。

3）安装服务。指为确保产品在预定地点正常使用而必须做的工作。

4）客户培训。指对客户单位的人员进行培训，以使他们能正确、有效地使用供应商的设备。

5）客户咨询。指卖方向买方无偿或有偿地提供有关资料、信息系统和建议等服务。

6）维修服务。指购买本公司产品的顾客所能获得的修理服务的水平。

7）其他服务。公司还能找到许多其他方法提供各种服务来增加客户价值。

3. 运用制造人员差异的方法

1）称职。工作人员具有所需要的技能和知识。

2）谦恭。工作人员热情友好，尊重别人，体贴周到。

3）诚实。工作人员诚实可信。

4）可靠。工作人员始终如一、正确无误地提供服务。

5）反应。工作人员能对顾客的请求和问题迅速做出反应。

6）沟通。工作人员力求理解顾客并清楚地为顾客传达有关信息。

4. 运用制造渠道差异的方法

公司可通过它们的分销渠道方法来取得差异，如渠道的覆盖面、专业化、模式、绩效。安利、戴尔在渠道上区别于宝洁、联想，薇姿和采乐宣称自己“只在药房出售”，“妙士”饮料只在宾馆销售而不上超市，卡士活菌奶主要在酒吧展现自己的高档，但这些公司都很成功。

5．运用制造形象差异的方法

1）标志。一个强烈的形象包括一个或几个识别公司或品牌的标志。

2）文字和视听媒体。所选的标志必须通过各种广告来传播公司或品牌的个性。

3）气氛。一个组织生产或传送其产品或服务的场所是另一个组织产生有利形象的途径。

4）事件。一家公司可以通过由其资助的各类活动塑造某个形象。

5.3.6 运用市场定位策略

1．运用填补市场空位策略

填补市场空位策略是指企业把产品定位于目标市场上的空白处，这样可以避开激烈的市场竞争，使企业有一个从容发展的机会。但决策前企业应明确 3 个问题：

1）市场空白处的潜在消费群数量。市场出现空白，也许并非其他市场竞争者熟视无睹，而是该处缺乏需求，这一点要特别注意。

2）技术上的可行性。企业要有足够的技术能力生产市场空白处的需求产品，否则企业选择了这种策略也只能望洋兴叹。

3）经济上的合理性。即企业填补市场空位能有利可图。

2．运用与现有竞争者共存策略

运用与现有竞争者共存策略指企业把自己的产品定位在某一个市场竞争者的同一位置上，与现有市场竞争者和平共处。对于市场竞争者来说，如果有足够的市场份额，而且其既得利益没有受到多大损害，它们一般是不会在乎身旁多出一个市场竞争对手的。因为激烈的对抗常常会两败俱伤，很多实力不太雄厚的企业经常采用这种定位策略。

3．运用逐步取代现有市场竞争者策略

如果企业实力十分雄厚，有比市场竞争者更多的资源，能生产出比市场竞争者更好的产品，不甘于与市场竞争者共享市场，则可以发动一场攻坚战，把现有市场竞争者赶离原有位置，取而代之。采用这种策略的原因有两个：一是与企业条件相符合的市场已被市场竞争者占领，而且这个市场的需求不够大，不足以让两个企业共同分享；二是企业有足够的实力，想成为行业领先者。当然，采用这种策略的风险是相当大的，成功了，企业可以独占鳌头；一旦失败，企业或许会陷入万劫不复之境或者两败俱伤。因此，采用这种策略的企业事前应做好充分的准备。

4．运用重新定位策略

产品在目标市场上的位置确定后，经过一段时间的经营，企业可能会发现出现了某些新情况，如有新的市场竞争者进入了企业选定的目标市场，或者企业原来选定的产品定位与消费者心目中的该产品印象（即知觉定位）不相符等，这就促使企业不得不考虑对产品进行重新定位。产品重新定位时，企业首先应找出导致重新定位的主要原因，然后利用重新定位来解决出现的问题。如果是因为出现了新的市场竞争者，则企业可以通过增加产品的差异性等措施来与市场竞争者抗衡或与市场竞争者拉开距离；如果是因为企业定位与消费者的知觉定位不符，则企业可以通过广告宣传来改变消费者的知觉定位，或者改变产品来迎合消费者的知觉定位等。总之，企业应根据具体情况，找出主因，然后制定补救的措施。

5.3.7 运用市场定位应注意的问题

1. 注意市场定位过低

市场定位过低也称市场定位不明显，指不能让消费者真正感觉到产品的特别之处。例如，好迪宣称“大家好才是真的好”，但消费者不知道它好在哪里。

2. 注意市场定位混乱

有些品牌的市场定位使消费者可能对产品的印象模糊不清，这就是定位混乱造成的。这种混乱是由于主题太多所致。例如，雪佛兰以前代表高品质家庭车，销量排名第一。后来，各种各样冠在它头上的说法把它变成了“四不像”：它可以便宜，也可以贵；它可以是家用轿车，也可以是运动轿车；它还可以是卡车和厢式货车。总之，它“满足所有人的所有需求”。今天，雪佛兰销售已经落后。

3. 注意市场定位过高

市场定位过高也称定位狭窄，会使消费者对该产品的了解十分有限，从而造成市场丢失。

4. 注意市场定位有疑问

消费者对某些企业的市场定位有疑问，很难相信某些企业关于产品特色、价格等方面的宣传。例如，农夫山泉旗下产品“农夫 C 打”曾打出广告“不含酒精的酒”，结果上市之后并不顺利，因为人们可能认为“不含酒精的酒或许是假酒”。

案例分析

“蜜雪儿”化妆品的目标市场定位

山东省是个经济大省、人口大省，具有极大的化妆品消费潜力。由于受儒家思想影响较深，山东人性朴素，人文向善，消费观念较易引导，因此“蜜雪儿”决定把山东作为试点市场开发，并且从三级市场入手（因化妆品在三级市场消费观念不强，特别是高档化妆品市场，而且三级市场竞争并不激烈）。企业优势运用于比较容易开拓的地方，容易产生良好的成绩。

“蜜雪儿”的产品技术优势是生化协同（即生物技术在化妆品领域的运用且促进皮肤吸收），因此它的产品品质特别优良。加上市场上具有积极化妆品消费理念的目标顾客集中在 30 岁以上，特别是白领阶层，同时这个群体追求生活品质，因此“蜜雪儿”确定的市场定位为：先进的产品技术、中档价位消费，准确地打造“白领专用，尊贵体现”。“蜜雪儿”仔细思考了品牌形象安排，以淡粉、雅白为主打色。淡粉象征白领的浪漫与纯真，雅白象征真挚与韵致。辅色为银灰、金黄，分别象征白领的富贵与高雅。“蜜雪儿”的形象结合了中国人文色彩的喜好，使之品牌形象与终端形象相得益彰，有效地体现了其品牌精神。在价格上，根据当时市场的具体情况，“蜜雪儿”将产品价格做了适当的下调，平均每瓶 50～70 元。在分销上，“蜜雪儿”用特许连锁方式全面组建营销分公司，创立服务品牌，形成以分公司为中心的“商业商圈”销售网络；以厂家直销方式组建销售队伍，主动锁定目标顾客，形成独特的“人际商圈”消费网络。管理上，“蜜雪儿”对总部、分公司、商圈、消费者实施人性化及古典式管理相结合的管理方式。通过此营销策略，“蜜雪儿”在山东取得了独辟蹊径的成就。

“蜜雪儿”将品牌形象、终端助销、通路管理、人员培训充分地进行了整合，对主要的零售点实行了直接供货与管理，从而构建了强有力的垂直营销系统，更有力、有效地控制了渠道与终端。为降低经营风险，在终端控制上，“蜜雪儿”围绕终端建立了安全收款体系，切实地保障了货款的回笼和快速周转。在终端，“蜜雪儿”大力推进了助销系统，如经理、营业员的培训，大型美容沙龙，常规节假日促销等。除此之外，独特的广告攻势、有力的终端促销支持，也巩固了终端控制的主动性。“蜜雪儿”由县级城市到地级城市、由三级市场到二级市场，短短半年时间，知名度迅速提升。1999 年上半年“蜜雪儿”已成为鲁西南化妆品第一品牌，紧接着 1999 年下半年“蜜雪儿”的市场迅速扩张至胶东地区。一年下来，“蜜雪儿”在山东的零售额特别可喜，山东 80%以上的县级、地级城市同档化妆品市场中，“蜜雪儿”份额占据优势。短短三年，从零开始，“蜜雪儿”的美誉度迅速提升。

（资料来源：www.aliqq.cn，2010.09.02）

辩证性思考：

1. “蜜雪儿”化妆品市场细分的依据是什么？
2. “蜜雪儿”化妆品是如何进行市场定位的？
3. “蜜雪儿”化妆品采用的市场营销组合策略为何能取得成功？

营销知识检测

1. 消费者市场细分的依据是什么？消费者市场细分有哪些变量？
2. 消费者市场细分的方法和操作程序有哪些？
3. 目标市场选择的条件是什么？如何运用目标市场选择模式？
4. 如何运用目标市场营销策略？
5. 影响选择目标市场营销策略的因素有哪些？
6. 市场定位的层次内容是什么？市场定位的操作程序是什么？
7. 如何运用市场定位的方式、市场定位的方法、市场定位的策略？
8. 如何制造市场定位差异化？运用市场定位应注意哪些问题？

营销能力训练

训练项目：

选择一家消费品生产企业，对该企业进行市场细分、目标市场选择和市场定位分析，撰写目标市场选择方案。

训练目的：

通过训练，进一步认知、掌握市场细分、目标市场选择和市场定位的方法，具备市场细分、目标市场选择和市场定位的能力。

训练要求：

由班级学习委员组织全员对目标市场选择方案进行讨论、交流。

第2部分

做生意（经营生意）——满足消费需求

【学习与培养思路】

企业经过找生意（寻找生意）——发现（创造）消费需求，确定了企业市场营销的服务对象，满足目标消费群哪部分消费需求，在目标市场上为产品品牌、企业形象确定了一个富有竞争优势的地位。之后，就进入了市场营销活动的第2个环节，解决如何做生意（经营生意）——满足消费需求的问题。企业要运用市场营销组合，把产品策略、价格策略、分销策略和促销策略组合起来综合地发挥作用，才能满足目标市场的需求，更好地实现企业营销目标。

通过学习，掌握运用市场营销组合4个策略之间的内在逻辑关系；掌握运用市场营销组合的约束条件和市场营销组合模式，便于更有效地运用市场营销组合，提高市场营销组合的效益；掌握运用产品策略、定价策略、分销策略与促销策略的内容、方法、策略、运用的适用条件与运用中应注意的问题。

通过培养，具备运用市场营销组合模式的能力，以及综合运用产品策略、定价策略、分销策略、促销策略的能力。

第6单元

运用市场营销组合

【学习与培养思路】

运用市场营销组合首先要掌握市场营销组合策略内在的逻辑关系。市场营销组合的4个可变的策略，在动态的市场营销环境中互相依存。运用中，虽然它们单独说来都是重要的，但真正重要的意义在于它们因势而异的配套组合，突出重点，形成以某个市场营销策略为主的市场营销组合模式。

通过学习，掌握市场营销组合的概念、特点与市场营销组合策略内在的逻辑关系，掌握市场营销组合运用的约束条件与市场营销组合模式。

通过培养，具备运用市场营销组合决策的能力。

6.1 认知市场营销组合

【学习与培养思路】

市场营销组合的重点、难点是掌握市场营销组合策略内在的逻辑关系与市场营销组合运用的约束条件，处理好市场营销组合策略运用中的相应关系。

6.1.1 认知市场营销组合

1. 认知市场营销组合的概念

市场营销组合是指企业针对选定的目标市场，对可以控制的产品策略、定价策略、分销策略、促销策略进行最佳组合，使之综合地发挥作用，以便更好地满足目标市场的需求，实现企业市场营销目标。

2. 认知市场营销组合的特点

（1）市场营销组合是企业可以控制的因素

市场营销组合因素是企业可以控制的因素，即企业根据目标市场的需要，可以决定自己的产品结构、制定产品价格、选择分销渠道和促销方法等，对这些市场营销手段的运行和搭配，企业拥有自主权、决策权。但这种自主权、决策权是相对的，不是随心所欲的，因为企业市场营销管理过程中不但要受本身资源和目标的制约，还要受各种微观和宏观环境因素的影响和制约，这些是企业所不可控制的变数，即“不可控因素”。但是，企业并不是在真空中制定市场营销组合。随着市场竞争、消费者需求特点及外界环境的变化，企业必须对市场营销组合随时纠正、调整，使其保持竞争力。

（2）市场营销组合是一个变量组合

构成市场营销组合的“4P”的各个自变量，是最终影响和决定市场营销效益的决定性要素，而市场营销组合的最终结果就是这些变量的函数，即因变量。从这个关系看，市场营销组合是一个动态组合，只要改变其中的一个要素，就会出现一个新的组合，从而产生不同的市场营销效果。

实用链接

市场营销组合效果=F（P1，P2，P3，P4）。式中，每一个P表示“4P”中的每个策略，即产品、定价、分销、促销。例如，一家空调器公司的市场营销组合如下：

- 产品——质量上等的名牌空调器，提供良好的售后维修服务。
- 价格——基本价格，只是付款时间给予优惠。
- 分销——直接卖给零售商，由它们出售。
- 促销——利用广播电视、网络、报刊媒体做广告。

以上是一个完整的组合，如果企业要改变其中的某一个因素，如将分销方式由“直接卖给零售商”改为“由批发商销售产品”，就会引起其他因素也发生变化：产品——质量上等的名牌空调器，不负责维修；价格——实行价格折扣优惠；促销——不必大做广告。这样整个企业的市场营销组合就完全发生了变化。因此，企业市场营销战略的制定者应当懂得这种变化的道理，处处要从“变”字上思考问题，掌握这种动态的、变化的艺术。

（3）市场营销组合由许多层次组成

就整体而言，“4P”是一个大组合，其中每一个 P 又包括若干层次的要素。这样，企业在确定市场营销组合时，不仅更为具体和实用，而且相当灵活；不但可以选择4个要素之间的最佳组合，而且可以恰当安排每个要素内部的组合。

（4）市场营销组合具有整体性

企业必须在准确地分析、判断特定的市场营销环境、企业资源及目标市场需求特点的基础上，才能制定出最佳的市场营销组合。所以，最佳的市场营销组合的作用，绝不是产品、价格、渠道、促销4个市场营销要素的简单数字相加，即 $4P \neq P + P + P + P$，而是使它们产生一种整体协同作用。就像中医开出的重要处方，4 种草药各有不同的效力，治疗效果不同，所治疗的病症也相异，而且这4种中药配合在一起的治疗，其作用大于原来每一种药物的作用之和。市场营销组合也是如此，只有它们的最佳组合，才能产生一种整体协同作用。正是从这个意义上讲，市场营销组合又是一种经营的艺术和技巧。

（5）市场营销组合要突出重点

必须整体地制定市场营销组合，并不是说要分散使用力量，而是强调突出重点，如农产品一般以价格作为竞争的主要手段，家用电器则主要考虑产品因素，而化妆品应侧重于促销。

6.1.2 认知市场营销组合策略内在的逻辑关系

产品策略是市场营销组合的核心，是定价策略、分销策略、促销策略的基础。因为企业只有提供满足目标市场需求的产品和服务并使目标消费群满意，才能实现获取利润的目标。企业开发出产品以后，要与目标消费群进行交易，就必须运用定价策略为产品制定合理的价格。有了满足目标消费群需求的产品和适当的价格以后，企业所面临的具体问题就是如何把产品通过一定的渠道在适当时间、适当地点，按适当数量和价格，从生产者手中转移到消费者手中，来实现产品的价值和使用价值。分销策略是联结生产和消费之间的“桥梁”和“纽带”。企业为其产品选择了分销渠道，接着就要运用促销策略解决如何把产品信息迅速传递给目标消费群，并有效地对目标消费群进行刺激，激发目标消费群的购买欲望，使企业的产品卖得快、卖得多、卖得久的问题。

另外，企业还要认识到，企业通过产品、分销、促销在市场中创造价值，通过定价从创造的价值中获取收益。在市场营销组合中，价格是唯一能产生收益的因素，其他因素都表现为成本。价格是市场营销组合中最灵活的因素，它与产品特征和分销渠道不同，它的变化是异常迅速的。因此，定价策略是企业市场营销组合的重要因素之一，它直接地决定着企业市场份额的大小和赢利率的高低。

6.1.3 认知市场营销组合运用的约束条件

市场营销组合运用的约束条件是指市场营销组合运用中必须处理好的相应关系，以及运用中应该注意的问题。全面考虑这些问题，才能在设计市场营销组合时避免失误，取得预期的市场营销效果。

1．考虑目标市场的特点

一个恰当的市场营销组合，实质上是由目标市场需要决定的。因此，企业只要精心地分析目标市场各个方面的条件，就能够迅速地规划出合理的市场营销组合。一般来说，可运用排除法。即先排除掉那些显然极不合适的市场营销组合，把问题减少到易于处理的程度，然后依据以下 4 个方面的条件来识别一个可能的目标市场，分析一下它们对各个基本的市场营销策略的影响，从而判断哪种市场营销组合更切实可行，更具有吸引力和更有利可图。

1）依据潜在消费者所在地区和人口特点，如年龄、性别、文化、收入、分布密度等。这一条件影响目标市场的潜力大小，影响分销策略——产品在什么地方可买到，影响促销策略——在何地对何人进行宣传推销。

2）依据消费模式和消费者行为。这一条件影响产品策略——设计、包装、品种系列等，影响促销策略——适应消费者的物质需要和心理需要，投其所好。

3）依据潜在消费者购买的迫切性和选购商品的意愿。这一条件影响分销策略——分配渠道的长度、宽度、销售服务标准，影响定价策略——消费者愿意支付的价格水平。

4）依据市场的竞争特点。这一条件影响市场营销组合的各个方面。如果因市场处于垄断状态或是新开发领域，市场竞争并不激烈，那么一种较好的市场营销组合就可以成功，而不必费力追求最优组合。如果市场竞争充分，这就意味着有较多的竞争者的市场营销组合方案可供借鉴，资料比较丰富，可比性强。这样挑出一些较好的市场营销策略，细致地加以分析，对每一种市场营销组合的效益就能做出更精确的估量。

2．考虑市场营销战略

企业的市场营销战略不同，市场营销组合就会有区别。例如，在制定市场营销战略的细分市场阶段上，有些企业并不愿意也没有必要把市场分得过于精细，以免使备选的市场营销组合方案太多。它们往往使用市场结合的方法，即重点放在不同消费群的相似之处上，努力增大本企业产品的选择余地和适应性，争取一种促销策略就能满足不同消费群的心理特点。比如，在化妆品市场上，同一种产品对不同消费群可能具有不同的意义（如有人为了清洁，有人为了美容，有人为了治病等），但一种系列产品附带一份兼顾不同偏好的广告，就无须再去细分市场。这种“存异求同”的市场营销组合方法，适用于日用百货、文化用品、食品、化妆品、通用机械等市场。从经济学意义上讲，企业是把几个目标市场的需求曲线拟合为一条需求曲线，用一种具有普遍号召力的市场营销组合替代几种特异性的市场营销组合，从而在这几个目标市场上都能求得发展。

资金紧缺、行业竞争激烈的中小企业则往往采用与上面背道而驰的方法，即放弃经营完整的产品系列，集中精力专注于一个细分市场，力求在一个有限的目标市场上取得最大的市场占有率和技术领先地位。这样，企业就应当更加突出本企业的市场营销组合的差别优势。

3．考虑市场营销环境

市场营销环境对企业市场营销的影响，已由通过影响目标市场需求进而间接影响企业的市场营销组合发展为直接制约企业的市场营销组合。所以，在选择市场营销组合时，企业必须把市场营销环境看做一个重要因素。为此，企业要进一步明确市场营销环境与市场营销组合的关系，才能在二者的动态协调中，把握住企业生存和发展的主动权。

1）考虑市场营销组合与市场营销环境的同一性。市场营销组合与市场营销环境均为企业市场营销的可变因素，共同对企业的市场营销活动发生作用和影响。

2）考虑市场营销环境对市场营销组合的制约性。企业作为一个开放的组织系统，与外部市场营销环境发生着各种各样的错综复杂的联系。其市场营销活动必然受到市场营销环境的影响和制约，并表现为多种渠道和多种形式，具体表现在对企业市场营销目标、市场营销战略、市场营销策略等方面的影响。

3）考虑市场营销组合对市场营销环境的适应性。由于市场营销组合的可控性和市场营销环境的不可控性，且二者均处在动态变化之中，特别是在变化的速度上，后者的变化大大快于前者，这就决定了企业必须随市场营销环境的变化及时调整市场营销组合，以求得与市场营销环境的适应和协调。值得注意的是，企业不能满足于市场营销组合和市场营销环境在一定时期的相互适应，更须预测未来若干年市场营销环境的变化趋势，并据此制定长期市场营销战略和市场营销策略。由此可见，企业的市场营销活动过程实质上是企业适应市场营销环境变化，并对变化着的市场营销环境不断做出新的反应的动态过程。

4）考虑市场营销组合对市场营销环境的主动性。市场营销是一种能动性很强的活动，企业运用市场营销组合并不是消极被动地适应市场营销环境的变化，而是积极主动地影响市场营销环境。面对变化莫测的市场营销环境，企业时时在观察和识别由于市场营销环境变化给企业带来的“市场机会”或构成的“环境威胁”，并善于把市场营销环境的变化作为难得的良机，灵活地加以运用，即将市场机会变为企业机会。这不但要使企业的市场营销组合适应市场营销环境的变化，而且要在一定程度上去选择环境、改造环境，对变化着的市场营销环境给予影响，使市场营销组合具有更大的灵活性和主动性。

4．考虑企业资源状况

企业资源状况决定了选择合适的市场营销组合不是一个漫无止境的过程。企业没有必要，也无能力不断地探索各种可能的途径，以满足普天之下的需要。例如，某食品企业要开发满足不同年龄、性别和收入层次消费者口味的糖果，推销到各类地区，愿望固然好，实际效益却不大。

由于种种原因，一个企业在资源方面会有与其他企业相区别的优势和弱势。好的市场营销组合应能充分利用企业的长处，同时避免与那些具有类似实力的企业直接竞争。

从企业资源状况出发，运用市场营销组合应考虑以下几点：

1）不与同类企业直接竞争。开拓突破性的市场机会，迎合未曾满足的市场需要，市场营销组合的选择就会大为简化。

2）不远离企业现有的市场营销组合。“这山望着那山高”会增大因市场机会不确定性而带来的风险。

3）不实行过度的多角化经营。“什么都想干”不利于充分调配现有资源。不选择那些快速提供收益而容易扼杀企业声誉的市场营销机会。

5．考虑市场营销预算

设计市场营销组合与市场营销预算决算相关联。市场营销组合决策要耗费大量的财力，涉及公司稀有资源的使用，并有时间性、周期性的特点，如广告预算要用现金、销售队伍需要人力、产品开发要占用一部分原材料、投资需要一段周期才能收回。在筹措资金、分配经费的时间内，目标市场可能发生变化，竞争者会调整其市场营销组合，新的政策、法律、条例可能颁布，所以市场营销组合要与企业的市场营销预算计划取得动态上的平衡。

小思考

谈谈你对市场营销组合的认识。

6.2 运用市场营销组合模式

【学习与培养思路】

在掌握运用市场营销组合的原则、组合模式内容的基础上，培养运用市场营销组合模式的能力。

6.2.1 认知运用市场营销组合的原则

1. 目标性原则

目标性原则是指制定市场营销组合时，要有明确的目标市场，同时要求市场营销组合中的各个因素都围绕着这个目标市场进行最优组合。

2. 协调性原则

协调性原则是指协调市场营销组合中的各个因素，使其有机地联系起来，同步配套地组合起来，以最佳的匹配状态，为实现整体营销目标服务。企业可根据要素的相互关联作用，使市场营销组合得当、和谐、一致。在市场营销组合方案中，也可以重点选择几个因素进行组合搭配。

3. 经济性原则

经济性原则是指市场营销组合的杠杆作用原则。它主要考虑市场营销组合的要素对销售的促进作用。例如，促销对销售的作用用销量响应曲线表示，如图 6-1 所示。

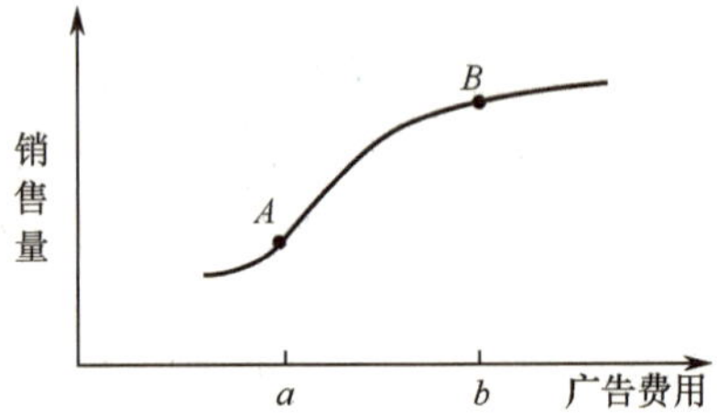

图 6-1 销量响应曲线

广告费用开始增加时，对销售量影响不大；当广告费用增加到 *a* 点后，销售量增长很快；广告费用继续增加到 *b* 点后，销售量趋于一个常数。若要发挥广告宣传对销售量的杠杆作用，组合中就应考虑销售量和广告费用的这种关系：在它们处于曲线 AB 段时，采用增加广告费用的组合；若它们的关系处于曲线 AB 段以外，就要考虑其他要素了。其他各要素与销售量的关系曲线都类似于图中的曲线。

4. 反馈性原则

要掌握从市场营销环境的变化到企业市场营销组合的变化，就要依靠及时反馈市场信息。信息反馈及时，反馈效应好，企业就可随市场营销环境变化及时重新对原市场营销组合进行反思、调整，进而确定新的适应市场和消费者需求的市场营销组合模式。

6.2.2 运用市场营销组合模式

市场营销组合的 4 个可变的策略，在动态的市场营销环境中互相依存。虽然它们单独说来都是重要的，但真正重要的意义在于它们因势而异的配套组合，即它们结合起来的独特方式，突出重点，形成以某个策略为主的市场营销组合模式。

1. 运用以产品策略为主的市场营销组合模式

企业采用以产品策略为主的市场营销组合模式，主要靠产品去开拓市场。因此，企业必须具有不断开发新产品的能力，产品的品种多、规格多，形成系列化，能够满足多层次的需求。例如，宝洁公司就是采用以产品策略为主的市场营销组合模式。

2. 运用以定价策略为主的市场营销组合模式

企业采用以定价策略为主的市场营销组合模式，主要靠定价策略去开拓市场。因此，企业必须具有一定的实力，能够灵活地制定定价策略。例如，格兰仕公司就是采用以定价策略为主的市场营销组合模式。

3. 运用以分销策略为主的市场营销组合模式

企业采用以分销策略为主的市场营销组合模式，主要靠分销去开拓市场。例如，格力空调公司就是采用以分销策略为主的市场营销组合模式，与经销商组建销售股份公司，开辟了一种分销的新方式。

4. 运用以促销策略为主的市场营销组合模式

企业采用以促销策略为主的市场营销组合模式，主要靠促销策略去开拓市场。例如，青岛啤酒就是采用以促销策略为主的市场营销组合模式占领了香港市场。

案例分析

天津牙膏厂面临这样的市场状况：牙膏产量的增长超过了消费需求的增长速率，市场日趋疲软，竞争十分激烈。面临竞争新形势，天津牙膏厂进行了多方面的调查、分析和预测，认为目前我国城市居民对牙膏的需求从总体上看是较低的，年人均仅一支，与日本的年人均5支、美国的年人均7.8支相差悬殊，广大农村至今还有相当一部分人没有用牙膏的卫生习惯。随着改革开放的深化，人民生活水平不断提高，对牙膏的需求量会日趋增加，农村的牙膏市场也会迅速扩大。因此，我国的牙膏市场还是有很大的潜力的。于是，天津牙膏厂在细分市场的基础上，制定了打入目标市场的总体战略："天津市场全面设防，'三北'市场重点拓宽，江南市场逐步开发，其他市场稳步渗入。"而且，天津牙膏厂还运用营销组合制定了有效的营销策略。

1. 产品策略

根据市场的变化，对产品品种做必要的调整：

1）淘汰不太受消费者欢迎的甜味较浓的"丰产果味"牙膏。

2）推出对牙齿冷、热、酸、甜引起的过敏反应有良好脱敏作用的健齿脱敏牙膏。

3）对荣获国家金奖的高级"蓝天"牙膏，要坚持把住质量关，牢固占领原有市场，并可利用消费者对"蓝天"品牌的信任和偏爱，开发"蓝天"系列牙膏，如"蓝天学生牙膏""果味蓝天"等，扩大市场。

4）根据不同地区、不同层次、不同年龄消费者的需求努力开发新产品，如为满足北方地区众多回族人民的需要，开发"穆斯林牙膏"；还可开发适合儿童需要的"雅洁儿童牙膏"和"童友透明牙膏"等。

2．价格策略

考虑我国城乡居民收入水平相差悬殊，分别推出各种价格档次的牙膏，满足不同层次的消费需求。比如，“蓝天”牙膏价格较高，主要满足收入水平较高的消费者需求；脱敏牙膏和富强牙膏属中低档价格，满足收入水平一般偏低的消费者需要；“雅洁儿童牙膏”“童友透明牙膏”则价格从优，厂家只求微利，以满足没有收入的学生和儿童的需求。

3．分销渠道策略

1）通过与外省市场700余家批发企业和零售企业建立起强有力的销售网络，负责外地市场的销售。

2）本市主要通过4家大型商店和22家中型商场销售。

4．促销策略

1）对每个省市都派出推销员。本市每个商场都有专人联络，要求推销经营站柜台推销商品，联系顾客、收集信息。

2）利用覆盖面较大的报纸、电台、电视台展开广告攻势，反复宣传介绍产品，以提高产品在各地的知名度，唤起消费者对天津牙膏的偏爱。

3）在传统节日里，利用文艺节目的形式进行公关宣传，开拓市场。

由于天津牙膏厂协调地运用营销组合，适应市场需求，几年来，在国内市场疲软的形势下，产品基本做到尽产尽销，利税逐年上升，跨入了市场先进企业的行列。

（资料来源：简明，杨晶．营销理论与经营实务．北京：中国物资出版社，2004）

辩证性思考：

1．天津牙膏厂制定市场营销组合的前提是什么？

2．天津牙膏厂市场营销组合的特点是什么？

营销知识检测

1．如何理解市场营销组合的特点？

2．市场营销组合策略内在的逻辑关系是什么？

3．运用市场营销组合的约束条件是什么？

4．运用市场营销组合的原则是什么？

5．如何运用市场营销组合模式？

营销能力训练

训练项目：

选择一家消费品生产企业，对该企业进行市场营销组合决策，撰写目标市场营销组合决策方案。

训练目的：

通过训练，提高对市场营销组合策略内在的逻辑关系、市场营销组合运用的约束条件和市场营销组合模式的认知，具备市场营销组合决策的能力。

训练要求：

由班级学习委员组织全员对目标市场营销组合决策方案进行讨论、交流。

运用产品策略

【学习与培养思路】

产品策略是市场营销组合的核心，是定价策略、分销策略、促销策略的基础。在目标市场确定以后，企业就要根据目标市场的需求来开发和生产满足目标市场需求的产品，并利用合理的产品组合，根据产品在市场上的生命周期状况，运用各种市场营销策略，使企业的产品受到消费者的欢迎，同时不断推出新的产品，使企业发展壮大。有了产品，企业还要制定相应的品牌策略和包装策略。

通过学习，掌握产品整体概念、产品组合策略、产品生命周期、新产品开发策略、品牌策略与包装策略的内容与方法。

通过培养，具备运用产品策略的能力。

7.1 运用产品组合

【学习与培养思路】

在掌握运用产品整体概念内涵、市场营销策略和运用产品组合内涵、产品线分析、产品组合决策与调整策略的基础上，培养运用产品组合策略的能力。

7.1.1 运用产品整体概念

1. 认知产品整体概念的内涵

现代市场营销中产品的概念具有丰富的内涵和宽广的外延。产品整体概念是指企业向市场提供的、能够满足消费者某种需求或欲望的任何有形物品和无形服务，包括核心产品、形式产品、期望产品、附加产品和潜在产品 5 个层次，如图 7-1 所示。企业最应关注的是核心产品、形式产品和附加产品。

1）核心产品。产品整体概念中最基础的层次就是核心产品，是指产品向消费者所提供的基本效用和利益。核心产品也是消费者真正要购买的利益和服务。消费者购买某种产品并不是为了获得产品本身，而是需要得到产品带给他的利益或好处。产品的核心利益构成了消费者的买点和企业的卖点。比如，人们购买牙膏并不是为了获得一管“膏状物”，而是为了获得牙膏“清洁牙齿、清新口气、预防蛀牙”的利益。因此，企业的产品应首先考虑能为消费者提供哪些利益。

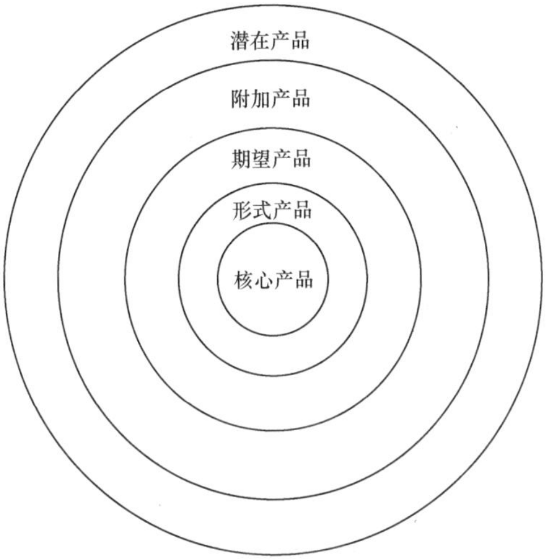

图 7-1　产品整体概念的 5 个层次

案例分析

沃尔沃载重卡车进入中国市场时，把卡车的用途作为卖点，定位为卖运输工具，销售艰难，一年只销 1 000 万元。吴瑜章担任中国地区总裁后，首先调整了营销观念。由于沃尔沃载重卡车拉得多、跑得快，能为运输公司赚取更多的运费，因此他把卡车的卖点定位为卖赚钱工具。这次理念上的革命，把顾客买车考虑的重点从价格引导到了通过这种车获得的利益上。之后，他又建立了全动感服务体系和全过程的物流解决方案，使顾客享受到优质油品、半挂车、定位系统等全方位的产品和服务。这样，顾客在沃尔沃不仅获得赚钱工具，又享受到了其他汽车企业所没有的全方位服务，让顾客获得更多的利益。这使沃尔沃 2004 年销售额达 10 亿元，是 7 年前的 100 倍。

顾客为什么要买沃尔沃卡车，他买的绝不是一辆运输工具，他要买的是能够实现发财理想的赚钱工具。

辩证性思考：

沃尔沃载重卡车的重新定位是如何体现核心产品概念的？

2）形式产品。形式产品是核心利益借以实现的形式，即企业向消费者提供的产品实体和服务的外观，一般由质量、特色、款式、品牌、包装等要素构成。比如，消费者在购买电视机时除了会考虑电视机的功能外，还会考虑其颜色、造型、品牌等要素。因此，企业在产品设计时，应着眼于消费者所追求的核心利益，同时应考虑如何将这种核心利益以独特的形式呈现给消费者。

3）期望产品。期望产品是指消费者在购买产品时所期望的一整套属性和条件。比如，消费者在购买彩色电视机时，通常都希望其能够接收到信号，呈现图像、色彩和声音，由于绝大多数的电视机都能满足这种最低的期望，所以消费者在没有任何偏好的情况下会努力寻求价格相对较低的产品。

4）附加产品。附加产品是指消费者购买某种产品时所获得的附加服务和利益，从而把一个企业的产品与另一个企业的产品区别开来。例如，质量承诺、免费送货、上门服务等都属于附加产品。现代市场经济中，特别在同类或同质产品中，附加产品有利于引导、启发、刺激消费者购买。

5）潜在产品。潜在产品是指产品最终可能会实现的全部附加部分和将来转换的部分。附加产品是产品的现在，而潜在产品则表明现有产品可能的演变趋势。例如，海尔在多种型号、款式电视机的基础上，2005 年又开发出了流媒体电视，其不但具备平板电视的所有功能，更可通过流媒体接口实现与数码相机、移动硬盘等数码流媒体的无缝连接，并可读取 16 种数码存储流媒体及网络流媒体文件，是“家庭数码产品显示中心”，实现了传统电视机功能的延伸。

2．运用产品整体概念的市场营销策略

企业在对产品整体概念充分认识的基础上，应努力在 5 个层次上展开市场营销活动，尽可能地增加产品的价值，降低消费者购买时付出的成本，只有这样才能抵抗国内外同类产品的竞争。

1）开发核心产品，满足不同细分市场的利益。对消费者进行市场细分，根据不同细分市场消费者需求存在的差异，开发不同的产品，在成功定位的基础上有效地满足不同消费者对产品需求的利益。

2）设计形式产品，体现产品核心利益。产品的核心部分需要通过有形部分体现出来，因此产品应在口味、包装、品牌等有形部分体现产品的核心部分，并有效地传递产品的核心利益。

3）准确把握期望产品，提升消费者满意度。产品的期望部分是消费者对产品的内在判断、要求和期望，是消费者购买时对产品核心利益、有形部分、延伸部分和潜在产品内在的标准。消费者是否满意主要取决于消费者感知价值和消费者期望之间的对比关系，消费者感知价值越接近于甚至超出消费者期望，消费者满意度越大；反之越小。因此，企业应在准确把握消费者期望产品的同时，通过有形部分提高消费者的感知价值，从而提高消费者满意度，在此基础上进一步培养消费者忠诚。

4）拓展延伸产品，增加消费者感知价值。企业可以通过增加产品的延伸部分，给消费者以惊喜，增加消费者的感知价值，提高消费者的满意度。这样，一方面，消费者会对该企业的产品形成依赖，形成消费者忠诚；另一方面，消费者会对该产品进行口头的免费宣传，从而为企业的经营赢得主动权。

实用链接

大质量观

产品整体概念的5个层次中，核心产品、形式产品和附加产品是最基本的层次。大质量观包含3个层次：第1层次是内在质量，即核心产品质量；第2层次是外在质量，即有形产品质量；第3层次是服务质量，即附加产品质量。大质量观念要求企业及其营销者不仅要着力于提高产品的品质，更要致力于改善产品的设计、款式、包装，以及各种服务、保证等。只有产品的整体质量得到提高，才能真正地满足消费者的需要，企业在市场竞争中才能立于不败之地。

7.1.2 运用产品组合

1. 认知产品组合的概念

（1）认知产品组合

产品组合是指某一个企业所生产或销售的全部产品大类、产品项目的组合。它反映了一个企业提供给市场的全部产品线和产品项目的构成，也是企业的生产经营范围和产品结构。

（2）认知产品线

产品线也称产品大类或产品系列，是指能够满足同类需要，在功能、使用和销售等方面具有类似性的一组产品。生产经营过程中，企业可依据多种标准来确定产品线，如功能相似性、用户相似性、生产相似性、销售渠道相似性等。例如，蒙牛有液态奶、奶粉、冰品等多条产品线。

（3）认知产品项目

产品项目是指产品大类或产品线中各种不同的品种、规格、花色的特定产品。企业产品目录上所列出的每一个产品都是一个产品项目。例如，蒙牛的液态奶产品线中有纯牛奶、调味奶、酸牛奶、调味酸牛奶等不同产品项目。

（4）认知产品组合的宽度、长度、深度、关联性

衡量一个企业的产品组合时需考查4个不同的因素，即宽度、长度、深度和关联性，以下结合宝洁公司的产品组合来进行具体分析，如表7-1所示。

1）产品组合的宽度。产品组合的宽度是指一个企业的产品组合中所拥有的产品线的数目。宝洁公司的产品组合中有洗涤剂、牙膏、香皂、方便尿布、纸巾5条产品线，则其产品组合的宽度为5。

2）产品组合的长度。产品组合的长度是指一个企业的产品组合中产品项目的总数，以产品项目总数除以产品线数目即可得到产品线的平均长度。宝洁产品项目总数是26个，也就是说产品组合的长度是26。该公司产品组合的平均长度就是总长度（26）除以产品线数（5），结果为5.2。

表7-1 保洁公司的产品组合

	产品组合的宽度				
	洗涤剂	牙膏	香皂	方便尿布	纸巾
产品线长度	象牙雪 1930 洁拂 1933 汰渍 1946 快乐 奥克多 1952 达士 1954 大胆 1965 吉恩 1966 黎明 1972 独立 1979	格里 1952 佳洁士 1955 登魁 1980	象牙 1879 柯柯 1885 拉瓦 1893 佳美 1926 爵士 1952 舒肤佳 1963 海岸 1974	帮宝适 1961 露肤 1976	查敏 1928 白云 1958 普夫 1960 旗帜 1982

一般来说，产品组合的长度太短，即产品的花色、品种、规格太少，就不能满足不同类型消费者对产品的个性化需求；而如果产品组合的长度太长，即产品的品种规格太多，则会增加生产和销售成本，甚至引起消费者的厌烦和营销上的混乱。

3）产品组合的深度。产品组合的深度有两层含义：一是产品线的深度，即产品线中所包含的产品项目的数量。例如，宝洁公司的牙膏产品线有格里、佳洁士、登魁3个产品项目，该产品线的深度是 3；二是产品项目的深度，即产品项目中所包含的规格、型号等。例如，宝洁公司的佳洁士牙膏有3种规格（90g、120g、140g）和3种配方（盐白、抗过敏、氟泰配方），那么它的深度为9（3×3=9）。

4）产品组合关联度。产品组合关联度是指各产品线的产品在最终用途、生产条件、销售渠道或其他方面相互联系的紧密程度。宝洁公司的产品最终用途是消费品，又通过同一销售渠道进入市场，其关联度较大。

分析产品组合的宽度、长度、深度和关联度，有助于企业更好地制定产品组合策略。一般情况下，拓展产品组合的宽度，有利于扩展企业的经营领域，实行多角化经营，可以更好地发挥企业潜在的技术、资源优势，提高经济效益，并可以分散企业的投资风险；扩大产品组合的长度，可以使产品线丰满充裕，使公司成为有更完全产品线的公司；加强产品组合的深度，可以占领同类产品的更多细分市场，满足更广泛的市场需求；而提高产品组合的关联度，则可以使企业在某一特定的市场领域内提高竞争力和赢得良好的声誉。

2．运用产品线分析的方法

企业产品线经理需要掌握产品线上的每个产品项目的销售额及每个项目的市场状况，以决定哪些项目需要发展、维持、收割或放弃。

（1）运用产品销售额和利润分析法

产品线经理需要了解产品线上的每一个产品项目对总销售额和利润所做的贡献的百分率。

假设一个公司的一条产品线上的 5 个产品项目及各产品的销售额和利润贡献率如图 7-2 所示。第 1 个产品项目的销售额和利润分别占整个产品线总销售额和利润的 50%和 30%，第 2 个产品项目的销售额和利润分别占整个产品线总销售额和利润的 30%和 30%，这两个产品项目的销售额和利润共占总销售额的 80%和 60%。为此，企业必须对这两个产品项目进行重点管理。第 5 个产品项目的销售额和利润只占整个产品线的 5%，如果发展前景不太大，企业可以考虑停止这种产品的生产。

（2）运用产品项目定位图分析法

产品线经理还必须针对竞争者产品线的情况，分析自己的产品线是如何定位的。如图 7-3 所示，A 家具公司的一条产品线是沙发，消费者对沙发最重视的两个属性是价格和功能。价格分为高、中、低三档；功能分为单功能、双功能和多功能。A 公司有 B、C 两个竞争者。B 公司生产高、中价格的单功能沙发；C 公司生产多功能和双功能的低价格沙发。A 公司经过权衡，决定生产 3 种沙发：高、中价格的双功能沙发和多功能中价格沙发，因为这 3 个位置没有竞争者。从图 7-3 上看，还有两个市场空白点，各公司没有进入的原因，可能是费用太高或者需求不足。

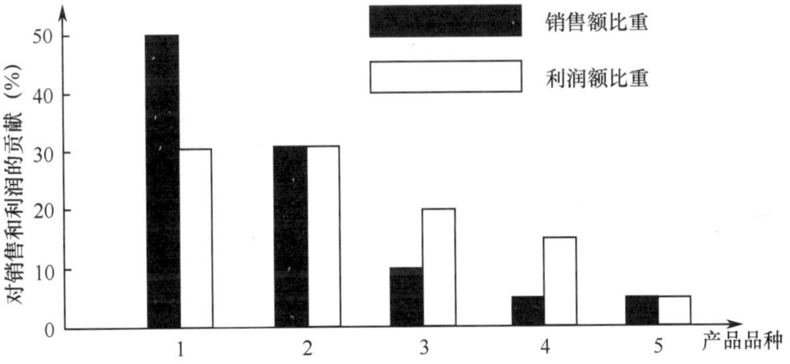

图 7-2　产品项目对产品线总销售额和利润的贡献

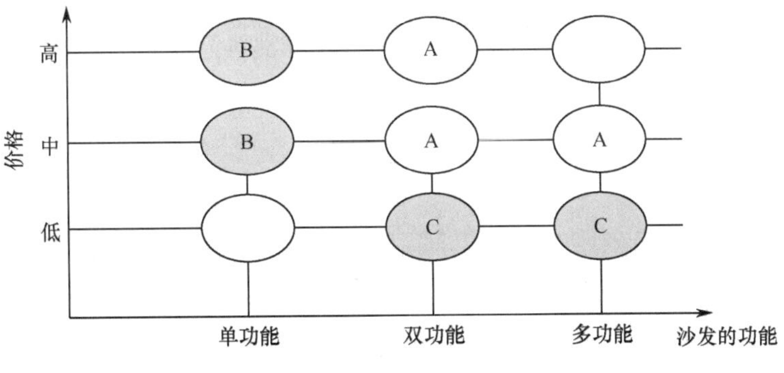

图 7-3　产品项目市场定位分析

3．运用产品组合决策的策略

企业对产品组合深度、广度和关联度的决策，有许多可供选择的方式，每个企业可根据不同的经营环境，结合自身的客观实际来确定产品组合策略。

1）运用全线全面型策略。全线全面型是指向市场提供其需要的各种产品，即深度、广度和关联度可大可小的组合。采用这种策略的条件就是企业有能力顾及整个市场的需要。整个市场的含义可以是广义的（指不同行业的产品市场的总和），也可以是狭义的（指某个行业的各个市场面的总和）。这样，全线全面型就可以分为广义的全线全面型和狭义的全线全面型两种形式。广义的全线全面型就是尽可能增加产品组合的广度和深度，不受关联度的约束，即广度和深度都很大，但关联度小的产品组合。狭义的全线全面型是指提供在一个行业内所必需的全部产品，也就是产品线之间具有密切的关联性，其广度和深度较大、密度亦大的产品组合。

2）运用市场专业型策略。这是企业把自己的营销力量集中于某一特定的市场，并向这一市场的顾客提供尽可能多的产品的策略。比如，以建筑业为其产品市场的工程机械公司，其产品组合就应该由推土机、翻斗机、挖掘机、起重机、水泥搅拌机、压路机、载重卡车等产品线所组成。

3）运用产品专业型策略。这是指企业只从事某一产品线的营销，但尽可能地增加其线内的产品项目，加强其产品组合的深度，面向更多的市场。例如，早期的格兰仕公司，其产品只是微波炉。

4）运用有限的产品专业型策略。这是指企业根据自己的专长，集中经营少数的几条甚至一条产品线，即广度和深度较小、关联度大的产品组合。例如，某服装企业，其产品都是内衣，但根据不同的市场需要，设立生产老年人的内衣、中年人的内衣、青年人的内衣、儿童的内衣 4 条产品线，以满足不同细分市场消费者的需要。

4．运用产品组合调整策略

（1）运用拓展产品组合

拓展产品组合可使企业充分利用资源优势，分散市场风险，增强竞争力。

1）扩大产品组合的宽度，即增加一条和多条产品线，拓宽产品经营领域。若企业现有的产品线销售和利润下降时，应及时扩大产品组合宽度，增加产品线。

2）加大产品组合的深度，即在原有产品线内增加新的产品项目。若企业需要进军更多的细分市场，满足更多不同需求的消费者，可以选择加深产品组合的深度，增加新的产品项目。

（2）运用缩减产品组合

市场繁荣时期，较长、较宽的产品组合会为企业带来更多的赢利机会。但是在市场不景气或原料、能源供应紧张时期，缩减产品线反而能使总利润上升，因为剔除那些获利小甚至亏损的产品线或产品项目，企业可集中力量发展获利多的产品线和产品项目。

（3）运用产品线延伸

产品线延伸，即企业根据市场的需求，重新对全部或部分产品进行市场定位，对产品线内的产品项目进行延伸。产品线延伸具体有向下延伸、向上延伸和双向延伸 3 种方式。

1）向下延伸。向下延伸指在高档产品线中增加低档产品项目。比如，我国白酒的著名品牌“五粮液”，从 1994 年开始在原有高档产品的基础上向中、低档产品扩展，陆续推出了五粮春、五粮醇、铁哥们、京酒、火爆酒、东方龙等数十个品牌，产品线从单价四五百元的高档产品，覆盖到了一百元左右的中档产品和二三十元的低档产品。

运用向下延伸策略的条件：①利用高档名牌产品的声誉，吸引购买力水平较低的顾客慕名购买此产品线中的低档廉价产品；②高档产品的销售增长速度下降；③企业最初进入高档产品市场的目的是建立品牌信誉，树立高级的企业形象，然后再进入中、低档产品市场，以扩大销售增长率和市场份额；④补充企业的产品线空间，防止新的竞争者涉足。

运用向下延伸策略应注意的问题：①推出较低档的产品可能会使原有高档产品的市场更加缩小；②如果处理不慎，可能影响企业原有产品的市场形象及名牌产品的市场声誉；③可能迫使竞争者转向高档产品的开发；④经销商可能不愿意经营低档货。另外采用这种策略必须辅之以一套相应的营销策略，如对销售系统的重新设置等，这些将大大增加企业的营销费用开支。

2）向上延伸。向上延伸指在原有的产品线内增加高档产品项目。例如，我国方便面行业著名品牌“华龙”，1994 年创立之初时定位目标消费群为 8 亿农民和 3 亿工薪消费者，主推零售价定在 1.0 元以下的产品，如 108、甲一麦、小康家庭等。2003 年前后，“华龙”开始向高端市场进军，推出了价位相对较高的“今麦郎”系列产品。

运用向上延伸策略的条件：①高档产品市场具有较高的销售增长率和毛利率；②企业的技术设备和营销能力已具备进入高档产品市场的条件；③为了追求高、中、低档完整的产品线；④以较高级的产品项目来提高整条产品线的地位。

运用向上延伸策略应注意的问题：①发展高档产品可能促使原来生产经营高档产品的企业采取向下延伸策略，从而增加了竞争压力；②消费者可能对该企业生产经营高档产品的能力缺乏信任（要改变产品在顾客心目中的地位是相当困难的）；③原有的营销人员和经销商可能没有推销高档产品的经验和技能。

3）双向延伸。即原定位于中档产品市场的企业，掌握了市场优势后，向产品线的上、下两个方向延伸，一方面增加高档产品，另一方面增加低档产品，力争全方位地占领市场。随着产品项目的增加，市场风险会逐渐加大，经营难度增加。因此，采用双向延伸策略的企业应具有较高的经营管理水平，否则可能会导致失败。

（4）运用产品线现代化策略

产品线现代化策略就是强调把科学技术应用到生产过程中去。因为在某种情况下，虽然产品组合的广度、长度都非常适合，但产品线的生产过程、技术及产品形式可能已经过时，这就必须对产品线实施现代化的改造。产品线的现代化可采取两种方式：一是逐项更新，二是全面更新。逐项更新是在整条产品线全面更新前，测试消费者及中间商的反应，了解市场动向，同时可节省投资，但缺点是使市场竞争者洞悉本企业意图。全面更新则可避免逐项更新的缺点，出奇制胜，但所需投资较大。

（5）运用产品线号召策略

有的企业在产品线中选择一个或少数几个产品项目加以精心打造，使之成为颇具特色的号召性产品，以吸引消费者。有时，企业以产品线上低档产品型号进行特别号召，使之充当开拓销路的廉价品。例如，某空调器公司会宣布一种只卖 999 元的经济型号，而它的高档产品要卖 20 000 多元，从而在吸引消费者来看经济型空调时，尽力设法影响他们购买更高档的空调。有时，企业以高档产品项目进行号召，以提高产品线的等级。有时，企业发现产品线上一端销售情况良好，而另一端却有问题，这时可以对销售较慢的那一端大力号召，以努力促进对销售较慢产品的需求。

5．运用产品组合应注意的问题

企业在进行产品组合时，涉及 3 个层次的问题需要做出抉择：

1）是否增加、修改或剔除产品项目。

2）是否扩展、填充和删除产品线。

3）哪些产品线需要增设、加强、简化或淘汰。

3 个层次问题的抉择应该遵循既有利于促进销售又有利于增加企业总利润的基本原则。

产品组合的 4 个因素和促进销售、增加利润都有密切的关系。一般来说，拓宽、增加产品线有利于发挥企业的潜力、开拓新的市场；延长或加深产品线可以适合更多的特殊需求；加强产品线之间的一致性，可以增强企业的市场地位，发挥和提高企业在有关专业上的能力。

7.2 运用产品生命周期

【学习与培养思路】

要想使产品有一个较长的销售周期，以便赚到足够的利润来补偿在推出该产品时所做出的一切努力和经受的一切风险，企业就必须认真研究和运用产品的生命周期理论。此外，产品生命周期也是市场营销人员用来描述产品和市场运作方法的有力工具。

在掌握产品生命周期内涵、产品生命周期各阶段的市场营销策略、划分产品生命周期各阶段方法的基础上，培养运用产品生命周期的能力。

7.2.1 认知产品生命周期

1．认知产品生命周期的概念

产品生命周期是指产品从进入市场到被淘汰退出市场的全部运动过程，这也可以理解为市场上的商品产生、发展和衰亡过程的时间表现。典型的产品生命周期包括 4 个阶段，即导入期、成长期、成熟期和衰退期，如图 7-4 所示。企业通过产品生命周期的研究可以掌握自己所生产经营的产品处于生命周期的哪个阶段，以便及时进行产品的更新换代。

产品生命周期的内涵包括以下方面。

1）将产品的生命周期与产品的使用寿命的概念加以区别。产品的使用寿命是指产品的耐用程度，是产品从开始使用到这种产品的使用价值完全丧失的时间间隔；而产品的生命周期是交换价值的消失过程，产品生命周期的起始点是产品正式投入市场或上市，终点是这种产品退出市场或被市场淘汰。

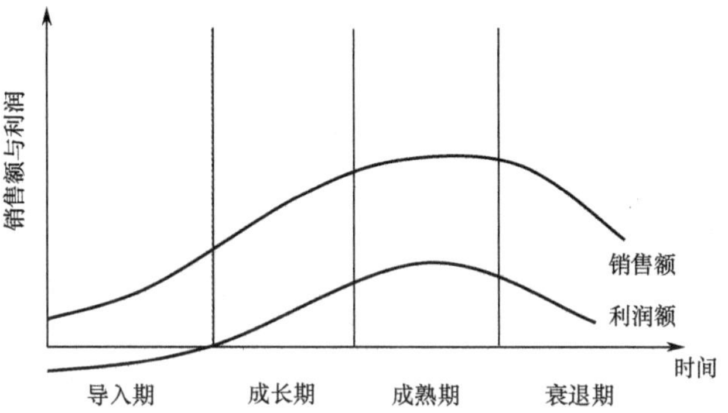

图 7-4 产品市场生命周期曲线

2）应将产品生命周期与行业、种类、品类和具体牌号的产品生命周期的概念加以区别。企业产品生命周期是指个别企业某种产品的生命周期。行业产品生命周期是指某产品在某个行业（或整个市场）范围内的生命周期，它反映了同一产品在许多企业进入市场时的综合趋势，而不是指该产品在某一特定企业的发展过程。因此，二者既密切相关，又在许多方面有所不同。产品的经济生命周期泛指“产品”，而实际上在产品的种类、品类和具体牌号之间分析起来是大不相同的。首先是产品种类的生命周期各异，很多产品种类（如食盐、汽车、电冰箱）的产品成熟期可以无限地持续下去，其销售量增加与人口增长成正比关系。其次是商品的品类不同，糖果中的口香糖可称为品类，而“××牌口香糖”则是具体牌号的商品。三者相比较，自然“糖果”的生命周期最长，而“××牌口香糖”的周期最短。实际经营中，应用产品生命周期理论分析产品种类的情况是很少的，而更多的是分析产品品类或具体牌号的产品生命周期。

3）不同的产品，其生命周期的持续时间也长短不一。产品的生命周期本身就是一个相对的概念，不同的产品，其市场竞争状况、技术进步速度、用户需要与变化、产品制造与费用也都不同，从而也形成其生命周期的千差万别。就生命周期的每一阶段来说，各产品的延续时间也同样存在着很大的差异。以导入期为例，有些产品进入市场后历时不久就进入下一阶段，而有些产品却过渡缓慢，经过长期努力才进入下一阶段。

4）产品的生命周期表明的是一种长期的趋势。有很多影响的因素，如季节变化、严重自然灾害的影响及政府法令的规定（如防止或限定某种产品的生产）等，都未包括在内。

2．认知产品生命周期的其他形态

产品生命周期是一种理论形态。现实经济生活中，并不是所有产品的生命历程都完全符合这种理论形态。除上述的正态分布曲线外（见图 7-4），还有以下几种形态，如图 7-5 和图 7-6 所示。

1）成长—衰退—成熟型。小型厨房设备常常具有这种特点，如图 7-5（a）所示。几年前的电动刀具在首次引入市场时前景迅速上升，然后就稳定在某一水平线上。这一水平之所以能维持，是因为后期采用者的首次购买和早期使用者的产品更换。

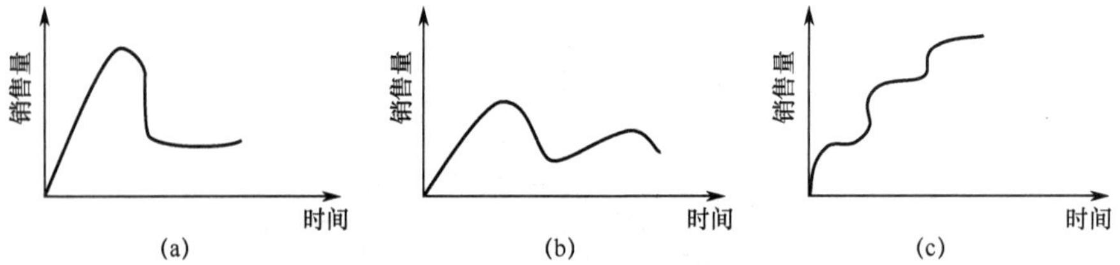

图7-5 常见产品生命周期形态

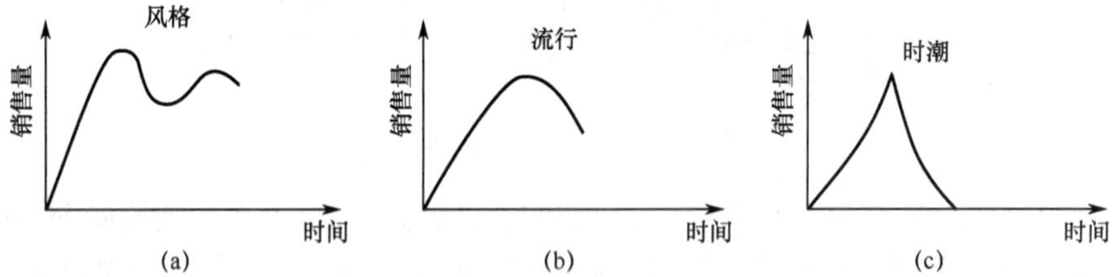

图7-6 风格、流行和时潮产品生命周期

2）循环—再循环型。指产品销售进入衰退期以后，由于市场需求变化或企业投入更多的促销费用，使其进入第2个周期，但规模和持续期都低于第1个周期。一些药品常会呈现这种形态，如图7-5（b）所示。

3）扇形。指产品销售进入成熟期以后，由于发现新的产品特征、用途，或制定并实施正确的营销策略，使产品销售量不断达到新的高潮。尼龙的销售就呈现了这种特征，如图7-5（c）所示。

4）风格、流行和时潮的生命周期（见图7-6）。风格是人们努力在一个领域里（如服装、艺术等）所创造出一种基本的和独特的方式。风格会持续相当长的时间，时而风行，时而衰落。流行是在既定的领域里当前被接受或流行的一种风格。时潮是一种迅速进入公众眼睛的流行，被狂热地采用，很快达到高峰，然后迅速衰退，如掉渣饼的流行与衰退。

7.2.2 运用产品生命周期各阶段的市场营销策略

1．运用导入期的市场营销策略

导入期，又称引入期、试销期，指新产品刚刚投入市场的最初销售阶段。

（1）导入期的特点

1）产品设计尚未定型，生产批量小，单位产品生产成本高。

2）消费者对产品不熟悉，销售量小，销售增长缓慢。

3）销售网络还没有全面有效地建立起来，销售渠道不畅。

4）由于销售量小，成本高，企业利润较少，甚至亏损。

5）市场竞争比较少。

（2）运用导入期的市场营销策略

在产品的导入期，市场营销策略的指导思想是把销售力量直接投向最有可能的购买者，即新产品的创新者和早期采用者，让这两类具有领袖作用的消费者加快新产品的扩散速度。市场营销的目的是缩短导入期，企业应该尽可能快地进入和占领市场，尽可能在短时间内实现由导入期向成长期的转轨。市场营销的目标是建立产品的知名度。市场营销的重点是要突出一个“准”字，即市场定位和市场营销组合应准确无误，符合企业和市场的客观实际，重点介绍产品特点，刺激消费需求。

在广告宣传方面，应以产品的性能和特点介绍为主，以激发消费者的购买欲望；在产品销售方面，可选用有较高信誉的中间商代销或者采用试用、上门推销、节日推销等方式，以提高品牌知晓率；在产品定价方面，可采取高价策略先声夺人，或采取低价渗透策略，以提高市场占有率；在产品生产方面，应进一步优化设计，以提高产品质量，改善产品性能和降低生产成本；在目标市场的选择上，可采取无差异性的市场营销策略，以降低市场营销成本和吸引潜在消费者。

将价格的高低与促销费用的高低结合起来考虑，可以采取以下策略：

1）运用快速掠取策略。即采用高价和高促销方式推出新产品。实行高价是为了在每一单位产品销售额中获取最大的利润，以快速收回开发投资；实行高促销方式，则是先声夺人地尽快扩大产品影响和产品市场占有率。其操作方法是：制定较高的价格，促销上使用大量的资金进行广告的狂轰滥炸，在商场大量做堆头促销，以求消费者尽快了解并接受新产品。

运用快速掠取策略应具备的市场条件：大部分潜在消费者不了解新产品，市场对产品确实有较大的需求潜力，需要开展大规模的广告促销宣传；目标消费群求新心切，急于购买新产品，而该产品的价格需求弹性不大，有制定较高价格的可能；该产品潜在的竞争威胁大，科技含量不高，竞争对手很容易模仿，为了尽早树立品牌，稳定销售，需尽快建立消费者对新产品的偏好，树立名牌。这种策略的适用范围：产品确有特点，有吸引力，但知名度不高；市场潜力很大，并且目标消费群有较高的支付能力；面对潜在竞争者的威胁，急需建立品牌形象。

2）运用缓慢掠取策略。即以高价格和低促销方式推出新产品。这样做可以获得更多毛利并降低营销费用，可望从市场上获取最大利润。其操作方法是给产品制定较高的价格，但只花费少量的资金做适当的广告宣传。

运用缓慢掠取策略应具备的市场条件：产品的市场规模较小，大部分潜在的消费者已经通过其他各种信息管道了解到新产品的数据，不必要做大规模的广告宣传；该产品潜在的竞争威胁不大或者竞争并不激烈；大多数的用户已知晓这种产品，对该产品没有过多疑虑，且市场容量相对有限；该产品的需求弹性不大，适当的高价格能为市场所接受。

3）运用快速渗透策略。即以低价格和高促销水平的方式推出新产品，这是一种风险很大，但可以迅速占领市场、获得较高市场占有率的策略。这里所说的“渗透”是指利用低价格去渗透购买者的心理。这一策略可以给企业带来最快的市场渗透率和最高的市场占有率。采用这一策略产品在投入市场之初，利润很低甚至亏本，当完成市场覆盖、获得较大的市场份额之后，才是收获利润的季节。其操作方法给产品制定较低的价格，但宣传广告照样大笔投入，迅速提高产品知名度，提高销售额，大面积占领市场，着眼于利润的长期获得。

运用快速渗透策略应具备的市场条件：潜在消费者对产品不了解，且对价格十分敏感，但该产品的价格需求弹性较大，因此既要大规模地宣传，又要谨慎地制定价格；市场容量相当大，市场竞争将十分激烈，应当做大规模的推销，以便吸引更多潜在的消费者来购买；产品的单位制造成本可随生产规模和销售量的扩大迅速下降，这为制定低价格提供了条件。

4）运用缓慢渗透策略。即企业以低价格和低促销水平推出新产品。低价格使市场迅速接受产品，同时低促销费用可实现较多的净利润。其操作方法是采用低价格，只花费少量的资金进行推销活动，着眼于长期的最大限度的市场占有率，从低价中获取最大利润。

运用缓慢渗透策略应具备的市场条件：①市场容量很大，在短时间内不易被消费者接受或短期内市场不会饱和，须着眼于长期策略的实施。如果市场容量在短期内饱和，采用缓慢渗透策略便得不到预期的效果。②购买者对新产品已基本了解，所促销产品通常只是改进型新产品之类，所以不必进行大规模的促销。③该产品的价格需求弹性较大，高价格容易引起销售量急剧减少。

2．运用成长期的市场营销策略

成长期是指产品在市场上迅速为消费者所接受、销售量和利润迅速增长的时期。

（1）成长期的特点

1）销售额迅速增长。

2）生产成本大幅度下降，产品设计和工艺定型，可以大批量生产。

3）利润迅速增长。

4）由于同类产品，仿制品和代用品开始出现，使市场竞争日趋激烈。

（2）运用成长期的市场营销策略

在产品的成长期，市场营销的目的是提升成长期；市场营销的目标是提高市场占有率；市场营销的重点是突出一个"好"字，即保持产品质量优良，把使用过该产品的消费者变成回头客，同时让他们成为口碑宣传者，吸引更多的消费者。

企业为维持其市场增长率，延长获取最大利润的时间，可以针对成长期的特点，采取以下操作方法：在产品销售方面，不断开辟新市场，寻找新用户，以扩大产品市场份额；在广告宣传上，从产品知觉广告转向产品偏好广告，以树立产品的市场形象，强化消费者对品牌的信任程度，使其建立不断购买的信心；在产品定价方面，采取降价策略，以吸引价格敏感的购买者；在产品生产上，努力改进产品质量，增加新的款式和规格，以满足潜在消费者的不同需求；在目标市场的选择上，宜采用差异性和密集型的市场营销策略，以满足不同细分市场的需求，巩固产品的市场地位。

3．运用成熟期的市场营销策略

成熟期是指产品经过成长期的一段时间以后，市场需求趋向饱和，销售量进入从缓慢增长到缓慢下降的时期。

（1）成熟期的阶段划分和特点

1）成长成熟期。这一阶段的特点是各销售渠道基本呈饱和状态，增长率缓慢上升，还有少数后续的购买者继续进入市场。

2）稳定成熟期。这一阶段的特点是产品销售稳定，增长率一般只与购买者人数成比例，如无新购买者则增长率停滞或下降。

3）衰退成熟期。这一阶段的特点是销售水平显著下降，全行业产品过剩，竞争加剧，市场份额变动不大，突破比较困难。

（2）运用成熟期的市场营销策略

在产品的成熟期，市场营销的目的是延长成熟期。市场营销的目标是保持市场占有率，争取利润的最大化。市场营销的重点是“争”和“改”：“争”是争取稳定的市场份额，延长产品市场寿命；“改”是对原有的产品市场和市场营销组合进行改进，市场营销策略以改良性为特征。产品进入该时期，销售额和利润出现最高点。由于生产能力过剩，市场竞争加剧，销售增长速度缓慢甚至出现下降趋势，企业应尽量延长产品生命周期，使已处于停滞状态的销售增长率和利润率重新得以回升。具体可以采用以下策略：

1）运用改进市场策略。即开发新的目标市场，寻求新的消费者。①争取更多消费者使用：转化未使用者，使从未使用过的潜在消费者接受其品牌；进入新的细分市场，说服那些使用该产品但未使用该品牌的潜在消费者；争取竞争对手的消费者，设法吸引他们改换门庭。②增加现有消费者购买或使用：提高使用率，如牙膏厂家说服消费者由每天刷牙 2 次改为 3 次；增加每次用量；食品企业在包装上印有该食品的多种烹制方法，使消费者了解这种产品的所有用法，增加食用量。

2）运用改进产品策略。①改进质量。即完善产品使用性能，如耐用性、可靠性、方便性和口味等。②改进特性。即在产品大小、重量、材料或附加物等方面增加新特性，以扩大产品的适用性。这一策略投资相对要少，但是易被竞争者模仿。③改进款式。即增加美感，提高竞争力，优点是能赋予品牌某种个性，吸引消费者忠诚。④改进服务。例如，空调制造商提供安装、24 小时内随叫随到的维修承诺；家具经销商送货上门。

3）运用改进市场营销组合策略。改进市场营销组合是提高销售额的重要途径。它是指通过改进一个或几个因素，维持或扩大销量。其主要途径有：在价格上，采用降价或价格优惠策略来吸引新消费者；在分销上，从经销商那里争取更多陈列空间，进入新的渠道，向更多网点渗透等；在广告上，考虑是否增加广告、是否更换广告商、是否改变广告媒体、是否改变广告时间等；在人员促销上，考虑是否增加推销人员或提高其素质、是否调整销售区域或分工、是否修订业绩奖励办法等；在公关促销上，考虑如何给品牌的坚定忠诚者以鼓舞，稳定动摇者，吸引改变品牌偏好的消费者；在营业推广上，考虑用哪些方式抵消竞争者的吸引力。

4．运用衰退期的市场营销策略

衰退期是指产品销量急剧下降，产品开始逐渐被市场淘汰的时期。

（1）衰退期的特点

1）产品销售量迅速下降，消费者的兴趣已转移到新产品上面。

2）新产品进入市场，竞争突出表现为价格竞争，且价格已下降到最低水平。

3）多数企业无利可图，被迫退出市场。

（2）运用衰退期的市场营销策略

在产品衰退期，市场营销的目的是采取各种市场营销手段让衰退期尽可能晚到来或重新走向成长期，榨取衰退期剩余产品的最后一点利润，让它发挥余热；或采取快速撤离市场的模式，转移精力开发新的产品，采用新的模式。市场营销的目标是降价、放弃、更新换代。市场营销的重点是“收”和“转”。“收”是收掉一些已经不赢利的市场，保留部分还可以赢利的市场，取消广告促销费用，榨取产品最后的利润，为停产做准备，并在适当时机停止生产，退出市场。“转”是积极开发新产品，取代老产品，使企业在市场上所占的份额不因为老产品的退出而减少。因为当竞争者纷纷撤离市场时，市场处于一种真空状态，如果企业能够处变不惊，认真开拓市场，发掘新服务，终点又将成为起点。

因此，企业应有计划地逐步缩短及撤出生产线，处理存货，考虑设备工具的再利用。企业具体可以采用以下策略：

1）维持策略。即继续沿用过去的策略，仍按照原来的细分市场，使用相同的分销渠道、定价及促销方式，直到这种产品完全退出市场为止。

2）集中策略策略。即把企业能力和资源集中在最有利的细分市场和分销渠道上，从中获取利润。这样有利于缩短产品退出市场的时间，同时又能为企业创造更多的利润。

3）榨取策略。即大幅度降低销售费用，如将广告费用削减为零、大幅度精简推销人员等，虽然销售量有可能迅速下降，但是可以增加眼前利润。

4）放弃策略。即对于衰退比较迅速的产品，应该当机立断，放弃经营。企业可以采取完全放弃的形式，如把产品完全转移出去或立即停止生产；也可采取逐步放弃的方式，使其所占用的资源逐步转向其他的产品。

运用衰退期市场营销策略应注意的问题：一是匆促收兵，出现新旧产品脱节现象；二是难于割爱，坐失良机。因此，企业经营者应该有预见地转，有计划地撤，有目的地攻，有选择地降低投资水平，放弃无前景的消费群，改变投资热点，及时榨取品牌价值，从容退出产品市场。值得注意的是，通过“大甩卖”以加速产品退出市场不是唯一策略。

7.2.3 运用划分产品生命周期各阶段的方法

1. 分析影响产品生命周期的因素

1）分析科学技术水平对产品生命周期的影响。科学技术进步越快，产品生命周期越短；科学技术进步越慢，产品生命周期越长。随着科学技术的不断发展，产品更新换代的速度越来越快，产品的生命周期将变得越来越短。

2）分析需求对产品生命周期的影响。企业开展市场营销活动的思维视角，不是从产品开始，而是从需求出发。任何产品都只是作为满足特定需求或解决问题的特定方式而存在。影响产品生命周期的需求因素一般又与产品的性质、用途、价格和质量等有关。从产品的性质来说，基本生活资料产品的生命周期较长，非基本生活资料产品的生命周期较短。从产品的用途来说，实用性大、能够满足人民生活某种长期需求的产品，其生命周期较长；而实用性小，只能满足人们生活一时需求的产品，其生命周期较短。价廉物美的新产品和优质品牌产品的生命周期相对较长；反之，质次价高的产品，其生命周期就相对较短。

3）分析政府的政策和干预对产品生命周期的影响。为了维护社会公众的利益，政府可能采取行政的和经济的措施，禁止或限制有碍环境卫生、破坏生态环境和影响人们生活的产品的生产和消费，从而缩短了这类产品的生命周期；相反，对有些产品，国家从宏观出发，鼓励其生产和消费，从而延长了这类产品的生命周期。

2．运用产品生命周期划分的方法

（1）运用销售增长率判定法划分产品生命周期

这是一种根据销售增长率进行判断的方法，运用中要结合被判定产品的其他特征和因素进行分析。

先计算销售增长率，其计算公式为：

销售增长率=（本年度的销售量-上年度的销售量）÷上年度的销售量×100%

然后根据销售增长的大小来判断属于哪个阶段。其标准为：小于 10%且不稳定，为投入期；大于 10%，为成长期；小于 10%，为成熟期；小于 0，为衰退期。

例如，某企业某产品 4 年来的销售如下：2008 年 1 000 件；2009 年 1 100 件；2010 年 1 240 件；2011 年 1 400 件。试确定 2008—2011 年该产品处在生命周期的哪个阶段？

解：销售增长率计算如下：

2009 年的销售增长率=（1 100-1 000）÷1 000×100%=10%

2010 年的销售增长率=（1 240-1 100）÷1 100×100%=13%

2011 年的销售增长率=（1 400-1 240）÷1 240×100%=13%

由此可以判定，2008—2011 年该产品处在生命周期的成长期。

（2）运用产品普及率判定法划分产品生命周期

这是一种利用产品普及率指标来分析生命周期不同阶段的方法。此方法主要适用于高档耐用消费品。对不同的产品，可分别按下列两个指标来计算普及率：

人口平均普及率=某种产品的社会拥有量/人口总数×100%

家庭平均普及率=某种产品的社会拥有量/家庭户数×100%

一般认为，当普及率为 0～5%时，为投入期；5%～50%时，为成长期前期；50%～80%时，为成长期后期；80%～90%时，为成熟期；大于 90%时，为衰退期。需要注意的是，普及率越高，需求量越低。

（3）运用同类产品类比判定法划分产品生命周期

这是一种用一种产品生命周期的变化规律类比分析另一种同类产品生命周期的方法。企业可用相关的产品进行对比，如用彩电的发展趋势来分析电冰箱的发展趋势。因为这两种产品同属于高档耐用消费品，而且人们对拥有这类产品的消费心理很相似，所以可以进行类比分析。

营销判定人员一定要熟悉所涉及的产品，所选择的类比产品要与被判定的产品有相似的背景，以增加两个产品之间的可比性。

（4）运用特征判定法划分产品生命周期

这是根据人们已经掌握的产品上市后，在不同阶段中所表现的一般特征，同企业某一产品的当前状况进行对比，并得出结论的一种判定方法。这种方法易于掌握。需要注意的是，此方法对营销判定人员的判断能力与经验有较高的要求。

7.2.4 运用产品生命周期应注意的问题

1）企业通过产品生命周期的分析，运用产品生命周期各阶段划分的方法，确定自己经营的产品处于生命周期的哪一个阶段，便于制定对应的营销策略，以实现产品生命周期不同阶段的营销目的。

2）产品生命周期理论说明，不会有一种产品经久不衰、永远获利。企业必须经常对自己生产、经营的各类产品的市场状况进行分析，淘汰老产品，开发新产品，使产品组合处于最优状态。持续地开发新产品，使企业在某些产品面临衰退之前，另一些新产品已进入快速成长期；当某些产品处在成熟期时，一些产品已开始向市场推出，这样就不至于因老产品的淘汰而引起利润下降，就能使企业的总利润始终保持上升的势头。所以，企业必须要大力开发新产品，使企业不同产品分别处于产品生命周期的不同阶段，这样企业才能处于良性经营中，才能使企业具有生命力，才能延长企业的寿命。

小思考

选择一种熟悉的日用品并分析其产品生命周期。

7.3 运用新产品开发策略

【学习与培养思路】

随着科学技术和世界经济的快速发展，以及世界经济一体化进程的加快，大多数产品的生命周期有逐渐缩短的趋势。这一形势迫使企业必须重视新产品开发，这样才能使企业不同产品分别处于产品生命周期的不同阶段，企业才能处于良性经营中，企业才具有生命力。

在掌握新产品内涵、新产品开发的策略和开发趋势、新产品开发的操作程序、新产品市场扩散管理的基础上，培养运用新产品开发策略的能力。

7.3.1 认知新产品的内涵

对新产品进行定义，可以从企业、市场和技术3个角度入手。对企业而言，第一次生产销售的产品都叫新产品；对市场来讲则不然，只有第一次出现的产品才叫新产品；从技术方面看，在产品的原理、结构、功能和形式上发生了改变的产品叫新产品。市场营销的新产品包括了前面三者的成分，但更注重消费者的感受与认同，它是从产品整体性概念的角度来定义的。凡是产品整体性概念中任何一部分的创新、改革和改进，能够给消费者带来某种新的感受、满足和利益的相对新的或绝对新的产品，都叫新产品。新产品可分为如下4类。

1. 全新产品

全新产品指应用新原理、新技术、新材料制造出的、前所未有的、能满足消费者某种新需求的产品。这种产品无论对企业还是市场来讲都属于新产品，如汽车、飞机等第一次出现时都属于全新产品。

2. 换代产品

换代产品指在原有产品的基础上，采用或部分采用新技术、新材料、新工艺研制出来的新产品，如计算机的更新换代等。开发换代型新产品的难度要比创造全新产品的难度小很多，企业也能较快地获得收益。

3. 改进产品

改进产品指在原有产品的基础上进行改进，使产品在结构、品质、功能、款式、花色及包装上具有新的特点和新的突破的产品。比如，普通牙膏改为药物牙膏，普通洗发精改为护发养发洗发精等就属于改进产品。改进后的新产品，其结构更加合理，功能更加齐全，品质更加优质，能更多地满足消费者不断变化的需求。企业根据市场的变化和产品的不同生命周期阶段不断推出各种不同的改进新产品，是增强企业竞争能力、延长产品生命周期、提高经济效益的好办法。

4. 仿制产品

仿制产品指企业对国内外市场上已有的产品进行模仿生产，形成本企业的新产品。开发这种产品不需要太多的资金和尖端的技术，因此比研制全新产品要容易得多。

除此之外，企业将现行产品投向新的市场，对产品进行市场再定位，或通过降低成本，生产出同样性能的产品，则对市场或企业而言，也可以称之为新产品。企业开发新产品一般是推出上述产品的某种组合，而不是进行单一的产品变型。

7.3.2 认知新产品开发的策略和开发趋势

1. 认知新产品的开发策略

1）获取现成的新产品。企业采取获取现成新产品的策略，包括联合经营、购买专利、经营特许、外包生产等方式。

2）企业自主开发新产品。企业自主开发新产品的策略，包括独立研制开发、协约开发等方式。

2. 认知新产品开发的趋势

1）多功能化。即扩大产品的使用范围，增加产品的功能，使产品由单功能、少功能发展为多功能的一物多用、一机多能。

2）轻量化和微型化。就是尽量缩小产品的体积，减轻产品的重量，但功能不降低或功能增加。产品向轻量化和微型化发展的出发点是使之更便于携带、运输、储存、安装、操作等，具有“轻、薄、短、小”的特点。

3）多样化。即发展多品种、多门类的产品，满足市场上的多种需求。

4）智能化。即把一般人需要长期学习才能掌握的知识和技术转化到产品中去，使产品功能“傻瓜化”。这可使许多专业性产品发展成大众产品，从而大大扩大这些产品的市场。

5）节能环保化。就是使产品省电、省煤、省油、省水、节约蒸汽和煤气等，这是新产品设计与开发的一个重要方向。同时，市场也要求新产品低污染，符合环境保护和消费者安全性的要求。

7.3.3 运用新产品开发的操作程序

产品开发是一个从寻求新产品构思开始，一直到把某个构思转变为商业上取得成功的新产品为止的全过程。开发新产品存在成功与失败的矛盾，成功意味着获利，失败则带来风险。据国外有关资料表明，新产品失败率高达80%以上。有些新产品虽构思颇佳，但却无法拓展；有些虽已上市，却无人问津；有些虽被接受，但寿命太短，不久便销声匿迹。特别是对于中小企业，成功开发新产品固然可以从中谋求发展，失败则可能使企业一蹶不振直至破产。正因为开发新产品会有这样大的风险，因此发展新产品必须严格遵循一定的科学程序，以尽量避免或减少风险，使开发新产品的工作能顺利达到预期目的。

1. 寻求创意

新产品开发过程是从寻求创意开始的。创意就是开发新产品的设想。新产品创意的主要来源于消费者、科学家、竞争对手、企业推销人员和经销商、企业高层管理人员、市场研究公司和广告代理商等。此外，企业还可以从大学、咨询公司、行业协会、大众传媒、网络那里寻求有用的新产品创意。寻找和搜集新产品创意的主要方法有产品属性排列法、强行关系法、多角分析法、头脑风暴法和征集意见法等。

实用链接

向太太们买构想

日本冈田屋百货公司为了广泛收集消费者的意见和建议，以改善公司的经营，兴办了一次“向太太们买构想”的活动，参加的妇女多达 5 万人。她们提出了各种各样的构想，如切菜板带抽屉、底部开孔的盆等。对于这些构想的入选者，公司给予奖赏，头等奖可得 1 000 日元的购物券。冈田屋公司每年举办这类活动都要花去 10 万日元，但这些适用而有新意的构想带来的效益却大得惊人。

2. 甄别创意

甄别创意是指取得足够的创意之后，对这些创意加以评估，研究其可行性，并挑选出可行性较强的创意。甄别创意的目的就是“去粗取精”，淘汰那些不可行或可行性较低的创意，使企业有限的资源集中于成功机会较大的创意上。甄别创意时，一般要考虑两个因素：一是该创意是否与企业的策略目标相适应，表现为利润目标、销售目标、销售增长目标、形象目标等几个方面；二是企业有无足够的能力开发这种创意，这些能力表现为资金能力、技术能力、人力资源、销售能力等。

3. 形成产品概念

经过甄别后保留下来的产品创意还要进一步发展成为产品概念。首先应当明确产品创意和产品概念之间的区别。产品创意是企业从自己的角度考虑的能向市场提供的可能产品的构想。产品概念是指企业从消费者的角度对这种创意所做的详尽描述。企业必须根据消费者的要求把产品创意发展为产品概念。

4. 初拟营销规划

新产品构思确定之后，需要拟定一个把这种产品引入市场的初步市场营销规划，并在未来的发展过程中不断完善。初拟的营销规划包括3个部分：

1）描述目标市场的规模、结构、行为；新产品在目标市场上的定位；头几年的销售额、市场占有率、利润目标等。

2）简述新产品的计划价格、分销策略及第一年的市场营销预算。

3）阐述计划长期（一般3～5年）销售额和目标利润，以及不同时间的营销组合等。

5. 商业分析

对新产品的构思进行商业分析，其主要目的在于确定所提出的新产品的长期经济效益。商业分析的焦点主要集中在利润上，但其他因素也不能忽视，如对社会、对市场所承担的责任等。这种分析大致分为需求分析、成本分析、赢利分析3个部分，可采用多种具体方法进行分析。其中最常使用的一种方法就是所谓的“产品会审法”，即在对新产品构思进行分析时，把本公司的市场销售人员、生产人员、工程技术人员召集到一起，共同对拟将推出的产品提意见。

公司对产品的这种“会审”，大致要弄清下列主要问题：新产品有什么特点，是否比市场上现有的同类产品好，新产品的目标市场在哪里，其潜在购买力如何，企业的资金和设备如何，是否适应新产品的发展，新产品发展上市成功的可能性有多大，新产品的竞争能力如何，新产品的预期利润如何，发展及生产上有没有其他问题。

6. 新产品研制

如果产品概念通过了商业分析，研究与开发部门及工程技术部门就可以把这种产品概念转变成为产品，进入试制阶段。这一阶段，以文字、图表及模型等描述的产品设计才能变为实体产品。这一阶段应当搞清楚的问题是产品概念能否变为技术上和商业上可行的产品。在研制阶段产生产品原型后，还必须对其进行一系列严格的功能测试和消费者测试。

7. 市场试验

如果企业的高层管理者对某种新产品开发试验结果感到满意，就着手制定该产品的品牌、包装和市场营销方案，把产品推上真正的消费者舞台进行实验。其目的在于了解消费者和经销商对于经营、使用和再购买这种新产品的实际情况及市场大小，然后再酌情采取适当对策。市场试验的规模取决于两个方面：一是投资费用和风险大小；二是市场试验费用和时间。投资费用和风险越高的新产品，试验的规模应越大一些；反之，投资费用和风险较低的新产品，试验规模就可以小一些。

8．新产品批量上市

这一阶段，企业管理者应做以下决策：何时推出新产品，何地推出新产品，向谁推出新产品，如何推出新产品。只有这几方面的问题得到解决，企业才能真正实现新产品批量上市的目的。

案例分析

多川博是日本生产雨衣的小厂老板，但雨衣市场已经饱和，谁也不会买几件雨衣换着穿。多川博连工人工资也发不出，眼看就要停业倒闭了。一天，他很随意地翻阅报纸，看到一条消息，马上眼前一亮。这条消息是日本每年新生儿是 250 多万。他马上想，婴儿生下来急需什么商品与自己生产雨衣技术相关联？……和雨衣一样，新生婴儿的尿垫需要防漏，唯一不同的是吸湿、柔软。他一计算，每个婴儿总要有 5～6 个尿垫，250 万×5=1250 万个尿垫。现在时代变了，很多婴儿的母亲不愿做也不大会做尿垫，可是要求却很高。多川博找了多位相关专家研究设计出柔软、吸湿、美丽、方便的尿垫，然后大规模生产，价格十分便宜，不愁用不起。为了使之成为亲戚朋友的礼品，多川博又专门研究出“礼品尿垫”——颜色鲜艳、包装华丽，一上市就被抢购一空，很受欢迎。再加上这宗买卖，大企业不屑一顾，小企业又隔行，更主要的是谁也没想到生产尿垫，结果多川博一炮打响，成为日本生产 100 多种尿布的“尿布大王”。后来，他想到国际市场也一定会需要尿布，于是他生产的尿布又大量出口，成为“世界尿布大王”。

辩证性思考：

你从多川博开发新产品的过程中得到哪些启示？

7.3.4　运用新产品市场扩散管理

1．认知新产品扩散过程

新产品扩散是指新产品上市后，随着时间的推移，不断地被越来越多的消费者所采用的过程。新产品的市场扩散过程中，由于个人性格、文化背景、受教育程度和社会地位等因素的影响，不同的消费者对新产品接受的快慢程度不同。根据这种差异，可以把创新产品采用者划分为 5 种类型，即创新采用者、早期采用者、早期大众、晚期大众和落后采用者，如图 7-7 所示。

（1）创新采用者

创新采用者也称为“消费先驱”。该类采用者约占全部潜在采用者的 2.5%。创新采用者富有个性，受过高等教育，勇于革新冒险，性格非常活跃，如何消费很少听取他人意见，经济宽裕，社会地位较高，广告等促销手段对他们有很大的影响力。这类消费者是企业投放新产品时的极好目标。

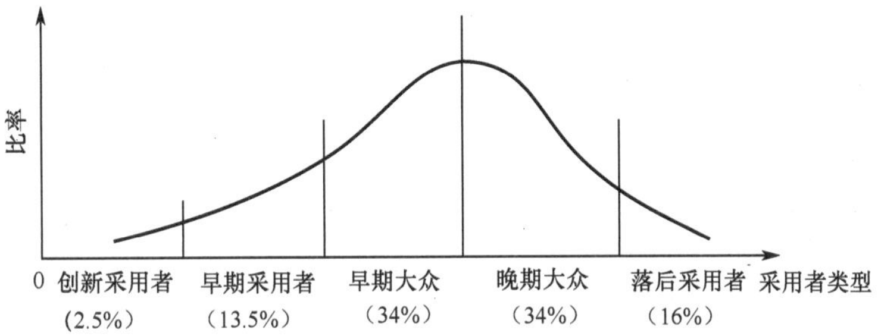

图 7-7　新产品采用者类型分布

向市场推出新产品时，企业市场营销人员应把促销手段和传播工具集中于创新采用者身上。如果他们的采用效果较好，就会大力宣传，影响到后面的使用者。不过，找出创新采用者并非易事，因为很多创新采用者在某些方面倾向于创新，而在其他方面可能是落后采用者。

（2）早期采用者

该类采用者占全部潜在采用者的 13.5%。他们大多是社会上的意见领袖，或某个群体中具有很高威信的人，受到周围朋友的拥护和爱戴。因此，他们常常去收集有关新产品的各种信息资料，成为某些领域的舆论领袖。这类消费者对广告及其他渠道传播的新产品信息很少有成见，促销媒体对他们有较大的影响力。但与创新采用者比较，他们一般持较为谨慎的态度。这类消费者是企业推广新产品极好的目标。这类采用者多在产品的介绍期和成长期采用新产品，并对后面的采用者影响较大。所以，他们对创新扩散有着决定性的影响。

（3）早期大众

这类采用者的采用时间较平均采用时间要早，占全部潜在采用者的 34%。这部分消费者一般保守思想较少，受过一定教育，有较好的工作环境和固定的收入；对社会中有影响力的人物，特别是自己所崇拜的“舆论领袖”的消费行为具有较强的模仿心理；他们不甘落后于潮流，但由于他们特定的经济地位所限，在购买高档产品时，一般持非常谨慎的态度。他们经常是在征询了早期采用者的意见之后才采纳新产品。早期大众和晚期大众构成了产品的大部分市场，因此研究他们的心理状态和消费习惯，对提高产品的市场份额具有很大的意义。

（4）晚期大众

这类采用者的采用时间较平均采用时间稍晚，占全部潜在采用者的 34%。这部分消费者的基本特征是多疑。他们的信息多来自周围的同事或朋友，很少借助宣传媒体收集所需要的信息，受教育程度和收入状况相对较差。所以，他们从不主动采用或接受新产品，直到多数人都采用且反映良好时才行动。显然，对这类采用者进行市场扩散是极为困难的。

（5）落后采用者

这类采用者是采用创新的落伍者，占全部潜在采用者的 16%。这部分消费者思想保守，拘泥于传统的消费行为模式。他们与其他的落后采用者关系密切，极少借助宣传媒体，其社会地位和收入水平最低。因此，他们在产品进入成熟期后乃至进入衰退期时才会采用。

2. 运用新产品扩散过程管理

新产品扩散过程管理是指企业通过采取措施使新产品扩散过程符合既定市场营销目标的一系列活动。企业之所以能对扩散过程进行管理，是因为扩散过程除受到外部不可控制因素（如竞争者行为、消费者行为、经济形势等）的影响外，还要受企业市场营销活动（产品质量、人员推销、广告水平、价格策略等）的制约。

新产品扩散管理的主要市场营销目标有：导入期，消费者迅速认可；成长期，销售额快速增长；成熟期维持较长时期的销量和利润最大化。

7.4 运用品牌策略与包装策略

【学习与培养思路】

企业开发出来新产品以后，就要运用品牌策略与包装策略对新产品进行命名和包装。品牌代表市场，品牌代表形象，品牌代表一个企业的核心市场竞争力。

在掌握品牌的内涵、品牌资产、品牌策略、包装策略的内容的基础上，培养运用品牌策略塑造名牌、包装策略塑造产品“外衣形象”的能力。

7.4.1 认知品牌

1. 认知品牌的内涵

品牌是一种名称、术语、标记、符号或设计，或者是它们的组合运用，其目的是借以辨认某个销售者或某群销售者的产品和服务，并使之同竞争者的产品和服务区别开来。

品牌是一个集合概念，它包含品牌名称、品牌标志、商标等概念。品牌名称是指品牌中可以用语言来称呼和表达的部分，如蒙牛、伊利、海尔、长虹、海信等。品牌标志是指品牌中可被识别而不能用语言表达的特定标志，包括专门设计的符号、图案、色彩、文字等，如奥迪的 4 个圈标志，联想的标识字体 Lenovo，李宁服装的特定标识等。

商标是指经过注册登记，受法律保护的品牌或品牌中的某一部分。经注册登记的商标一般有“R”标记或“注册商标”的字样。商标的实质是品牌，但它是受到法律保护的产权标志，是经商标局核准注册而取得的特殊权利，具有独占性，不容他人或企业侵犯。商标是生产者或经营者的标志，区别于其他商品，是企业声誉和评价的象征。品牌只有根据商标法的规定进行登记注册后，才能成为商标，受到法律的保护。因此，可以说商标都是品牌，但品牌不一定是商标。

商标与品牌的区别与联系如下：

1）商标与品牌的联系。品牌与商标都是用以识别不同生产经营者的不同种类、不同品质产品的商业名称及其标志。商标的实质是品牌，两者都是产品的标记。

2）商标与品牌的区别。品牌是市场概念，实质上是品牌使用者对消费者在产品特征、服务和利益等方面的承诺。并非所有的品牌都是商标，品牌与商标可以相同也可以不同；商标是法律概念，它是已获得专用权并受法律保护的品牌或品牌的一部分。商标必须办理注册登记，品牌则无须办理；商标是受法律保护的品牌，具有专门的使用权。

2. 认知品牌资产

品牌资产也称品牌权益，是指只有品牌才能产生的市场效益，或者说产品在有品牌时与无品牌时的市场效益之差。品牌是名字与象征相联系的资产（或负债）的集合，它能够使通过产品或服务所提供给消费者（用户）的价值增大（或减少）。品牌资产包括 5 个方面，即品牌忠诚度、品牌认知度、品牌感知质量、品牌联想、其他专有资产（如商标、专利、渠道关系等），这些资产通过多种方式向消费者和企业提供价值。

7.4.2　运用品牌策略

1. 运用品牌定位策略

品牌定位就是勾画企业品牌产品在目标消费者心目中的形象，使企业所提供的产品具有一定的特色，适应一定消费者的需求，并与竞争者的产品有所区别。品牌定位策略包括：

1）产品特色定位策略。即依据品牌形象个性化需求，品牌定位应重点放在产品特殊功能、附加功能上。

2）质量定位策略。即通过广告说明产品的良好质量，塑造品牌优质形象。

3）序列定位策略。表明品牌在同类商品中的实力，企业常用“同行业名列第一”“国内首创”等广告宣传语。序列定位一定要实事求是，第一当然好，第二也无妨。

4）抗衡型定位策略。人脑对产品信息的记忆是有限的，在此情形下，如将自己的产品与名牌产品联系起来，采取抗衡型定位则能讨巧，使本品牌处于创新的领先地位，同时又能借助老产品的声誉扩大影响。

5）以使用者形象定位策略。消费者按性别、年龄、职业、收入等标准可划分为不同的群体，按消费者个性又可分为坚强与懦弱、外向与内向、独立于依赖、竞争性与非竞争性、显耀性与沉默性等，企业应努力建立品牌个性吸引相应个性的消费者，反之也可以用消费者形象进一步强化品牌个性。

2. 运用品牌化策略

品牌化策略即企业是否要给产品建立一个品牌。品牌化策略包括两种：

1）无品牌化策略。一般认为，不使用品牌的情况包括：大多数未经加工的原料产品，如棉花、大豆、矿砂等；不会因生产商不同而形成不同特色的商品，如钢材、汽油等；某些生产比较简单、选择性不大的小商品；消费者习惯上不辨认商标的产品，如玩具、白糖、中低档衣袜鞋帽等；临时性或一次性生产的商品；作为下游企业的原材料或零配件。

企业选择无品牌化策略的目的是节省品牌设计、广告和包装费用，以降低成本和售价，提高竞争力，扩大销售。

2）使用品牌策略。随着市场经济的高度发展和经济全球化浪潮的冲击，品牌化的趋势迅猛异常，品牌化几乎统治了所有产品，甚至一些传统上不用品牌的商品也出现了品牌化的倾向，许多生产中间产品的制造商（如电机、电脑芯片、纤维等）也进入了最终品牌产品行列。

3．运用品牌防御策略

品牌防御是防止他人的侵权行为及避免企业的声誉、利润受损，可采用以下策略：

1）及时注册商标策略。品牌经注册成功后可得到法律保护，有效地防止竞争者抢注、仿制、使用、销售本企业的商标。出口商品应在目标国家及时注册商标。注册商标在有效期满后应及时申请续展注册。

2）在非同类商品中注册同一商标。从战略发展角度上看，在非同类商品中注册同一商标，可以为企业将来做大做强奠定基础，避免做大做强后的品牌为他人盗用。例如，娃哈哈集团将“娃哈哈”品牌一次性注册到服装、鞋帽、玩具、自行车等多个类别。

3）在同一商品中注册多个商标。例如，“娃哈哈”商标注册时，同时还注册了“娃哈娃”“哈娃哈”等多个商标，从而堵住了可能被仿冒的漏洞。

4）使用防伪标识策略。比如，在日化产品中使用防伪悬浮纸条，或使用防伪标签、防伪油墨、防伪包装、隐形条码等，都可以有效地保护商标的专用权。

5）品牌并存策略。我国企业在与外国企业合资时，可以采用品牌并存的方法来防止自己的品牌被“雪藏”的风险，即在合资企业的不同产品上分别使用我国和外国的品牌，或在同一产品上共同使用本国与外国的品牌。

4．运用品牌归属策略

品牌化决策之后，还要决定品牌归谁所有，由谁管理和负责。

1）运用制造商品牌策略。这是制造商使用自己的品牌的策略，也称生产者品牌策略。那些享有盛誉的制造商还可以将其著名品牌租借给别人使用，收取一定比例的特许使用费。

2）运用中间商品牌策略。这是中间商将产品大量地购买，以自己的品牌再将货物转卖出去的策略。中间商品牌使用自己的品牌可以带来很多好处，可以更好地控制价格，得到较高的利润，并可以在某种程度上控制供应商。越来越多的中间商，特别是大批发商、大零售商都使用自己的品牌。

3）运用混合品牌策略。混合品牌策略也称双重品牌策略，即部分产品用制造商品牌，部分产品用中间商或其他厂商的品牌的策略。

运用品牌归属策略应注意的问题是，企业究竟是使用制造商品牌还是中间商品牌，必须全面地权衡利弊，以做出合理的决策。在制造商具有良好的市场声誉，拥有较大市场份额的条件下，大多使用制造商品牌。相反，在制造商资金实力薄弱，或者在市场上的商誉远远不及中间商的情况下，则适宜采用中间商品牌。尤其是新进入市场的中小企业，无力用自己的品牌将产品推向市场，而中间商在这一市场领域中却拥有良好的品牌信誉和完善的销售体系，这种情况下利用中间商品牌则往往是有利的。这也是国际贸易中常见的做法。

5．运用品牌关联策略

这是企业内部品牌之间关联程度的决策，包括如下品牌策略：

1）同一品牌策略。也称统一品牌策略，是指企业对所生产的多种产品使用同一品牌，其实质是品牌延伸策略，即企业把自己成功的品牌延伸使用到其他产品上去。例如，康师傅方便面在市场上成功后，厂家把这一商标延伸使用到乌龙茶、八宝粥、饼干、果汁、纯净水、香米饼等产品上。

运用统一商标策略或品牌延伸策略应注意的问题是，如果企业的某一种产品出了问题（如质量问题），其他产品也会受到株连，因此必须对所有产品的质量严格控制。另外，多种产品使用同一个商标，容易使消费者在产品的特点、档次、功效等方面发生混淆。生产荣昌肛泰的荣昌公司又推出荣昌甜梦口服液，一个管出口（治痔疮），一个管进口，就让人受不了。再次，品牌的延伸使用要符合消费者对该品牌形成的既定印象。如果佳洁士推出低档牙膏，就有可能破坏品牌在消费者心目中的印象，有可能是得不偿失的。

2）个别品牌策略。这是指企业对不同产品分别使用不同的品牌名称。这种品牌策略的好处有两个：一是起“隔离”作用，用品牌把不同产品的特性、档次、目标消费者的差异隔离开来，而不必把高档优质产品的品牌引进较低质量的产品线；一是起“保险”作用，没有将企业的声誉系在某一产品品牌的成败之上，企业不会因某一品牌信誉下降而承担较大的风险，如宝洁公司在中国生产的洗发水分别用飘柔、海飞丝、潘婷、沙宣、伊卡璐等品牌。

3）同一品牌和个别品牌并列策略。一个拥有多条产品线或者具有多种类型产品的企业可考虑采用此策略，一般是在每一种个别品牌前冠以公司的商号名称。

6．运用品牌变更策略

许多相关因素的变化要求企业做出变更品牌的决策，包括以下策略：

1）更换品牌策略。指企业完全废弃原有的牌名、商标，更换为新的牌名、商标。当品牌已不能反映企业现有的发展状况，或由于产品出口的需要等，可以进行更新，目的是使品牌适应新的观念、新的时代、新的需求和新的环境，同时也可给人以创新的感受。

实用链接

联想换标

联想的英文名称 legend 自 1988 年 6 月 23 日香港联想开业时第一次采用，征战十年，为联想集团的壮大立下了赫赫战功。但随着联想事业的高速发展，其业务中有越来越多的收益来自海外市场，然而其原有英文商标 legend 在国外已被注册太多，这极大地阻碍了联想大力发展海外市场的战略。为能在拓展海外市场时受到法律保护，联想于 2003 年 4 月 28 日起，宣布所有形象宣传和新产品启用一个名为“Lenovo”的全新英文标识，而标有“联想 legend”的产品将在年底前更换完毕。联想新标志“Lenovo”采用蓝色的基调，现代简约的设计，“Lenovo”当中的“novo”为创新之意，“Le”为“legend”的延续，整个英文名称的寓意为“创新的联想”，此次联想品牌更新将成为联想集团发展史上的一个重要的里程碑。

2）推展品牌策略。指企业采用原有的品牌，但逐渐对原有的商标进行革新，使新旧商标之间造型接近、一脉相承、见新知旧。2006 年，一批中国本土企业纷纷对品牌进行了拓展更改，如联通、华为、创维、美的等。

7.4.3 认知塑造名牌的标准

品牌发展的结果是形成名牌。名牌也是品牌，但它是著名的品牌，是品牌中的优秀部分、精华部分，是在品牌竞争中取得优胜的佼佼者。名牌的本质属性有两个：一个是它的技术属性，如设计精湛、质量超群、包装考究、功能独到、使用方便等，它能最大限度地满足人们生产生活上的物质需求；另一个是它的社会属性，表明以下 5 种社会关系：企业与消费者之间高度的信任关系；生产商与经销商之间互利互惠的关系；同对手之间的竞争关系；企业扩张过程中与银行之间的信誉关系；生产、市场营销和传播过程中企业对社会的奉献关系。

品牌成为名牌的系列总标准，如表 7-2 所示。

表 7-2 名牌的系列总标准

品　牌	名牌外环的标准	名牌内环的标准	名牌核心的标准
知名度	10.89%	20.37%	33.79%
美誉度	21.78%	40.74%	67.58%
市场占有率	7.61%	14.80%	24.07%
无形资产	=有形资产	>有形资产	=1.5 有形资产
品牌效能	名牌地位立足未稳，市场创益力 1:0.5	进入名牌安全区，市场创益力 1:1	进入名牌壁垒，市场创益力 0.5:1

7.4.4 运用包装策略

1. 认知包装的概念

包装是为了在流通过程中保护产品、方便储运和促进销售，而按照一定的技术方法使用容器、材料以及辅助物等，将物品包封并予以适当的装饰和标志工作的总和。简言之，包装就是包装物和包装操作的总和。包装是商品实体的重要组成部分，如果把商标比做产品的“脸面”，那么包装可谓是产品的“外衣”，它是作为产品的“第一印象”进入消费者眼帘的。

实用链接

世界上最大的化学公司杜邦公司的营销人员经过周密的市场调查，发现了著名的杜邦定律，即 63%的消费者是根据商品的包装和装潢进行商品决策的；到超级市场购物的家庭主妇，由于精美的包装和装潢的吸引，所购物品通常超过她们出门时打算购买数量的 45%。

2．认知包装的分类

1）按包装在流通过程中的作用不同，包装可分为储运包装和销售包装。

2）按包装所处的层次不同，包装可分为基本包装、次级包装和运输包装。

3）按包装技术不同，包装可分为真空包装、气调包装、喷雾包装和收缩包装等。

3．运用包装策略

1）运用类似包装策略。类似包装，亦称产品线包装，指企业所生产的各种不同产品，在包装上采用共同或相似的图案、形状或其他共同的特征，使消费者容易发现是同一家企业的产品。类似包装具有和采用统一品牌策略一样的好处，可以节省包装设计的成本，有利于提高和壮大企业的整体声誉，特别新产品进入市场时，采用此策略可使新产品容易进入市场。类似包装策略只适用于相同或相近质量水平的不同产品，一旦质量水平相差悬殊，则不仅会提高低档产品的销售成本，而且会对高档产品的形象造成不利影响。

2）运用等级包装策略。指按照产品的价值、品质分成若干等级，并采用不同的包装，使包装与产品的价值相称。显然，这种策略的实施成本较高。它适用于产品相关性不大，产品档次、品质比较悬殊的企业。它可以适应不同的购买力水平或不同顾客的购买心理，从而扩大产品销售，如在茶叶的销售中，一级茶叶用听装，三级茶叶用盒装，五级茶叶用袋装，碎茶散装。

3）运用组合包装策略。指把使用时相互关联的多种商品纳入一个包装容器中，同时出售，如家用药箱、针线包、工具包等。这种策略不仅有利于充分利用包装容器的空间，而且有利于同时满足同一消费者的多种需要，扩大销售。这种包装特别有利于新产品的推销，但实践中须防止不顾市场需求的具体特点、消费者的购买力水平和产品本身关联程度大小任意组合搭配的错误做法，以免消费者产生抵触情绪。

4）运用复用包装策略。指在原包装的产品使用完后，其包装物还可以做其他用途。比如，果酱、咖啡、酱菜采用的杯形包装瓶，可用来作为茶杯；糖果、饼干的包装盒还可以作为文具盒、针线盒等。这样可以利用消费者一物多用的心理，使他们得到额外的使用价值；同时，包装物在使用过程中也可起到广告宣传的作用，诱发消费者购买或引起重复购买。

5）运用附赠品包装策略。指在商品包装物内附赠给购买者一定的物品或奖券。比如，儿童用品中附赠玩具，购买某品牌牛奶附赠一个相同品牌的杯子等。

6）运用更换包装策。指对原商品包装进行改进或更换，重新投入市场以吸引消费者，或者原商品声誉不是太好，销售量下降时，通过更换包装，重塑形象，保持市场占有率。采取该策略，可以重塑产品在消费者心中的形象，改变一些不良影响。但名牌产品包装的改进要慎重，以免误给消费者以假冒名牌、质量下降等印象，从而失去“品牌忠诚者”。

案例分析

“雅芳”产品组合和品牌策略

雅芳是世界著名的化妆品生产企业，于 1990 年进入中国。1998 年 9 月，雅芳全面转型，开始了尝试和探索更适合中国国情的直销模式，其具有高度创意的销售模式——美容专柜、专卖店、零售店和推销员4种渠道同时启动。2005年，雅芳成功构建了由6 000多家专卖店和2 000多个专柜组成的销售网络，在国内成为仅次于中国邮政和柯达的第三大营销网络，使更多的消费者能够接触和了解雅芳的产品和服务。但是，雅芳的成功不仅得益于其创新的销售模式，其产品组合方式也很值得探讨和借鉴。

1. 多——丰富的产品和品牌种类

由于科技的发展、市场的开放、观念的更新，丰富的产品大大地刺激了人们的需求。

面对这样一个市场，雅芳以丰富的品牌种类为消费者提供了广阔的选择余地和众多的可能。在中国市场，雅芳在广州从化太平工业区拥有一座占地8万平方米的现代化生产基地，引进最先进的生产设备，年生产能力可达1亿2千万件产品。雅芳的产品种类包括护肤品、化妆品、个人护理品、香品、流行首饰、女性内衣和时装、健康食品等，而每一类产品又拥有众多系列产品。以护肤品为例，目前雅芳销售的就有新活系列、美白系列、新自然系列、高效保养品、萃妍系列、嫩白保湿系列、雅芳护肤系列、采唐韵中药系列、夏日之恋防晒系列、净碧系列、基础护肤系列、洁容系列、面膜系列、美容沙龙系列、雅芳润白抗皱系列等。再以香品为例，又有地球·女人系列、阳光之吻喷雾香水、小黑裙系列、男士香水、色彩符号淡香水、X-Fresh香氛系列、幻变走珠系列、走珠止汗香露、香粉等。值得一提的是，每一个系列产品都有各自的名称、形象、个性和价位，就像是雅芳大家族中每个小家庭的成员，又像是一架高速运转的机器中每个部件中的小零件。丰富的品牌种类为雅芳赢得了“面”上的优势。

2. 序——合理的产品和品牌层次

雅芳的品牌虽多，但却是非常有序的，即针对不同的细分市场，合理地安排产品和品牌层次。对于女性化妆品市场来说，女性由于年龄、职业、收入、爱好、家庭等因素的不同，对化妆品的需求和选择也大不相同。综合各种因素，它将女性化妆品市场按年龄和生活方式进行细分。雅芳的众多产品系列和品牌，正是针对处于各个年龄层次的、采用不同生活方式的女性，按照其对化妆品的各自需求来安排的。以护肤品为例，15个系列产品就可分成针对不同人群的美白、抗皱、高效保养、基础护肤等高、中、低价位的不同层次。

3. 巧——推陈出新的产品和品牌计划

与其他企业不同的是，雅芳的营销方案是以“月”为单位的。也就是说，雅芳每个月都会推出新产品，对几项品牌进行重点推荐，再对部分产品给予低折扣，对上市时间较长的个别产品给予全年最低价，售完即止。这样循环往复，不断地积累新产品，淘汰旧产品，既可以在近期内起到促销的效果，又保证了长远时期中产品的更新换代。

雅芳新产品的开发和推出与时令季节有密切关系。2002年2月，适值羊年春节，针对冬季寒冷的特点，雅芳推出了一款红色包装、印有羊形图案的“新年好运”倍润护唇膏；夏秋季节，保持皮肤清洁很重要，2002年8月，两款新包装的雅芳洁净洗面霜和雅芳清凉洁容霜以超低价上市；有祛痘特殊功效的 Clear Skin 净碧系列也随季推出……

雅芳持续地开发新产品，使企业在某些产品面临衰退之前，另一些新产品已进入快速成长期；当某些产品处在成熟期时，一些产品已开始向市场推出，这样就能使企业的总利润始终保持上升的势头。雅芳不断地推出新产品，每月带给消费者新的感受和体验，极大地满足了女性求新、求异的需求，迎合了人们“喜新厌旧”的心态。虽然有时候只是包装的更新，有时候只是配合某一节气，但却有效地发掘出潜在的消费市场，大大地刺激了消费。

4. 稳——稳定的产品和品牌结构

雅芳的多品种、多层次、常更新的产品运作模式，不是一种短期的产品战役，而是一种长期的产品和品牌战略。虽然雅芳的产品“实时更新”，但其产品结构却是基本稳定的。如果说系列产品将单件产品由“点”连成“线”，针对同一细分市场的不同产品系列和品牌形成“面”，那么针对各个细分市场的不同产品系列和品牌就构成了“体”，而长期的产品和品牌战略就保证了这个产品和品牌结构体的稳定，从而带给消费者一个成熟稳重又进取的企业形象。

（资料来源：世界经理人网）

辩证性思考：

1. 你如何评价雅芳的产品组合策略？

2. 在新产品开发上，雅芳有哪些创新之处？

3. 雅芳所实施的品牌策略有哪些？对你有什么启示？

营销知识检测

1. 产品的整体概念是什么？企业如何正确处理产品整体概念 5 个层次之间的关系？

2. 企业的产品组合策略有哪些？

3. 产品市场生命周期各阶段的特点、市场营销目标、市场营销重点是什么？企业如何有针对性地制定产品市场生命周期各阶段的市场营销策略？

4. 以手机为例，分析高科技产品的市场扩散过程。

5. 企业的品牌策略主要有哪些？

6. 企业如何选择包装策略？

营销能力训练

训练项目：

选择一家消费品生产企业，对该企业产品策略现状进行分析，并运用产品策略方法对其进行决策，撰写企业产品策略分析方案。

训练目的：

通过训练，提高对整体概念、产品组合策略、新产品开发、品牌策略和包装策略内容的认知，掌握运用产品策略的能力，具备产品策略决策的能力。

训练要求：

由班级学习委员组织全员对企业产品策略分析方案进行讨论、交流。

运用定价策略

【学习与培养思路】

企业开发出产品以后，必须运用定价策略为产品制定合理的价格，才能与目标消费群进行交易，实现企业赢利的目的。在市场营销组合中，价格是唯一能产生收益的因素，其他因素都表现为成本。定价策略是市场营销组合中十分敏感而又最难以有效控制的因素，但却是影响产品销售的关键性因素，它直接关系到消费者对产品的接受程度，制约着产品销量和企业利润的多少。

通过学习，掌握定价目标与影响定价的因素，掌握定价的操作程序与定价的方法，掌握定价技巧与价格调整的方法。

通过培养，具备运用价格策略的能力。

8.1 选择定价目标与分析影响定价的因素

【学习与培养思路】

定价目标与影响定价的因素是企业制定价格时首先考虑的因素。定价目标是指企业要达到的定价目的。由于企业所处的内、外部环境不同，企业的定价目标也不同。

在掌握定价目标与影响定价因素的内容的基础上，培养选择定价目标与分析影响定价因素的能力

8.1.1 选择定价的目标

1. 选择利润导向的定价目标

1）利润最大化目标。以最大利润为定价目标，指的是企业期望获取最大限度的销售利润。

2）预期利润目标。以预期的利润作为定价目标，是企业把某项产品或投资的预期利润水平，规定为销售额或投资额的一定百分比，即销售利润率或投资利润率。预期的销售利润率或投资利润率一般要高于银行存贷款利率。以目标利润作为定价目标的企业，应具备两个条件：第一，该企业具有较强的实力，竞争力比较强，在行业中处于领导者地位；第二，采用这种定价目标的多为新产品、独家产品及低价高质量的标准化产品。

3）适当利润目标。在激烈的市场竞争中，企业为了保全自己，减少市场风险，或者限于实力不足，把取得适当利润作为定价目标。适当的利润目标一方面可以使企业避免不必要的竞争；另一方面，由于价格适中，消费者愿意接受，可使企业获得长期的利润。

2. 选择销量导向的定价目标

增加销售量或扩大市场占有率是企业常用的定价目标。

1）保持或扩大市场占有率目标。作为定价目标，市场占有率与利润有很强的相关性。从长期来看，较高的市场占有率必然带来较高的利润。一个企业在一定时期的赢利水平高，可能是由于过去拥有较高的市场占有率的结果，如果市场占有率下降，赢利水平也会随之下降。

2）增加销售量（销售额）目标。大量的销售即可形成强大的声势，提高企业在市场的知名度，又可有效地降低成本。对于需求价格弹性较大的产品，降低价格而导致的损失，可以由销售量的增加而得到补偿。

3. 选择产品质量领先的定价目标

为了在市场上树立一个产品质量最优的形象，一些企业往往在生产成本、产品开发研究等方面做了较大的投入。为补偿这些支出，它们往往给自己的产品或服务制定较高的价格，反过来，这种较高的价格又进一步提高了产品的优质形象，增加了对高收入消费者的吸引力。

4. 选择竞争导向的定价目标

这是竞争性较强的企业所采用的定价策略，指为应付竞争，在定价前应注意收集同类产品的质量和价格资料，与自己的商品进行比较，然后选择应付竞争的价格。对于力量较弱的企业，采用与竞争者价格相同或略低于竞争者的价格；对于力量较强又想扩大市场占有率的企业，采用低于竞争者的价格；对于资本雄厚，并拥有特殊技术的企业，采用高于竞争者的价格；有时采取低价，迫使对手退出市场或阻止对手进入市场。

5. 选择生存导向的定价目标

如果企业产品销路不畅，大量积压，甚至濒临倒闭时，则需要把维持生存作为企业的基本定价目标，因为生存比利润更为重要。

6. 选择维护企业形象的定价目标

企业形象是企业的无形财产，为维持企业形象，定价目标首先要考虑价格水平是否与目标消费群的需求相等，是否有利于企业整体策略的实施。

7. 选择保持良好的销售渠道的定价目标

为了使营销渠道畅通无阻，企业必须研究价格对中间商的影响，充分考虑中间商的利益，促使中间商有较大的积极性去推销产品。

8.1.2 分析影响定价的因素

在选择定价目标的前提下，企业定价还要考虑影响定价的因素。影响定价的因素很多，有企业内部因素，也有企业外部因素；有主观因素，也有客观因素。所以，企业要综合分析影响定价的因素。

1. 分析产品成本因素对定价的影响

产品成本包括生产成本、销售成本和储运成本等，是产品价格的主要组成部分，也是定价的基础。很大程度上，需求为企业的定价确定了上限，而企业的成本是价格的下限。企业总是希望制定的价格能弥补生产、分销和销售该产品的成本，并取得对企业所做的努力和承担风险的合理报酬。因此，成本是影响定价决策的一个主要因素，许多企业力图降低成本，以期降低价格，扩大销售和增加利润。如果企业某种产品的成本高于竞争者的成本，该产品在市场上就会处于十分不利的竞争地位。

2. 分析市场供求因素对定价的影响

（1）分析供求与价格的双向影响

产品价格是在一定的市场供求状况下形成的。在一定时期内，某种产品的供求状况反映其供给量与需求量之间的关系。这种关系包括供求平衡、供不应求和供过于求 3 种情况。供求平衡是指某种产品的供给与需求在一定时期内相等，包括总量相等、结构吻合。在供求平衡状态时，某种产品的市场价格则称为均衡价格。

假定供求和价格以外的其他因素不变，当某种产品的价格高于均衡价格时，该产品的需求量下降，供给量上升，结果形成供过于求。在某种产品供过于求的市场局势下，卖方之间竞争激烈，要价低者产品可以出售，则买方在交易中处于优势地位，掌握了买卖的主动权，即形成了买方市场。所以，当某种产品的需求减少且供给增多时，价格便会落至均衡价格或其以下。

当某种产品供不应求时，买方之间竞争激烈，出价高者可以买到产品，那么卖方在交易中处于优势地位，掌握了买卖的主动权，即形成了卖方市场。随着价格的上涨，企业的资金会转向该产品的生产与销售，导致该产品的市场供给量剧增，从卖方市场转化为买方市场，形成供过于求的局面，价格将自动回落。

（2）分析需求价格弹性因素对定价的影响

通常情况下，某种产品的价格升高，其需求量就会减少，反之则增加。但是，价格升高并不意味着企业总收益的提高。因此，制定产品价格时必须考察产品的需求价格弹性因素。需求价格弹性简称需求弹性，它是指在一定时期内，某种产品的价格变动的百分比与其需求变动的百分比的比值。由于是两个相对数的比值，故它又称为需求价格弹性系数。当价格变动小于需求量变动时，此产品需求富有弹性，即弹性较大，表明产品供求关系对价格的影响较大；当价格的变动大于需求量的变动时，此产品需求缺乏弹性，即弹性较小，表明产品供求关系对价格的影响较小。需求弹性表达了产品价格变化和需求量变化之间的敏感程度。

3. 分析市场竞争态势因素对定价的影响

市场竞争态势不同，也会影响企业对产品的定价。按照市场竞争程度，市场竞争态势因素对定价的影响可以分为 3 种：

1）分析完全竞争态势因素对定价的影响。完全竞争市场状况下，市场上的企业很多，买卖双方的交易都只占市场份额的一小部分，彼此生产或经营的产品是相同的；企业不能用增加或减少产量的方法来影响产品的价格，也没有一个企业可以根据自己的愿望和要求来提高价格。这种情况下，企业只能接受在市场竞争中现成的价格，买卖双方都只是“价格的接受者”，而不是“价格的决定者”，价格完全由供求关系决定，各自的行为完全受价格因素的支配。但应该指出的是，完全竞争市场仅仅存在于理论上，在现实生活中是不存在的。

2）分析不完全竞争态势因素对定价的影响。不完全竞争是一种介于完全竞争和完全垄断之间的市场态势。在不完全竞争条件下，市场上有许多的买主和卖主，但各个卖主所提供的产品都存在一定的差异，或者是质量、花色、式样和产品服务的差异，或者是不同品牌的产品。虽然本质上没有差异，但购买者因受广告宣传、产品包装的影响，在主观或心理上认为它们有差异，因而有所偏好，愿意花不同数额的钱来购买。

3）分析完全垄断态势因素对定价的影响。完全垄断是指在一个行业中的某种产品或劳务的生产和销售完全由一个卖主独家经营和控制，没有竞争对手。这种垄断一般有特定条件，如垄断企业可能拥有专利权、专营权或特别许可等。由于垄断企业控制了进入这个市场的种种要素，所以它能完全控制市场价格。从理论上分析，垄断企业有完全自由定价的可能，但现实中其价格也受到消费者情绪及政府干预等方面的限制。

4. 分析企业内部因素对定价的影响

价格的制定要受到企业内部因素的影响和制约，企业定价时必须考虑这些因素。企业内部因素包括企业的实力、市场营销目标、市场营销组合、产品成本、定价组织和产品自身的特性等。

5. 分析消费者心理预期因素对定价的影响

消费者心理预期，尤其是心理行为，是影响企业定价的一个重要因素。无论哪一种消费者，消费过程中必然会产生种种复杂的心理活动，并支配消费者的消费过程。通常消费者在选购产品时，总是根据某种产品能为自己提供效用的大小来判定该产品的价格，他们对产品一般都有客观的估价。若企业定价高于消费者的心理期望值，则很难被消费者所接受。因此，企业制定产品价格时，不仅应迎合不同消费者的心理，还应促使或改变消费者行为，使其向有利于自己营销的方向转化。同时，企业要主动、积极地考虑消费者的长远利益和社会整体利益，提高性价比，为消费者创造价值。

6. 分析其他因素对定价的影响

除以上因素外，在市场营销实践中，企业或产品的形象因素、通货膨胀、政策、法规等也都对企业产品的定价产生不同程度的影响。

小思考

国家发展与改革委员会宣布从 2008 年 1 月 15 日起启动临时价格干预措施，主要涉及粮食、食用植物油、肉类及其制品、牛奶、鸡蛋、液化石油气等。措施规定，对达到一定规模的生产企业实行提价申报，对达到一定规模的批发、零售企业实行调价备案。临时价格干预措施包括限定差价率或者利润率、规定限价、实行提价申报制度和调价备案制度。

国家发展与改革委员会启动临时价格干预措施会对企业产品的定价产生哪些影响?

8.2 运用定价的方法

【学习与培养思路】

定价的方法是企业为了实现定价目标，综合考虑影响定价的因素，给产品制定基本价格的具体方法。成本、需求、竞争是影响定价的最基本因素，与之相对应，形成了以成本、需求、竞争为导向的 3 大类基本的定价方法。

在掌握定价的操作程序与定价方法的基础上，培养运用定价的操作程序与定价方法的能力。

8.2.1　运用定价的操作程序

制定价格一般要经过确定定价目标、确定市场需求、估算成本、分析市场竞争状态、选择定价方法和策略、确定最终价格 6 个程序，如图 8-1 所示。

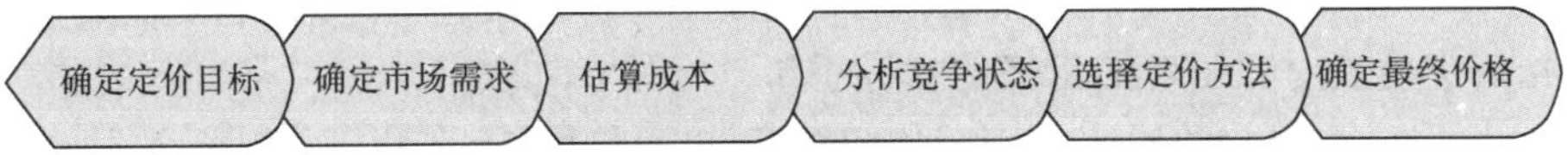

图 8-1　定价的程序

1．确定定价目标

定价目标是指企业要达到的定价目的。企业的定价目标从属于企业经营目标。企业的定价目标是以满足市场需要和实现企业赢利为基础的，它是实现企业经营总目标的保证和手段。同时，又是企业定价策略和定价方法的依据。企业面临的市场环境和竞争条件不同，企业的目标会有差别。不同的企业有不同的目标，就是同一企业在不同的发展时期也有不同的定价目标。

2．确定市场需求

市场需求是影响企业定价的重要因素。当产品价格高于某一水平时，将无人购买，因此市场需求决定了产品价格的上限。一般来说，市场需求随着产品价格的上升而减少，随着价格的下降而增加。但是，也有一些产品的需求和价格之间呈同方向变化的关系，如能代表一定社会地位和身份的装饰品及有价值的收藏品等。企业定价时必须依据需求的价格弹性，即了解市场需求对价格变动的反应。影响需求价格弹性的因素：消费者对产品的需要程度；产品的重要性；产品替代品数目和可替代程度；产品用途的广泛性；产品的耐用程度；消费者的收入水平。

3．估算成本

需求在很大程度上为企业确定了一个最高价格限度，而成本则决定着价格的下限。从长期来看，任何产品的价格都应高于所发生的成本费用，在生产经营过程中的耗费才能从销售收入中得到补偿，企业才能获得利润，生产经营活动才能继续进行。成本包括：①固定成本，在短期内不随企业产量和销售收入的变化而变化的生产费用，如厂房设备的折旧费、租金、利息、行政人员薪金等。②可变成本，随生产水平的变化而直接变化的成本，如原材料费、工资等。成本是企业收益的减项，降低成本是提高企业经济效益的有效途径之一。

4．分析竞争状态

企业为产品定价时必须考虑竞争者的产品和价格。将竞争者的产品及其价格作为企业产品定价的参考。如果企业的产品和竞争者的同种产品质量差不多，那么两者的价格也应大体一样；如果企业的产品不如竞争者的产品，那么产品价格就应定低些；如果企业的产品优于竞争者的产品，那么价格就可以定高些。

5．选择定价方法

影响企业定价的因素很多，其中最基本的因素：成本规定了价格的下限；市场需求或消费者对企业产品的评价，规定了价格的上限；竞争者产品的价格和替代品的价格，确定了企业产品的标价点在最高价格和最低价格之间。另外，消费者心理因素也会给定价造成影响。因此，企业在为产品定价时，主要考虑影响企业定价的因素中的一个或几个。

6．确定最终价格

企业最后拟订的价格必须考虑以下因素：

1）最后价格必须同企业定价政策相符合。企业的定价政策包括：明确企业需要的定价形象、对价格折扣的态度及对竞争者的价格的指导思想。

2）最后价格是否符合政府有关部门的政策和法令的规定。在我国，规范企业定价行为的法律和相关法规有《价格法》、《反不正当竞争法》、《明码标价法》、《制止牟取暴利的暂行规定》、《价格违反行为行政处罚规定》、《关于制止低价倾销行为的规定》等。

3）选定最后价格时，还须考虑企业内部有关人员（如推销人员、广告人员等）对定价的意见，考虑经销商、供应商等对所定价格的意见，考虑竞争对手对所定价格的反应。

8.2.2 运用定价的方法

1．运用成本导向定价法制定价格

成本导向定价法是一种主要以成本为依据的定价方法，包括成本加成定价法、目标收益定价法、盈亏平衡定价法、边际贡献定价法。

（1）运用成本加成定价法

成本加成定价是指按照单位成本加上一定百分比的加成来制定产品的销售价格。加成的含义就是一定比率的利润。所以，成本加成定价法的公式为：

单位产品售价=单位成本×（1+成本加成率）

例如，假设某产品的销售量为 10 000 件，总成本为 1 000 000 元，预期的成本加成率为 20%，则单位产品售价是多少？

单位产品售价=1 000 000÷10 000×（1+20%）=120（元/件）

（2）运用目标收益定价法

目标收益定价法又称目标利润定价法或投资收益率定价法。它是在成本的基础上，按照目标收益率的高低计算售价的方法。其计算的步骤如下：

1）确定目标收益率。目标收益率可表现为投资收益率、成本利润率、销售利润率、资金利润率等多种不同的形式。

2）确定目标利润。由于目标收益率的表现形式具有多种性，目标利润的计算也有不同的方法。其计算公式有：

目标利润=总投资额×目标投资利润率

目标利润=总成本×目标成本利润率

目标利润=销售收入×目标销售利润率

目标利润=资金平均占用额×目标资金利润率

3）确定价格。价格计算公式如下：

价格=（总成本+目标利润）÷预计销售量

例如，某房地产企业开发一个总建筑面积为 20 万平方米的小区，估计未来在市场上可实现销售 16 万平方米，其总开发成本为 4 亿元，企业的成本利润率的 15%，问该小区的售价为多少？

该企业的目标利润=总成本×成本利润率=4×15%=0.6（亿元）

每平方米售价=（总成本+目标利润）÷预计销售量

=（400 000 000+60 000 000）÷160 000=2 875（元）

（3）运用边际贡献定价法

边际贡献是指产品销售收入与产品变动成本的差额。单位产品边际贡献指产品单价与单位产品与单位产品变动成本的差额。边际贡献弥补固定成本后如有剩余，就形成企业的纯收入；如果边际贡献不足以弥补固定成本，那么企业将发生亏损。在企业经营不景气、销售困难、生存比获取利润更重要时，或企业生产能力过剩，只有降低售价才能扩大销售时，可以采用边际贡献定价法。这种方法的基本计算公式如下：

单位产品销售价格=（总的变动成本+边际贡献）÷总销量

从本质上讲，成本导向定价法是一种卖方定价的方法，它忽视了市场需求、竞争和价格水平的变化，有些时候与定价目标相脱节。此外，运用这一方法制定的价格都是建立在对销售量主观预测的基础之上，从而降低了价格制定的科学性。因此，在采用成本导向定价法时，还需要充分考虑需求和竞争状况，以确定最终的市场价格水平。

2. 运用需求导向定价法制定价格

需求导向定价法是一种以市场需求强度及消费者感受为主要依据的定价方法，包括理解价值定价法、反向定价法和需求差异定价法。

（1）运用理解价值定价法

理解价值定价法是企业以消费者对产品价值的感受和理解的程度作为定价依据的一种方法。此种定价方法不是仅考虑产品的成本费用，而是更多地考虑消费者对产品价值的理解及支付货币的能力。理解价值定价与现代市场定位观念相一致。企业在为其目标市场开发新产品时，在质量、价格、服务等各方面都需要体现特定的市场定位观念。运用这种定价法，产品在各个方面都能较好地满足需求，减少了使用过程中的麻烦，因此促进了产品的销售。

（2）运用反向定价法

反向定价法是指企业依据消费者能够接受的最终销售价格计算自己从事经营的成本和利润后，逆向推算出产品的批发价和零售价。这种定价方法不以实际成本为主要依据，而是以市场需求为定价的出发点，力求使价格为消费者所接受。分销渠道中的批发商和零售商多采取这种定价方法。反向定价法的运用条件是，为了满足在价格上与现存类似产品竞争的需要，设计出价格方面能够参与竞争的产品。对新产品的定价，企业可先通过市场调查或征询分销商的意见，拟定出购买者可以接受的价格，然后再从反向推算出出厂价。

例如，某产品市场零售价为 11 元，推算其出厂价。

其推算步骤如下：

某产品市场零售价	11.00 元（卖给消费者的价格）
零售商加成 20%	11.00×20%=2.20（元）
批发商售价	11.00−2.20=8.80（元）（卖给零售商的价格）
批发商加成 15%	8.80×15%=1.32（元）
出厂价	8.80−1.32=7.48（元）

（3）运用需求差异定价法

需求差异定价法以不同时间、地点、产品及不同消费者的消费需求强度差异为定价的基本依据，针对每种差异决定在基础价格上是加价还是减价。

实行需求差异定价法的条件：市场能够根据需求强度的不同进行细分；细分后的市场在一定时期内相对独立，互不干扰；高价市场中不能有低价竞争者；价格差异适度，不会引起消费者的反感。

3．运用竞争导向定价法制定价格

这是指企业以竞争者的同类产品的价格为主要依据，充分考虑本企业产品的竞争能力，选择有利于在市场中获胜的定价方法。

1）运用随行就市定价法。随行就市定价法是指企业按照行业的平均现行价格水平来定价。这种方法用于企业难以对顾客和竞争者的反映做出准确的估计，自己又难以另行定价的情况。随行就市是依照现有本行业的平均定价水平定价，这样就容易与同行业和平共处，并且易于集中本行业的智慧，获得合理的收益，少担风险。在竞争十分激烈的同一产品市场上，消费者对行情很清楚，企业之间也十分了解，价格稍有出入，消费者就会拥向价廉的企业。

2）运用低于竞争者产品价格定价法。低于竞争者产品价格定价是指实力雄厚的大企业为了在短期内渗入乃至夺取其他企业的市场，扩大自己的市场占有率，常常以低于市场价格的价格（甚至低于成本的价格）进行倾销，以此战胜竞争对手后，再提高价格来弥补倾销时蒙受的损失。

3）运用高于竞争者产品价格定价法。高于竞争者产品价格定价指能制造特种产品和高质量产品的企业，凭借其产品本身独具的特点和很高的声誉，以及能为消费者提供较别的企业更高水平的质量和服务，而与同行竞争的一种方法。这些按较高价格出售的产品，一般是受专利保护的产品或有良好企业形象影响的产品。

4）运用投标定价法。投标定价法即采购机构发布采购公告，说明拟采购产品的品种、规格、数量等具体要求，邀请供应商在规定的期限内投标的方法。采购机构在规定的日期内开标，选择报价最低的、最有利的供应商成交，签订采购合同。这种价格是供货企业根据对竞争者的报价的估计制定的，而不是按照供货企业自己的成本费用或市场需求来制定的，一般应低于竞争对手的报价。

8.3 运用制定价格的技巧

【学习与培养思路】

企业运用定价方法确定了产品的基本价格后，还要根据产品特点、消费心理、销售条件等，运用灵活的定价策略，对产品的基本价格进行修正，以促进销售，增加利润。定价策略是企业制定价格和调整价格的技巧，是在具体场合将定价的科学性与艺术性相结合的体现。

在掌握制定价格的技巧的内容、适用条件与应注意的问题的基础上，培养运用制定价格技巧的能力。

8.3.1 运用新产品定价技巧

新产品定价技巧一般要随着产品生命周期的变化而相应改变。由于事关新产品的市场前景，处于导入期的新产品的定价自然是一个十分重要的问题。

1．运用撇脂定价技巧

撇脂定价技巧又称高额定价技巧，意为提取精华，快速取得利润，即在新产品投放市场的初期，利用消费者求新、求奇的心理动机和竞争对手较少的有利条件，以高价销售，在短期内获得尽可能多的利润，以后随着产量的扩大、成本的下降、竞争对手的增多，再逐步降低价格。

撇脂定价技巧的适用条件：产品的质量与高价格要相符一致；要有足够的消费者能够接受这种高价并愿意购买；竞争者在短期内不易打入该产品市场。

2．运用渗透定价技巧

渗透定价技巧又称低额定价技巧，与撇脂定价技巧相反，它是在新产品导入期定较低的价格，以吸引大量消费者，提高市场占有率，实现赢利目标。在市场竞争激烈的环境中，采用此技巧有积极的作用，因为定价低，在市场潜力大、竞争者容易渗透的情况下，给予竞争者一个价低利少、无利可图的印象和感觉，从而抑制了竞争者的渗透。

渗透定价技巧的适用条件：目标市场必须对价格敏感，即低价可扩大市场，促进销售；生产和分销成本必须能随销售量的扩大而降低。

3．运用满意定价技巧

满意定价技巧又称中间定价技巧，是介于撇脂定价技巧和渗透定价技巧之间的一种中间定价技巧，因价格水平适中，生产者、中间商及消费者各方面都能顺利接受。作为一种中间定价技巧，在新产品刚进入市场的阶段，将价格定在介于高价和低价之间，力求使买卖双方均感满意。一般产品都适宜采取这种定价技巧。

8.3.2 运用心理定价技巧

心理定价技巧是充分了解、分析和利用消费者不同的消费心理，在采用科学方法定价的基础上，对价格进行一些灵活的、艺术的调整。

1．运用尾数定价技巧

尾数定价技巧是企业或者零售商为产品制定一个与整数有一定差额的价格，使消费者产生心理错觉，从而促使购买的一种价格技巧。例如，本应定价 100 元的商品，定价 99 元，虽然只低 1 元，却可给买者以价廉的感觉。

2．运用整数定价技巧

整数定价技巧与尾数定价技巧正相反，有的产品不定价为 9.8 元，而定为 10 元，同样使消费者产生一种错觉，迎合消费者“便宜无好货，好货不便宜”的心理，以显示产品的高档。

这是针对求名或自尊心理较强的消费者所采用的定价技巧。整数定价对低价产品来说有主观之嫌，但对高价产品却是适宜的。例如，一本书若定价为 199.80 元，会让消费者产生虚假的感觉，而定为 200 元可能会更好一些。

3．运用声望定价技巧

一些购买者通过联想与想象，把产品价格与个人的愿望、情感、个性心理结合起来，通过这种比拟来满足心理上的需要或欲望。例如，有的消费者热衷于追求时尚、高档、名牌的产品，以价格的高昂来炫耀自己的富有、能耐和社会地位，他们以拥有这类产品而获得心理上的满足。定价时利用这种比拟心理，将有声望的产品制定比市场同类产品高的价格，即为声望性定价技巧。

4．运用促销定价技巧

有些企业利用消费者有贪便宜的心理，将某几种产品定低价（低于正常价格甚至低于成本），或利用节庆日和换季时机举行“特价”“酬宾大减价”等活动，把部分产品按原价打折出售，以吸引消费者，促进全部产品的销售，如“原价 359 元的商品，现价 299 元”。但如果将原价虚增后再打折扣欺骗消费者，应受到法律制裁。

实用链接

金利来领带，一上市就以优质、高价定位，有质量问题的金利来领带绝不上市销售，更不会降价处理。这种做法给消费者这样的信息，即金利来领带绝不会有质量问题，低价销售的金利来绝非真正的金利来产品，从而极好地维护了金利来的形象和地位。

5．运用习惯定价技巧

消费者在长期、大量的购买活动中，对某种产品需要支付多少金额会产生牢固的印象，渐渐在购买时形成了一种价格定势。这种价格定势心理对消费者的购买行为有着重要的影响，他们往往从习惯价格中去联想和对比价格的高低涨落，以及产品质量的优劣差异。企业对这类产品定价时，要充分考虑消费者的这种心理定式，不可随意变动价格，应比照市场同类产品的价格定价。否则，一旦破坏消费者长期形成的消费习惯，就会使之产生不满情绪，导致购买的转移。

6．运用招徕定价技巧

招徕定价技巧包括低价招徕定价和高价招徕定价两种基本形式。一些超市和百货商店利用消费者的求廉或好奇心理，有意将某种或某些产品的价格定低或按变动成本定价，甚至将某些产品的价格定高，高得足以令人吃惊，以吸引消费者进店。在购买了这些低价或高价产品之后，再购买其他正常价格的产品，消费者会改变以往的消费习惯而提高购物欲望。这是超市扩大销售、增加利润的心理定价技巧。

运用招徕定价技巧应注意如下问题：①合理确定特廉价格的产品。这种产品既要对消费者有一定的吸引力，又不能价值过高，否则大量低价销售会给企业造成较大的损失。②数量要充足，保证供应，否则没有购买到特价产品的消费者会有一种被愚弄的感觉，会严重损害企业形象。

小思考

谈谈你对心理定价技巧的认识。

8.3.3　运用折扣定价技巧

折扣定价技巧是利用各种折扣和让价吸引经销商和消费者，促使他们积极推销或购买本企业产品，从而达到扩大销售、提高市场占有率的目的。这一技巧能增加销售上的灵活性，给经销商和消费者带来利益和好处，因而在现实中经常被企业所采用。

1．运用现金折扣技巧

现金折扣技巧是指企业为了鼓励购买者尽早付清货款，加速资金周转，规定凡提前付款或在约定时间付款的买主可享受一定的价格折扣。运用现金折扣技巧，可以有效地促使消费者提前付款，从而有助于盘活资金，减少企业的利率和风险。折扣大小一般根据付款期间的利率和风险成本等因素确定。

2．运用数量折扣技巧

数量折扣技巧是指按消费者购买数量的多少给予不同的价格折扣，也是企业运用最多的一种价格折扣技巧。数量折扣分为一次折扣和累计折扣两种形式。一次折扣是指按照单项产品一次成交数量或金额的多少，规定不同的价格折扣率，一般适用于能够大量交易的单项产品，用于鼓励买方大批量购买。累计折扣是指在一定时期内购买一种或多种产品的数量。或金额超过规定数额时，给予买方的价格折扣，折扣的大小与成交数量或金额的多少成正比。

数量折扣技巧一般适用于单位价值较小、花色品牌复杂、不宜一次大量进货的产品，以及大型机器设备和耐用消费品。

3．运用功能折扣技巧

功能折扣技巧也称业务折扣，是生产厂家给予批发企业和零售企业的折扣，折扣的大小因商业企业在产品流通中的不同功能而各异。对批发商来厂进货给予的折扣一般要大些，零售商从厂方进货的折扣低于批发企业。

4．运用季节折扣技巧

季节折扣技巧是指企业对生产经营的季节性产品，为鼓励买主提早采购，或在淡季采购而给予的一种价格折让。卖方以价格折扣来鼓励买方在淡季购买产品，并向其转让一部分因节约流通费用而带来的利润。

8.3.4　运用地区定价技巧

地区定价技巧指与地理位置有关的修订价格的技巧。地区性定价技巧是企业对于销售给不同地区（包括当地和外地不同地区）消费者的某种产品，是分别制定不同的价格，还是制定相同的价格。也就是说，企业要决定是否制定地区差价。

1）运用产地交货价格。产地交货价格，是指卖方按照厂价交货或按产地某种运输工具交货的价格。

2）运用买主所在地价格。买主所在地价格是指企业负责将产品运到买主所在地，并承担运输费和保险费等费用。

3）运用统一交货价格。统一交货价格是指企业对于卖给不同地区的消费者的某种产品都按照相同厂价（产地价格）加相同的运费（按平均运费）定价。

4）运用区域定价。区域定价是指把产品的销售市场分成几个价格区域，对于不同价格区域的消费者制定不同的价格，实行地区价格。

5）运用基点定价。基点定价是指企业选定某些城市作为基点，然后按一定的厂价加基点（最靠近消费者所在地的基点）至消费者所在地的运费来定价，而不管货物是从哪个城市起运的。

6）运用运费免收定价。运费免收定价是指企业替买主负责全部或部分运费。企业采用运费免收价，一般是为了与购买者加强联系或开拓市场，通过扩大销量来抵补运费开支。

8.3.5　运用产品组合定价技巧

1. 运用产品线定价技巧

这是指对产品线内的不同产品，要根据不同的质量和档次、消费者的不同需求及竞争者产品的情况，确定不同的价格。例如，男西装分别定价 1 200 元、650 元、380 元，消费者自然会把这 3 种价格的西装分为高、中、低 3 个档次进行选购。

运用产品线定价技巧时应注意产品线中不同产品的价差要适应消费者的心理要求，因为价差过大会诱导消费者趋向于某一种低价产品上，价差过小会使消费者无法确定选购目标。

2. 运用相关产品定价技巧

相关产品，在此处特指互补品，是指有连带互补关系、必须配套使用才能满足消费者的某种欲望的产品。互补商品价格技巧是企业利用价格对消费互补品需求的调节，全面扩展销售量所采取的定价方式和技巧，操作方法是把价值高而购买频率低的主件价格定得低些。企业可以通过提高附带产品的价格来弥补主体产品低价所造成的损失，并获取长期的利益。

3. 运用产品群定价技巧

为了促进销售，企业往往把一组产品连在一起出售。例如，影剧院和体育场馆出售联票、月票，图书经销商将整套书籍一起销售，其价格比单独购买要低得多。采用这种技巧，必须使价格优惠到有足够的吸引力，否则就不会有人乐于购买。同时，还必须防止出现引起消费者反感的硬性搭配。

4．运用替代产品价格技巧

替代产品是指功能和用途基本相同，消费过程中可以互相替代的产品。替代产品价格技巧是企业为达到既定的市场营销目标，有意识地安排企业替代产品之间的关系而采取的定价措施。企业若生产或经营着两种以上有替代关系的产品，这两种产品的市场销量常常表现为此消彼长，而这种增加或减少与商品价格的高低有着十分密切的关系。企业应主动地运用这一规律来实行组合价格技巧。

8.4 运用价格调整

【学习与培养思路】

企业产品定价之后，由于宏观环境变化和市场供求发生变动，有时必须主动采取价格手段以提高企业市场竞争力，有时必须对市场竞争者的价格变动做出正确的反应。所以，价格调整是企业一项经常性的工作。

在掌握消费者对企业调价的反应、竞争者对企业调价的反应与企业对竞争者调价的反应，以及降价策略、提价策略的内容的基础上，培养价格调整的能力。

8.4.1 运用降价策略

企业降价是指企业为了适应市场环境和内部条件的变化，把原有产品的价格调低。

1．认知降价的时机

企业降低价格的时机与原因比较复杂，既有市场方面的因素，又有企业内部的因素，还有社会其他方面的因素，归纳起来大概如下：

1）生产能力过剩。企业迫切需要扩大销售，但是又不能通过产品的改进和加强等促销工作来扩大销售，此时企业就必须考虑降低价格，特别是季节性产品。

2）企业面临激烈的价格竞争并且市场占有率正在下降。在强大的生存竞争压力下，企业为了增强竞争能力，维持和扩大市场占有率，必须被动降价。例如，彩电市场的价格调整，很多企业都是出于这种原因。

3）企业的成本比竞争者低，但在市场上并未处于支配地位。在这种情况下，企业企图通过降价来提高企业的市场占有率、控制市场，或者希望通过降价来提高市场占有率，从而扩大生产和销售规模，达到进一步降低成本、形成良性循环的目的。

4）考虑竞争对手的价格策略。如果其他竞争企业降低价格，企业毫无选择地也要相应降低价格，特别是与竞争者区别不大的产品。

5）需求富有弹性。需求价格弹性大于 1，说明价格下降可以引起需求量的较大幅度增加。在这种情况下，降价可以扩大销售量，增加收益。

6）产品生命周期即将进入衰退期。由于消费者购买减少，企业需要采用降价方式，力求短期内出清库存，回收资金，而后淡出市场。

7）经济形势。在通货紧缩的经济形势下，由于货币购买力上升，价格总水平下降，企业的产品价格也应降低，因为与之竞争的替代品价格同时也在降低。

2. 运用降价的方式

即使企业产品具备了必须降价的条件，但因不同产品所处的地位、环境及引起降价的原因不同，企业选择的降价方式也各不相同。

1）运用增大各种折扣的比例和种类的降价方式。企业价格策略中往往采用各种折扣或回扣策略，如现金折扣、业务折扣、数量折扣。

2）运用随产品赠送礼品的降价方式。指某种产品价格不变，但购买此产品时，免费赠送其他物品，如玩具、器皿、工艺品等礼品。赠送物品的支出也应从产品价格中补偿，企业实际上达到暗中降价的效果。

3）运用改进产品的性能和提高产品的质量的降价方式。在价格不变的情况下，企业产品质量提高、性能改进、功能增加，实际上也就降低了产品本身的价格。例如，手机等产品的销售就属于这种方式。

4）运用增加免费服务项目的降价方式。指在价格不变的情况下，厂商增加运输费用支出，实行送货上门，或者免费安装、调试、维修等。这些费用本应该从价格中扣除，实际上也降低了产品的价格。

实用链接

国家发展与改革委员会、信息产业部于 2008 年 2 月 13 日联合对外公布了降低手机国内漫游通话费上限标准的最终方案，降幅超过了 63%。方案内容为：合并国内漫游通话费和漫游状态下的国内长途通话费，不区分用户类型，国内漫游通话费上限标准实行主、被叫差别定价，主叫上限降为每分钟 0.6 元、被叫上限降为每分钟 0.4 元，占用国内长途不再另行加收费用。按照要求，各家电信企业从 2008 年 3 月 1 日起执行新标准，确因技术原因不能按期执行的，经批准后，最迟不得超过 5 月 1 日。

3. 运用降价策略应注意的问题

降价看上去很简单，但有的企业运用起来从中获益，有的却受到损害，正如乔治·斯蒂格勒所说："降价已成为营销战中的一把利剑，它可以克敌，也可能伤己。"

1）降价要"师出有名"，有一个恰当的理由，即取一个响亮的口号。这样听起来合情合理，叫起来响亮、上口，还与产品的卖点与消费者的买点挂钩，这样才能对消费者具有吸引力。

实用链接

联想 2013 年 1 月的一次降价促销活动就命名为"联想羊年礼上礼"活动，意思是说羊年新年给消费者送上大礼。而且从字面上直接告诉消费者这样一个概念：礼上加礼——

两重大礼，充分吸引消费者的眼球。而后在促销介绍中叙述道：从 1 月 18 号到 31 号，凡购买联想天麟 3422(P4 – 1.8G/256M ddr/40G/MX 400 64M/17 " 纯平)及 6428(P4-2.4G/256M ddr/60G/镭 7500 64M/) 标准配置，均可满 1000 送 80，即买即送，现场抵扣。也就是说，原价 6499 元的天麟 3422 现在只要 6019 元，8599 元的天麟 6428 现在仅售 7959 元。

2）防止渠道中间商挤榨利润。生产企业之所以降价促销，是要把利润直接让给最终的消费者，由他们来获取这部分利润，这样才能起到吸引他们前来购买产品，达到快速聚集消费者、提高销量的目的。但是，实际的操作中经常会发生渠道中间商侵吞吸收厂家的原本是让给消费者的利润，造成生产企业利益受损且没有达到预想的促销效果的后果。

3）避免降价损害产品形象。当产品的生命周期正处在导入期时，不要随意降价过多，否则会给来年的销售造成巨大的隐患。因为产品上市前期就忙着降价，势必给消费者形成产品低价形象，等到来年再恢复原价时就会使消费者感到不能接受。

4）提防竞争对手反击。由于竞争对手在终端市场竞争非常激烈，此时厂商进行降价促销，极易造成竞争对手反击，所以企业在策划降价时应该考虑如何提防竞争对手反击、预留应对方案的策略。

8.4.2 运用提价策略

提价是指在市场营销活动中，企业为了适应市场环境和自身内部条件的变化而把原有的产品价格调高。

1. 认知提价的时机

提价一般会引起消费者和中间商的不满，但在有些情况下，企业不得不考虑提高价格。

1）为了应付成本上涨。这是产品涨价的主要原因之一，如果企业的原材料、工资等费用上升，成本增大，企业无法在内部自我消化，产品继续维持原价，势必妨碍取得合理的收益，甚至影响到再生产的进行。这时企业只有通过提价来转嫁部分负担，减轻成本上涨的压力。

2）企业产品供不应求。企业产品供不应求，消费者会因为该产品短缺而抱怨，甚至哄抬市场价格。这时，可以用提价的方式抑制超前需求，缓解市场压力。

3）出现通货膨胀。由于通货膨胀，货币贬值，使企业产品的市场价格低于产品价值，迫使企业不得不通过上涨价格的方式来减少因货币贬值而造成的损失。

4）为补偿产品改进费用。由于企业通过技术革新提高了产品质量，改进了产品性能，增加了产品的功能，因而使产品在市场上的竞争能力大大增强，这时企业提价既可以增加收入，又不会失去顾客。

5）出于竞争需要。虽然同行业的竞争经常发展成为削价求售的“价格战”，但也有以提价来维持竞争能力的。消费者在专业知识不足的情况下，通常以价格作为衡量产品质量的依据。也就是说，人们习惯于认为产品质量水平与价格成正比，这也说明了提高价格可以提高竞争能力的道理。

6）出于策略的需要。有的企业产品涨价，并非前面几个原因，而是由于策略的需要。它将产品价格提高到同类产品价格之上，使消费者感到该产品是以质取胜的，使产品在市场上显示为“高档产品”的形象。这种提价在财力雄厚的大企业经常可见，如格力空调等。

7）根据消费者的反应。消费者对于价值高低不同的产品的反应有所不同。他们对于那些价值高、经常购买的产品的价格变动比较敏感，而对于那些价值低、不经常购买的小商品，即使单位价格较高，消费者也不大注意。此外，消费者虽然关心产品价格的变动，但是更关心取得、使用和维修产品的总费用。因此，如果企业能使消费者相信某种产品取得、使用和维修的总费用较低，那么它就可以把这种产品的价格定得比竞争者高，以取得较多的利润。

2. 运用提价的方式

1）运用公开真实成本直接提高产品价格的提价方式。这是指企业通过公共关系、广告宣传等方式，在消费者认识的范围内，把产品的各项成本上涨情况真实地告诉消费者，以获得消费者的理解，使涨价在没有或较少抵触的情况下进行。但是，有的企业趁成本上涨之机，过分夸大成本上涨的幅度，从而过高地提高产品价格，这种做法容易引起消费者的反感。

2）运用提高产品质量提价的方式。为了减少消费者因涨价感受到的压力，企业在产品质量上多下工夫，如改进原产品，新设计同类产品，在产品性能、规格、式样等方面给消费者更多的选择机会，使消费者认识到，企业在提供更好的产品，索取高价是应该的。

3）运用增加产品含量提价的方式。这是指涨价的同时，增加产品供应分量，使消费者感到，产品分量增多了，价格自然要上涨。

4）运用附送赠品或优待提价的方式。涨价时，以不影响企业正常的收益为前提，随产品赠送一点小礼物，提供某些特殊优待，如买一赠一、有奖销售等。这种方式在零售商店最常见。

5）运用采用延缓报价提价的方式。这是指企业决定到产品制成或者到交货时才制定最终价格。工业建筑企业和重型设备制造企业等生产周期长的企业普遍采用延缓报价法。

6）运用使用价格自动调整条款提价的方式。这是指企业要求消费者按当时的价格付款，并且支付交货前由于通货膨胀引起增长的全部或部分费用。

7）运用分项定价提价的方式。这是指企业为了保持产品的价格，把产品进行分解，分别按每个零部件或构件定价出售。

8）运用减少折扣提价的方式。这是指企业减少常用的现金折扣和数量折扣，以达到提价的目的。

3. 运用提价策略时应注意的问题

1）事前给提价一个合理的解释。

2）学会使用不引人注目的提价策略，如取消现金折扣、销售折扣、限量供应、削减产量，并搭配销售一些低利润的产品，对以前的免费服务进行收费。

3）采用合同或投标条款调整价格。这种方法能够使企业按以前的规定主动涨价。

8.4.3 分析消费者对企业调价的反应

毫无疑问，消费者对企业调价的反应将直接影响产品的销售状况。也就是说，消费者对价格调整的反应是检验调价是否成功的主要标准。分析消费者对调价的反应主要从两个方面入手。

1）分析消费者的购买量是否增加。

2）分析消费者的心理变化，了解消费者如何理解这次调价，以便采取有效措施。当企业降价时，消费者做出的有利反应是认为企业让利于消费者；不利反应则是产品可能要被新产品所替代；该产品存在缺陷，销售不畅；企业财务困难，难以在行业中继续经营下去；预期价格还会进一步下降，持币待购，等等再买；产品的质量有所下降，担忧将来售后服务没有保障等。

当企业提价时，消费者做出的有利反应是认为企业产品质量好，代表不同寻常的高价值；价格自然高或认为这种产品很畅销，供不应求，以后价格可能还要涨，应及早购买，甚至举债消费。消费者做出的不利反应是认为企业很贪心，要从消费者身上获取更多的利润，随便乱涨价等。

8.4.4　分析市场竞争者对企业调价的反应

市场竞争者对企业产品价格的反应是企业调整价格时要考虑的重要因素。特别是当某一行业的企业较少，又提供同质可替代产品，而购买者又有相当辨别能力且了解市场情况时，分析市场竞争者的反应就特别重要。

1）分析相向式反应。这种反应表现为：你提价，他涨价；你降价他也降价。这样一致的行为，对企业影响不太大，不会导致严重后果。企业坚持合理营销策略，不会失掉市场和减少市场份额。

2）分析逆向式反应。这种反应表现为：你提价，他降价或维持原价不变；你降价，他提价或维持原价不变。这种相互冲突的行为，影响很严重，竞争者的目的也十分清楚，就是乘机争夺市场。对此，企业要进行调查分析，首先摸清竞争者的具体目的，其次要估计竞争者的实力，再次要了解市场的竞争格局。

3）分析交叉式反应。众多竞争者对企业调价反应不一，有相向的，有逆向的，有不变的，情况错综复杂。企业在不得不进行价格调整时注意提高产品质量、加强广告宣传、保持分销渠道畅通等。

8.4.5　分析企业对竞争者调价的反应

在市场竞争中，如果竞争对手率先调整了价格，那么企业也要采取相应的对策。

1．企业在做出反应之前，首先要考虑的问题

1）竞争对手为什么要变动价格。它是为了抢占市场，还是生产能力过剩；是因为成本发生变动，还是欲领导全行业价格变动。

2）竞争对手意欲暂时变价还是永久变价，能否持久。

3）如果企业对竞争对手变价视而不见，将会对企业的市场占有率和利润有何影响，其他同类企业是否会做出反应。

4）竞争对手和其他同类企业对于本公司的每一种可能的反应会有什么举措。

2．应付竞争者调价的对策

1）维持原价。如果竞争者降价的幅度较小，本企业的市场份额不会失去太多，则保持原有的价格不变。

2）维持原价，并采取非价格手段进行反击。企业可改进产品质量、增加服务项目、加强沟通等，这比单纯降价更有竞争力。

3）跟随降价，保障原有的竞争格局。如果不降价会导致市场份额的大幅下降，而要恢复原有的市场份额将付出更大的代价时，企业应考虑采取这一对策，跟随降价。

4）提价并推出新品牌来围攻竞争对手的降价品牌。这将贬低竞争对手降价的产品，同时提升企业产品的形象，不失为一种有效的价格竞争手段。

5）推出更廉价的产品进行反击。企业可以在市场占有率正在下降、对价格很敏感的细分市场上采用这种策略进行反击，但应避免出现恶性价格竞争，导致两败俱伤。

案例分析

"格兰仕"价格策略的成功

在微波炉市场上，格兰仕素有"价格杀手""价格屠夫"的称号。通过多次降价，格兰仕不断抢占竞争对手的市场。格兰仕的绝对底价不仅令消费者趋之若鹜，同时又对竞争对手产生强大的威慑力，最终成就了它在世界微波炉市场上的霸主地位。

格兰仕成功的原因到底在哪里？这绝不是用一句话就能回答的，其中有企业体制方面的原因、企业领导人素质方面的原因和企业经营战略决策方面的原因等。特别是价格策略运用上的独到之处，揭示了其成功的奥秘。

在微波炉市场的发展过程中，格兰仕成功地运用价格因素，经历"三大战役"，在市场中确立起霸主地位。

1. "第一大战役"——打响价格战

1996 年 8 月，格兰仕集团在全国范围内打响微波炉的价格战，降价幅度平均达 40%，带动中国微波炉市场从 1995 年的不过百万台增至 200 多万台。格兰仕集团以全年产销量 65 万台的规模，占据中国市场的 34.7%，部分地区和月份的市场占有率超过 50%，确立了市场领先者的地位。

2. "第二大战役"——阵地巩固战

1997 年，格兰仕看到了市场形势的变化，趁洋品牌尚未在中国站稳脚跟，国内企业尚未形成气候之际，抓住时机，于春节后发起了微波炉市场的"第二大战役"——阵地巩固战。这次是变相的价格战。格兰仕采用买一送一的促销活动，发动新一轮的让利促销攻势，即凡购买格兰仕任何一款微波炉均赠送一个豪华高档电饭煲。1997 年 5 月底，格兰仕进一步"火上加油"，突然宣布在全国许多大中城市实施"买一赠三"甚至"买一赠四"的促销大行动。品牌消费的高度集中使得格兰仕的产销规模迅速扩大，1997 年格兰仕已经成为一个年生产能力达 260 万台微波炉的企业，市场占有率节节攀升，1998 年 3 月最高时达到 58. 69%，史无前例地创了行业新纪录。到 1997 年年底，市场上的价格激战无疑极大地促进了整个市场潜在消费能力的增长，市场容量快速扩大，格兰仕也因此成为全球最具规模的微波炉生产企业之一。

3. “第三大战役”——品牌歼灭战

在取得市场的绝对优势后，格兰仕并没有因此而停滞，反而乘胜追击，加紧了市场的冲击力度，发动了微波炉市场的“第三大战役”——品牌歼灭战。

1997 年，东南亚爆发了金融危机，韩国企业受到重创，政府下令要调整亏损企业，这再度给格兰仕创造了一个绝好的市场契机。1997 年 10 月，格兰仕凭借其规模优势所创造的成本优势，再度将 12 个品种的微波炉降价 40%，全面实施“薄利多销”的策略，以抑制进口品牌的广告促销攻势。“格兰仕”微波炉在全国的市场占有率始终保持在 50%左右，最高时达到 58.9%。1998 年 6 月 13 日，微波炉生产规模已经成为全球最大的格兰仕企业（集团）公司，在国内微波炉市场又一次实施“组合大促销”：购买微波炉除可获得高档豪华电饭煲、电风扇、微波炉饭煲等赠品外，又有 1998 年世界杯世界顶级球星签名的足球赠品和千万元名牌空调大抽奖。这种以同步组合重拳打向市场，被同行业称为毁灭性的市场营销策略，再度在全国市场引起巨大震动。

格兰仕靠着规模优势所创造的成本优势连续几次大降价，获得了微波炉的霸主地位，同时也加速了微波炉这一产业的价格下降趋势。通过降价，格兰仕成功地为这个行业竖起了一道价格门槛：如果想介入，就必须投巨资去获得规模，但如果投巨资做不过格兰仕的赢利水平，就要承担巨额亏损，即使做过格兰仕的赢利水平，产业的微利和饱和也使对手无利可图。这样，格兰仕成功地使微波炉变成了鸡肋产业，并成功地使不少竞争对手退出了竞争，使很多想进入的企业望而却步。

正是通过这种降价促销，格兰仕获得了长足的发展。2000 年，格兰仕共生产微波炉 1 200 万台，占中国市场份额的近 70%，占全球市场份额的近 35%，稳居全球第一。如此庞大的产销规模，为格兰仕进一步实施总成本领先战略奠定了基础。全球微波炉市场中每卖出两台微波炉就有一台是格兰仕生产的。格兰仕用 11 年的时间让自己完成了从一家乡镇羽绒制品厂到全球最大的微波炉生产商的转变。

（资料来源：陈信康. 市场营销学案例集. 上海：上海财经大学出版社，2003.）

辩证性思考：

格兰仕采取了怎样的价格策略获得成功？为什么这种价格策略能取得成功？

营销知识检测

1. 企业有哪些定价目标？
2. 企业定价方法有哪些？

3. 如何运用定价技巧?
4. 企业如何运用降价策略? 运用降价策略应注意哪些问题?
5. 企业如何应对竞争者的调价?

营销能力训练

训练项目：

针对第 7 单元营销能力训练选择的企业，对其进行定价策略分析，选择定价策略，撰写定价策略分析方案。

训练目的：

通过训练，进一步认知、掌握定价策略分析的方法与策略，具备运用定价策略的能力。

训练要求：

由班级学习委员组织全员对定价策略分析方案进行讨论、交流。

第9单元

运用分销策略

【学习与培养思路】

市场营销活动中，有了符合消费者需求的产品和适当的价格以后，企业所面临的问题就是如何把产品通过一定的渠道在适当时间、适当地点，按适当数量和价格，从生产者转移到消费者手中，实现产品的价值和使用价值。这就是市场营销组合中分销策略要解决的问题。分销渠道不仅关系到企业市场营销策略的实施，分销渠道与企业的匹配性也直接关系到企业的营销效率。

通过学习，掌握分销策略的概念、职能与类型，掌握分销渠道决策与管理的内容，掌握直销、特许经营分销方式的内容。

通过培养，具备运用分销策略的能力。

9.1 认知分销渠道

【学习与培养思路】

认知分销渠道，重点掌握分销渠道的类型、中间商的类型，为培养运用分销策略的能力打好基础。

9.1.1 认知分销渠道

1. 认知分销渠道的概念

分销渠道是指企业的产品（或劳务）从生产者向最终消费者或者工业用户直接转移所有权时所经过的路线、途径或流转通道，是联结生产和消费之间的“桥梁”和“纽带”。它包含两个方面的内容：一方面是把产品从生产者转售给消费者的中间经营环节或经营机构，如批发商、代理商、零售商、经纪人等分销机构和企业自己的销售机构等，即分销；另一方面是产品实体从生产者手中运送到消费者手中的运输和存储过程，即物流。分销和物流相结合便完成了企业产品的所有权和实体的转移，共同完成了分销渠道的任务。

2. 认知分销渠道的职能

市场营销渠道成员的主要职能包括市场调研、促进销售、开拓市场、编配分装、销售洽谈、实体储运、资金融通、风险承担 8 项。前 5 项主要是促成交易，后 3 项主要是辅助交易的完成。这些任务交给产品流通的中间环节来执行，比生产者自己承担能够节省费用、降低成本和降低销售价格，提高营销管理效率和经济效益，更好地满足目标市场的需要。但生产者同时也要有一部分产品自销，以便直接掌握市场动态。

9.1.2 认知分销渠道的类型

1. 直接渠道和间接渠道

按是否使用中间商，可将分销渠道分为直接渠道和间接渠道。

直接渠道是指生产企业不通过中间商环节，直接将产品销售给消费者的渠道类型。直接渠道主要用于大型工业品的分销。例如，华为技术的通信网络产品、通用电气的医疗器械产品都采用直接渠道。消费品有时也采用直接渠道，如鲜花、海鲜产品等。

间接渠道实质是指生产企业通过中间商环节把商品传送到消费者手中的渠道。间接渠道是消费品分销的主要类型。间接渠道又分为短渠道和长渠道，如图 9-1 所示。

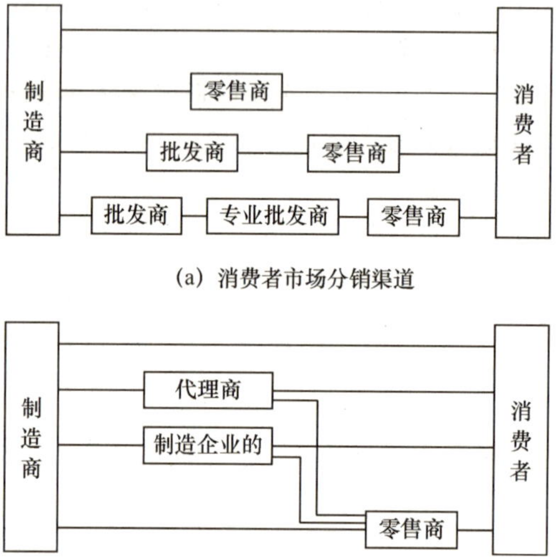

(a) 消费者市场分销渠道

(b) 产业市场分销渠道

图 9-1　分销渠道的基本类型

2. 长渠道和短渠道

按分销过程中经历中间环节的多少，可将分销渠道分为长渠道和短渠道。

分销渠道可以根据中间层次的数目来分类，如图 9-1 所示。不算处于渠道起点的生产者和处于渠道终点的消费者，产品每经过一个直接或间接转移商品所有权的中介机构，就成为一个流通环节或中间层次（如批发商、代理商、零售商等）。在产品分销过程中，经过的环节或层次越多，渠道越长；反之，则渠道越短。

根据中间层次的多少可将渠道分为以下类型：零层渠道，即直接渠道；一层渠道，只包含一层中间销售机构，如零售商；二层渠道，包含两层中间环节，如包含一个批发商和零售商；3 层渠道，包含 3 个中间层次，以此类推。

一般来说，并不以渠道的长短去评价其优劣：渠道层次的增加，会导致对渠道控制度的降低，降低对市场信息的灵敏反应程度；而渠道层次的减少，却会增加层次中间商的销售职能，降低市场营销效率。所以，企业应选择适合自身特点的渠道类型，根据市场需求，尽可能提高效率和效益。总体来说，生产者市场一般用直接渠道，企业直接把设备和原料直接销售给用户；而消费者市场上一般采用间接渠道，由中间商把产品卖给分散的、小批量购买的消费者。

3．宽渠道和窄渠道

按企业在销售中使用中间商的多少，可将分销渠道分为宽渠道和窄渠道。

渠道宽窄取决于渠道的每个环节中使用的同类型中间商数目的多少。企业使用的同类中间商数目多，产品在市场上的分销面广，称为宽渠道。例如，我国的日化企业纳爱斯在销售其细化用品时，中间由多家批发商批发并转卖给更多的零售商，以覆盖更广的地域范围及网点，大批量地销售产品。企业使用的同类中间商少，分销渠道窄，称为窄渠道。它一般使用于专业性强的产品，如耐用消费品。窄渠道在某一地区甚至只设一家中间商总经销，几家分销，特点是容易控制，但市场销售面受到限制。

9.1.3　认知中间商的类型

中间商可以从不同的角度进行分类：按是否拥有商品所有权可以分为经销商和代理商；按其在流通过程中的不同作用可以分为批发商和零售商。

1．认知经销商和代理商

经销商是从事商品交易业务，在商品买卖过程中拥有商品所有权的中间商。代理商是从事商品交易业务，接受生产者委托，但不拥有商品所有权的中间商。

经销商和代理商的区别体现在以下方面。

（1）代理商与经销商在理论上的区别

1）经销的双方是一种买卖关系，代理的双方是一种代理关系。

2）经销商以自己的名义从事销售；代理商以厂家的名义从事销售，签订销售合同。

3）经销商的收入是买卖差价的收入，而代理商的收入是佣金收入。

（2）代理商与经销商在实务上的区别

1）在存货或交货方面，经销商以买卖商品为专业，为应付消费者需要，需配备适当的库存，自己多半拥有销售组织；代理商则多半只有样品而无存货，依订单进货。

2）在售后服务方面，经销商一般是自己承担，代理商则一般在合同中定明不负此责任。

3）发生索赔事件时，经销商一般是自己承担，代理商则一般在合同中定明不负责任。

2．认知批发商和零售商

（1）批发商

批发是为转售或加工服务的大宗产品的交易行为。批发商是介于制造商与零售商之间的中间商。通过批发商的购买，生产者可以迅速、大量地售出产品，减少库存，加速周转；批发商可以凭借自己的势力帮助生产者促销产品，提供市场信息。对零售商来说，批发商可按零售的要求，组合产品的花色、规格，便于其配齐品种；可对厂家购进的产品进行加工、整理、分类和包装，方便零售商进货、勤进快销；利用仓储设施储存产品，保证零售商的货源，减轻其存货负担；还可为零售商提供各种支持，帮助其开展业务。

批发商的类型很多，按其分销的地域，可划分为地方批发商、区域批发商和全国批发商；按其在流通领域的位置，可划分为产地批发商、中转地批发商和销地批发商；按其业务范围，可划分为专业批发商、综合批发商。

（2）零售业与零售业态

零售商是指以直接面向最终消费者销售商品为主，并提供相关服务的企业或个人，是分销渠道的最终环节和出口。零售商一般按照业态进行分类。零售业态是指零售企业为满足不同消费者需求而形成的不同经营形式。根据国家标准《零售业态分类》（GB/T18106—2004），零售业态总体上分为有店铺零售和无店铺零售。有店铺零售是有固定进行商品陈列和销售所需要的场所和空间，并且消费者的购买行为主要在这一场所内完成的零售业态。有店铺零售业态的分类如表 9-1 所示。无店铺零售是不通过店铺销售，由厂家或商家直接将商品递送给消费者的零售业态。无店铺零售业态的分类和基本特点如表 9-2 所示。

（3）零售业制

零售业制也称零售组织方式，是指由零售业产权关系所安排的经营制度，如连锁制、零售商合作制、消费者合作制、特许经营等。零售业制类型如表 9-3 所示。

表 9-1　有店铺零售业态的分类

业　态	定　义
1. 百货店	在一个大建筑内，根据不同商品部门设销售区，开展各自的进货、管理、运营的零售业态
2. 超市	采取自选销售方式，以销售生鲜商品、食品和向消费者提供日常必需品为主要目的的零售业态
3. 大型超市	采取自选销售方式，以销售大众化实用品为主，并将超市和折扣商店的经营优势合为一体的、满足消费者一次性购全、注重自有品牌开发的零售业态
4. 便利店	以满足消费者便利性需求为主要目的的零售业态
5. 专业店	经营某一大类商品为主，并且具有丰富专业知识的销售人员和提供适当售后服务的零售业态
6. 专卖店	专门经营或授权经营制造商品牌和中间商品牌的零售业态
7. 购物中心	企业有计划地开发、拥有、管理运营的各类零售业态，是服务设施的集合体
8. 仓储商店	在大型综合超市经营的商品基础上，筛选大众化实用品销售，并实行储销一体、以提供有限服务和低价格商品为主要特征的、采取自选方式销售的零售业态
9. 家居中心	以与改善、建设家庭居住环境有关的装饰、装修等用品，以及日用杂品、技术及服务为主的，采取自选方式销售的零售业态
10. 工厂直销中心	为品牌商生产商直接设立，商品均为本企业的品牌，采用自选售货方式

表 9-2　无店铺零售业态的分类和基本特点

业　　态	基 本 特 点			
	目标消费群	商品（经营）机构	商品售卖方式	服务功能
1. 电视购物	以电视观众为主	商品具有某些特点，与市场上同类商品相比，同质性不强	以电视作为向消费者进行商品宣传展示的渠道	送货到指定地点或自提
2. 邮购	以地理上相隔较远的消费者为主	商品包装具有规则性，适宜储存和运输	以邮寄商品目录作为向消费者进行商品宣传展示的渠道，并取得订单	送货到指定地点
3. 网上商店	有上网能力，追求快捷性的消费者	与市场上同类商品相比，同质性强	通过互联网进行买卖活动	送货到指定地点
4. 自动售货亭	以流动消费者为主	以香烟和碳酸饮料为主，商品品种在 30 种以内	由自动售货机器完成售卖活动	没有服务
5. 电话购物	根据不同的产品特点，目标消费群不同	商品单一，以某类品种为主	主要通过电话完成销售或购买活动	送货到指定地点

表 9-3　零售业制类型

类　　型	描　　述
公司连锁	两个或两个以上的商店同属一个所有者所有和管理，经销同样的商品，有中心采购部和商品部，甚至连商店建筑也可以采用统一的基调
自愿连锁商店	由某个批发商发起，若干个零售商参加的组织，从事大规模购买和统一买卖
零售商合作组织	由若干个零售商组成，它们成立一个中心采购组织，并且联合进行促销活动
消费者合作社	指消费者自己筹款、自己所有、自己投票决定办店方针和选举管理小组的零售公司；合作社成员可按其个人购买量的多少分到相应的红利
特许经营	指特许人（一家制造商、批发商或服务组织）和特许经营人（在特许经营系统中，购买拥有或者经营其中一个或几个单元的独立的生意人）之间的一种契约性联合。特许经营组织通常是以某种独一无二的产品、服务，或者某种经营方式，或者一个商标，或者一项专利，或者特许人的声誉为基础

实用链接

流动大集

流动大集指一些生产企业和经销商组成巡回流动的大蓬集市的销售形式。它们在一个城市选择能够容纳千人的广场搭建大蓬形成集市，以商品展销会、商品博览会进行广告宣传，吸引消费者购买。经营商品一般包括食品、土特产品、服装、鞋类、厨类用品、工艺品等与消费者生活密切相关的产品，价格比较便宜，对一般消费者吸引力比较大。

（4）零售业的发展趋势

1）零售业生命周期短，新的零售形式不断涌现，威胁着现有的零售形式。

2）非商店零售发展迅速，网络电商极大地增加了非商店零售的机会。

3）各类商店的竞争加剧，当前在不同类型商店之间的竞争愈演愈烈。

4）巨型零售商兴起，它们通过高级信息系统和购买力使消费者得到强有力的价格优惠。

5）垂直营销系统发展很快，营销渠道的管理与计划的专业化程度越来越高。

6）大零售商不断进行全球扩张，零售商正以其独特的形式和强大的品牌促销日益快速地走向其他国家。

实用链接

传统商业应主动求变逆势而上

2009 年，电商将“双 11”变为一个促销节日，创造了一个“消费时点”，它的影响力迅速上升，如今的“双 11”已经变成了一场盛大的购物狂欢。这场网购狂欢的背后是普通人消费网络化的大趋势，但也提出了一个很现实的问题，就是传统商业如何顺应网络大潮。

其实，对消费者而言，他们在意的并不是购买商品的渠道，而是谁能提供更低的价格、更便捷的购物方式和更贴心的服务。哪一方可以提供更优质服务，消费者自然会倾心于它。对于商家来说，不应去纠结是实体还是线上的销售渠道，应更多地思考目标消费群有何种需求，商家该以何种方式为消费者提供利益最大化的服务。

从目前情况看，虽然已有购物中心、百货店直接做电商，有的还与电商平台合作，但这种合作仍不够广泛和深入，更大意义上是销售渠道的补充，难以帮助传统商业改变目前的困境。要摆脱这一窘境，传统商业应该主动求变，一方面积极拥抱电商潮流，与电商深度融合，另一方面发挥实体商店的体验优势和品牌信任优势，积极创新，逆势而上，迎来自己新的春天。

9.2 运用分销渠道决策与管理

【学习与培养思路】

企业在分销渠道的决策时，必须在理想的渠道和可能得到的渠道之间做出抉择，最后确定达到目标市场的最佳渠道。因此，分销渠道的决策，对企业来说是最具策略性的问题。企业可以针对市场营销目标和现有条件，采用正确的分销策略，选择适当的分销渠道，对分销渠道实施有效管理，以实现企业的市场营销目标。

在掌握影响分销渠道设计因素、分销渠道决策与管理的内容、方法的基础上，培养运用分销渠道设计、决策、管理的能力。

9.2.1　分析影响分销渠道设计的因素

1．分析产品因素对分销渠道设计的影响

1）产品的技术特性。技术复杂、售后服务要求高的产品，宜采用短渠道，由企业自销或由专业代理商销售，以便提供周到服务。相反，技术服务要求低的产品，则可选择长渠道。

2）产品的价值和重量。价值高的、笨重的产品往往有高价格和高的运输成本，一般来说用较短的渠道比较合适。

3）产品本身的物理化学性质。凡是易腐、易毁产品，如鲜活产品、陶瓷制品、玻璃制品，以及有效期短的产品，如食品、药品等，应尽可能选择短而宽的渠道，以保持产品新鲜，减少腐坏损失。反之，则选择长而窄的渠道。

4）产品的标准化程度。标准化意味着通用，不需要更多的特别指导，为了增加覆盖面往往采用长渠道。产品标准化越高，渠道便也越长、越宽。

5）产品的通用性。通用产品由于产量大、使用面广，分销渠道一般较长较宽；定制产品由于具有特殊要求，最好由企业直接销售。产品的标准化程度高、通用性强，可选择较长、较宽的销售渠道；非标准化的专用性产品，则应选择较短的销售渠道。

6）产品所处的生命周期阶段。产品处于生命周期的不同阶段，对分销渠道的要求也不同。处于投入期的产品，其分销渠道是短而窄的，因为新产品初入市场，许多中间商往往不愿经销，生产企业不得不直接销售；处于成长期和成熟期的产品，消费需求迅速扩大，生产者要提高市场占有率，就要选择长而宽的渠道，以扩大产品覆盖面。

2．分析市场因素对分销渠道设计的影响

1）潜在顾客数量。潜在顾客的多少，决定市场的大小。潜在顾客数量越多，市场范围越大，越需要较多的中间商转售，生产商应采用长渠道策略；反之，可以采用短渠道或直接销售策略。

2）市场的集中程度。市场比较集中的产品，可采用短渠道；若顾客比较分散，则需要更多地发挥中间商的分销功能，采用长而宽的渠道。

3）市场需求性质。消费者市场与生产者市场是两类不同需求性质的市场，其分销渠道模式有着明显的差异。一般来说，消费者市场人数众多，分布广泛，购买消费品次数多、批量少，宜选择长渠道策略方能满足其需求。而生产者市场的产业用户相对较少，分布集中，且购买生产资料次数少、批量较大，产品销售可采用直接销售渠道。

4）消费者购买习惯。对于不同的产品，顾客的购买习惯和购买量是存在差异的。对于购买量较少、购买频率较高的产品，应选择较长、较宽的销售渠道；而对购买量较多、购买频率较低的产品，应选择较短、较窄的销售渠道。

5）需求的季节性。季节性商品由于时间性强，要求供货快，销售也快，因此应充分利用中间商进行销售，渠道相应就长而宽一些。

6）市场竞争状况。一般情况下，应尽量避免与竞争者采取相同或相近的分销渠道。但如果自己的产品有独到之处，制造商可将自己的产品与竞争对手的产品摆在一起出售，以供消费者选择，争取更多消费者。

7）市场形势的变化。市场繁荣、需求上升时，生产者应考虑扩大其分销渠道；而在经济萧条、需求下降时，则需减少流通环节。

3．分析企业因素对分销渠道设计的影响

1）企业的规模和声誉。规模大、声誉好的企业在选择中间商时往往拥有更大的主动权，甚至可以建立自己的销售公司；而情况相反的公司找到好的中间商并非易事。

2）企业的管理水平。长渠道需要有较高的管理水平，否则难以控制；管理水平较低的公司也可寻找管理和服务水平比较高的中间商进行合作，弥补公司的不足。

3）企业的服务能力。如果生产企业有能力为最终消费者提供各项服务，如安装、调试、维修及操作服务等，则可取消一些中用环节，采用短渠道；如果服务能力有限，则应充分发挥中间商的作用。

4）企业控制渠道的愿望。企业控制分销渠道的愿望各不相同。有的企业希望控制分销渠道，以便有效控制产品价格和进行宣传促销，因而倾向于选择短渠道；有些企业则无意控制分销渠道，因此采用宽而长的渠道。

4．分析分销商因素对分销渠道设计的影响

分销商的分销能力是最先考虑的因素，因为它关系到产品的推广能力和扩散速度；分销商的意愿是另一个要考虑的因素，如果分销商在公司产品身上花费不到足够的精力，即使分销商能力很强，也不能达到好的效果。

5．分析环境因素对分销渠道设计的影响

渠道的活动属于组织的运作，不可避免地要受到经济、社会文化、法律、竞争和技术因素的影响。例如，网络电商的发展使得企业可以通过网络直接与异地消费者进行交易，从而减少了企业在各个地区设立零售网点的成本。

9.2.2　运用分销渠道设计

渠道设计是整个渠道决策的核心，而且渠道一旦建立就难以改变，所以渠道设计宜谨慎从事。

1．确定渠道的模式

确定渠道的模式即确定渠道的长度。企业首先分析市场营销分销渠道的因素，找出企业用何种类型的分销渠道比较合适。比如，直接销售还是间接销售；用一层渠道还是二层渠道；是利用中间商销售还是委托代理商销售；是利用传统的渠道模式还是开拓新的渠道模式，或同时采用多种渠道模式。

2．确定中间商的数目

确定中间商的数目即确定渠道的宽度。企业在确定每一层所需中间商数目时，可用以下方式。

1）密集分销。即生产企业尽可能通过更多的批发商、零售商为其推销产品。这种策略的重心在于扩大市场覆盖率或加快进入一个新市场的速度，使众多的消费者和用户能随时随地地买到这些产品。日常消费品通常用宽渠道密集分销。

2）选择分销。即生产企业在某一地区仅通过几个精心挑选的、最合适的中间商推销产品。其目标是着眼于竞争地位的稳固，维护本企业在该地区的良好信誉。消费品中的选购品就适用于此策略，如某品牌的高档服装，在一个地区只选择几个经销商销售产品。

3）独家分销。即生产企业在某一地区仅通过一家中间商推销其产品。通常情况下，双方签订独家经销合同，规定不得经营第三方特别是竞争对手的产品。其重心是控制市场、控制中间商，或彼此充分利用对方的商誉和经营能力。中间商比较欢迎这种方式，因排除了竞争，利润较高；但对企业来说，中间商运用不当，则存在较大的风险。

3. 规定渠道成员的权利和责任

渠道间的成员因是不同企业、不同利益的结合体，必然存在着利益的平衡问题，处理不当则会损伤渠道成员的合作关系，所以规定成员的权利和责任成了保证多方长期合作的基础。权利和责任包括：①生产企业给中间商的供货保证、质量保证、退换货保证、价格折扣、广告促销协助等；②经销商向生产企业提供市场信息、实行企业统一价格政策、提供售后服务等。

9.2.3 运用分销渠道决策

分销渠道的方案确定后，生产企业就要对各种备选方案进行评价，找出最优的渠道方案。对渠道方案进行评估选择的标准如下：

1）运用经济性标准评估。经济性标准评估主要是比较不同方案可能达到的销售额及费用水平，它是企业经济效益的要求。通过把用某种渠道所能引起的销售收入的增长同可能产生的费用成本进行比较，来选择最经济的渠道方案。当然也得和直接渠道相比较，若直接渠道更经济，就用直接渠道。

2）运用控制性标准评估。一般来说，直接渠道可控性最好，间接渠道可控性差些；长渠道可控性难度大些，而短渠道可控性较为容易。企业必须权衡利弊，选择适合自己的方案。

3）运用适应性标准评估。因渠道的建立和更改都比较困难，企业在建立渠道时就应考虑当环境条件发生变化时如何去应对的问题，即考虑适应性、灵活性的问题。比如，生产企业和中间商签订的合约时间较长，而在此期间网络的发展使公司直接销售更能节省成本，但生产企业又不能随便解除合同，这就造成了原有渠道的僵化，缺乏灵活性。

9.2.4 运用分销渠道管理

1. 选择分销渠道成员

选择分销渠道成员一般要考虑其如下条件：

1）市场覆盖范围。市场是选择中间商最关键的因素。首先，考虑中间商的经营范围所包括的地区是否和企业产品预期销售地区一致；其次，考虑中间商的销售对象是否是企业所希望的潜在顾客。这是最基本的条件，因为生产企业希望所选的中间商能打入自己选定的目标市场。

2）声誉。在目前市场游戏规则不健全的情况下，中间商的声誉显得尤为重要。它不仅直接影响货款回收，还直接关系到市场的网络支持。一旦中间商中途有变，企业往往欲进无力，欲退不能，重新开发市场往往需要付出更大的成本。

3）历史经验。许多企业在选择中间商时很看重历史经验，往往会认真考察其一贯的表现和赢利记录。若中间商以往经营状况不佳，则将其纳入营销渠道风险就大。而且，经营某种商品的历史和成功经验是中间商自身优势的另一个来源。

4）合作意愿。中间商与企业合作得好，会积极、主动地推销产品，这对双方都有利。态度决定销售的业绩，因此企业应该根据销售产品的需要，考察中间商对企业产品销售的重视程度和合作态度，然后再考虑合作的具体方式。

5）产品组合情况。在经销产品的组合关系中，一般认为如果中间商经销的产品与自己的产品是竞争产品，应避免选用；而实际情况是，如果产品组合有空当，或自己产品的竞争优势非常明显，选取未尝不可。

6）财务状况。生产企业倾向于选择资金雄厚、财务状况良好的中间商，这样可以有还款保证，还可能在财务上给生产企业一些帮助，从而有助于扩大产品的生产和销路。

7）区位优势。中间商理想的位置应该是顾客流量大的地点。批发商的选择则要考虑它所处的位置是否有利于产品的储运，通常以交通枢纽为宜。

8）促销能力。中间商推销产品的方式及促销手段的运用，直接影响其销售规模。企业要考虑中间商是否具有促销经验和愿意承担一定的促销费用，以及有没有必要的物质、技术和人才优势。

2. 对分销渠道成员的激励和监督

中间商选定以后，还需要对其进行激励和监督，以促使其出色地完成任务。因为中间商和生产商是相对独立的企业，双方所处的位置不同，考虑问题的角度也不同，所以利益有时会发生冲突。企业要想得到中间商的合作，必须了解中间商的需要和愿望，了解其利益所在，然后提出切实可行的减少矛盾、加强合作的方案，通过物质和精神的激励，或者促销及服务上的支持，并经常进行相应的市场监督，以达到企业的目标。

3. 对分销渠道成员的评估和调整

1）纵向比较法。即将每一中间商的销售额与上期的绩效进行比较，并以整个群体在某一地区市场的升降百分比作为评价标准。对于低于该群体的平均水平以下的中间商，应找出其主要原因，帮助改进。

2）横向比较法。即将各个中间商的销售绩效与某一地区市场销售潜量分析所设立的配额相比较。也就是说，在一年的销售期过后，根据中间商实际销售额与其潜在销售额的比率进行对比分析，将各中间商按先后名次进行排列，对于那些比例极低的中间商，分析其绩效不佳的原因，必要时要予以取消。

3）ABCDE 分类管理。按销售额的高低和货款回笼的快慢，可将中间商分为 A、B、C、D、E5 类，如表 7-4 所示。企业可对它们实施不同的经销政策和管理策略，培植企业分销网络的竞争力。

表 9-4　ABCDE 分类表

分　类	销售额	货款回笼	管理策略
A	高	快	给予奖励，扩大授权
B	中等以上	快	支持促销，向 A 转化
C	中等	慢	防范风险，向 A 转化
D	中等以下	快	支持促销，向 B 转化
E	中等以下	慢	逐步减少，最终放弃

按照一定的标准衡量分销商的表现是生产企业对分销商激励的依据，这些标准包括销售额的完成情况、平均库存、售后服务、与本公司合作情况等。另外，根据分销商的表现和销售完成情况可对渠道成员进行适当的调整，特别是市场环境发生变化或公司的分销策略发生变化时，就更需要对渠道进行调整。

对分销渠道的调整方式包括增减分销渠道中的个别中间商、增减某一个分销渠道和调整整个分销渠道。销售渠道是否需要调整，调整到什么程度，应视具体情况而定。

9.2.5 运用分销渠道窜货管理

窜货又称倒货、冲货，即产品跨区销售，是渠道冲突的典型表现形式。

1. 认知窜货现象的种类

根据窜货的表现形式及其影响的危害程度，可以把窜货分为以下几类：

1）自然性窜货。指中间商在获取正常利润的同时，无意识地向自己辖区以外的市场倾销产品的行为。这种窜货在市场上是不可避免的，同种商品只要存在市场分割从而导致价格存在地区差异，或者只要在不同市场的畅销程度不同，就必然产生地区间的流动。这主要表现为在相邻辖区的边界附近互相窜货，或是在流通型市场上，产品随物流走向而倾销到其他地区。

2）良性窜货。指企业在市场开发初期，有意或无意地选择了流通性较强的市场中的中间商，使其产品流向非重要经营区域或空白市场的现象。在市场开发初期，良性窜货对企业是有好处的。一方面，企业在空白市场上无须投入，就提高了知名度；另一方面，企业不但可以增加销售量，还可以节省运输成本。

3）恶性窜货。指为获取非正常利润，中间商蓄意向自己辖区以外的市场倾销产品的行为。中间商向辖区以外倾销产品通常以价格为手段，主要以低于厂家规定的价格向非辖区销货，以加大自己的出货量，拿到厂家所规定的销售奖励或达到其他目的。恶性窜货给企业造成的危害是沉重的，它扰乱了企业整个营销网络的价格体系，引发中间商之间的价格战，降低了产品的通路利润，使得中间商对产品失去信心，丧失经营产品的积极性而最终放弃经销此种产品。混乱的价格将导致企业的产品、品牌、信誉失去消费者的信任和支持，从而导致企业的衰败和破产。

4）假冒伪劣产品窜货。企业还必须警惕另一种更为恶劣的窜货现象：中间商销售假冒伪劣产品。假冒伪劣产品以其超低的价格、巨大的利润空间诱导着中间商铤而走险。中间商往往将假冒伪劣产品与正规渠道的产品混合在一起销售，挤占正规产品的市场份额，或者直接以低于市场的价格进行低价倾销，打击了其他经销商对此种产品的信心。

综上所述，可以看到不是所有的窜货现象都具有危害性，也不是所有的窜货现象都应该加以制止。以往的销售经验表明，没有窜货的销售是不红火的销售，大量窜货的销售是很危险的。适量的窜货会形成一种红红火火的热烈销售的局面，这样有利于提高产品的市场占有率和品牌知名度，所以需要严加防范、制止、打击的是恶性窜货和假冒伪劣产品窜货。

2. 认知窜货现象的原因

在市场经济中，窜货现象具有一定的必然性。因为商品流通的本性是从低价区向高价区流动，从滞销区向畅销区流动。出现窜货有以下原因：

1）中间商选择不当。窜货往往离不开中间商的参与，因此在选择中间商时必须慎重考虑。中间商选择不当有两种情况：一种是独家与多家选择不当；二是中间商资格审查不严。

2）销量任务设计不妥。如果销售任务指标太高，目标奖励又十分诱人，往往导致中间商为了完成年度销量任务而窜货。例如，三株公司在鼎盛时期，公司高层盲目乐观，采取掠夺式的营销手段，制定了巨大的销量任务，造成市场窜货达到疯狂的地步，可以说基本上所有的分公司都卷入了这场惊天动地的窜货大战。其实，这与总公司营销管理理念的重大失误有很大关系，以致导致市场秩序梯度混乱、营销队伍贪污腐败严重，企业处于高风险状况也就不足为奇。

3）管理制度有漏洞。管理制度的漏洞包括激励制度的漏洞和约束制度的漏洞。例如，返利、经理制度偏颇，区域价格设计不合理，没有窜货方面的惩罚制度，出了问题无法可依等，都属于管理制度的漏洞。

4）管理监控不力。有些企业虽然制度健全，但执行不力，有法不依，或者片面追求销量，采取短期行为，对窜货重视不够，这都属于管理监控不力。另外，营销员大都战斗在销售第一线，天高皇帝远，如果企业营销管理不到位，就会有一些营销员利用营销管理方面的漏洞，自己单独操作或与经销商勾结，大肆窜货，降价倾销，以谋求私利。

5）抛售滞销品和处理品。一些企业为了蝇头小利，对积压货物不予退货，让中间商自行处理。中间商不顾企业信誉和消费者利益，将积压过期的甚至变质的产品在市场出售，严重扰乱了市场，甚至毁了企业的牌子。

6）竞争对手恶意造成的窜货。窜货是市场超级杀手，会危及一个企业的营销网络的安全。正因为如此，有时竞争对手就用窜货作为工具来破坏企业的市场。它们会通过某种途径获取企业的产品，然后再低价抛向市场。2002 年 8 月，正是啤酒的销售旺季，四川工商部门的执法人员在华润蓝剑锦阳啤酒有限公司的包装厂和糖化车间里发现了 1 334 件金重庆、金山城等牌子的啤酒，这些都是华润蓝剑最大的竞争对手重庆啤酒集团的产品，这很可能就是竞争对手恶意造成的窜贷。

3．治理窜货的对策

1）加强自身销售队伍和外部中间商队伍的建设与管理。企业自身销售队伍建设一方面要严格招聘、培训制度；另一方面还要设计合理的考核、激励制度。中间商队伍的建设也要在选择上下大工夫，绝不能让不合理的经销商滥竽充数。

2）堵住制度上的漏洞。这一方面的措施既要防止制度缺失，又要防止制度不合理。例如，要严格窜货的处罚规定，销售目标要在调查的基础上做到切实可行，建立合理的差价体系。

3）签订不窜货不乱价协议。协议中要规定中间商交纳风险抵押金，运用风险抵押金对中间商进行窜货前的控制。例如，奥普浴霸为防止窜货，与中间商签订了《防窜货市场保护协议》和《控价协议》，明确双方的责、权、利，较好地维护了市场秩序。

4）归口管理，权责分明。企业分销渠道管理应该由一个部门负责，多头负责、令出多门容易导致市场的混乱。

5）加强销售通路监控与管理。即要时刻观察销售终端，及时发现问题；信息渠道要畅通，充分利用受窜货危害中间商的反馈信息；出了问题，要及时严肃处理。

6）包装区域差异化。即生产企业对销往不同地区的相同产品采取不同包装的方式，可以在一定程度上控制窜货。其主要措施有给予不同的编码、外包装印刷条形码、文字识别、采用不同颜色的商标或不同颜色的外包装等。

案例分析

娃哈哈公司是怎样防止窜货的？

娃哈哈集团公司 2008 年实现销售 328 亿元、利税 68 亿元，连续 10 年领跑全国饮料行业。娃哈哈的快速成长与其高效的渠道管理是密不可分的，特别是娃哈哈对窜货现象的整治卓有成效。

1. 实行双赢的联销体制度

娃哈哈在全国 31 个省市选择了 1 000 多家能控制一方的经销商，组成了几乎覆盖中国每一个乡镇的联合销售体系，形成了强大的销售网络。娃哈哈采用保证金的方式，要求经销商先打预付款。对于按时结清货款的经销商，公司返还保证金并支付高于银行同期存款利率的利息。娃哈哈董事长兼总经理宗庆后称这种组织形式为“联销体”。娃哈哈的“联销体”一方面尊重了经销商的利益，激发了经销商的利益和责任感，另一方面保证了厂商有充裕的流动资金，没有坏账，实现了厂商和经销商之间的互信、互助和互利双赢。

2. 实行级差价格体系

娃哈哈现在的销售网络构成是公司—特约一级经销商—特约二级经销商—二级经销商—三级经销商—零售终端。如果娃哈哈不实行严格的价格管理体系，由于每个梯度都存在价格空间，这就为重利不重义的经销商窜货提供了条件。特别是如果特约经销商自己做终端，就可获得丰厚的利润。为了从价格体系上控制窜货，保护经销商的利益，娃哈哈实行级差价格体系管理制度。娃哈哈为每级经销商制定了灵活而又严明的价格，根据区域的不同情况，分别制定了总经销价、一批价、二批价、三批价和零售价，在销售的各个环节上形成严格合理的价差梯度，使每一层次、每一环节的经销商都能通过销售产品取得相应的利润，保证各个环节有序的利益分配，从而在价格上堵住了窜货的源头。

3. 建立科学稳固的经销商制度

选取合适的经销商，规范经销商的市场行为，为经销商营造一个平等、公正的经营环境，对于防止窜货是十分重要的。娃哈哈对经销商的选取和管理十分严格。精选合作对象，筛出那些缺乏诚意、职业操守差、经营能力弱的经销商，为防止窜货上了第一道保险。娃哈哈和联销体的其他成员签订了严明的合同，在合同中明确加入了“禁止跨区销售”的条款，将经销商的销售活动严格限定在自己的市场区域范围之内，并将年终给各地经销商的返利与是否发生窜货结合起来，使经销商变被动为主动，积极配合企业的营销政策，不敢贸然窜货。

4. 全面的激励措施

很多厂家将销量作为返利的唯一标准，销量越多，返利就越高，导致那些以做量为根本、只赚取年终返利就够的经销商，不择手段地向外“侵略”。娃哈哈也有返利激励，但并不是单一的销量返利这样的直接激励，而是采取包括间接激励在内的全面激励措施。间接激励，就是通过帮助经销商进行销售管理，以提高销售的效率和效果来激发经销商的积极性。比如，娃哈哈各区域分公司都有专业人员指导经销商，参与具体销售工作；各分公司派人帮助经销商管理铺货、理货及广告促销等业务。与别的企业往往把促销措施直接针对终端消费者不同，娃哈哈的促销重点是经销商，公司会根据一定阶段内的市场变动和自身产品的配备，经常推出各种各样针对经销商的促销政策，以激发其积极性。

5. 产品包装区域差别化

在不同的区域市场上，相同的产品包装采取不同标识是常用的防窜货措施。娃哈哈和经销商签订的合同中给特约经销商限定了严格的销售区域，实行区域责任制。娃哈哈发往每一个区域的产品都在包装上打上了一个编号，编号和出厂日期印在一起，根本不能被撕掉或更改，除非更换包装。企业营销人员一旦发现了窜货，可以迅速追踪产品的来源，为企业处理窜货事件提供真凭实据。

6. 企业控制促销费用

有的企业按销量的百分比给经销商提取促销费用，销量越大，可供经销商支配的促销费用也就越多；有的企业让营销人员控制促销费用。经销商和营销人员将厂家拨给的促销费用是否全部用以推广，其实厂家难以掌控，因而一些经销商和企业的营销人员往往从促销费用中拿出一部分钱用于低价窜货，把销量做上去。因此，促销费用由经销商和营销人员掌握，变相为低价位，造成新的价格空间，给经销商和营销人员窜货创造了机会。娃哈哈经常开展促销活动，但促销费用完全由娃哈哈自己掌控，从不让经销商和公司营销人员经手操作。这样，在促销费用管理上，娃哈哈杜绝了窜货。

7. 与经销商建立深厚的感情

厂商之间的感情对防止经销商窜货也非常重要。经销商为了自身的利益，会维系这种已建立好的关系，不会轻易窜货来破坏这份感情。娃哈哈非常重视维持和加深与经销商的感情。

8. 注重营销队伍的培养

企业内部的销售人员参与窜货的现象也并不鲜见。娃哈哈注重营销队伍的建设和培养，主要表现为：严格人员招聘、选拔和培训制度，挑选真正符合要求的最佳人选；在企业中营造一种有利于人才发挥所长的文化氛围；制定合理的绩效评估和奖罚制度；实施关心人、理解人、体贴人的情感管理。

9. 制定严明的奖罚制度

面对窜货行为，娃哈哈有严明的奖罚制度，并将相关条款写入合同内容，一旦发现越区销售行为，严惩不贷，绝不讲任何情面。年底时，对于没有遵守协议的销售商，公司将扣除经销商的保证金用以支付违约损失，情节严重的甚至取消经销资格。在保证金的约束和公司严厉的处罚下，经销商绝不敢轻举妄动。

10. 成立反窜货机构

娃哈哈专门成立了一个反窜货机构，巡回全国，严厉稽查经销商的窜货和市场价格，严格保护各地经销商的利益。

辩证性思考：

1. 发生窜货现象的原因主要有哪些？
2. 娃哈哈的经验有哪些值得其他企业借鉴？

9.3 运用直销方式分销与特许经营方式分销

【学习与培养思路】

直销方式分销与特许经营方式分销发展的速度很快，直销方式分销以《直销管理条例》和《禁止传销条例》为依据，特许经营方式分销以《商业特许经营管理条例》为依据，正确掌握直销方式分销与特许经营方式分销，有利于促进直销方式分销与特许经营方式分销的发展。

在掌握直销的概念、直销与传销的区别、申请直销企业的条件、设立直销企业的操作程序、直销员的资格、直销管理的内容，以及特许经营的概念、特许经营与连锁经营的区别、特许经营的操作程序、加盟商选择特许经营应注意的问题的基础上，培养运用直销方式分销、区别直销与传销、运用特许经营方式分销的能力。

9.3.1 运用直销方式分销

1. 认知直销

（1）认知直销的概念

我国《直销管理条例》关于直销的概念是：“直销是指直销企业招募直销员，由直销员在固定营业场所之外直接向最终消费者推销产品的经销方式。”直销只是对店铺销售的一种补充。

直销员又称直销人员，不同企业对直销人员的称谓有所不同，如直销商、销售代表、营业代表、销售顾问、业务员或推销员等。

（2）认知直销的主要形式

直销的主要形式有电话直销、邮购直销、电视直销、印刷媒介直销、广播直销、网络直销和人员直销。

2. 认知直销与传销的区别

传销就是“金字塔式销售”，俗称“老鼠会”“拉人头”“滚雪球”等。金字塔式销售与正规的直销之间有着本质的区别。

1）是否以销售产品为企业销售的基础。直销以销售产品作为公司收益的来源；传销则以拉人头牟利或借销售伪劣或质次价高的产品变相拉人牟利，甚至根本无产品。

2）有没有高额入门费。直销企业的推销员无须缴付任何高额入门费，也不会被强制认购货品；而在传销中，参加者通过缴纳高额入门费或被要求先认购一定数量的产品以变相缴纳高额入门费作为参与的条件，鼓励不择手段地拉人加入以赚取利润，其公司的利润也是以入门费为主，实际上是一种变相的融资行为。

实用链接

2012年，中国电子商务市场交易规模达8.1万亿元，即将赶超排名第一位的美国；2020年，中国网络零售行业的规模至少可以达到4 200亿美元。从2003年以来，中国电子商务市场保持了120%的年化增长率，在电商连年的促销推动下，“11月11日”这个一度被戏称为“光棍节”的日子，已经变成名副其实的“网购狂欢节”。2013年的“双十一”依旧疯狂，据统计20余家主要电商实现了整体销售额超300亿元，取得了较2012年同期翻番的“好成绩”。

3）是否设立店铺经营。直销企业设立开架式或柜台式店铺，推销人员直接与公司签订合同，其从业行为直接接受公司的管理；而传销的经营者通过发展人员、组织网络从事无店铺或“地下”经营活动。

4）报酬是否按劳分配。直销企业为愿意勤奋工作的人提供务实创收的机会，而非一夜暴富，每位推销人员只能按其个人销售额计算报酬，报酬由公司从营运经费中拨出，在公司统一扣税后直接发放至其指定账户，不存在上、下线关系；而传销通过以高额回报为诱饵招揽人员从事变相传销活动，参加者的上线从下线的入会费或所谓业绩中提取报酬。

5）是否有退出、退货保障。直销企业的推销人员可根据个人意愿自由选择继续经营或退出，企业为顾客提供完善的退货保障；而传销通常强制约定不可退货或退货条件非常苛刻，消费者已购的产品难以退货。

小思考

你认为直销与传销的区别是什么？

3. 认知申请直销企业的条件

申请成为直销企业，应当具备下列条件：

1）投资者具有良好的商业信誉，在提出申请前连续5年没有重大违法经营记录；外国投资者还应当有3年以上在中国境外从事直销活动的经验。

2）实缴注册资本不低于人民币8 000万元。

3）缴纳足额的保证金。保证金数额在直销企业设立时为人民币2 000万元。

4）建立了信息报备和披露制度。

可以看出，我国政府是通过设置高门槛来控制企业的数量和资质水平的，使直销企业违规风险成本提高，一旦违规，巨额投资和保证金将受到很大的影响。所以，准入企业一般会规范经营，以保护企业利益，广大消费者、经营者的利益也能得到保证。

4．运用设立直销企业的操作程序

申请人应当通过所在地省、自治区、直辖市商务主管部门向国务院商务主管部门提出申请。申请成为直销企业，应当填写申请表，并提交下列申请文件、资料：

1）符合规定条件的证明材料。

2）企业章程，属于中外合资企业、合作企业的，还应当提供合资或者合作企业合同。

3）市场计划报告书，包括当地县级以上人民政府认可的从事直销活动地区的服务网点方案。

4）符合国家标准的产品说明。

5）拟与直销员签订的推销合同样本。

6）会计师事务所出具的验资报告。

7）企业与指定银行达成的同意依照《直销管理系列》规定使用保证金的协议。

省、自治区、直辖市商务主管部门应当接到申请文件、资料之日起 7 日内，将申请文件、资料报送国务院商务主管部门；国务院商务主管部门应当自收到全部申请文件、资料之日起 90 日内，经征求国务院工商行政管理部门的意见，做出批准或者不予批准的决定；予以批准的，国务院主管部门颁发直销经营许可证。国务院商务主管部门颁发直销经营许可证，应当考虑国家安全、社会公共利益和直销业发展状况等因素。

5．认知直销员的资格

《直销管理条例》第 15 条规定，直销企业及其分支机构不得招募下列人员为直销员：

1）未满 18 周岁的人员。

2）无民事行为能力或者限制民事行为能力的人员。

3）全日制在校学生。

4）教师、医务人员、公务员和现役军人。

5）直销企业的正式员工。

6）境外人员。

7）法律、行政法规规定不得从事兼职的人员。

8）直销员的薪酬。直销企业支付给直销员的报酬只能按照直销员本人直接向消费者销售产品的收入计算，而且不得超过直销员本人直接向消费者销售产品收入的 30%。

6．认知直销管理的内容

（1）退货制度

一般来讲，从直销员的手中购买产品，到消费者得到允许退货，这段时间称为冷静期。直销中的冷静期制度，主要针对消费者在购买产品的过程中，由于信息不对称，消费者与直销员进行面对面的交流时，有时候会出现消费者被对方诱导或情绪感染，最终引发不理智的冲动性购买。为了保护消费者利益，制定了消费者有权向生产企业退货的制度安排。

（2）信息披露制度

直销企业信息披露是指直销企业向政府部门、广大消费者、社会公众以及与本企业生产经营相关的单位，依法发布和公开与直销产品、直销服务、直销政策执行活动相关的信息的过程。应当说，有效的直销信息披露从理论上讲是一个信息沟通的过程，是中国特色直销管理模式的重要内容。

直销企业信息披露的内容包括：店铺名称、数量、地址电话、店铺所属直销员人数、名单及其获得薪酬情况；直销员的个人资历；计酬制度、退货制度、保证金制度、招募直销员制度、售后服务制度、直销员培训制度、处理直销员和消费者退货情况，企业重大诉讼事项和被主管部门处理情况，这些情况必须在网站上公布。

9.3.2 运用特许经营方式分销

1. 认知特许经营

（1）认知特许经营的概念

我国《商业特许经营管理条例》规定，商业特许经营是指拥有注册商标、企业标志、专利、专有技术等经营资源的企业（称特许人）；以合同形式将其拥有的经营资源许可其他经营者（称被特许人）使用，被特许人按照合同约定在统一的经营模式下开展经营，并向特许人支付特许经营费用的经营活动。

实用链接

为了规范商业特许经营活动，促进商业特许经营健康、有序发展，维护市场秩序，2007 年 1 月 31 日国务院第 167 次常务会议通过了《商业特许经营管理条例》，自 2007 年 5 月 1 日起施行。

《商业特许经营管理条例》的实施，意味着中国特许经营领域已进入了一个有法可依的新阶段，在一定程度上将改变之前中国国内特许经营市场鱼龙混杂、投资人和潜在加盟商的权益无法得到有力保障的局面。规范的市场环境和明确的政策导向将为更多企业创造出更加和谐的发展空间。

（2）认知特许经营的优点与缺点

1）优点。对被特许人（受许人）来说，选择一个业绩和实力比较好的特许经营企业，可以得到特许经营企业的品牌形象支持；加入特许经营企业的联购分销体系，可以享受低成本、便捷的采购货源待遇；可以分享特许经营企业的广告宣传的规模效应；可以得到其他方面的支持和服务，从而将经营失败的危险降至最低，保护受许人的投资。也就是说，被特许人既可以在特许的范围内独立经营，赚取投资价值，又可以从特许经营企业获取帮助，可谓一举两得。这对于一个缺乏经营经验的投资者来说是非常有帮助的。对特许人来说，特许经营有助于企业迅速扩大规模，实现快速扩张的目的。

2）缺点。为保证特许经营企业提供的产品和服务的质量，被特许人必须按照特许人的要求去经营，把自己的投资和整个特许系统连在一起，受特许人控制，很少有创新的余地。在此情况下，如果特许经营总部不擅长业务管理，会使加盟店受到牵连，使那些满怀希望、准备大干一场的经营者陷入风险之中。如果被特许人思想发生动摇，因受总部合同期限的限制，加盟店的转让和转移也非常困难，而且即使加盟合同到期，加盟者也要面临重新选择的问题，经营稳定性缺乏保障。

（3）认知特许经营与连锁经营的区别

1）特许经营和连锁经营的定义不同。连锁经营的核心是同一资本所有，经营同类商品和服务，由同一个总部集中管理领导，共同进行经营活动的组织化的零售企业集团。

2）特许经营和连锁经营的特点不同。特许经营的核心是特许权的转让，特许人（总部）是转让方，受许人（分支店）是接受方。特许体系是通过特许人与受许人一对一签订特许合同而形成的，各个分支店之间没有关系。而在连锁经营中，总部对各分店拥有所有权，对分店经营中的各项具体事务均有决定权，分店需将营业利润按总部要求上缴，分店经理是总部的一名雇员，完全按总部意志行事。

3）特许经营和连锁经营的范围不同。连锁经营的范围仅限于流通业和服务业，不涉及制造业；特许经营的范围则宽广得多，在制造业中也有大量实例。

4）特许经营和连锁经营所包含的法律关系不同。在特许经营中，特许人和受许人之间的关系是合同双方当事人的关系，双方的权利和义务在合同条款中有明确的规定。而连锁经营中不涉及这种合同（分店经理与总部的雇佣合同则另当别论），总部和分店之间由公司内部的管理规则调整关系。

5）特许经营和连锁经营的运作方式不同。特许经营业务开展的基础是一整套经营模式或某项独特的商品、商标，特许人把这些东西以特许权组合的形式转让给受许人，有了它受许人就可以独立开展业务。特许组织的建立也是以开发出上述各项为基础的。连锁经营则不需要这些内容。连锁经营实际上只需足够的资金和合适的业务类型就可以进行。当然，对于连锁经营来说，充足的经营管理经验和方法对于其成功是至关重要的。

6）特许经营和连锁经营的发展方式不同。特许经营通过吸收独立的商人加入而扩大体系。这个过程中，特许人需进行大量的营销工作吸引潜在的受许人，还需进行选择受许人的工作，并为受许人提供培训等各种服务。而连锁经营欲扩大其体系，则只需进行市场调查，选择合适的地点，并筹集到足够的资金就可以了。

（4）认知特许经营的类型

1）按特许经营权的内容划分，特许经营可以分为商品商标型特许经营和经营模式型特许经营。

2）按特许双方的构成划分，特许经营可以分为制造商和批发商、制造商和零售商、批发商和零售商、零售商和零售商。零售商和零售商是典型的经营模式特许，其代表是快餐店。

3）按授予特许权的方式划分，特许经营可以分为直接特许经营和区域开发特许经营。

2．运用特许经营方式分销

（1）认知特许人从事特许经营的条件

1）特许人从事特许经营活动应当拥有成熟的经营模式，并具备为被特许人持续提供经营指导、技术支持和业务培训等服务的能力。

2）特许人从事特许经营活动应当拥有至少两个直营店，并且经营时间超过 1 年。

3）企业以外的其他单位和个人不得作为特许人从事特许经营活动。

（2）认知备案制度

由于从事特许经营活动是当事人的民事权利，政府不宜对其实行行政许可，但又需要对其经营活动进行监督管理，为此《商业特许经营管理条例》确立了特许人备案制度。

特许人应当自首次订立特许经营合同之日起 15 日内，依照《商业特许经营管理条例》的规定向商务主管部门备案。在省、自治区、直辖市范围内从事特许经营活动的，应当向所在地省、自治区、直辖市人民政府商务主管部门备案；跨省、自治区、直辖市范围从事特许经营活动的，应当向国务院商务主管部门备案。

特许人向商务主管部门备案，应当提交下列文件、资料：营业执照复印件或者企业登记（注册）证书复印件；特许经营合同样本；特许经营操作手册；市场计划书；表明其符合《商业特许经营管理条例》第 7 条规定的书面承诺及相关证明材料；国务院商务主管部门规定的其他文件和资料。

3．运用特许经营的操作程序

特许经营从特许人招商加盟开始到加盟店开业后，特许人对其进行服务与管理需要经过 7 个程序：

特许人宣传招商→潜在被特许人向特许人表明加盟意向→特许人对潜在被特许人进行评估→加盟双方签订合同，被特许人缴纳费用→被特许人接受培训→加盟店开始营业→特许人对加盟店进行监督与控制。

招商是特许经营的第一步，特许人通过媒体广告、招商会等形式，吸引大量自愿加盟的投资者，进而选择合适的被特许人，同时也为投资者提供一个商业发展的机会。投资者不仅要根据自己的商业常识、经营经验，还要通过特许人所披露的信息来选择特许人。投资者经过洽谈、鉴别、比较分析，最后确定特许人。然后，特许人要对投资者财务状况及其他业务情况进行了解。双方合意后，签订加盟合同。

4．加盟商选择特许经营应注意的问题

1）要看特许经营企业成立的年限，如果是刚成立的特许经营，要谨慎加盟。

2）要看特许经营企业有无一定规模的直营店，直营店往往是特许经营研制营销策略的试验田。

3）要看特许经营企业信息系统的发达程度。

4）要看特许经营企业物流派送系统是否先进。

5）要看特许经营企业的价值观是否正确。

9.4 运用物流策略

【学习与培养思路】

商品的流通过程不仅是所有权的转移，在实现其价值的过程中还伴随着商品实体的转移。只有商品实体也从生产者手中转移到消费者手里，其使用价值才能得以实现。电子商务的快速发展，促进了物流的发展。

在掌握物流决策内容与物流决策的操作程序的基础上，培养运用物流决策与物流决策操作程序的能力。

9.4.1　认知物流的概念

物流是指物质实体从供应者向需求者的物理移动，它由一系列创造时间价值和空间价值的经济活动组成，包括运输、保管、配送、包装、装卸、流通加工及物流信息处理等多项基本活动，是这些活动的统一。

实用链接

物流的发展趋势

随着人类进入新世纪，全球经济一体化进程的加快，企业面临着尤为激烈的竞争环境，资源在全球范围内的流动和配置大大加强，世界各国更加重视物流发展对于本国经济发展、民生素质和军事实力增强的影响，更加重视物流的现代化，从而使现代物流呈现出一系列新的发展趋势。未来物流的发展趋势可以归纳为信息化、网络化、自动化、电子化、共享化、协同化、集成化、智能化、移动化、标准化、柔性化、社会化和全球化。

9.4.2　认知物流决策的内容

1．运输决策

运输决策是整个物流决策中的一个非常重要的决策。对于许多企业来说，运输成本要占到整个物流总成本的 35%～50%；而对于某些商品而言，运输成本要占商品价格的 5%～10%。因此，企业必须制定正确的物流运输决策，以降低物流成本，提高物流效率，扩大物流的经济效益。

2．仓储决策

仓储决策是指企业为满足商品在供需周转上的需求，并同时占用尽可能少的资金而选择最佳的仓储方案。

3．存货控制

存货控制即存货水平的确定，起着调节生产和销售或采购和销售之间时间间隔的职能，是物流决策的重要内容。

4．配送管理

配送中心执行如下作业流程：进货、验收、入库、存放、标示包装、分类、出货检查、装货、送货。归纳起来，配送管理主要有进货入库管理、在库保管管理、加工管理、理货管理和配货管理。

9.4.3　运用物流决策的操作程序

1）确定目标。决策目标要明确、具体，符合客观实际，应分清主次，首先保证主要目标的实现。

2）拟定备选方案。在分析和研究各种因素及未来发展趋势的基础上，然后将各种估计进行排列组合，拟定出适量的方案；然后将这些方案同目标要求进行粗略的分析对比，从中选择出若干个利多弊少的可行方案，供进一步评估和抉择。

3）评价被选方案。按方案在必须完成和希望完成的目标中进行评估的满意程序，对各方案进行全面权衡，从中选择出最满意的方案。

4）选择方案。选择方案就是对各种备选方案进行总体权衡后，由组织决策者挑选一个最好的方案。

案例分析

中国空调企业分销模式分析

1．美的模式——批发商带动零售商

（1）渠道成员分工

1）批发商负责分销。一个地区内往往有几个批发商，美的公司直接向其供货，再由他们向零售商供货。零售指导价由制造商制定，制造商还负责协调批发价格，不过并不一定能强制批发商遵守。

2）制造商负责促销。美的空调的各地分公司或者办事处虽然不直接向零售商供货，但是他们往往会要求批发商上报其零售商名单。这样做可以和零售商建立联系，一方面可以了解实际零售情况，还可以依此向零售商提供包括店面或展台装修、派驻促销员和提供相关的促销活动。

3）共同承担售后服务。在这种模式中，安装和维修等售后服务的工作一般都是由经销商负责实施的，但费用由制造商承担。经销商凭借安装卡和维修卡向制造商提出申请，制造商向顾客回访确认后予以结算。

（2）美的模式的利弊分析

优点：降低营销成本；可以利用批发商的资金；充分发挥渠道的渗透能力。

弊端：价格混乱；渠道不稳定。

2．海尔模式——零售商为主导的营销渠道系统

（1）渠道政策

在海尔模式的分销网络中，百货店和零售店是其中主要的分销力量，海尔公司就相当于总代理商，所以批发商的地位很虚弱。海尔的销售政策也比较偏向于零售商，不但向他们提供了更多的服务和支持，而且保证了零售商可以获得比美的模式的政策更高的毛利率，一般情况下零售商的毛利率都在8%～10%——这在家电行业已经非常好了。海尔模式中的批发商不像美的模式中那样可以掌握分销权力，海尔公司留给他们的利润空间十分有限，批发毛利率一般仅有3%～4%。而且在海尔公司有分支机构的地方，批发商的活动余地更是非常之小，不过好在海尔空调的销售量很大，而且价格十分稳定，所以最终获得的利润还是可以得到保证的。

（2）渠道成员分工

1）制造商。在海尔模式的分销网络中，制造商承担了大部分的工作职责，而零售商基本依从于制造商。海尔公司还严格规定了市场价格，对于违反规定批发或零售价格的行为必须加以制止。2）零售商。在上面提到的销售工作中，海尔公司都承担了绝大部分的责任，而零售店几乎不用操什么心，只需要提供位置较好的场地作为专柜给海尔公司就行了。

（3）典型的海尔模式的商业流程

1）海尔公司提供店内海尔专柜的装修甚至店面装修。

2）全套店面展示促销协助品（POP），部分甚至是全套样机。

3）由于一般的零售商无论资金，场地都无法囤积太多的货物，因此海尔公司必须库存相当数量的货物，还必须把较小的订货量快速送到各个零售店。

4）专柜内的促销员也是海尔派出的，人员的招聘、培训和管理都由海尔公司负责；海尔公司的市场部门还要制定市场推广计划。从广告促销宣传的选材，活动计划和实施，如媒体的关系、现场的布置、事后的整理等工作，海尔公司有一整套人马在为之运转，零售店一般只需配合海尔的工作就行了。

5）实现销售以后顾客马上就会要求安装，这时候海尔建立的售后服务网络就发挥了作用，他们将承担起现场的安装和后来的售后服务工作。

6）某些大的零售店每一批销售款可能要过几周才能收到，零售店中的种种财务手续都需要海尔的业务人员去办理，直到收回了货款，一次销售周期才算完成。

（4）海尔模式的利弊分析

优点：提高企业的利润水平；占据卖场位置，有利于品牌建设；可以实现精益管理，提高市场应变能力；由于和零售商之间长期稳定的关系，营销成本大大降低。

弊端：渠道建设初期需要消耗大量的资源；收效慢；管理难度大。

3. 格力模式——厂商股份合作制

格力公司在每个省和当地经销商合资建立销售公司，以格力为大股东，董事长由格力方出任，总经理由参股经销商共同推举产生。各经销商的利润来源不是批零差价，而是合资公司的利润分红。

（1）渠道成员分工

1）促销。在格力模式中，格力公司负责实施全国范围内的广告和促销活动，而像当地的广告和促销活动，以及店面装修这样一类工作，则由合资销售公司负责完成。格力公司只是对品牌建设提出建议。有关的费用可以折算成价格在货款中扣除，有时也上报格力总部核定后再予以报销。

2）分销。分销工作全部由合资公司负责，他们制定批发价格和零售价格，并要求下级经销商严格遵守。物流和往来结算无须格力公司过问。

3）售后服务。售后服务也是由合资公司承担并管理的，他们和各服务公司签订合约，监督其执行。

（2）格力模式的利弊分析

优点：与自建渠道网络相比，节省了大量资金，并降低了风险，消除了经销商之间的价格大战；解决了经销商在品牌经营上的短期行为。

缺点：股份制销售公司管理的规范性；股东发展方向的统一；渠道内的利益分配不公；以单纯利益所维系的渠道具有先天的脆弱性。

（wenku.baidu.com/view/67dd1c02b. 2012-05-26）

辩证性思考：

通过对案例的分析，你受到了哪些启发？你对企业选择分析渠道有什么看法？

营销知识检测

1. 分销渠道的决策和管理包括哪些内容？
2. 如何进行窜货管理？
3. 直销与传销有哪些区别？
4. 直销企业及其分支机不得招募的直销员条件是什么？
5. 简述特许经营的操作程序。
6. 加盟商选择特许经营应注意哪些问题？
7. 物流决策包含哪些内容？

营销能力训练

训练项目：

针对第 7 单元营销能力训练选择的企业，对其进行分销策略分析，选择分销策略，撰写分销策略分析方案。

训练目的：

通过训练，进一步认知、掌握分销渠道的决策和管理的方法、程序，具备运用分销策略的能力。

训练要求：

由班级学习委员组织全员对分销策略分析方案进行讨论、交流。

第10单元

运用促销策略

【学习与培养思路】

企业通过运用产品策略、价格策略、分销策略，开发了符合消费者需求的产品，制定了适当的产品价格，并选择了分销策略，解决了产品如何卖的问题。接着就要运用促销策略解决如何把产品信息迅速传递给消费者，并有效地对消费者进行刺激，激发消费者的购买欲望，使企业的产品卖得快、卖得多、卖得久的问题。

促销策略是市场营销管理中最复杂、最富技巧、最具风险的一个环节。不少企业对促销没有一个全面而正确的认识，认为只是单纯的营业推广，认为搞促销活动就只要做广告，以至于只搞单项的促销活动，难以实现促销的目标。正确的做法是，运用促销组合策略，实现促销系统的最佳整体运动状态，从而达到提高销售效果的目标。

通过学习，掌握促销组合决策的内容、类型、影响促销组合选择的因素、促销管理的操作程序，掌握人员推销促销、广告策略促销、营业推广促销、公共关系促销的内容和方法。

通过培养，具备综合运用促销策略的能力。

10.1 运用促销组合决策

【学习与培养思路】

促销的实质是信息沟通。产品促销的过程就是企业与消费者的信息沟通过程。企业为了促进销售，把信息传递的一般原理运用于企业的促销活动中，在企业与中间商和消费者之间建立起稳定有效的信息联系，实现有效的信息沟通。

在掌握促销组合方式、影响促销组合选择的因素、促销策略的内容、促销组合模式与促销管理操作程序的基础上，培养运用促销组合决策的能力。

10.1.1 认知促销组合

1. 认知促销的概念

促销是促进产品销售的简称，指企业通过人员和非人员的方式，将其产品及相关的有说服力的信息告知消费者，引发、刺激消费者的欲望和兴趣，以达到影响目标消费群购买决策行为，促进企业产品销售的市场营销活动。

2. 认知促销组合的方式

促销组合又称市场营销传播组合，包括人员促销和非人员促销两大类。人员促销又称人员推销，是企业运用推销人员向消费者推销商品和或劳务的一种促销活动。非人员促销，是企业通过一定的媒体传递产品或劳务的有关信息，促使消费者产生购买欲望、发生购买行为的一系列促销活动，包括广告、营业推广、公共关系。各类促销方式的优缺点比较如表10-1所示。

表10-1 各种促销方式优缺点比较

促销方式	优点	缺点
人员推销	推销方法灵活，能随机应变；易于激发购买兴趣，促成即时交易；信息反馈及时	接触面窄；费用较高
广告	触及面广，形象生动，多次运用	说服力较小，难以促成及时购买
营业推广	吸引力大，促成消费者即时购买	过多使用，有损品牌形象，还可能引起消费者的反感
公共关系	影响面大，容易得到消费者的信任和欢迎	应长期坚持，方能取得效果

3. 认知促销的类型

1）一级促销。这主要包括：制造商对批发商的促销；制造商对零售商的促销；制造商对消费者的促销；批发商对零售商的促销；批发商对消费者的促销；零售商对消费者的促销。一级促销属于单层次促销。

2）二级促销。这主要包括：制造商对批发商、对零售商的促销；制造商对零售商、对消费者的促销；制造商对批发商、对消费者的促销；批发商对零售商、对消费者的促销。二级促销属于双层次促销。

3）三级促销。制造商对批发商、对零售商、对消费者的促销。三级促销属于多层次促销。

实用链接

促销误区

1）过度依赖促销。只把促销看成取悦消费者的手段，不断通过打折、降价、赠送等促销手段，刺激消费者购买，谈不上品牌忠诚，以促销支持销售，一旦促销停止，销售马上回落，对促销的依赖性极强。

2）随意促销。天天想着各种各样的促销，打击对手，讨好消费者。尤其是面对销售压力时，就更渴望通过促销的形式来解决问题。随意促销的最大问题是对促销往往缺少整体规划，想怎么做就怎么做，具有很大的随意性，很难产生整体效益。

3）盲目攀比。你5折我就4折，你4折我就3折，你现场展示我就搭台唱戏，这是典型的促销攀比。尤其是竞争品牌促销收效不错时，往往在攀比心的驱使及经销商的压力之下，盲目出手，推出比竞争品牌更优惠的促销措施，结果大都是竞争品牌拣到了西瓜，自己只拣到了芝麻，而为此所付出的精力与成本，却无法从促销活动中得到回报。

4）随大溜。做促销的最初动因只是因为大家都在做，没有自己的促销计划与促销目标，更没有针对竞争品牌的促销战术，这是典型的随大溜。随大流的结果往往陷入促销同质化的局面，由于大家都在做，消费者也司空见惯，故而很难达到理想的效果。

5）惊世骇俗。促销形式必须求异求怪，誓要与众不同，大有促销不惊人死也不罢休之势。最大问题是往往因为过于在意促销的轰动效应或与众不同，忽视了促销的本来目的，甚至匪夷所思，使消费者陷入云里雾里。

6）缺乏计划。想怎么促销就怎么促销，想什么时候促销就什么时候促销，毫无计划可言，东一下，西一下，没有计划性与系统性，只打“散弹”，这是典型的随意促销。这种促销主观感性意识色彩很浓，竞争意识差，更谈不上促销战略与战术的组合运作了，“宣传单满天飞，赠品当街派”，非常随意，没有新意，要么就是忽然想起了一个好主意，兴奋不已，马上来试，结果也往往因为随意性太强，以失败告终。

10.1.2　运用促销策略

1. 运用“推动”策略

（1）认知“推动”策略

“推动”策略亦称高压策略，它强调的重点是分销渠道上各环节人员推销的推销活动，重点在于人员促销与贸易促销。销售人员介绍产品的各种特性与利益，促成潜在消费者的购买决策。企业的销售人员访问批发商，企业的销售人员协同批发商的销售人员访问零售商，企业的销售人员再协同零售商的销售人员积极地向消费者推销产品。按照这种方式，产品顺着分销渠道，逐层向前推进，推上终端市场。这种方式中，促销信息流向和产品流向是同方向的。“推动”策略常用于销售过程中需要人员推销的工业品与消费品。

（2）“推动”策略的适用条件

“推动”策略的适用条件如下：企业规模小或无足够的资金推行完善的广告促销；市场比较集中，渠道短，销售力强；产品单位价值高；企业与中间商、消费者关系亟待改善；产品性能及使用方法需做示范；企业大多拥有较雄厚的推销人员队伍，或者产品的声誉较高，主要以中间商为主要的促销对象，要求推销针对不同的商品、不同的客户，采用不同的方式和方法。

2. 运用“拉引”策略

（1）认知“拉引”策略

“拉引”策略也称吸引策略，是企业把消费者作为促销对象，通过使用密集型的广告宣传、营业推广、公共关系等活动，引起消费者的购买欲望，激发购买动机，进而增加中间商的压力，促使零售商向批发商、批发商向制造商进货，最终满足消费者的需要，达到促进销售的目的。

同时，也可以直接对渠道成员（批发商、零售商）采用广告宣传、营业推广、公共关系等方式，拉动下游中间商对其上游的进货需求。依照这种方式，产品在分销渠道上，因为受到广告等促销活动的影响而产生需求吸引。这种方式中，促销信息流向和产品流向是反向的。

（2）“拉引”策略的适用条件

“拉引”策略的适用条件如下：产品是市场上的便利品，产品差异化不大；企业拥有充分的资金，有力量支持广告促销等；企业的产品的销售对象比较广泛，或是新产品初次上市，需要扩大知名度。

3．运用“推拉”策略

“推拉”策略也称混合策略。“推动”策略和“拉引”策略都包含了企业与消费者双方的能动作用，但“推动”策略的重心在于推动，着重强调了企业的能动性，表明消费需求是可以通过企业的积极促销而被激发和创造的；“拉引”策略的重心在于拉引，着重强调了消费者的能动性，表明消费需求是决定生产的基本因素，企业的促销活动必须符合消费需求，符合购买指向，才能取得事半功倍的效果。大多数消费品企业，在销售其产品时，都采用“推拉”策略，但由于企业处在不同的发展阶段，其经营目标不同，因而推力和拉力所占的比例不同。

运用“推拉”策略的有效做法是有效搭配，就是前拉后推，推拉结合。促销的基本过程就是运用“推动”和“拉引”这两种方式，促使渠道成员或消费者购买企业的产品或服务。在运用“推拉”策略时，一定要适度地搭配好各自的投入比例，协调启动。

10.1.3　分析影响促销组合选择的因素

1．分析促销目标对促销组合选择的影响

促销目标是企业从事促销活动所要达到的目的。企业的不同时期及不同环境都有其特定的促销目标，无目标的促销活动是收不到理想效果的。促销目标不同，促销组合也会不尽相同。以提高知名度和塑造良好形象为主要目标时，促销方式应以公共关系和广告为主；而以销售商品为主要目标时，公共关系是基础，广告是重点，人员促销是前提，营业推广则是关键。

2．分析产品因素对促销组合选择的影响

不同的促销方式在不同的产品市场类型上的效果是不同的。在消费品市场上，促销效果由高到低依次为广告、营业推广、人员推销和公共关系；在组织市场上，促销效果由高到低依次为人员推销、营业推广、广告和公共关系。

3．分析产品生命周期对促销组合选择的影响

在产品生命周期的不同阶段，因促销侧重的目标不同，所采用的促销方式亦不同。例如，在产品的导入期和成长期，因需要开拓市场、提高知名度，往往在广告上花大量费用；而在成熟期和衰退期，因产品已经饱和或消费者已经非常熟悉，广告使用量就大量减少，代之以能引起购买欲望的营业推广方式。不同产品生命周期的促销方式如图 10-1 所示。

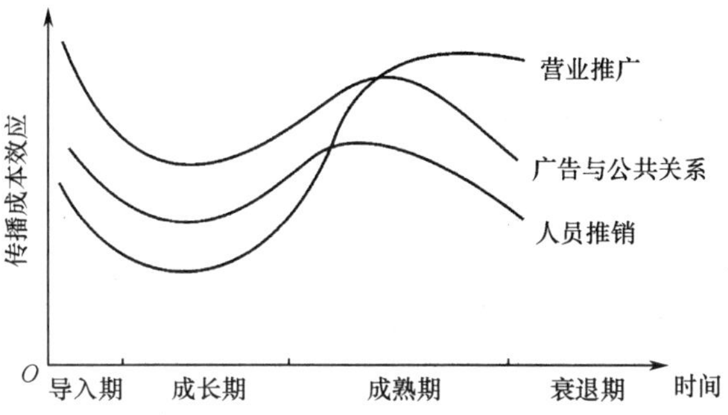

图 10-1 不同产品生命周期的促销方式

4. 分析市场特点对促销组合选择的影响

目标市场的规模与集中性、目标群体的特性、购买者类型及竞争对手不同，促销组合方式也有所不同。

1）市场规模与集中性不同时的促销组合。规模小且相对集中的市场，人员促销是重点，从而同消费者建立长期固定的产销关系；规模大、范围广且分散的市场，则应多采用广告、公共关系和营业推广。

2）目标群体的特性不同时的促销组合。对于不同特性的消费者，由于职业、购买习惯和经济收入的不同，致使他们的需求与获得信息的途径也不同，因此相应的促销方式也不尽相同。此外，目标群体的生活方式、个性特征及商品使用习惯也会影响促销方式的选择。

3）购买者类型不同时的促销组合。对个人、家庭消费者应以广告、公共关系促销为主，辅之以销售促进；对组织用户、集团消费应以人员促销为主，辅之以公共关系和广告；对中间商则宜以人员推销为主，并配合营业推广。

4）竞争对手不同时的促销组合。除非销售的产品是垄断性产品，否则都需要考虑竞争者对企业促销组合的影响。企业开展促销活动之前，一定要了解竞争对手的情况、如他们面临着什么样的问题、他们的促销策略及效果如何、他们的竞争优势和企业实力在哪里、他们的促销活动会给本企业造成什么不利影响。企业要根据自身与竞争对手的实力分析和比较，选择针锋相对的促销方式或避其锋芒的促销组合。

5. 分析促销预算对促销组合选择的影响

企业开展促销活动，必然要支付一定的费用。因此，除了上述影响因素之外，能用于促销的费用预算，也是决定促销组合的重要依据。各种促销组合所需费用多少不同，为提高经济效益，应力求以促销费用尽可能少而促销效果尽可能好的方式去促销。这就要求企业在制定促销组合时，应根据促销目标，对企业的财力状况、各种促销方式的费用、可能产生的经济效益及竞争者的促销现状等多方面因素进行全面权衡，选择出适宜的促销方案。

促销策略的选择和应用除了考虑上述因素外，还要考虑消费者行为和消费习惯、经济情况、分销成本和分销效率、技术条件等。

10.1.4 运用促销管理的操作程序

1）确定促销对象。促销对象是企业通过市场细分确定的市场营销对象，是对传递的产品及相关信息感兴趣的人或组织，可能是潜在的购买者或现实的使用者，可能是购买决策者或影响者，或者是一般公众。企业要研究促销对象对企业及其市场竞争者的产品的现有印象，便于确定合适的促销目标。

2）确定促销目标。促销目标的确定是以促销对象对企业产品的现有印象为基础的。消费者从接受信息到最后实施购买决策一般要经过 4 个阶段，即知晓、兴趣、欲望和行动。企业若知道了消费者现在对产品的认知阶段，就可以确定下一步的促销目标。比如，消费者现在处于有购买企业产品的欲望阶段，促销的目标就是要让消费者付诸购买行动，快速达成交易。

3）设计信息。信息设计的操作性极强，促销必须设计有效的信息，用有说服力的方式表现出来，达到引起消费者注意、提起兴趣、引起欲望，从而导致其购买行动的目的。

4）选择信息沟通渠道。促销的有效促销信息沟通渠道有人员信息沟通渠道和非人员信息沟通渠道。人员沟通信息渠道是指两个或更多的人相互之间直接进行信息沟通。非人员信息沟通渠道通常是指无须通过人与人的直接接触来传递信息或影响的渠道，如大众媒体、包装起来的环境氛围或者设计安排的事件活动等。人员信息沟通渠道可以直接达成交易而非人员信息沟通渠道却不能；人员信息沟通渠道传递的信息企业不能控制而非人员信息沟通渠道传递的信息企业却可以控制等。

5）决定促销组合。由于促销方式各有特点，在不同市场条件中的适用程度和有效程度也不同，必须综合考虑各方面情况，选择最佳促销组合。

6）评估促销效果。促销组合的确定并非促销决策程序的终结，还必须对促销效果进行评估，如有多少人接触过该信息、有多少人能记住该信息、对该信息的反应如何、有多少人采取了购买行为等。

7）控制和调整促销活动。评估的目的是便于控制和调整企业下一步的促销活动，做到有的放矢。影响促销决策的各种变量在不断发生变化，因此必须要对决策方案进行相应修正和调整。

10.1.5 运用促销组合的模式

企业在进行促销策划时，必须根据促销目标与任务、产品类型与性质、市场范围与规模、消费者素质与购买阶段等因素对人员推销、广告、营业推广、公共关系等各种促销方式进行综合运用和有机组合。由于影响组合促销因素的多样性、复杂性和促销方式的多重性、多变性的特点，导致促销组合模式的多样性。普遍运用的促销组合模式是：广告、人员推销促销组合；营业推广、广告促销组合；广告、营业推广和人员推销促销组合；广告、营业推广、人员推销和公共关系促销组合；拉式促销组合和推式促销组合。

实用链接

促销需要注意的问题

（1）促销活动的延续时间

一般延续时间在 1 个月以上的促销活动称为长期促销活动，其目的是希望塑造超市的差异优势，增强消费者对卖场的向心力，以确保消费者长期来店购物。另一类是短期促销活动，通常是 3～7 天，其目是希望在有限的时间内通过特定的主题活动来提高来客数及客单价，以达成预期的营业目标。长期性促销活动应持之以恒，从开始到结束应始终如一，以树立稳定的良好形象；而短期性促销活动则不宜将时间拉得太长，否则会使消费者缺乏新鲜感而影响促销效果。

（2）促销活动所处的季节

一个良好的促销计划应与季节、月份、日期、天气、温度、行事等相互配合。

1）季节。促销活动应根据季节不同来选择促销品项。比如，暖季应以清凉性商品为重点，同时要考虑季节性的色调配合。

2）月份。商品销售有淡、旺季之分，一般而言，3、4、5、11 月是经营淡季，如何在淡季做好促销工作是非常重要的。为使淡季不淡，必须有创新的促销点子，不能一味地依靠特价来促销。

3）日期。确定企业的关键日，掌握消费者购买的时间规律。一般而言，由于发薪、购买习惯等因素，月初的购买力比月底强；而周末、周日、传统节日的购买力又比平日强，所以促销活动的实施也应与日期相配合。

4）天气。天气会影响“人潮”，而人潮就是“钱潮”，所以可以说超市也是看天吃饭的行业，天气差来客就少，生意往往会减少 5%～10%。因此，天气不好时，如何向消费者提供价格合理、鲜度良好的商品及舒适的购物环境（如伞套、伞架、外送服务、防滑垫、干爽的卖场等），也是促销计划中应考虑的因素。

5）温度。人是环境的应变量，气温一高，饮料、冰品类商品的销售量就会立即提高；温度低，火锅、冷冻食品类的销售量便会明显上升。

6）行事。行事是指各种社会性的活动或事件，如重大政策法令出台、学校旅行、放假、考试、运动会、停电、停水、停煤气等，这些活动或事件最好能事前掌握，以利安排促销活动。

10.2 运用人员推销促销

【学习与培养思路】

人员推销是一种具有很强人性因素的、独特的促销方式，可完成许多其他促销方式所无法实现的目标，其效果是极其显著的。当销售活动需要更多地解决问题和说服工作时，人员推销是最佳选择。

在掌握推销人员的角色定位、人员推销的基本形式、产品利益推销的方法、推销的操作程序与推销管理的内容的基础上，培养运用人员推销促销的能力。

10.2.1 认知人员推销

1. 认知人员推销的概念

人员推销是指企业推销人员直接向消费者推销产品和服务的一种促销活动。在人员推销活动中，推销人员、推销对象和推销商品是三个基本要素。其中前两者是推销活动的主体，后者是推销活动的客体。企业通过推销人员与推销对象之间的接触、洽谈，将商品推销给推销对象，从而达成交易，实现既销售商品又满足顾客需求的目的。

2. 认知推销人员的角色定位

推销员是企业形象代表，是热心服务者，是信息情报员，是“客户经理”，是实现公司与消费者双向沟通的桥梁和媒介之一，是公司里最重要、最宝贵的财富之一，它是公司生存和发展的支柱。

3. 认知人员推销的类型

1）生产企业的人员推销。即生产企业雇用推销员向中间商或其他厂家推销产品。日用消费品生产企业的推销员往往将中间商作为他们的推销对象；而工业品生产企业的推销员则把他们的产品作为生产资料的其他生产企业作为推销对象。

2）批发商的人员推销。批发商往往也雇用成百上千名的推销员在指定区域向零售商推销产品。零售商也常常依靠这些推销员来对商店的货物需求、货源、进货量和库存量等进行评估。

3）零售店人员推销。这类推销往往是顾客上门，而不是推销员拜访顾客。

4）直接针对消费者的人员推销。这类推销在零售推销中所占比重不大，是推销力量中的一个重要部分，有其特殊优点和作用。

5）对无形产品的人员推销。这主要指对保险、银行、旅游、服务业等的人员推销，还包括对不动产（如工商企业的不动产）、房地产等的人员推销。

4. 认知人员推销的基本形式

1）上门推销的形式。上门推销是最常见的人员推销形式。它是由推销人员携带产品样品、说明书和订单等走访顾客，推销产品。这种推销形式可以针对顾客的需要提供有效的服务，方便顾客，故为顾客广泛认可和接受。

2）柜台推销的形式。企业在适当地点设置固定门店，由营业员接待进入门店的顾客，推销产品。门店的营业员是广义的推销员。柜台推销与上门推销正好相反，它是等客上门式的推销方式。由于门市里的产品种类齐全，能满足顾客多方面的购买要求，为顾客提供较多的购买方便，并且可以保证产品完好无损，故顾客比较乐于接受这种方式。

3）会议推销的形式。会议推销是指利用各种会议向与会人员宣传和介绍产品，开展推销活动，如在订货会、交易会、展览会、物资交流会、团购会、产品体验会等会议上推销产品。这种推销形式接触面广、推销集中，可以同时向多个推销对象推销产品，成交额较大，推销效果较好。

10.2.2　运用产品利益推销

1．认知产品利益

（1）认知产品利益的概念

产品利益是指产品带给消费者的好处，而不是指产品带给消费者的用途或特点。传统的推销观念强调的是推销产品的用途、质量、优点、特点等。而现代推销观念强调，消费者不会由于产品是什么而购买它，而是因为产品能给他们带来某些好处而购买它。这是推销人员首先要掌握的思路与方法。

（2）确立推销产品利益的思路

推销产品利益要从卖方和买方两个方面分析。从卖方分析产品利益，即产品的卖点；从买方分析产品利益，即产品的买点；只有产品的卖点与产品的买点达到平衡，消费者才会购买。

1）用产品利益吸引消费者。推销人员靠什么吸引消费者，这是解决产品卖点的问题。一个化妆品公司的推销人员要向消费者推销的仅仅是化妆品吗？有一个著名的化妆品广告，“今年二十，明年十八”，这 8 个字没有一个字向消费者说明它的化妆品质量多么好，也没有一个字说明它的化妆品价格多么便宜，更没有一个字说明它的化妆品有多少营养元素，但是这个化妆品广告却打动了许多消费者的心，吸引了无数消费者的注意。

这则化妆品广告靠什么吸引了无数消费者呢？是由于化妆品的质量高吗？是因为化妆品便宜吗？是由于化妆品含有多少天然营养元素吗？不是的，消费者购买化妆品只有一个希望，就是希望自己能永葆青春、漂亮。因此，化妆品带给消费者的不是质量多么高，也不是价格多么便宜，而是化妆品能让消费者显得年轻、漂亮。一位化妆品公司经理有句名言：“我们公司生产的是化妆品，在市场上出售的却是消费者要求美容的希望。”“今年二十，明年十八”通过形象化的手段，把化妆品带给消费者的利益作为卖点，把化妆品带给消费者的好处卖给了消费者，也就把产品卖给了消费者。那么，是什么吸引了消费者呢？是产品能给消费者带来的利益。

2）消费者购买的是产品利益。消费者为什么要购买你的产品？根据调查发现，消费者花费 90%～95%的时间考虑自己的需要，消费者在弄清楚“我能从这件产品中得到什么好处”之前，他是绝不会下决心购买产品的。消费者之所以要购买产品，不是为买产品本身，他要买的是产品带给他的利益或好处。因此，一个推销人员卖给消费者的不应该是纯粹的产品，应该是产品带给消费者的利益。

推销既然是一种为消费者谋利益的活动，那么，推销人员必须向消费者推销利益。推销人员不是卖服装，而是卖“风度、潇洒、时尚、吸引力”；推销人员不是卖工具，而是卖“产量、效率、利润”；消费者不是买铁锁，他买的是一种“安全”；消费者不是买按摩椅，他买的是“在享受中得到保健”。“谁给我的利益多，我就买谁的产品。”这是不灭的真理。

（3）从产品特点推销转化为产品利益推销

现实生活中，推销人员常犯的错误是特点推销。他们见了消费者以后，告诉消费者：自己的产品是什么样的形状、什么样的颜色、都有哪种型号、有什么样的规格等，把产品的一个又一个特点介绍得清清楚楚、明明白白。总之，他们告诉消费者的是自己所推销的是一个什么样的产品，唯独没有告诉消费者产品的这些特点能够带给消费者什么好处。

推销人员能否赢得消费者购买的可能性与向消费者讲述利益时的努力成正比。推销人员越是努力向消费者讲明产品带给他的利益，就越能够打动消费者，取得更多的业绩。因此，推销人员必须要实现产品特点推销向产品利益推销的转变。

2．认知产品利益推销的概念

产品利益推销就是推销人员在向消费者介绍产品特点的基础上，进一步向消费者指出这些特点能给消费者带来什么好处。每一位推销人员都必须考虑两个问题：第一，每位消费者都要求回答一个问题——产品对我有什么好处。第二，推销人员也必须考虑这样的问题——产品对消费者有什么好处。在解决这两个问题的基础上，围绕产品利益去设计和实施推销策略和推销技术，才能从特点推销转化到利益推销上来。

3．运用推销产品利益的操作程序

（1）鉴别利益

一个推销人员在拜访消费者之前，一定要明白自己将要带给消费者哪些利益。推销人员带给消费者的利益包括两个方面：一是让消费者得到好处，通常表现为感觉如何好、赚取更多的钱、省时、省力、提高效率等，它代表着顾客能更多地拥有或更好地利用的东西；二是让消费者避免或减少损失，如解决问题的方案就可以使消费者摆脱困境或使消费者避免损失，让消费者减少一些肯定的损失比向消费者承诺更大的获得更有说服力。

1）认知产品利益的类型：①一般利益，即各类产品都具有的利益；②特殊利益，即本产品的特点带给消费者的利益，其他产品无法与其相比的利益；③意中利益，即产品能够提供消费者所期望的利益。在推销中，具有竞争优势的利益不是一般利益，而是特殊利益和意中利益。推销人员根据产品属性和消费者的特殊要求，总结和推销特殊利益和意中利益，才能满足不同消费者的需求，取得优异的销售业绩。

2）认知企业利益。企业利益就是企业带给消费者的利益。消费者在购买产品的时候，如果他觉得企业没有知名度，并且在消费者心目中的形象也不好，那么他就可能不会购买该企业的产品。如果企业是一个知名度高、重信誉且在消费者心目中的形象较好，那么消费者就愿意和这样的企业打交道，成为企业的忠诚消费者。

消费者认知产品的过程一般是先认知产品所在的企业，再认知推销人员，最后认知产品，所以要做到让消费者对产品放心、对企业放心、对推销人员放心，才能实现购买。如果对三者中的一个不放心，购买就不会完成。例如，消费者对产品比较满意，但他们听说这个企业从前是个皮包公司，消费者就会想，这个企业的产品会不会是假冒伪劣产品，所以推销人员向消费者推销产品的时候，要告诉消费者，企业有生产这种产品的专利，这就是企业带给消费者的利益。塑造良好的企业形象，用良好的企业形象吸引消费者，用良好的企业形象带给消费者新的利益，已经成为更多企业的追求。

3）认知差别利益。差别利益就是向消费者提供竞争对手所没有的利益，就是用一些别人没有的东西吸引消费者。“人无我有，人有我优，人优我新，人新我变”，就是通过不断带给消费者与众不同的利益打动更多的消费者。

差别利益被誉为是推销人员吸引消费者的关键因素，也是企业在竞争中取胜的关键。企业界流传这样一句格言：一个推销人员在与竞争对手竞争的时候，如果不能找出 3 条以上竞争对手没有的差别利益，就很难在竞争中取胜。

差别利益的内容如下：①产品差别，就是产品与众不同，比竞争对手的更好；②服务差别，就是企业为消费者提供竞争对手所没有的服务，并且支付条件比竞争对手更优惠；③人员差别，就是推销人员的差别，即推销人员在形象、素质、沟通能力、为顾客排忧解难等方面的差别。

（2）了解消费者需求

利益是相对而言的，世界上没有绝对的利益，任何产品的利益对消费者来讲都是相对的。有位科学家说过这样一句话：对于一个人来说是蜜糖，但对于另外一个人来说可能是毒药。消费者是追求利益的，但是不同的消费者追求不同的利益。推销人员要考虑和了解消费者的真正要求，提供对方迫切需要的利益，对症下药，才能迅速消除病痛，把产品利益展现在消费者面前，使消费者因利益而购买产品。

案例分析

把梳子卖给和尚

一家企业招聘推销人员，面试的问题是：把梳子卖给和尚。

第 1 位推销人员卖了一把梳子。他来到一个缺水的寺院，只见一个和尚在太阳底下用手挠头。因为缺水，不能洗头，头上污垢很多，头痒，浑身难受。推销人员向和尚介绍说：“用手挠头不卫生，还容易抓伤头皮，用梳子梳头止痒效果好，又不伤头皮，保你浑身舒服。于是，和尚买了 1 把梳子。对于和尚来讲，梳子的用途是止痒，梳子的利益点是舒服。

第 2 位推销人员卖了 10 把梳子。他来到一个处于高山上的寺院。女香客们一般是晚上登山，早晨朝拜。由于山高风大，山风把女香客的头发吹得很乱，一个个蓬头散发地朝拜神佛。推销人员找到寺院的住持说：“香客们蓬头散发，形象不佳，这样拜佛，能表现对佛的敬重吗？不如买上 10 把梳子，让香客们梳头整容后，再去拜佛，这才是对佛的敬重。”于是，住持买了 10 把梳子。对于住持来讲，梳子的用途是梳头，梳子的利益点是敬佛。

第 3 位推销人员卖了 100 把梳子。他来到一个著名的寺院，这里香火很盛。他找到住持说：“香客们满怀希望而来，但都空手而归。如果能有纪念品带回去，岂不更好。不如买上 100 把梳子，在梳子上刻上‘功德梳’3 个字，再刻上寺院的名字，让香客们带回去，更能提高寺院的形象，使香火更盛。”于是，住持买了 100 把梳子。对于住持来讲，梳子的用途是纪念品，梳子的利益点是提高寺院的形象。

辩证分析：3 位推销员都把梳子卖给了和尚，但是梳子的用途不一样，梳子的利益点也不一样。这说明任何产品的利益对消费者来讲都是相对的，推销人员要考虑和了解消费者的真正要求，提供对方迫切需要的利益，把产品利益展现在消费者面前，才能使消费者因利益而购买产品。

1）不同类型的消费者对利益的需求。消费者是各种各样的，不同消费者的利益需求是不同的。消费者可以分为工业用户、中间商、消费者三大类，他们对产品利益的需求是不同的，如表 10-2 所示。

表 10-2　不同类型的消费者对产品利益的需求

类　型	对产品利益的需求
企业	节省成本、费用，降低物耗；提高产量、质量、效率，增加收益
中间商	市场潜力、产品利润、服务制度
消费者	使用寿命、方便、安全、卫生、便宜、服务、精神需要等

2）不同购买心理的消费者对利益的需求。作为一名推销人员，去拜访消费者的时候，必须了解消费者的购买心理，然后针对消费者购买心理来介绍产品能带给消费者什么利益。只要能摸准消费者的购买心理，根据消费者购买心理介绍产品，就能打动消费者。

针对不同购买心理的消费者，推销人员推销产品利益的要点有以下几个方面。

适合性：是否适合对方的需要。

通融性：是否也可用于其他的目的。

耐久性：是否能长期使用。

安全性：是否具有某种潜在的危险。

舒适性：是否会给人带来愉快的感觉。

简便性：是否可以很快地掌握它的使用方法，而不需要反复研究说明书。

流行性：是否是新产品。

效用性：是否能够给消费者带来利益。

美观性：外观是否美观。

便宜性：价格是否合理，是否可以为对方所接受。

（3）把产品特点转化为消费者利益

产品具有什么样的特点比较容易明白，但是产品这些特征能带给消费者什么样的利益，这就需要推销员去思考、分析如何把产品特点转化为消费者利益的问题。

将产品特点转化为消费者利益的程序如下：

1）编制产品特点目录。推销人员要把产品的每一个特点都列出来，编成目录。产品特点不仅包括物质特点，如款式、色调、配方、工艺、质量、性能、耐用性等，还要包括企业和推销工作相关的特点，如物流、定价、服务、信誉等。

2）选择消费者最感兴趣的产品特点。因为没有一个消费者对所有的产品特点都感兴趣，所以推销人员要了解消费者对哪些特点最感兴趣。

3）确定所选特点的重要程度。在认真分析各种特点的基础上，按照对消费者重要程度的不同进行顺序排列，将消费者最感兴趣的特点放在首位。

4）论证每一特点是如何满足消费者利益的。FABE 法是一种向消费者推销产品利益的实用方法。该方法就是首先找出产品所具有的特点，然后分析每个特点有什么样的优点，在分析这一特点能带给消费者什么样的利益后，再找出证据，证实产品确实具有这些利益。F（feature）代表产品具有的特点，A（advantages）代表由这一特点所产生的优点，B（benefits）代表这一优点带给消费者的利益，E（evidence）代表证据。

实用链接

运用 FABE 法总结冰箱的利益点

（特征）“这款冰箱最大的特点是省电，它每天用电 0.35 度，也就是说 3 天才用一度电。”

（优点）“以前的冰箱每天用电都在 1 度以上，质量差一点的可能每天耗电达到 2 度，现在的冰箱耗电设计一般是 1 度左右。相比较，一天可以为你省多少的钱。”

（利益）“假如一度电 0.8 元，一天可以省可以 0.5 元，一个月省 15 元。就相当于省手机月租费了。”

（证据）“这款冰箱为什么那么省电呢？”

（利用说明书）“它的输入功率是 70 瓦，相当于一个电灯的功率。这款冰箱用了最好的压缩机、最好的制冷剂、最优化的省电设计，所以它的输入功率小，所以它省电。”

（利用销售记录）“这款冰箱销量非常好，可以看看我们的销售记录。”

小思考

选择一种熟悉的日用品，运用 FABE 法总结其利益点。

10.2.3　运用人员推销的操作程序

1. 寻找消费者

推销人员制定推销计划后，首要的工作就是寻找潜在的目标消费者，因为只有确定了推销对象，推销工作才能真正开始展开。推销人员寻找潜在的消费者，可以从多个途径去寻找。

1）企业外部。比如，从现实的消费者那里得到其他潜在类似消费者的信息、通过亲朋好友得到相关潜在消费者的信息、通过无竞争关系的其他销售人员得到相关信息等。

2）企业内部。比如，从公司的资料库、电话本等方面得到相关信息，或者通过会议的电话及邮件等得到相关信息等。

3）亲自寻找。通过分析产品的目标消费者的特点，进行深入探访以得到潜在消费者的信息。为避免盲目性，应事先确定一个可能的目标范围。

4）其他方面。比如，通过网络、电话、微信、微博、展会、销售讨论会等途径得到潜在消费者的信息。

2．评估消费者

找到潜在消费者，还要对其进行评估，看其是否具有购买的意愿及能力，把时间优先放在最具潜力的消费者身上，以达到最高的产出效果。

一般来说，只有那些对产品有真实需求、有足额的货币支付能力、有购买决策权的准消费者，才是合格的顾客，才是推销人员应重点推销的对象。

1）购买需求的审查。需求审查是消费者购买资格的核心内容，它决定了整个推销活动的成败。购买需求的审查包括对消费者有现实的需求、消费者确实没有需求、消费者表示出虚假的没有需求的审查。

2）支付能力的审查。在完成了对消费者需求的审查之后，推销人员就要审查消费者的支付能力。这项工作是在推销人员寻找消费者、与消费者洽谈时同步进行的。支付能力的审查包括针对终端消费者支付能力的审查、针对企业支付能力的审查、针对中间商支付能力的审查。

3）购买决策权的审查。很多情况下，人们虽然对推销人员推销的产品有现实需求，而且也具有相应的货币支付能力，但他们却不能采取购买行动，其中一个重要的原因就是他们没有购买决策权。购买决策权的审查包括终端消费者购买决策权的审查、企业购买决策权的审查、中间商购买决策权的审查。

3．接近消费者

接近消费者是推销人员开始推销洽谈的前奏，也是推销过程的一个重要环节。接近消费者一般包括推销准备、约见消费者与接近消费者 3 个环节。

1）推销准备。其基本内容包括消费者资料的准备和推销工具的准备。针对不同的消费者，消费者资料的准备可分为约见政府机构型购买者的准备、企业型购买者的准备、中间商型购买者的准备、终端型消费者的准备和熟悉消费者的准备。

2）约见消费者。约见消费者既是接近准备的延续，又是接近过程的开始。约见的基本内容是要确定约见对象、明确约见目的、安排约见时间和选择约见地点。约见消费者的方式有当面约见、信函约见、委托约见、广告约见和网上约见等。

3）接近消费者。其主要方法有介绍接近法、产品接近法、利益接近法、好奇接近法、问题接近法、赞美接近法、调查接近法和求教接近法等。

4．推销洽谈

推销洽谈是整个推销过程中的一个关键性环节。能否说服消费者，进一步激发消费者的购买欲望，最后达成交易，关键在于推销洽谈是否成功。

1）推销洽谈的内容。推销洽谈涉及的面很广，内容也非常丰富。不同产品的推销有不同的洽谈内容，但基本内容主要有产品品质、产品数量、产品价格、销售服务、消费者获得利益和保证条款。

2）推销洽谈的步骤。正式的推销洽谈，买卖双方一般在事前已通过不同渠道有所接触，双方均有交易的动机和意愿，在经过一定的准备之后双方在约定的时间、地点进行正式洽谈。一般来说，正式洽谈活动从开始到结束，可以划分为制定洽谈方案、洽谈导入和正式洽谈几个步骤。

3）推销洽谈的方法。推销洽谈要想成功进行，推销人员必须熟练掌握并灵活运用推销洽谈的提示法、演示法和介绍法，同时还要注意运用推销洽谈的倾听技巧、语言技巧和策略技巧。

5. 推销成交

对于推销人员来说，无论推销过程多么艰辛或多么完美，如果最后没有拿到订单，其结果都是失败。对于企业来说，只有不断地成交，才能促进资金回笼，才能赚取利润，赢得企业的良性发展。

1）要善于识别消费者发出的购买信号，把握住有利时机，采取合适的促成交易的方法，达到成交的目的。

2）常用的成交方法有请求成交法、假定成交法、优惠成交法、保证成交法、选择成交法、从众成交法、小点成交法、异议成交法、试用成交法、最后机会成交法和激将成交法。

6. 售后服务

产品售出后，要及时了解消费者的满意程度，及时处理消费者的意见，消除他们的不满，提高消费者满意程度。良好的售后服务可以培养消费者对产品的忠诚程度，增加产品再销售的可能性。推销人员也可通过售后的综合分析，对重点消费者进行重点管理，进一步强化再销售的可能性。

10.2.4 运用人员推销管理

1. 对销售队伍的规模管理

推销人员是企业最重要的资产，也是花费最多的资产。推销人员的规模是否适当，直接关系到企业的经济效益。推销人员多，会带来销售额的增加，但同时也会带来销售成本的上升，因此企业必须进行成本和销售额之间的权衡，确定最佳的推销人员数量。

确定销售人员规模最常用、最简单的方法有两种：一是工作量法，即通过确定总工作量的方法来确定销售人员的规模；另一种是销售能力法，即先测量每个销售人员的销售能力，再计算在可能的销售人员规模下公司的销售额和投资报酬率，以此确定销售人员的规模。

2. 对销售队伍的组织结构管理

在相同的环境下，不同的销售队伍组织结构的运作效率是不同的。换句话说，不同的企业，在不同的环境下，要通过不同的组织结构去运作，才能达到效果最大化。营销实践中，推销人员的组织结构有如下几种形式。

1）区域是组织结构，指企业将市场划分为若干个销售区域，每个销售人员负责一个区域的全部销售工作。这是最简单的一种结构形式，为国内大部分产品单一的中小企业所采用。

2）产品式组织结构，指企业将产品分成若干类，每一个销售人员或每几个销售人员为一组，负责销售其中的一种或几种产品的推销组织结构形式。

3）顾客式组织结构，指企业将其目标市场按顾客的属性进行分类，不同的推销人员负责向不同类型的顾客进行推销活动的组织结构形式。例如，金蝶在销售 ERP 软件的时候，依据顾客的类型（如银行、商业企业、制造企业、流通企业等）来组织销售人员进行销售。

4）复合式组织结构，指当企业的产品类别多、消费者的类别多且分散时，综合考虑区域、产品和消费者因素，运用两种或三种因素来分派销售人员的结构形式。在此情况下，一个销售人员可能要同时对多个产品经理或部门负责。

3. 对推销人员的管理

推销人员为企业创造利润，一支有能力的、高效的销售队伍对企业有着非常重要的意义。要想拥有高效的队伍，企业必须在推销人员管理的每一个环节做足工夫。

1）推销人员的招聘。招聘为优秀的销售队伍把好第一关。公司要根据实际情况制定销售人员招聘的条件，以确保选出公司所需要的优秀销售人才。高素质的销售人员对销售的贡献要比低素质的销售人员高出很多，所以在招聘推销人员时，宁可花高价请一个高水平的销售人员，而不花低价去招几个低素质的销售人员。

2）推销人员的培训。推销人员被招聘进来以后，一般公司都要对其进行相应的培训。

企业对推销人员的培训内容有企业文化培训、道德培训、业务培训及管理培训等方面。不同的培训内容往往是根据需求的层次分阶段进行的。

企业对推销人员的培训方法：一是课堂培训，这是比较系统的正规培训方法；二是会议培训，是组织销售人员就某一专题进行研讨，受训人有充分的交流机会；三是实地培训，即新销售人员在接受一定的课堂培训的基础上被安排到工作岗位上，在有经验的销售人员的带领下逐步独立工作的培训方法，效果比较显著。

3）推销人员的激励。一般来说，组织中的任何成员都需要激励，推销人员也是如此。企业可以通过多种方式对推销人员进行激励，以提高销售人员的工作积极性。激励措施的方式有固定工资加奖金、提成制工资和固定工资加提成。企业还要考虑销售人员的福利待遇，包括休假工资、医疗保险、养老保险等，特别应该根据销售人员工作特点，必要时还可以给予意外保险，这样可以让销售人员有安全感和对企业的依附感，从而愿意为企业奉献自己的干劲、热情和才智。

4）推销人员的考核。有考核才有区别。对推销人员一定要用合适的考核方式去衡量其销售效果，并做出奖励或惩罚的相应措施，这对提升销售队伍的战斗力起着非常积极的作用。考核的难题在于考核指标的确定。常用的考核指标主要有销售量（额）、访问率、销售费用、新客户数目等。由于不同地区的状况不同，如销售潜量、区域形状、地理分布、交通条件等，这就给指标的考核带来了难度。企业要综合考虑各种情况，避免从单一的指标去衡量推销人员的销售业绩。

10.3 运用广告策略促销

【学习与培养思路】

广告策略在促销中具有非常重要的作用和地位，是市场竞争的重要手段。运用广告策略促销的重点是广告定位、广告促销策略、广告促销设计的操作程序。

在掌握广告定位的方式、广告促销策略、广告促销设计操作程序的基础上，培养运用广告策略促销的能力。

10.3.1 认知广告策略的概念

广告策略是在一般营销策略的基础上，利用各种推销手段，在广告中突出消费者能在购买的商品之外得到其他利益，从而促进销售的广告方法和手段。

广告策略既要告知消费者购买产品所能得到的好处，又要给予消费者更多的附加利益，以激发消费者对产品的兴趣，在短时间内收到即效性广告的效果，从而推动产品销售。

10.3.2 运用广告定位

广告定位是指在与所宣传产品相类似的众多商品中，寻找到该产品有竞争力的特点和独特个性，在消费者心中树立该产品的一定地位。广告定位的方式有：

1）确定广告对象和宣传概念，强调产品特点，以及信息传递方法、技巧和具体步骤等。

2）明确广告区域和宣传力度。针对广告区域的地方性、区域性、全国性、国际性的不同，选择不同广告覆盖方法，如全面覆盖、渐进覆盖或轮番覆盖。

3）确立广告目标。指在一个特定时期内对特定受众所要达到的宣传效果。广告目标可分为 3 种类型：通知型、说服型、提醒型。通知型广告主要用于某种新产品的入市前期，目的在于强化品牌形象、推出新产品；说服型广告的目的是培养消费者对某种品牌的需求，说服消费者在同类产品中选择它；提醒型广告对产品进入旺销期后十分重要，目的是引起消费者对该种产品的记忆和连续购买。

4）选择广告媒体组合。根据产品和媒体的特性选择投入费用小而宣传效果好的媒体组合。

10.3.3 运用广告促销策略

1．运用馈赠型广告促销策略

1）运用赠券广告。利用报纸杂志向消费者赠送购物券。报刊登载商店赠券，赠券周围印有虚线，读者沿虚线将赠券剪下即可持券到商店购物。赠券一般优惠供应商品。赠券广告的作用是薄利多销，提高商店和品牌知名度，吸引消费者到商店来，从而带动其他产品的销售。

2）运用赠品广告。将富有创新意识与促销产品相关的广告小礼品，选择时机，在较大范围内赠送给消费者，从而引起轰动效应，促进商品销售。比如，现在市面上经常看到日化公司、医药公司制作一种印有其某种产品（如驱蚊露、止痒水、风油精）字样的小型手摇广告扇，在入夏前期赠送给路人和柜台前的消费者，扩大影响，极大地促进了产品的销售，而每把手摇扇的成本只有 0.15 元人民币。

3）运用免费试用广告。将产品免费提供给消费者，一般让消费者在公共场合试用，以促进产品宣传。例如，化妆品公司针对大学生、年轻人集体外出户外活动之前，免费为他们提供防晒霜使用，同时赠送印有该产品字样的遮阳伞为企业做广告，产生了不同凡响的广告效应。

2. 运用直接型广告促销策略

1）运用上门促销广告。即促销人员不在大众媒体或商店做广告，而是把商品直接送到用户门口，当面向用户做产品宣传，并给用户一定的附加利益。例如，城市居民经常会遇到陌生的女大学生为某些企业兼职上门推销化妆品、洗涤剂、保健品等，这种广告式的促销能及时回答消费者的问题，解除消费者的疑虑，直接推销产品，但效果不能尽如人意，往往会被戒备心很强的住家所拒绝，甚至被逐出家门。

2）运用邮递促销广告。即促销人员将印有“某产品折价优惠”或“请君试用”等字样，并备有图案和价目表之类的印刷品广告，通过邮局直接寄到用户家中或办公室。为了减少邮递促销广告的盲目性，企业平时要做经常性的资料收集工作，掌握用户的姓名、地址和偏好，双方保持一定形式的联系，提高用户对企业的信任感。

3）运用派发促销广告。即促销人员将印刷品广告在目标消费群的聚集区递送给消费者。

3. 运用示范型广告促销策略

1）运用名人示范广告，即让社会名人替商品做广告。

实用链接

上海蓓英时装店有一天挂出两条特大号牛仔裤，打出“欢迎试穿，合身者本店免费奉赠以作纪念”的广告词，消息传出，观者如潮。当天下午两位巨人光顾，试穿结果恰好合身，老板欣然奉赠。这两位巨人并非别人，乃是我国篮坛名将穆铁柱和郑海霞。这个精心设计的名人示范广告，产生了较好的轰动效应。

2）运用现场表演示范广告。即选择特定时间和地点，结合人们的生活习惯，突出产品的时尚功效，作公开场合示范表演。

4. 运用集中型广告促销策略

集中型促销广告是利用大型庆典活动、赞助公益事业、展销会、订货会、文娱活动等人群集中的场合进行广告宣传。其广告形式多种多样。

对于需要使用技术指导的精细化学品的广告促销，还可以通过在相关技术类刊物上发表具有隐形广告意义的科研论文以达到类似的促销效果。

10.3.4　运用广告促销设计的操作程序

1. 确定广告目标

广告目标是指企业通过广告活动要达到的目的。其实质就是要在特定的时间对特定的受众完成特定内容的信息沟通任务。广告目标是广告方案设计的出发点，为整个广告营销活动指明了方向，它应从属于营销目标。根据广告目标特点的不同，可以把广告目标划分为告知、劝说和提示三大类。

实用链接

20 世纪 90 年代，荷兰飞利浦电子集团随着其电动剃须刀系列新产品的不断开发成功，销售业绩迅速上升。它的国际代理机构达美高公司这样描述飞利浦的广告目标：①吸引年青一代的用户；②鼓励那些对湿剃与干剃各自优点不太明白的人开始使用飞利浦电动剃须刀；③为提高产品的领导地位，在那些干剃习惯已经稳固确立的国家同主要竞争者“百灵”相对抗。

2. 确定广告预算

在广告预算设计中，企业要充分认识广告支出与广告收益的关系。广告宣传的目的就是吸引消费者，扩大产品的销售，提高企业的经济效益。因此，企业在选择广告形式时必须注意广告宣传所取得的经济效益要大于广告费用的支出。企业选择确定广告预算的方法有：

1）承受能力法，即根据企业的资金实力来决定广告预算。生产企业广告预算的计算方法是：先从企业产品的市场售价，减去批发商与零售商所得的价差，以及本企业的生产成本，再确定企业可用于广告的费用比例。

2）一种准销售额百分比法，即根据销售额的一定百分比制定广告预算。这种方法使广告费用与销售收入挂起钩来，简便易行。但它忽视了广告促销作用，颠倒了二者的关系，忽视了未来市场的环境变化，并且二者比例系数很难确定。

3）竞争平衡法，即参考竞争对手的广告费用而定出自己的广告费用，广告预算与竞争者大体相同。这种方法有助于避免广告战的白热化，但它忽视了竞争者广告费用不一定合理的情况。此外，竞争者与本企业情况也是存在差异的。

4）目标任务法，即根据企业营销的目标和任务确定广告预算。这是一种较科学的方法，但它也会有主观性，因此也需要采用上述某些方法对其加以修正。

5）投资收益法，即预测广告投资与所能产生的收益决定广告预算，但关键是难以确定广告的收益。因此，广告预算必须综合考虑各种因素，综合运用各种方法以校正某种方法的缺陷。广告预算总额确定以后，必须在不同广告媒体之间、广告管理的各个程序之间，在不同目标市场和不同地区之间，并依据不同媒体的传播时间和传播次数进行合理分配，才能收到预期的效果。

3．确定广告信息

这是指根据促销活动所确定的广告目标来设计广告的具体内容。产品设计要注重广告效果，只有高质量的广告，才能对促销起到宣传、激励的作用。高质量广告应该体现合法性、真实性、针对性、简明性、艺术性和统一性。

4．选择广告媒体

不同的广告媒体有不同的特征，这决定了企业广告必须对广告媒体进行正确的选择，否则将影响广告效果。正确地选择广告媒体，一般要考虑下列影响因素：

1）产品特征。掌握产品特征是选择广告媒体的重要条件。产品的特征主要是指产品的需求特征和需求范围，以及产品形象化程度。工业品和消费品，以及技术性能高的复杂产品和较普及性产品，应采取不同的广告媒体。

2）消费者接触媒体的习惯。一般来说，能使广告信息传递到目标市场的媒体是最有效的媒体。消费者接触媒体的习惯是不同的，掌握这种区别才能有针对性地进行广告宣传，提高广告宣传的效果。

3）广告的内容。不同的广告内容应选择不同的广告媒体。例如，广告内容是“明天大降价”，选择日报、晚报、电视、广播、微博、微信、短信最及时。如果是一项技术性很强、较为复杂的产品，广告则宜登在专业杂志上或采用印刷邮寄做广告媒体。

5．评估广告效果

促销广告是一项投资，对于这种费用较高的投资活动，企业必须要进行评估，目的在于提高广告的经济效益。要准确地评估广告效果绝非易事，但并不意味着不能评估。企业可以采用“预审法”检查广告是否将信息正确、有效地传递给目标受众。此方法是在广告公布于众之前对其效果进行评估。广告投放市场以后，可用下列方法进行评估：

1）运用回忆测定法。即通过消费者观看（阅读）广告后对广告内容的记忆度和理解度来测定广告的效果。回忆测定法又可分为纯粹回想法和辅助回想法两种。纯粹回想法是让消费者独立地对已推出的广告进行回忆，调查人员不做任何提示；辅助回想法则是测定在一定的提示下，消费者能够回忆出广告多少内容，以及理解程度和联想力。

2）运用认知测定法。即抽取一组消费者做样本，然后询问他们是否观看（阅读）过某个广告。根据实际情况，将认知程度分为三等：约略认知，即曾看到过；联想认知，即能记起某一部分内容，由这部分内容能联想起有关的产品名称；较深认知，即能记起广告一半以上的内容。计算这三部分的百分比，即可得出该广告的观看（阅读）效率。

3）运用实验室测定法。即利用各种仪器观察被测者的生理反应，如心跳、血压、瞳孔等的变化，以此来判断广告的吸引力。

此外，也可用销售量的变化来测定广告效果，但其结果往往因其他因素及广告滞后作用的影响而不大准确。

10.4 运用营业推广促销

【学习与培养思路】

营业推广促销是企业鼓励消费者购买或鼓励经销商销售企业产品或服务最常用的一种促销策略。正确掌握营业推广促销的方式、操作程序，才能提高营业推广促销的效率。

在掌握营业推广的工具、营业推广的操作程序的基础上，培养运用营业推广促销的能力。

10.4.1 认知营业推广的概念

营业推广又称销售促进，是指企业在特定的目标市场中，为迅速刺激需求和鼓励购买而采取的各种短期性促销方式的统称。它与广告、公关、人员推销不同，后三者一般是常规的、连续的，营业推广则是非常规性的，是一种辅助促销手段。营业推广的着眼点在于解决某些更为具体的促销问题，因而是非规则性、非周期性地使用和出现的。营业推广最适用于完成短期的具体目标。营业推广具有非规则性和非周期性、灵活多样性的特点。

10.4.2 运用营业推广的操作程序

1．确定营业推广的目标

营业推广的目标由企业的营销目标确定，一般有 3 个方面的目标：

1）以刺激消费者购买为目标，如鼓励现有产品使用者增加使用量、吸引未使用者使用、争取其他品牌的使用者等。

2）以鼓励中间商购买为目标，如鼓励中间商增加库存、打击竞争对手、增强中间商的品牌忠诚度、开辟新销售渠道等。

3）以激发推销人员的销售努力为目标，如鼓励推销人员努力推销产品，刺激其去寻找更多的潜在消费者，努力提高业绩。

2．选择营业推广的工具

营业推广的工具是多种多样的，各有其特点和使用范围。在选择营业推广的工具时，要考虑市场的类型、促销目标、竞争条件和促销预算分配，以及每种推广工具的预算。此外，同一推广目标可以来用多种推广工具来实现，这就需要有一个营业推广工具的比较选择和优化组合问题，目的是实现最优的推广效益。

1）运用面向消费者的促销工具。面向消费者的促销工具如表 10-3 所示。

表 10-3　主要面向消费者的促销工具

工　具	运　用
样品	样品是指免费提供给消费者供其使用的产品。样品可以挨家挨户地送上门，邮寄发送，在商店内提供，附在其他产品上赠送，或作为广告品。赠送样品是最有效也是最昂贵的介绍新产品的方式

续表

工　　具	运　　用
优惠券	证明持有者在购买某特定产品时可凭此优惠券按规定少付若干钱。优惠券可以邮寄、包进其他产品或附在其他产品上，也可以刊登在杂志和报纸上。其回收率随分送的方式不同而不同。优惠券可以有效地刺激成熟期产品的销售，诱导对新产品的早期使用。专家认为，优惠券必须提供 15%～20%的价格减让才有效果
现金折扣	折扣是在购物完毕后提供减价，而不是在零售店购买之时。消费者在购物后将一张指定的“购物证明”寄给制造商，制造商用邮寄的方式“退还”部分购物款项
特价包	以低于正常价格向消费者提供一组商品的促销方法，其做法是在商品包装上或标签上加以附加标明。可以采取减价包的形式，即将商品单独包装起来减价销售（如原来买一件商品的钱现在可以买两件），或者可以采取组合包的形式，即两件相关的产品并在一起（如牙刷和牙膏）。特价包在刺激短期销售方面甚至比折价券更有效
赠品（礼品）	比较低的代价或免费向消费者提供赠品，以刺激其购买某一特定产品。一种是附包装赠品，即将赠品附在产品内（包装内附赠品）或附在包装上面（包装上附赠品）；还有一种是免费邮寄赠品，即消费者交上购物证据就可获得一份邮寄赠品；另一种是自我清偿性赠品，即以低于一般零售价的价格向需要此种商品的消费者出售的商品。目前，制造商给予消费者品目繁多的赠品，这些赠品上都印有公司的名字
奖品（竞赛、抽奖、游戏）	奖品是指消费者在购买某物品后，向他们提供赢得现金、旅游或物品的各种获奖机会。竞赛要求消费者呈上一个参赛项目，然后由一个评判小组确定哪些人被选为最佳参赛者。抽奖则要求消费者将写有其名字的纸条放入一个抽签箱中抽签。游戏则在消费者每次购买商品时送给他们某样东西，如纸牌号码、字母填空等，这些有可能中奖，也可能一无所获。所有这些都将比优惠券或者几件小礼品赢得更多的注意
光顾奖	指以现金或其他形式按比例地用来奖励某一个消费者或消费集团的光顾。购买积分卡也是一种光顾奖励
免费试用	对于潜在消费者免费试用产品，以期他们购买此产品
联合促销（捆绑促销）	两个或两个以上的品牌或公司在优惠券、销售折扣和竞赛中进行合作，以扩大它们的影响力。相关企业的推销人员合力把这些联合促销活动介绍给零售商，使其参与这些促销活动，从而增加商品陈列和广告面积，使其商品在销售点能更好地显露出来
交叉促销	用一种品牌来为另一种非竞争品牌做广告
售点陈列和商品示范（POP）	售点陈列和商品示范出现在购买现场或销售现场，但是许多零售商不喜欢放置来自制造商的数以百计的陈列品、广告牌和广告招贴。对此，制造商要提供较好的售陈列资料，并将它们与电视或者印刷品宣传结合起来运用，努力建立起一种新方式
会议促销	举办各类展销会、博览会、业务洽谈会，会议期间现场进行相关产品的介绍、推广和销售活动
产品保证	销售者或明或暗地保证产品在一定时期内将达到规定要求，否则销售者将会修理产品或退款给顾客

（2）运用面向中间商的交易促销工具。面向中间商的交易促销工具如表 10-4 所示。

表 10-4　主要面向中间商的交易促销工具

工　　具	运　　用
价格折扣（又称发票折扣或价目单折扣）	在某段指定的时期内，每次购货都给予低于价目单定价的直接折扣，这一优待鼓励了经销商去购买一般情况下不愿购买的数量或新产品。中间商可将购货补贴用来作为直接利润、广告费用或零售价减价
补贴或津贴	制造商提供补贴，以此作为零售商同意以某种方式突出宣传制造商产品的报偿。广告补偿用于补偿为制造商的产品做广告宣传的零售商，陈列补贴用以补贴对产品进行特别陈列的零售商
免费商品	制造商给购买某种质量特色的、使其产品增添一定风味的或购买达到一定数量的中间商额外赠送几箱产品。他们也可向零售商提供促销资金或免费广告礼品，如免费赠送附有公司名字的特别广告赠品，如钢笔、铅笔、年历、镇纸、备忘录等
扶持零售商	生产商对零售商专柜的装潢予以资助，提供 POP 广告，以强化零售网络，促使销售额增加；可派遣长方信息员或代培销售人员，以此来提高中间商推销本企业产品的积极性和能力
销售竞赛	根据各个中间商销售本企业产品的业绩，分别给优胜者以不同的奖励，如现金奖、实物奖、免费旅游、度假奖等，以起到激励的作用

（3）运用面向业务和销售队伍的促销工具。主要业务的促销工具如表 10-5 所示。

表 10-5　面向业务和销售队伍的促销工具

工　　具	运　　用
贸易展览会和集会	行业协会一般都组织年度商品展览会和集会，向特定行业出售产品和服务的公司在商品展览会上租用一个摊位，陈列和演示它们的产品。业务市场营销者每年将 35%的促销预算用于商品展览会。他们要做出一系列的决策，包括参加哪个商品展览会，如何将展台布置得富有吸引力，如何有效地追踪销售线索等
销售竞赛	销售竞赛是一种包括推销员和经销商参加的竞赛，其目的在于刺激他们在某一段时间内增加销售量。方法是谁成功谁就可以获得奖品。许多公司出资赞助，为其推销员办年度竞赛或经常性的竞赛。他们用刺激项目来刺激经销商或推销员完成较高的公司指标。优胜者可以获得免费旅游、现金或礼品等。有些公司则给各参赛者打分，可用这些分去换取各种奖品
纪念品广告	纪念品广告是指由推销员向消费者或潜在消费者赠送一些有用的低成本的物品，条件是换取对方的姓名和地址，有时还要送给消费者一条广告信息。常用物品有圆珠笔、日历、打火机和笔记本等。这些物品使潜在消费者记住了公司名字，并由于这些物品的有用性而引起对公司的好感。一个研究报告指出，超过 86%的制造商供应给他们的推销员这些特定的物品

3．制定营业推广方案

制定营业推广方案要做出如下决策：

1）营业推广激励规模的决策。对营业推广对象的激励规模，要根据费用与效果的最优比例来确定。要获得营业推广活动的成功，一定规模的激励是必要的，关键是要找出最佳的激励规模。最佳激励规模要依据费用最低、效率最高的原则来确定。如果激励规模过大，虽然仍会促使销售额上升而产生较多的销售利润，但效率将相对递减。

2） 营业推广激励对象的决策。这种激励是面向目标市场的每一个人还是有选择的某部分人，这种范围管控有多大，哪类消费者是主攻目标，这种选择正确与否会直接影响到促销的最终效果。通常，某种赠品只可能送给那些寄回包装物的购买者；抽奖可能限定在某一范围内，而不允许企业员工的家属或一定年龄以下的人参加。企业在选择激励对象时，要尽量限制那些不可能成为长期消费者的人参加。当然，限制面不能太宽，否则会导致只有大部分品牌忠诚者或喜好优待的消费者才有可能参加，不利于目标消费群范围的扩大。

3）营业推广送达方式的决策。企业要根据激励对象及每一种渠道方法的成本和效率来选择送达方式。例如，赠送试用样品可用通过邮寄、通过经特别训练的人挨户分发，也可以通过牛奶配送员或其他地区性的路线送货人员分送、促销人员店内发送、附于其他产品包装上等方式来配送。每种方法都有其优点，企业应从费用与效果的关系角度仔细斟酌，反复权衡选择最佳的送达方式。

4）营业推广活动期限的决策。任何促销方式在实行时都必须规定一定的期限，不宜过长或过短。如果促销活动的期间过短，可能使一些潜在消费者错过参与到促销活动中来而达不到预期效果；如果持续时间过长，又会引起开支过大和减弱刺激购买的力量，并容易使企业产品在消费者心目中降低身价。具体活动期限应综合考虑产品特点、消费者购买习惯、促销目标、竞争者策略及其他因素，按照实际需求而定。

5）营业推广时机选择的决策。一般来讲，营业推广时机的选择要考虑产品所处的生命周期阶段、竞争状况、消费者购买的时间习惯等因素。同时应注意与生产、分销、促销的时机和日程协调一致。在不同的地区推出促销活动应与该地区营销管理人员一起根据整个地区的营销战略来研究与决定。例如，某饮料生产企业在开拓某地市场时，10 月才开始做广告促销和大量的营销推广活动，这就是在时机选择上的失误，因为 10 月一般来说开始进入饮料销售的淡季。它应在每年饮料销售旺季到来之前及旺季中的 4～9 月开展营业推广活动，这样效果才会显著。

6）营业推广预算及其分配的决策。促销费用的预算一般考虑的费用有广告费用、销售促进费用、公关费用、人员推销费用等。在促销活动中，企业按具体活动情况及其有关规定来确定一定的促销费用。为了能使费用的投入得到更大的促销效果，预算要注意尽可能细化、准确，以求得最优的经济效益。

4．试验、实施和控制营业推广方案

促销方案制定后一般要经过试验才予以实施。通过试验，明确所选用的促销工具是否适当、

刺激是否最佳、实施的方法效率如何等。一些大企业常在选定的市场区域中采用不同的策略进行试验。面向消费者市场的营业推广能够较轻易地进行试验，可邀请消费者对几种不同的可能优惠方法做出评价，给出评分，也可以在有限的地区范围内进行试用性试验。企业对于每一项营业推广工作都应该确定实施和控制计划。实施计划必须包括前置时间和销售延续时间。前置时间是从开始实施这种方案前所必需的准备时间，它主要包括最初的计划和设计工作，包装修改的批准或者材料的邮寄，配合广告宣传的准备工作和销售点材料，通知现场销售人员，为个别分销店建立地区的配额，购买或印刷特别赠品或包装材料，预期存货的生产及发放等。销售延续时间是指从开始实施优惠措施起到大约 95%的采取此优待方法的产品已经到达消费者手中为止的时间。这段时间可能是一个月至几个月，主要取决于活动持续时间的长短。在计划制定及执行过程中，应有相应的监控机制做保障，应有专人负责管控事态的进展，一旦出现偏差或意外情况应及时予以纠正和解决。

5．评估营业推广的效果

营业推广活动结束后，应立即对其进行效果评估，以总结经验和教训。

（1）运用前后比较法评估

前后比较法即将开展营业推广活动之前、之中和之后 3 段时间的销售额（量）进行比较，以测评促销效果。这是常用的消费者促销评估方法，促销前、促销期间和促销后产品的销售额（量）水平的变化会呈现出几种不同的情况，这说明促销产生了不同的效果。

1）促销初期销售集额（量）上升，但在促销中销售额（量）就逐渐下降，结束时又恢复到原有正常水平，这说明本次促销的冲击力虽强，但没能对消费者的重复购买或大量购买产生真正的影响。

2）促销期间销售额（量）有较明显的上升，促销结束后则跌落到通常水平以下，这说明促销可能破坏了产品原有的品牌形象，或者由于产品的质量问题或其他外来因素，使原有消费者的信心受到了伤害。

3）促销期间销售额（量）同促销前基本一致，促销结束后也无多大变化，这说明促销无效果。

4）促销期间销售额（量）有明显增加，促销结束后低于通常水平，过一段时间后又回归到通常水平，这说明促销可能只是吸引了产品的习惯消费者在促销期间多批量的购买，并没有刺激多少新的消费者实施购买行为。促销结束到产品销售额（量）回归到通常水平这段时间也被称为“存货消耗期”。

5）促销期间销售有明显增加，促销结束后销售额（量）回归到通常水平，这说明促销虽然暂时刺激了一些新的消费者购买行为，但新的消费者对于促销产品并没有养成“品牌忠诚”。

6）促销期间销售有明显增加，促销结束后销售额（量）高于通常水平，这说明促销刺激了一些新的消费者实施购买行为，且一些新的消费者对于促销产品还养成了一定的“品牌忠诚”，而原有的消费者信心也没有受到负面影响。这是一种理想的促销效果。

（2）运用市场调查法评估

市场调查法采用的方法是寻找一组消费者样本，和他们面谈，了解有多少消费者还记得促销活动、他们对促销的印象如何、有多少人从中获利、对他们今后的品牌选择有何影响等，通过分析这些问题的答案，就可以了解到促销活动的效果。这种方法尤其适合于评估促销活动的长期效果。调查的项目包括促销活动的知名度、消费者对促销活动的认同度、销势增长（变化）情况、企业形象的前后变化情况。

（3）运用观察法评估

观察法是通过消费者对促销活动的反应，从而得出对促销效果的综合评价，主要是对消费者参加竞赛和抽奖的人员、优惠券回报率、赠品的兑现情况加以观察，从中得出结论。这种方法相对而言较为简单，而且费用较低，但结论易受主观影响，不是很精确。

10.5 运用公共关系促销

【学习与培养思路】

公共关系已成为企业的“喉舌”与“耳目”。公共关系是企业正确处理企业与社会公众的关系、树立企业良好形象、促进产品销售的活动。如何利用公共关系促进产品的销售，是现代企业必须重视的问题。

在掌握公共关系促销概念、公共关系促销方式、公共关系促销操作程序的基础上，培养运用公共关系促销的能力。

10.5.1 认知公共关系促销的概念

公共关系是指某一组织为改善与社会公众的关系，促进公众对组织的认识、理解及支持，达到树立良好组织形象、促进产品销售的目的的一系列促销活动。

实用链接

企业公共关系实质是“在商不言商”，即企业公共关系活动在形式和内容上没有任何商业气息，完全是公益性活动，这样公众才容易接受，容易理解。企业公共关系活动是“既求名又求利”。雷锋做好事不求名不为利，而企业做好事是既求名又求利。只不过“名”是指企业形象，是美誉度，是现实的、直接的，而“利”是潜在的、间接的。公众只有理解了企业，接纳了企业，才能支持企业，成为企业的顾客。雷锋做好事是默默无闻的，而企业做好事是大张旗鼓的，追求的是知名度、美誉度和更大的社会效应。

运用公共关系促销是企业促销的主要策略之一，但是公共关系促销并不是要推销某个具体的产品，而是企业利用公共关系把企业的经营目标、企业文化、企业形象等传递给社会公众，使公众对企业有充分的了解。公共关系促销的作用是对内协调各部门的关系，对外建立广泛的社会联系，密切企业与公众的关系，树立企业的良好形象，扩大企业的知名度、信誉度与美誉度。其目的是为企业的营销活动创造一个和谐、亲善、友好的营销环境，从而间接地促进产品的销售。

10.5.2 运用公共关系促销的方式

1．运用交际性公共关系促销方式

交际性公共关系促销方式是以人际交往为主的实用性方式，具有直接性、灵活性的特点，尤其是通过浓厚的人情味与人际交往与公众保持联系，成为不少企业和企业家的成功之道。

2．运用服务性公共关系促销方式

服务性公共关系促销方式是企业为消费者提供优质产品的同时提供优质服务，树立起自身的知名度和消费者的信任感，招徕更多的消费者。

3．运用社会性公共关系促销方式

社会性公共关系促销方式即通过各种有组织的社会性、公益性、赞助性活动来体现企业对社会进步和发展的责任，同时在公众中增加非经济因素的美誉度来展示良好形象，促进企业营销。

4．运用征沟性公共关系促销方式

这种方式主要通过采集信息、调查、民意测验等形式，既收集公众意见、建议、愿望等，又借此向公众传播企业营销信息，扩大企业的知名度，为企业营销活动提供便利。

5．运用同化性公共关系促销方式

同化性公共关系促销方式由于能超然于各种利益纠纷甚至冲突之上，因而在激烈的市场竞争中显得技高一筹。例如，有些商店的经理为在本店买不到合适产品的消费者介绍他家商店的产品，使消费者对该商店留下良好的印象。

6．运用情感性公共关系促销方式

情感性公共关系促销方式由于直接从消费者情感、心理需要出发，具有很大的感染力和渗透力。例如，某企业率先推出的“爱妻型”洗衣机就因为增进了夫妻感情而受到欢迎。

7．运用心理性公共关系促销方式

心理性公共关系促销方式通过打破固有思维定式、心理定式，使公众产生异乎寻常的感觉和印象，因而格外地对企业和产品产生关注，引起购买欲。

8．运用开拓性公共关系促销方式

这是企业在初创时期采用的方式，指借助大众媒体异乎寻常的迅速方式使企业形象、产品形象在公众中一举定位，较快地打开营销局面。

9．运用矫正性公共关系促销方式

在企业形象受到损害时，为了校正受到歪曲的企业形象，解除公众的误解，就要使用矫正性公共关系。矫正性公共关系促销方式指及时发现问题，积极采取有效措施，纠正错误，改善不良形象，用真诚的解释和负责的态度来赢得公众的理解，最终被消费者认可。运用矫正性公共关系促销方式的关键是实事求是、以诚待人、不隐瞒不欺骗，努力在组织和公众之间架起信任的桥梁。

10.5.3 运用公共关系促销的操作程序

1. 运用公共关系促销的调查

公共关系促销调查是运用科学的方法，通过收集必要的资料，综合分析各种因素及其相互关系，以达到掌握实际信息、了解和考察组织的公共关系状态、解决组织面临问题为目的的一种实践活动。公共关系促销调查便于有的放矢地开展公共关系促销活动。

1）公共关系促销调查的内容包括对公共关系的主体——组织情况的调查，对公共关系的客体——公众意见的调查，以及同公共关系的主客体密切相关的社会环境的调查。

2）公共关系促销调查的方法有抽样调查法、问卷调查法、访谈调查法、实地观察法和文献调查法等。

3）公共关系促销调查的程序包括确定调查课题、把握调查对象、制定调查方案、开展实地调查和调查结果处理。

4）公共关系促销调查报告是一种以文字和图表将整个调查工作所得到的结果系统、集中、规范地反映出来的形式。调查报告的主要部分有标题、导语、主体和结尾。

2. 运用公共关系促销的策划

公共关系促销策划主要探讨如何在调查研究的基础上对公共关系促销活动进行谋划和韬略，制定方案，为公共关系促销活动的实施和评估提供依据。

1）公共关系促销策划的过程包括信息分析、确定目标、设计主题、分析公众、选择媒介、经费预算和评估方案。

2）公共关系促销策划的方法，即运“势”、驾“时”使“术”。①势”指公共关系促销策划时，企业环境形势的发展变化，也就是通常所说的“氛围”、“大环境”、“形势”、“趋势”、“潮流”等，因此，公共关系促销策划之前，要先“度势”，后“运势”，只有认清了势的发展规律，并且顺应它，才能使“势”真正为我所用。“势”的策划方法包括借“势”、造“势”、顺“势”、转“势”。 ②“时”指根据形势的发展变化而决定公共关系促销策划的最佳时机、时间、机会和机遇。对“时”的把握要求：要与时俱进，适应主流文化，要牢牢地树立时间观念和时效原则，善于发现和把握公共关系促销策划的最佳时机。“时”的策划方法包括寻时、等时、用时。③“术”指公共关系促销策划过程中所采用的战术、招数、套路或手段。运用“术”公共关系促销策划的要求：“术”要有让人眼前一亮的“兴奋点”。在遵循基本游戏规则前提下，先守正后出奇，敢为天下先，为别人所不能，出奇制胜，非同寻常，想别人想不到的，做别人做不到的。

3. 运用公共关系促销的实施

公共关系促销活动实施就是在公共关系促销活动策划方案被采纳以后，将方案所确定的内容变为公共关系促销实践的过程。公共关系促销实施控制方法主要是反馈控制法。反馈控制法包括事前控制法、事中控制法和事后控制法。

4．运用公共关系促销的评估

公共关系促销评估就是依据特定的标准，对公共关系促销策划方案、实施及效果进行检验、评价和估计。通过对公共关系促销效果的分析评估，肯定工作成绩，找出实施效果与目标之间的差距，适时地调整公共关系促销目标和策划方案，保证公共关系促销活动的持续、有效开展。

1）公共关系促销活动评估的内容包括分析评估公共关系促销活动原定目标是否实现，分析评价公共关系促销活动所选择的模式、传播媒介是否符合目标公众的需求，分析评估公众态度。

2）公共关系促销活动分析评估的程序包括设立评估统一目标、选择合适的评价标准、确定获取数据的最佳途径、及时报告评估结果和运用评估结果。

3）实施效果的评估方法包括自我评定法、专家评定法和实施人员评定法。

4）公共关系促销评估报告的内容包括评估的目的及依据、评估的范围、评估的标准和方法、评估的过程、评估对象的基本情况、内容评估、分析与结论、存在的问题及建议、附件、评估人员名单和评估时间。

公共关系促销评估主要是对公共关系促销过程进行总结、分析，确定公共关系促销活动的最终结果，估计公共关系促销计划和活动实施的各种效果，为调整下一步公共关系促销目标和制定公共关系促销计划提供翔实的资料。

案例分析

一次“失败”的促销

福盈门品牌食用油是国内某集团旗下的高端品牌，它凭借集团的雄厚实力和不差的质量，在食用油市场一直拥有较为稳定的市场份额。郑州市市场是公司的重点市场，公司经理蔡杰决定开展一次夏日淡季卖场促销活动。

活动时间：6 月 27～28 日，周六、周日两天。

活动地点：郑州市所有大型卖场。

活动内容：现场对消费者进行促销，针对销售最好的 5 升花生油进行让利促销。

1）5 升花生油进行特价销售，价钱从原来的每桶 79.9 元优惠到每桶 73.5 元。

2）每购买 5 升花生油一桶，赠送 900 毫升花生油一瓶。

3）现场进行抽奖活动，每购买一桶花生油，均有一次抽奖机会，奖品从手提电脑到 900 毫升小瓶油不等，中奖率 47%。

同期的年有余品牌 5 升花生油价格销售到 85 元一桶，而福盈门这么大的促销力度，不信没人买！蔡杰似乎看到了人们排着长队在等着购买福盈门，而公司的货已经出现供不应求的局面！

周六上午，家乐福北环店，9：00 正式营业后，顾客陆陆续续到来，但是最后能走到靠里的福盈门展架的人稀稀疏疏，尽管促销员大声招揽，临时促销员也很尽力地吆喝，但展架前的人一直很少，直到上午 10：30，共销售 20 桶，和往常周六销售 15 桶相比，几乎没有多大效果。其他超市的促销员陆续反馈，原来期望的活动效果并没有出现。这次活动基本宣告失败。

事后，公司总结失败原因，认为主要有以下几个方面：

第一，活动前期缺少预热：促销信息发布不到位，公众不知晓。

第二，促销商品往往摆放在商场“隐蔽”的靠墙处，购买不方便，陈列不醒目，消费者被阻隔在了“最后的一公里”之外。

第三，促销活动事前缺乏周密策划，只注重让利，许多细节考虑不周全，执行不到位。

辩证性思考：

1. 福盈门运用的是哪一种促销方式？
2. 你认为此次促销活动失败最主要的原因是什么？如果你是公司经理，你会怎样策划这次促销活动？

营销知识检测

1. 如何运用促销策略和促销组合的模式？影响促销组合选择的因素有哪些？
2. 如何推销产品利益？
3. 如何运用广告促销策略？
4. 如何运用营业推广促销？
5. 公共关系促销方式有哪些？

营销能力训练

训练项目：

针对第 7 单元营销能力训练选择的企业，对其进行促销策略分析，选择促销组合策略，撰写促销策略分析方案。

训练目的：

通过训练，进一步认知、掌握促销策略的决策，以及管理的方法与操作程序，具备运用促销策略促销的能力。

训练要求：

由班级学习委员组织全员对促销策略分析方案进行讨论、交流。

第 3 部分

管生意（管理生意）——管理消费需求

【学习与培养思路】

企业解决了如何做生意（经营生意）——满足消费需求以后，这样就进入了市场营销活动的第 3 个环节，即解决如何管生意（管理生意）——管理消费需求的问题。市场营销管理是科学组织企业的所有资源满足消费需求的过程。企业在分析外部环境和内部环境的基础上制定市场营销战略，并在市场营销战略的指导下，对企业的市场营销活动进行计划、组织、实施和控制，进而提高市场营销效率，实现企业的市场营销目标。

由于如何找生意（寻找生意）——发现（创造）消费需求、做生意（经营生意）——满足消费需求、管生意（管理生意）——管理消费需求是需要运用市场营销策划解决的问题，因此设计了运用市场营销策划的内容。

通过学习，掌握市场营销管理的实质、市场营销管理的任务和程序，掌握制定市场营销战略的程序，掌握市场营销计划、组织、实施和控制的内容、操作程序与方法，掌握市场营销策划操作程序、市场营销策划的方法和市场营销策划报告结构的内容。

通过培养，具备运用市场营销管理的能力，具备运用市场营销战略的能力，具备综合运用计划、组织、实施和控制进行市场营销管理的能力，具备市场营销策划的能力。

第11单元

运用市场营销战略

【学习与培养思路】

市场营销战略是企业战略的核心，是实现企业目标和行动方案的保证。市场营销管理首先要制定市场营销战略。市场营销战略的制定是一个动态的过程，要分析市场机会，把握市场需求，研究自身的优势和劣势，适当地配置和利用资源，从时间上、整体上、过程上对市场营销活动进行规划与管理，制定和实施企业营销战略。

通过学习，掌握市场营销管理的实质、市场营销管理的类型与任务，掌握市场营销管理的操作程序，掌握制定市场营销战略的操作程序。

通过培养，具备市场营销管理的能力，具备运用市场营销战略的能力。

11.1 认知市场营销管理

【学习与培养思路】

市场营销管理实质上是对需求的管理，因此明确市场营销管理的类型与任务是进行市场营销管理的前提条件。

在掌握市场营销管理的实质、市场营销管理的类型与任务、市场营销管理操作程序的基础上，培养市场营–销管理的能力。

11.1.1 认知市场营销管理的概念

市场营销管理是通过分析、计划、实施和控制，谋求创造、建立及保持企业与目标消费群之间互利的交换，以达到企业市场营销的目标。

在一般人的心目中，营销管理者的工作就是刺激消费者对企业产品的需求，以便尽量扩大销售量和市场占有率。事实上，营销管理者的工作不仅仅是刺激和扩大需求，同时包括调整、缩减和抵制需求，这要依据需求的具体情况而定。市场营销管理的任务，就是调整市场的需求水平、需求时间和需求特点，使供求之间相互协调，实现互利的交换，达到企业的市场营销目标。因此，现代市场营销管理实质上是对消费的需求管理。

11.1.2 认知市场营销管理的类型

不同的需求状况有不同的市场营销任务。根据需求状况和市场营销任务的不同，市场营销管理可分为 8 种类型，如表 11-1 所示。

表 11-1 市场营销管理的类型、需求状况和任务

市场营销管理类型	需求状况	营销任务
扭转性营销	负需求	扭转需求
刺激性营销	无需求	激发需求
开发性营销	潜在需求	实现需求
恢复性营销	需求衰退	恢复需求
同步性营销	不规则需求	调节需求
维护性营销	饱和需求	维持需求
限制性营销	过剩需求	限制需求
抵制性营销	有害需求	消除需求

1. 认知扭转性市场营销管理

扭转性市场营销是针对负需求实行的。负需求是指全部或大部分潜在消费者对某种产品或服务不仅没有需求，甚至厌恶。例如，素食主义者对所有肉类有负需求；许多人对预防注射、节育手术有负需求。针对这类情况，扭转性市场营销管理的任务是扭转人们的抵制态度，使负需求变为正需求。营销者必须首先了解这种负需求产生的原因，然后对症下药，采取适当的措施来扭转。

2. 认知刺激性市场营销管理

刺激性市场营销是在无需求的情况下实行的。无需求是指市场对某种产品或服务既无负需求也无正需求，只是漠不关心，没有兴趣。无需求通常是因消费者对新产品或新的服务项目不了解而没有需求，或者是非生活必需的装饰品、赏玩品等，消费者在没有见到时也不会产生需求。因此，刺激性市场营销管理的任务是设法引起消费者的兴趣，刺激需求，使无需求逐步变成有需求。

3. 认知开发性市场营销管理

开发性市场营销是与潜在需求相联系的。潜在需求是指多数消费者对现实市场上还不存在的某产品或服务的强烈需求。因此，开发性市场营销管理的任务是努力开发新产品，设法提供能满足潜在需求的产品或服务，将潜在需求变成现实需求，以获得极大的市场占有率。

4. 认知恢复性市场营销管理

恢复性市场营销管理的任务是设法使已衰退的需求重新兴起，使人们已经冷淡下去的兴趣得以恢复。实行恢复性市场营销的前提是处于衰退期的产品或服务有出现新的生命周期的可能性，否则将劳而无功。

5. 认知同步性市场营销管理

许多产品和服务的需求是不规则的，即在不同时间、不同季节其需求量不同，因而与供给量不协调，如运输业、旅游业等都有这种情况。对此，同步性市场营销管理的任务是设法调节

需求与供给的矛盾，使二者达到协调同步。例如，游乐场在节假日需求量特别大，而平时营业清淡，可通过灵活的定价、广告和安排活动等办法，使供求趋于协调，如人多的时间可适当提高价格，人少的时间可适当降低价格，并多安排一些吸引游人的活动，多做些广告宣传等。

6. 认知维护性市场营销管理

在需求饱和的情况下，应实行维护性的市场营销。饱和需求是指当前的需求在数量和时间上同预期需求已达到一致。这时维护性市场营销管理的任务是设法维护现有的销售水平，防止出现下降趋势；主要策略是培养忠诚消费者、保持合理的售价、稳定推销人员和代理商、严格控制成本费用等。

7. 认知限制性市场营销管理

当某产品或服务需求过剩时，应实行限制性市场营销。例如，对风景区里过多的游人，对市场中过多的能源消耗等，都应实行限制性市场营销。限制性市场营销管理的任务就是长期或暂时地限制市场对某种产品或服务的需求，通常可采取提高价格、减少服务项目和供应网点、劝导节约等措施。实行这些措施难免要遭到反对，营销者要有思想准备。

8. 认知抵制性市场营销管理

抵制性市场营销是针对有害需求实行的。有些产品或服务对消费者、社会公众或供应者有害无益，对这种产品或服务的需求就是有害需求。抵制性市场营销管理的任务是抵制和清除这种需求，实行抵制性市场营销或禁售。抵制性市场营销与限制性市场营销不同：限制性市场营销是限制过多的需求，而不是否定产品或服务本身；抵制性市场营销则是强调产品或服务本身的有害性，从而抵制这种产品或服务的生产和经营。例如，对毒品、赌博、黄色书刊等，就必须采取抵制措施。

11.1.3 运用市场营销管理的操作程序

1. 分析市场营销机会

企业寻找新的市场机会，就是要认真研究企业面临的宏观环境和竞争者状况，分析消费者市场、生产者市场和中间商市场。寻找新的市场机会的途径有市场渗透、市场开发、产品开发和多种经营。

2. 选择目标市场

1）需求测定和预测。需求测定就是估测某一产品市场实际存在的需求量和所有经营者拥有的销售量，以确定现有市场的规模；或者根据影响某一产品市场的因素和发展趋势，对未来的需求量做出预测。

2）市场细分。如果测量结果表明某产品具有较好的发展前景，企业面临着如何进入该产品市场的问题。在每一个细分市场中，顾客对产品的性能、特色等具有类似的需求，而在不同的细分市场之间，顾客的需求则存在较大的差异性。

3）确定目标市场。市场细分是企业确定目标市场的前提，任何实行科学经营的企业都要通过细分市场，然后选择适合本企业经营目标和资源条件的细分市场作为目标市场。许多经营有方的企业往往为一个或少数的几个细分市场服务，取得成功后再逐步增加细分市场。

4）市场定位。在确定目标市场的基础上，企业为了满足目标市场消费者的需求，有必要进行市场定位。所谓市场定位，主要是指企业通过市场调查和实际努力，为某一种产品在消费者的心目中树立起一个明显别于其他竞争者产品的、符合其需要和愿望的地位，进而为企业树立良好的市场形象。

3．设计市场营销组合

市场营销组合的内容有产品策略、定价策略、分销策略和促销策略。因为这 4 个策略的组合通常是由市场营销人员来决定的，所以它们也时常被称为可控变量。其中的每一个策略都包含了许多相关的决策因素，各自又形成一个组合，如产品组合、价格组合、分销组合和促销组合。

4．管理市场营销活动

管理市场营销活动就是制定市场营销计划、实施和控制市场营销计划。这是整个市场营销管理过程的一个关键性的、极其重要的步骤。因为企业制定市场营销计划不是纸上谈兵，而是为了指导企业的市场营销活动，实现企业的战略任务和目标。

11.2 运用市场营销战略

【学习与培养思路】

市场营销战略的核心是把消费者需求转化为企业的赢利机会，如何实现这一转化，则需要制定市场营销战略。

在掌握市场营销战略的特点、类型与制定市场营销战略的操作程序的基础上，培养运用市场营销战略的能力。

11.2.1 认知市场营销战略的概念

市场营销战略是企业在复杂的市场环境中，为实现特定的市场营销目标而设计的长期、稳定的行动方案，形成指导企业市场营销全局的奋斗目标和经营方针。市场营销战略是目标和手段的有机统一体，没有目标就无从制定战略，没有战略措施则目标也不可能实现。西方很多企业家认为，一个没有战略的企业，犹如一只没有舵的船，只能在水里兜圈子，永远不可能前进。正确地制定市场营销战略，对提高企业的市场竞争能力具有十分重要的意义。

11.2.2 认知市场营销战略的特征

1．全局性特征

市场营销战略是以企业全局和营销活动的发展规律为研究对象，是为指导整个企业营销整体发展全过程的需要而制定的，它规定的是营销总体活动，追求的是企业营销总体效果，着眼点是营销总体的发展。全局性表示营销战略的地位、重要性及范围。

2．长远性特征

市场营销战略是对企业未来较长时期（一般是 5 年以上）营销发展或营销活动的谋划。因此，它着眼于未来，在分析外部环境变异性和内部条件适应性的基础上，谋求企业的长远发展，关注的主要是企业的长远利益。其实质是高瞻远瞩、深谋远虑、立足长远、兼顾当前。

3．纲领性特征

市场营销战略中所规定的战略目标、战略重点、战略对策等都属于方向性、原则性的，是企业营销发展的纲领，对企业具体的营销活动具有权威性的指导作用。营销战略是企业领导者对重大营销问题的决策，是企业营销发展过程的指路明灯。纲领性是指营销战略的统帅作用。

4．竞争性特征

市场营销战略是指导企业如何在激烈的市场竞争中与竞争对手抗衡，如何迎接来自各方面的冲击、压力、威胁和困难带来的挑战。竞争性是指营销战略实施过程中的激烈竞争。

5．应变性特征

市场营销战略应根据企业外部环境和内部条件的变化，适时加以调整，以适应变化。应变性是指要适时地对营销战略进行适当的调整。

6．相对稳定性特征

市场营销战略必须在一定时期内具有稳定性，才能在企业营销实践中具有指导意义。由于企业营销实践活动是一个动态的过程，指导企业营销活动的战略也应该是动态的，以适应外部环境的多变性，所以企业市场营销战略的稳定性是相对的稳定性。稳定性是指营销战略必须保持相对的稳定，不能朝令夕改。

11.2.3　认知市场营销战略的类型

1．认知稳定战略

稳定战略，又称防御型战略，是以保持原有的业务经营水平为主要目标的一种战略。企业通过详细地分析市场环境和内部条件，如果发现业务的增长面临困难，即使投入大量资金并对企业的各项资源进行有效的配置，仍然难以为企业的业务增长找到与之相匹配的市场机会，则可以采用这种战略，维持现有的业务经营水平或求得较少的增长。稳定战略又包括两种基本类型，即积极防御战略和消极防御战略。前者以积极的态度积蓄力量，对抗竞争者的攻击；后者则一味回避竞争，力图维护企业的现状。

2．认知发展战略

发展战略是指企业在现有市场基础上开发新的目标市场的一种战略，企业可供选择的发展战略包括如表11-2所示的3种基本类型。

表11-2　企业发展战略的类型

密集性发展	一体化发展	多元化发展
市场渗透	后向一体化	同心多元化
市场开发	前向一体化	水平多元化
产品开发	水平一体化	集团多元化

（1）密集性发展战略

当企业现有的产品和现有的市场还有发展力，而且企业尚未完全开发出潜在产品和市场机会，则要采取密集性发展战略。

1）市场渗透，即企业采取更积极的销售措施，在现有的市场中增加现有的产品销售。这种战略的具体形式有：采取降价和增加销售网点等办法，千方百计地使现有的消费者多购买本企业的现有产品；加强促销活动或增加产品的品种，把竞争者的消费者吸引过来，使他们购买本企业现有的产品；采取提供样品等活动，想办法在现有市场上把产品卖给那些从未买过本企业产品的消费者。

2）市场开发，即企业采取种种措施，千方百计地在新市场上扩大现有产品的销售。其具体形式有：扩大销售区域，可以从区域性销售扩大到全国性销售，也可以从国内销售扩大到国际市场销售；进入新的细分市场，可以根据消费者的需要，增加产品的新设计、利用新的销售渠道和广告宣传，满足新市场未满足的需求。

3）产品开发，即企业在现有市场提供新产品或改进的产品，如增加花色品种、规格、型号等，以满足消费者的需要，扩大销售。

（2）一体化发展战略

运用一体化发展战略的条件是企业面临的行业很有发展前途，而且企业在供、产、销等方面实行一体化能提高发展效率，加强控制，扩大销售，增加利润，从而提高经济运行效率。一体化包括以下 3 种类型：

1）后向一体化，即企业收买或合并原材料供应商，从过去向供应商购买原材料改变为自己生产原材料，实行供产联合，如一家拖拉机厂原来买进轮胎，现在自己生产轮胎。一些大零售公司和连锁超市不仅设有中央采购配运中心，自己采购货物，集中供应其所属的零售商店，实行批零一体化，而且拥有许多工厂，自己生产所经营的商品，实行商工一体化，它们这样控制其供应系统也是一种后向一体化。

2）前向一体化，即企业收买或合并批发商、经营商或零售商，使产销联合，自产自销，实行产销一体化。例如，美国胜家公司设有批发零售机构，并且在全国各地设有缝纫机商店，自产自销，这种产销一体化就是前向一体化。此外，一些经营原料或原材料的企业，向前伸延生产相应的产品，如纺织企业生产经营服装、木材公司生产家具、造纸公司打算经营印刷业务、批发企业延伸开办零售商店，这也属于前向一体化。

3）水平一体化，即企业收购、兼并竞争者的同种类型的企业，如某家大企业公司收购、兼并若干小公司，或者与其他同种类型企业合资生产经营，这些都是水平一体化。

（3）多元化发展战略

这是企业尽量增加产品种类，实行跨行业生产经营多种产品和业务的一种战略。如果企业所在行业缺乏有利的市场机会，或其他行业具有更大的吸引力，可以实行多元化发展策略。这种策略有以下 3 种类型：

1）同心多元化，即以现有产品为中心向外扩展业务范围，利用现有的技术、特长和营销力量，逐渐开发与现有产品近似的或同一类的产品，吸引更多的新顾客，如制药厂利用制药技术开发护肤美容品、运动保健产品等。这种多元化经营有利于发挥企业原有的技术优势，风险较小，比较容易成功。

2）水平多元化，即企业利用原有市场的优势，采用不同的技术开发新产品，增加产品的种类和品种。比如，某企业主要经营农用收割机和食品机械，面向农村市场，后又开发农药、化肥等农用化工产品，以多条产品线来增加企业产品系列，既增强了企业实力，又满足了农村市场的需求。

3）集团多元化，即大企业通过收购、兼并其他行业的企业，或者在其他行业投资，把业务扩展到其他行业中去，新产品、新业务与公司现有的产品、技术、市场无联系，如某大钢铁公司经营金融业、旅馆、快餐等。

3．认知收割战略

收割战略也称缩减战略，是以短期利润为目标的一种营销战略。战略决策者考虑的不是某种产品或业务未来的长期发展，而是如何增加产品短期的投资收益率，以谋求尽可能多的现金收入。采取这一策略的原因主要在于企业现有产品或业务组合中的某个或某几个的状况不佳，且已无发展潜力，企业通过大幅度裁减其投资，用某些短期性的营销行为来谋求短期利益，以便有利于优化企业现有的产品组合，促进企业的不断发展。

4．认知撤退战略

撤退战略是将现有产品或业务从现有市场退出的一种战略。如果某项业务已经没有增长潜力，或者从事这项业务会妨碍企业进一步增加利润，可以考虑采用这种战略。撤退战略通常有3种类型。

1）临时性撤退。产品销售不佳，企业暂时停止经营，待查明原因对产品进行改进后，再生产投放市场，争取赢得用户的欢迎。

2）转移性撤退。市场上，往往有这样一种情况：在甲地滞销的产品，在乙地却十分畅销。此种情形下，企业可能从原市场退出，去开发其他吸引力较强的新市场。企业放弃原经营方向，转向生产经营其他范围的产品（或业务），这也是转移性撤退战略。

3）彻底性撤退。这是指企业针对处于衰退期的老产品，或是刚上市但已表明“不对路”而过早夭折的新产品，采取断然退出市场的战略。

11.2.4 运用制定市场营销战略的操作程序

1．确定企业任务

企业任务所反映的是一个企业的目的、特征和性质。企业要对本企业是干什么的、本企业应该是怎么样的等问题进行思考和明确。一些看似简单的问题有时候往往很难回答，这其实是对企业的使命缺乏认识的表现。例如，我们是干什么的，我们的顾客是谁，我们对于顾客的价值是什么，我们的业务应该是什么，我们的业务将来会是什么，对这些问题，都要有一个明确的答案。例如，李宁体育用品有限公司的任务：我们以体育激发人们突破的渴望和力量，即致力于专业体育用品的创造，让运动改变生活，追求更高境界的突破。

对于企业任务的认识和界定，可以参照以下因素加以确定。

（1）企业的历史与文化

每个企业都有它自己的过去和历史，即企业过去的目的、政策和性质，以及公众形象、企业文化等。界定企业任务时，要将企业的历史与文化因素考虑进去，注意企业的历史与文化延续问题。

（2）企业的出资者和上级主管的意图

例如，北京燕莎友谊商城最高管理层的意图是为较高收入的消费者服务，那么这种意图将影响企业的任务。

（3）外部市场和环境的变化

市场环境是动态变化的，其变化会给企业带来新的机会或威胁，企业在考虑自身使命时要能适应外部环境的变化。

（4）企业自身的禀赋资源条件

禀赋资源条件的不同，约束了企业进入的业务领域。

（5）企业自身的核心能力

核心能力，从竞争的角度来看表现为核心竞争力。它是企业对手无法模仿的、企业所独有的竞争优势。界定企业使命时一定要结合其自身的核心能力，使之能扬长避短，倾注全力发挥出优势。

（6）本企业的活动领域

参照本企业的活动领域即要说明本企业在哪些领域有所作为。一般可以从以下几个方面加以说明。

1）行业范围，指企业已经从事的和将要从事的行业范围。有些企业只在一个行业中有所作为，而有些企业能够同时在多个行业中有所作为。

2）产品和应用范围，指企业愿意参加的产品和应用范围。

3）能力范围，指企业掌握和支配的技术与其他核心能力的领域。例如，日本的 NEC 在计算机、通信和集成元件方面建立了核心能力，它就能提供电视接收器、手机、手提电脑等产品。

4）市场范围，指企业想服务的市场和顾客类型。有些企业只向上流社会提供服务，有些企业则主要为中下层消费者提供服务；有些企业只为女性提供服务，有些企业则为儿童提供全面的服务。

5）纵向范围，又称垂直范围，是指企业自己生产所需产品的供应程度。有些企业的纵向范围几乎覆盖了整个供应链，如福特汽车从自己的橡胶园、钢铁厂、玻璃制造开始，一直延续到整车出厂进入消费领域；有些企业则从事供应链中很短的一环。

6）地理范围，指公司想开拓的地理区域市场有多大。有些企业只在区域性市场有所作为，而有些企业是全球营销。

（7）本企业的主要政策

参照本企业的主要政策，以此指导企业员工如何来对待消费者、供应商、经销商、市场竞争者和一般公众。企业任务书中规定了企业的主要政策，就能使整个企业在重大问题或原则上步调一致，在行动上有共同的参照标准可遵循。规定本企业主要政策时应遵循的原则是要尽量缩小个人任意发挥和随意解释的空间。

（8）本企业的远景和发展方向

企业任务书要指明企业若干年的远景和发展方向。企业任务是全局性的、长远性的，因此企业任务书又要有一定的弹性和预见性。要使企业任务书收到实效，则内容必须具体化，特点应当明晰化，好的企业任务书在表达和陈述上要富有激励性。

2. 确定企业目标

（1）认知目标体系

1）目标体系的内容。确定了企业的战略任务，只是对企业的业务范围和发展方向做了规定，而战略任务还必须分解成相应的目标，以便实施。在战略制定工作中，制定出的战略目标往往是一个目标体系，这一体系包括对不同的活动环节所规定的目标，也包括对不同的部门和人员所规定的目标。就总体性的目标来说，常见的有赢利（率）、销售（增长）量、市场占有额（率）、品牌的知名度、质量等级等。表 11-3 是管理学大师彼得 • 德鲁克提出的保证企业总任务实现的目标体系。

表 11-3　进行成功管理的企业应包括的各种目标

目标体系（各分类目标）	目 标 内 容
市场方面的目标	应表明本公司希望达到的市场占有率或在竞争中占据的地位
技术改进与发展方面的目标	对改进和发展的新产品，提供新型服务内容的认识及其措施
提高生产力方面的目标	有效地衡量原材料的利用，最大限度地提高产品的数量和质量
物质和金融资源方面的目标	获得物质和金融资源的渠道及其有效利用
利润方面的目标	用一个或几个经济指数表明希望达到的利润率
人力资源方面的目标	人力资源的获得、培训和发展；管理人员的培养及其个人才能的发挥
员工积极性发挥方面的目标	发挥员工在工作中的积极作用，奖励和报酬等措施
社会责任方面的目标	本公司对社会发生的影响

2）目标体系的层次。目标体系的建立是分层次的，首先是提出公司任务，进而形成公司总目标，然后在总目标的指导下分解成许多子目标，各层目标共同形成目标体系。图 11-1 是一个假设生产某种家用计算机的股份公司的目标层次图，为了使股东能得到更高的分红，以提高公司的市场声誉，确定了“提高投资报酬率”的目标。这一目标首先符合企业的战略任务的要求，

在这一目标下层层分解，得到了一个目标体系。

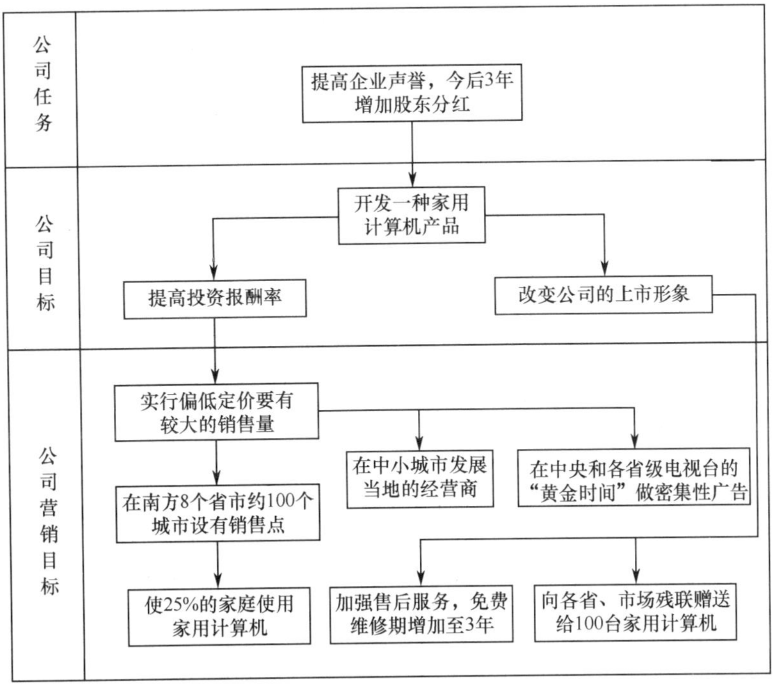

图 11-1　某股份公司营销目标层次

（2）认知目标的要求

企业所确定的营销战略目标应符合以下要求：

1）突出重点。对于企业来说，它想实现的目标往往不止一个。但在一个战略周期内，由于受各种条件的限制，多个目标不可能都实现，而且在不少的时候，有些目标放在一起施行，还会相互冲突。因此，在“鱼与熊掌不可兼得”时，企业应该确定一个当前更为重要、更为迫切需要实现的目标，或者是对实现企业的战略任务更有利的目标，即采取“有所得必有所失”的思维方法来优先解决目前更为关键的问题。

2）可以测量。目标必须是具体的和唯一的，即能够被执行者理解，而且此种理解应是唯一的（不可能做出另一种解释或理解）。为此，要求一般能够定量化的目标应定量化，而不能定量化的目标也应清楚地加以说明。否则，所制定的目标既无法真正得到贯彻执行，也无法进行检验，甚至当执行者对所确定的目标都按照自己的想法理解执行时，还会造成企业内部的混乱。

3）一致性。也指目标之间的协调性。因为目标涉及对企业营销活动的诸多方面的要求和规定，因此它们必须是相互协调或是相互补充的。如果目标之间是相互矛盾、相互冲突和排斥的，这种目标不是不可能执行就是执行后会给企业造成重大损失。

4）可行性。目标的可行性是指它按企业现有的资源条件是可以完成或实现的，但又应是经过企业员工付出相应的努力才能实现的。一方面，目标不应成为“精神性的口号”，可望而不可即，没有实现可能的目标是毫无意义的；另一方面，目标也应对其执行对象具有一定的挑战性，必须付出相应的努力才能完成，过于轻松就可以完成的目标，对企业的发展是绝无益处的。

5）时间明确。对于所确定的市场营销目标，均应规定明确的完成时间，这样才便于进行检查和控制。对目标不提出明确的完成时间和没有目标几乎是没有差别的。

3. 规划业务组合

在确定企业任务和目标的基础上，企业的最高管理层应着手对业务组合进行分析和规划，即确定哪些业务单位是最能使企业发挥竞争优势，从而最有效地利用市场机会的。一个企业的资源有限，各个业务单位的增长机会、经营效益大不相同，所以企业如何将有限的资源在现在和未来的不同业务单位中进行配置，是营销战略中必须考虑的重要内容。完成这个工作需要从两个方面入手：一是分析现有的业务组合，确定哪些业务应当发展，哪些业务应当维持，哪些业务应当减少，哪些业务应当淘汰；二是对企业未来的业务发展做出战略规划，即制定企业发展战略。运用波士顿咨询集团法进行业务组合。

（1）认知波士顿咨询集团法

波士顿咨询集团法是美国波士顿咨询公司于 20 世纪 60 年代初创建的成长——份额矩阵，用来分类和评价企业的现有战略业务单位，以进行战略投资分配的方法，如图 11-2 所示。

市场增长率，即某项业务的年销售增长率。市场增长率为矩阵的纵坐标，习惯上以 10%的增长率作为高、低增长率的分界线。但在不同的国家及不同的行业，面对不同的市场状况，可以取 5%、20%、30%等作为高、低增长率的界限，大小以能准确反映本行业的增长率的衡量水平为准。市场增长率反映业务单位在市场上的成长机会和发展前途。

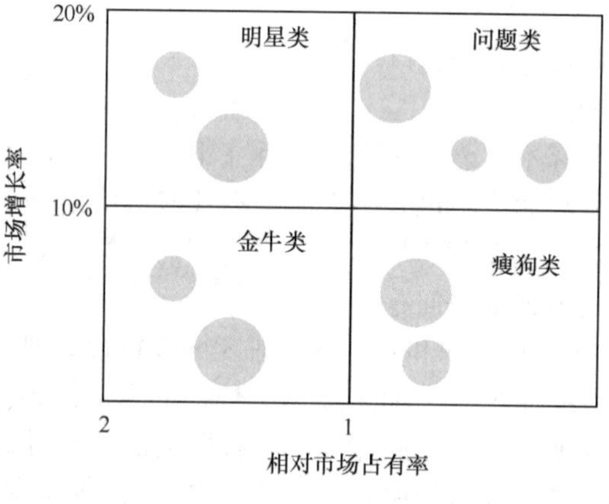

图 11-2　市场增长率/市场占有率矩阵

相对市场占有率，表示业务单位的市场占有率与最大竞争对手市场占有率之比。相对市场占有率为矩阵的横坐标。相对市场占有率表明企业竞争实力的大小，用公式可表示为：

相对市场占有率=本企业的市场占有率/最大竞争对手的市场占有率×100%

业务单位，指一个分公司、一个部门、一个产品线、一个产品项目，以圆圈的形式绘于矩阵图中。圆圈的位置表明它的市场增长率和相对市场占有率，圆圈的大小代表该项业务的销售额的大小。

（2）战略业务单位的类型与分析运用

1）问题类。表现形式：一高一低，即问题类业务具有较高的市场增长率，但其相对市场占有率很低。产生条件：市场需求发展较快，企业在这些业务项目上过去的投资较少，因而其市场占有率较低；企业经营的这些业务项目比竞争对手经营的相同业务来说，可能缺少竞争优势，所以属问题类业务。特点：需要较多资源投入；前途未卜，难以确定远景。决策：发展战略——增加投入，发展为明星类；维持战略——不增加投入，维持现状；收割战略——尽快获取利润；放弃战略——精简合并，甚至淘汰。运用：此类业务单位以少为好。

2）明星类。表现形式：双高，即明星类具有很高的市场增长率及很高的相对市场占有率。产生条件：企业在当前经营比较成功，具有市场领先地位的业务。特点：是企业的现金消耗者而不是现金生产者，需要大量投入来保持其高速增长。当明星类业务的地位稳固后可以发展为金牛类，是企业未来的财源；如果企业没有适量的明星类业务，其发展前景堪忧，企业缺乏“后劲”。决策：发展战略为加大投资，使之升为金牛类业务单位。运用：有若干个明星类业务单位，企业才有希望。

3）金牛类。表现形式：一低一高，即金牛类业务市场增长率很低，但其相对市场占有率很高。产生条件：金牛类业务进入了市场的成熟期。特点：企业业务的市场增长率降低，不再需要大量的资源投入；相对市场占有率较高，业务单位能取得较高的利润，称为摇钱树，用于扶持问题类业务、明星类业务。决策：维持战略——采取措施，延长金牛类业务单位的生命周期；收割战略——对弱小的金牛类业务单位，应尽快获取最后利润。运用：有若干个金牛类业务单位为好，多多益善。如果企业的金牛类业务单位过少或者金牛类业务单位过“瘦”，说明企业的业务投资组合是不健康的。如果市场对这类业务的需求发生突然的变化（减少），将使企业面临危机。

4）瘦狗类。表现形式：双低，即瘦狗类业务的市场增长率很低，其相对市场占有率也很低。产生条件：瘦狗类业务进入了市场衰退期，或者企业经营的业务是不成功的业务，或者这类业务不具有和竞争对手竞争的实力。瘦狗类业务的存在往往是企业过去成功地经营过这类业务，保留这些业务是企业主要管理决策人员的“感情因素”在起作用。特点：瘦狗类业务学位或许能提供一些收益，但赢利甚少或亏损。决策：收割战略——获取最后利润；放弃战略——亏损扭转无望，淘汰，俗称“杀狗”。运用：由于瘦狗类业务学位占用了企业的资金而又没有发展前途，因此需要决策者下决心放弃这类业务，尤其是瘦狗类业务单位太多时，必须坚决地加以清理。此类业务单位越少越好。

（3）业务组合健康状态分析

把企业经营的各项业务在矩阵图上定位后，就要对企业的业务组合是否正常、合理，以及其状态是否健康进行分析。分析主要从以下两个方面进行：

1）静态分析。分析业务单位组合现状的情况，包括如下方面：①业务组合健康。明星类、金牛类业务单位较多，超过业务单位总数的 50%，企业有利可图。②业务组合不健康。问题类、瘦狗类业务单位较多，超过业务单位总数的 50%，企业无利可图，甚至亏损。在图 11-2 中，企业拥有 3 个问题类的业务、2 个瘦狗类的业务，超过业务单位总数的 50%，反映的是一个不合理、不健康的业务组合情况。③明星类、金牛类与问题类、瘦狗类单位各占业务单位总数的 50%，企业处于维持状态。

2）动态分析。企业应把当期的矩阵图与上期的矩阵图进行比较，同时还要对各项业务在未来的矩阵图中的可能变化情况做出预计，才能做出正确的投资决策。例如，某项现在属于问题类的业务，在上期矩阵图中处于明星类，企业对其进行了较大的投资，说明该业务没有按企业预期的要求发展为金牛类业务，反映企业投资失误。因此，企业要查找原因，纠正投资错误或避免在本战略周期内再出现同样的错误。

3）投资决策。企业利用矩阵图中所反映的经营业务的现有发展情况进行投资决策，以便决定哪些业务需要在本战略期内增加投资，哪些业务需要在本战略期内不应再增加投资甚至需要收回投资，哪些业务需要在本战略期内采取维持战略，哪些业务需要在本战略期内采取放弃战略。一般采用以下调整战略：①发展战略。即以提高业务单位的相对市场占有率为目标，对某项业务进行追加投资，对问题类业务追加投资使其尽快成为明星类，对明星类业务追加投资使其成为金牛类业务。②维持战略。即维持业务单位的相对市场占有率。例如，对金牛类业务单位，以此为目标，可使它们提供更多的收益。③收割战略。这种战略以获取短期效益为目标，不顾长期效益。例如，较弱小的金牛类单位，因其很快要由成熟期进入衰退期，前景黯淡，企业又需要较多的收益，可以采用收割战略。此外，此战略也可用于问题类及瘦狗类业务学位。④放弃战略。这种战略的目标是清理、撤销某些业务单位，减轻企业负担，以便把有限的资源用于效益较高的业务。这种战略尤其适合没有前途或妨碍企业赢利的问题类及瘦狗类业务学位。

4．拟订预选、评价方案

在企业市场营销战略目标的制约下，根据对现有业务和企业实力的分析，要拟订若干不同策略组合的市场营销战略方案，供企业领导决策。

每一个备选的方案要有详尽的信息分析，还要有优劣比较，对所实现的目标一定要有量化分析，对不能量化的也应清楚地加以说明。拟订预选方案要提倡创新精神，不要因循守旧地搞老一套，要发挥群众智慧，不要只设计一种方案。

综合评价优选方案的具体方法就是企业领导组织专家，对各种预选方案进行经济与技术的全面评价，分析论证其技术可行性与财务效果，从中择优选出一个既能满足目标市场需求，又能为企业带来较大经济效益的最优方案或满意方案。

5．实施控制战略方案

市场营销战略方案选定以后，就要控制其正确执行。在执行中，发现问题要及时反馈给决策机构，以便及时采取措施进行控制。对市场营销战略方案加以必要的补充或做较大的变更，能够使市场营销战略在市场营销实践中不断发展、不断完善。

案例分析

巨人集团多元化发展的困境

珠海巨人高科技集团公司于 1992 年 10 月成立，其前身是珠海巨人新技术公司。创业之初，公司总裁史玉柱竭力将公司开发的 M-6401 系列桌面排版系统推向市场，取得了极大的成功。1992 年，出售 M-6403 汉卡 2.8 万套，销售总值 1.6 亿元，实现利润 3 500 万元，年发展速度达 500%。1993 年 1 月，巨人集团加快扩张的步伐，在全国成立了 8 家全资公司，一年之内推出了中文手写计算机、中文笔记本计算机、巨人传真卡、巨人中文电子收款机、巨人钻石财务软件、巨人防病毒卡、巨人加密卡等产品，当年实现销售额 3.6 亿元，利润 4 600 万元，成为中国极具实力的计算机企业。正当此时，全国开始兴起房地产和生物保健品热，巨人集团追随潮流，适时提出第二次创业的口号，开始迈向多元化经营之路。1994 年，巨人集团在生物工程项目尚未巩固的情况下，毅然向房地产这一陌生的领域进军，并想在房地产业大展宏图，将拟建的巨人科技大厦设计方案一变再变，楼层节节拔高，从最初的 18 层一直涨到 70 层，投资也从 2 亿元上升到 12 亿元，1994 年 2 月破土动工。正是这一巨人大厦，给资产规模仅 1 亿元的巨人集团埋下了覆灭的种子。当时，巨人集团为了筹措资金，除挪用生物工程和软件开发的流动资金外，还通过出售楼花在香港筹款 6 000 万元港币，在国内获得 4 000 万元。其中在国内签订的楼花买卖协议规定，三年大楼一期工程（20 层）完工后履行，如未能如期完工，应退还定金并给予经济补偿。到了 1996 年年底，一期工程未能如期完工，这 4 000 万元楼花就成了巨人集团财务危机的导火索，巨人集团终因财务状况不良而陷入破产的危机之中。

（资料来源：曹刚. 国内外市场营销案例集. 武汉：武汉大学出版社，2002.）

辩证性思考：

1. 巨人集团成功和失败的经验和教训有哪些？
2. 谈谈你对跨行业多元化发展战略存在的风险的认识。

营销知识检测

1. 市场营销管理的实质是什么？
2. 市场营销管理的内容有哪些？
3. 简述市场营销管理的程序。
4. 市场营销战略的类型有哪几种？
5. 简述市场营销战略的制定操作程序。

6. 如何分析战略业务单位?

营销能力训练

训练项目：

选择一家校企合作企业，或针对第 10 单元选择的企业，对其市场营销战略进行分析，撰写市场营销战略分析方案。

训练目的：

通过训练，进一步认知、掌握制定市场营销战略的操作程序、方法，具备运用市场营销战略的能力。

训练要求：

由班级学习委员组织全员对市场营销战略分析方案进行讨论、交流。

第12单元

运用市场营销计划、组织、实施与控制

【学习与培养思路】

市场营销计划、实施、组织与控制是市场营销管理的基本环节，市场营销活动管理的4个环节相互联系、相互制约。市场营销计划是根据企业市场营销战略规划制定的，市场营销计划是市场营销组织活动的指导，市场营销组织负责实施市场营销计划，市场营销计划实施需要控制，保证市场营销计划的实现。

通过学习，掌握市场营销计划的类型、市场营销计划编制的操作程序，掌握市场营销组织的形式、影响市场营销组织设计的因素、市场营销组织设计的操作程序，掌握市场营销实施的操作程序、市场营销实施中应注意的问题，掌握市场营销控制的操作程序、市场营销控制的方法。

通过培养，具备运用市场营销计划、组织、实施与控制的能力。

12.1 运用市场营销计划

【学习与培养思路】

市场营销计划是市场营销活动方案的具体描述，它规定了企业各种市场营销活动的任务、目标、具体指标、策略和措施，这样就可使企业的市场营销工作按既定计划有条不紊地、循序渐进地进行，从而避免市场营销活动的混乱或盲目性。

在掌握市场营销计划与市场营销战略的关系、市场营销计划的类型与编制市场营销计划的操作程序的基础上，培养运用市场营销计划的能力。

12.1.1 认知市场营销计划

1. 认知市场营销计划的概念

市场营销计划是在对企业市场营销环境进行调研分析的基础上，制定企业及各业务单位对营销目标和实现这一目标所应采取的策略、措施和步骤的明确规定和详细说明。

一般情况下，营销计划一旦制定，就应保持其相对的稳定性，这样有利于执行者充分利用所掌握的有限资源，富有成效地开展工作并且顺利地完成营销目标。但是，应当注意营销计划也不是一成不变的。在营销活动期内，与营销目标有关的一些因素可能会发生巨大的变化，这足以使计划本身失去效用。因此，对于已制定的营销计划，应随时根据营销活动变化的实际情况进行调整和修订，使营销计划保持有效性。

2．认知市场营销计划与市场营销战略的关系

市场营销计划是企业的战术计划，市场营销战略对企业而言是“做正确的事”，而市场营销计划则是“正确地做事”。在企业的实际经营过程中，营销计划往往碰到无法有效执行的情况，一种情况是市场营销战略不正确，市场营销计划只能是“雪上加霜”，加速企业的衰败；另一种情况是市场营销计划无法贯彻落实，不能将市场营销战略转化为有效的战术。市场营销计划充分发挥作用的基础是正确的战略，一个完美的战略可以不必依靠完美的战术；从另一个角度看，营销计划的正确执行可以创造完美的战术，完美的战术则可以弥补战略的欠缺，还能在一定程度上转化为战略。

3．认知市场营销计划的类型

（1）按计划时期的长短划分

1）长期计划。期限一般 5 年以上，主要是确定未来发展方向和奋斗目标的纲领性计划。

2）中期计划。期限 1～5 年。

3）短期计划。期限通常为 1 年，如年度计划。

（2）按计划涉及的范围划分

1）总体营销计划。是企业营销活动的全面、综合性计划。

2）专项营销计划。是针对某一产品或特殊问题而制定的计划，如品牌计划、渠道计划、促销计划、定价计划等。

（3）按计划的程度划分

1）战略性计划。指对企业将在未来市场占有的地位及采取的措施而制定的计划。

2）策略计划。是对营销活动某一方面而制定的计划。

3）作业计划。是各项营销活动的具体执行性计划，如一项促销活动，需要对活动的目的、时间、地点、活动方式、费用预算等做策划。

12.1.2　运用编制市场营销计划的操作程序

1．分析营销状况

1）分析市场状况。即列举目标市场的规模及其成长性的有关数据、顾客的需求状况等，如目标市场近年来的年销售量及其增长情况、在整个市场中所占的比例等。

2）分析产品状况。即列出企业产品组合中每一个品种近年来的销售价格、市场占有率、成本、费用、利润率等方面的数据。

3）分析竞争状况。即识别出企业的主要竞争者，并列举竞争者的规模、目标、市场份额、产品质量、价格、营销战略及其他的有关特征，以了解竞争者的意图、行为，判断竞争者的变化趋势。

4）分析分销状况。即描述公司产品所选择的分销渠道的类型及其在各种分销渠道上的销售数量，如某产品在百货商店、专业商店、折扣商店、邮寄等各种渠道上的分配比例等。

5）分析宏观环境状况。即主要对宏观环境的状况及其主要发展趋势做出简要的介绍，包括人口环境、经济环境、技术环境、政治法律环境、社会文化环境，从中判断某种产品的命运。

2．分析机会与威胁、优势与劣势

首先，对计划期内企业市场营销所面临的主要机会和风险进行分析，再对企业市场营销资源的优势和劣势进行系统分析。在机会与风险、优势与劣势分析基础上，企业可以确定在该计划中所必须注意的主要问题。

3．确立市场营销目标

对机会、威胁、优势、劣势分析的结果是确定市场营销要解决的主要问题，即拟定市场营销目标。目标是市场营销计划的核心与制定下一步具体市场营销策略和行动方案的基础。市场营销目标目标包括：①财务目标，包括即期利润指标、长期的投资收益率等；②营销目标，主要是销售额、市场占有率、目标利润率及有关广告效果、分销网点、定价等方面的具体目标。所有目标都应以定量的形式表达，并具有可行性、一致性，能够分层次地加以说明。

4．制定市场营销策略

这是指拟定企业将采用的市场营销策略，包括目标市场、市场定位、市场营销组合策略等。

5．制定市场营销行动方案

对各种市场营销策略的实施制定详细的行动方案，即阐述以下问题：将做什么？何时开始？何时完成？谁来做？成本是多少？整个行动计划可以列表加以说明，即未来实际行动的计划。表中具体说明每一时期应执行和完成的活动时间安排、任务要求和费用开支等，使整个市场营销战略落实于行动，并能循序渐进地贯彻执行。

6．编制市场营销预算方案

根据市场营销行动方案还要编制相应的预算方案，表现为预计损益表。在收益的一方要说明预计的销售量及平均实现价格，预计出销售收入总额；在支出的一方要说明生产成本、实体分销成本和营销费用，以及再细分的明细支出，预计支出总额；最后得出预计利润，即收入和支出的差额。企业的业务单位编制出市场营销预算后，送上层主管审批。经批准后，该预算就是材料采购、生产调度、劳动人事及各项营销活动的依据。

7．进行市场营销计划控制

这是指对市场营销计划执行进行检查和控制，用以监督计划的进程。为便于监督检查，具体做法是将计划规定的市场营销目标和预算按月或季分别制定，市场营销主管每期都要审查市场营销各部门的业务实绩，检查是否完成实现了预期的市场营销目标。凡未完成计划的部门，应分析问题原因，并提出改进措施，以争取实现预期目标，使企业市场营销计划的目标任务都能落实。

12.2 运用市场营销组织

【学习与培养思路】

市场营销计划需要借助一定的组织系统来实施，需要执行部门将企业资源投入到市场营销活动中去，需要控制系统考察计划执行情况，诊断产生问题的原因，进而采取改正措施，或改善执行过程，或调整计划本身使之更切合实际。因此，企业必须高度重视市场营销组织的建立。

在掌握市场营销组织形式、影响市场营销组织设计的因素、市场营销组织设计的操作程序的基础上，培养运用市场营销组织的能力。

12.2.1　认知市场营销组织

1. 认知市场营销组织的概念

市场营销组织是指企业内部涉及市场营销活动的各个职位及其结构。它是执行市场营销计划、服务市场购买者的职能部门。市场营销组织是保证市场营销计划执行的一种手段，同时也是企业实现市场营销战略目标的核心职能部分。

2. 认知市场营销组织的特征

1）系统性特征。指用系统理论来管理营销组织，即企业的各个部门包括市场营销、研究与开发、生产、财务、人事及市场营销所属部门（如市场调研、广告宣传、人员推销、实体分销等）都能相互配合，具有整体协调性，为一个共同的满足消费者需要的目标协同工作，获得整体大于部分之和的效果。

2）适应性特征。指企业的营销组织机构必须适应外界环境的变化，对瞬息万变的市场环境能做出迅速的反应和决策。如果企业的营销组织不能根据外界环境的变化做出决策，就可能坐失良机。一般来说，越是成熟的组织，由于经验和惯性的作用，越容易失去组织的适应性和灵活性。为此，管理学家也设计了种种管理组织模式，试图使营销组织成为具有适应调节功能的系统。

3. 认知市场营销组织的形式

现代企业的市场营销部门有各种组织形式，但不论采用何种形式，都必须体现“以消费者为中心”的指导思想，才能使其发挥应有的作用。

（1）认知职能型组织

职能型组织是最常见的市场营销组织形式。如图12-1所示，在市场营销副总经理的领导下，集合各种市场营销专业人员，如广告和促销人员、推销人员、市场营销调研人员、新产品开发人员，以及客户服务人员、市场营销策划人员、储运管理人员等，组成职能型组织。市场营销副总经理负责协调各个市场营销职能科室、人员之间的关系。

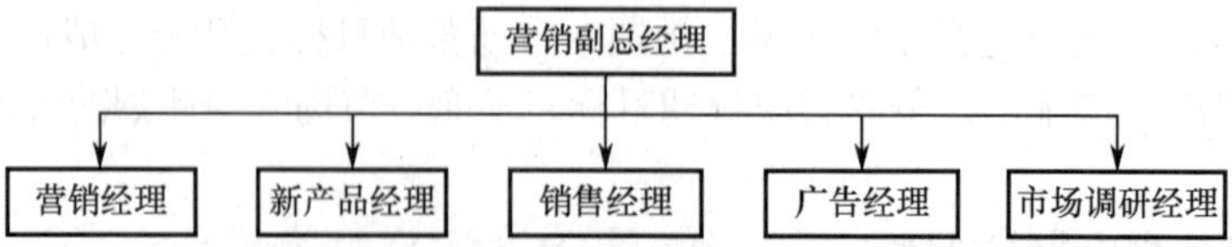

图12-1　职能型组织

职能型组织的主要优点是行政管理简单、方便。当企业只有一种或少数几种产品，或者企业产品的市场营销方式大体相同时，职能型组织形式才比较有效。随着产品的增多和市场的扩大，这种组织形式会逐渐失去其有效性，具体表现如下：

1）在这种组织形式中，没有一个人对一种产品或者一个市场全盘负责，因而可能缺少按产品或市场制定的完整计划，使得有些产品或市场被忽略。

2）各个职能科室之间为了争取更多的预算，得到比其他部门更高的地位，相互之间进行竞争，市场营销副总经理可能经常处于调解纠纷的“旋涡”之中。

（2）认知地区型组织

业务涉及全国甚至更大范围的企业，可以按照地理区域组织、管理营销人员。例如，在营销部门设有中国市场经理，下有华东、华南、华北、西北、西南、东北等大区市场经理；每个大区市场经理的下面，按省、市、自治区设置区域市场经理；再往下，还可以设置若干个地区市场经理和营销代表。从全国市场经理依次到地区市场经理，所管辖下属人员的数目即“管理幅度”逐级增加，形成一个“金字塔”形结构。当然，如果销售任务艰巨、复杂，营销人员的工资成本太高，他们的工作成效又对利润影响重大，管理幅度就可以适当缩小。

地区型组织形式的优点是构成一个分布全国的销售网络，而且营销网络自上而下的控制幅度逐步扩大，使较高层次的主管人员有更多的时间管理其直接下属，使形成的网络在管理上较为严密和有效。为了使整个市场营销活动更为有效，地区型组织通常都是与其他类型的组织形式结合起来使用的。地区型组织的结构如图 12-2 所示。

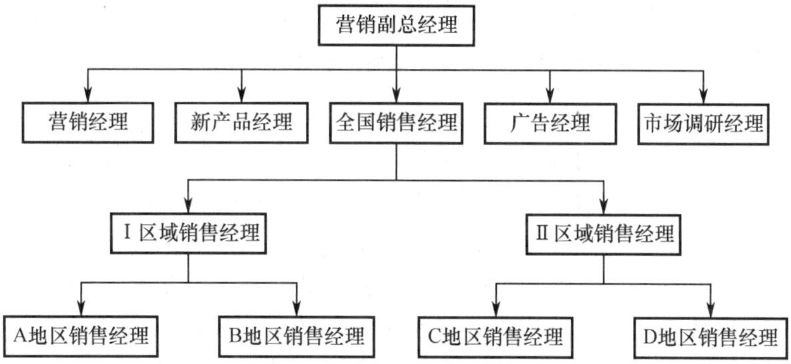

图 12-2　地区型组织

（3）认知产品（品牌）管理型组织

生产多种产品或拥有多个品牌的企业，往往按产品或品牌建立市场营销组织，如图 12-3 所示。通常是在一名总产品（品牌）经理的领导下，按每类产品（品牌）分设一名经理，再按每种具体品种设一名经理，分层管理。在一个企业，如果经营的各种产品差别很大，产品的数量又很多，超过了职能型组织所能控制的范围，就适合建立产品（品牌）管理型组织。例如，美国通用食品公司就采取产品管理型组织——设有若干独立的产品线经理，分别负责粮油食品、动物食品和饮料等；在粮油产品线，又分设若干品种经理，分别负责营养食品、儿童加糖食品、家庭食品和其他食品；在营养食品产品经理之下，又设置若干品牌经理。

产品（品牌）经理的任务是制定产品（品牌）计划，监督计划实施，检查计划的执行结果，并采取必要的调整措施，为自己负责的产品（品牌）制定长期的竞争战略和政策。

这种组织形式的优点如下：

1）便于统一协调产品（品牌）经理负责的特定产品（品牌）的市场营销组合战略。

2）能够及时反映特定产品（品牌）在市场上发生的问题。

3）产品（品牌）经理各自负责自己管辖的产品（品牌），可以保证每一产品（品牌）纵然眼下不太出名，也不会被忽视。

4）有助于培养人才——产品（品牌）管理涉及企业经营、市场营销的方方面面，是锻炼年轻管理人员的最佳场所。

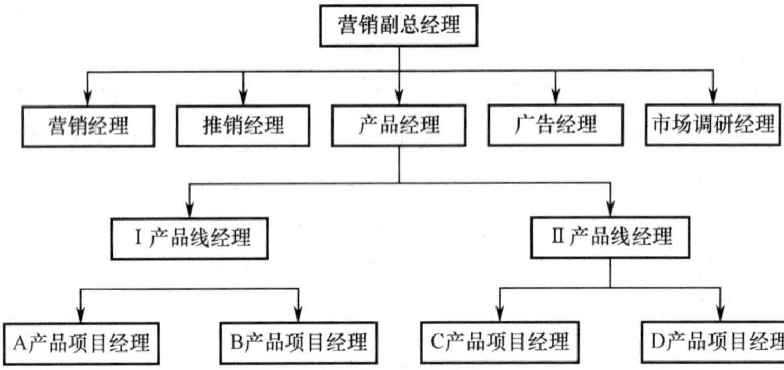

图 12-3　产品（品牌）管理型组织

这种组织形式的不足之处有如下方面。

1）造成了一些矛盾冲突。由于产品（品牌）经理权力有限，不得不依赖同广告、销售、制造部门之间的合作，这些部门又可能把他们视为“低层的协调者”而不予重视。

2）产品（品牌）经理容易成为自己负责的特定产品（品牌）的专家，但是不一定熟悉其他方面（如广告、促销等）的业务，因而可能在其他方面成为不了专家，影响其综合协调能力。

3）建立和使用产品管理系统的成本，往往比预期的费用要高。产品管理人员的增加，导致人工成本增加；企业要继续增加促销、调研、信息系统和其他方面的专家，必然承担大量的间接管理费用。要解决这些问题，应对产品（品牌）经理的职责、同职能管理人员之间的分工与合作，做出明确、适当的安排。

（4）认知市场管理型组织

当市场范围不断扩大，市场细分日益繁杂时，产品经理的机构设置就不合适了，一种新的机构形式即市场管理型组织应运而生。市场管理型组织同产品（品牌）管理型组织相似，由一个总市场经理管辖若干细分市场经理，各个市场经理负责自己所辖市场的年度销售利润计划和长期销售利润计划，如图 12-4 所示。这种组织形式的主要优点是企业可以围绕特定消费者或用户的需要，开展一体化的市场营销活动，而不是把重点放在彼此隔离的产品或地区上面。在市场经济发达国家，许多企业都是按照市场型结构建立市场营销组织的。有些学者甚至认为，以企业各个主要的目标市场为中心，建立相应的市场营销部门和分支机构，是确保实现“以消费者为中心”的现代市场营销观念的唯一办法。

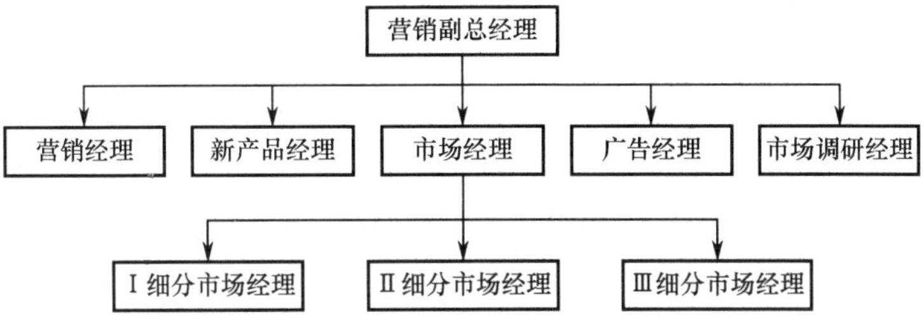

图 12-4　市场管理型组织

（5）认知产品/市场管理型组织

产品/市场管理型组织是一种把产品型管理组织与市场管理型组织相结合的矩阵组织形式，如图 12-5 所示。面向不同市场、生产多种产品的企业，它们在确定市场营销组织结构时经常面临两难抉择，是采用产品管理型还是市场管理型，能否吸收两种组织形式的长处且摒弃它们的不足之处。所以，有的企业建立一种既有产品（品牌）经理又有市场经理的矩阵组织，以求解决这个难题。这种组织形式的优点是避免了产品（品牌）经理制和市场经理制各自为政的缺陷。但是，矩阵组织的管理费用高，容易产生内部冲突，因此又产生了新的两难抉择：一是如何组织销售力量，究竟是按每种产品组织销售队伍，还是按各个市场组织推销队伍，或者销售力量不实行专业化；二是由谁负责定价，是产品（品牌）经理还是市场经理。绝大多数大企业认为，只有相当重要的产品和市场，才需要同时设立产品经理和市场经理。也有企业认为，管理费用高和潜在矛盾并不可怕，这种组织形式能够带来的效益，远远超过需要为它付出的代价。

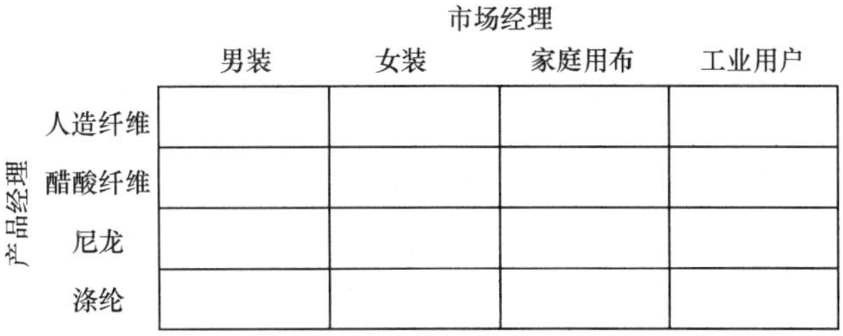

图 12-5　产品/市场型管理组织

（6）认知事业部制组织

当企业达到一定的规模时，企业大都根据产品群实行事业部制管理，将营销职能下放到事业部，如图 12-6 所示。企业进行营销的形式大致有如下 4 种：

1）企业将营销职能权力全部下放，由事业部独立完成某产品群的全部营销工作。

2）企业有小规模营销机构，它只负责协调高层决策机构对整体市场机会的评估，给下属事业部提供参谋性咨询，代行那些没有成立营销机构的小事业部的营销职能，建立全企业的营销观念。

3）企业设立中等规模的营销机构，它除负责一定量的广告业务、促销服务、营销研究及营销管理工作外，主要负责跨事业部的工作，这一工作并不只对某一事业部，有的还担负对销售计划提供指导和对培训推销人员提供帮助的任务。

4）企业设立强大的营销部门，它参与事业部的计划制定和控制活动，对事业部的营销方案行使审批权。

事业部是一种分权组织模式，一般都是按产品或服务领域使每一事业部成为利润中心。其优点是把每类产品或服务作为一个利润中心进行管理，每个事业部经理都经历广泛的职能活动，为培养高层管理者提供了机会。其缺点是各事业部之间可能出现竞争，处理不好会损害企业的整体利益；由于各事业部经理相当于一家单一产品或服务的经理，因而可能加大总公司的控制难度。

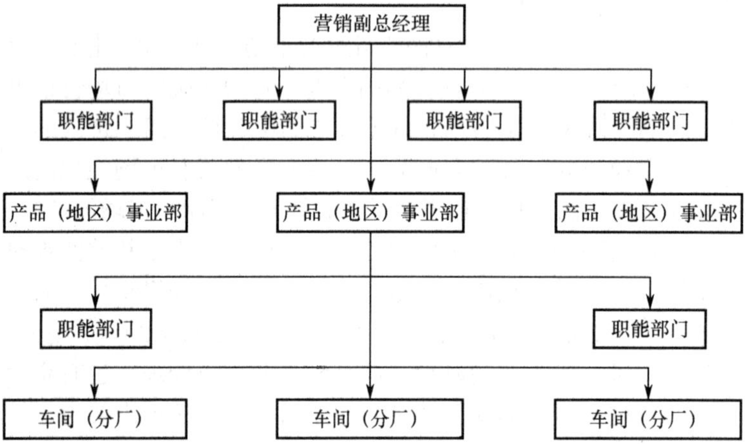

图 12-6　事业部制营销组织形式

12.2.2　分析影响市场营销组织设计的因素

1．分析企业规模对市场营销组织设计的影响

企业规模的大小是企业实力大小的标志，也是营销组织设计的基础。规模大的企业，担负的营销任务就大，工作量就多，营销职能部门就要求比较齐全，配备的人员就较多，相应的组织层次也就较多。

2．分析市场对市场营销组织设计的影响

市场的地理位置是决定市场营销人员分工和负责区域的依据。如果地理位置分散，则需要按地区设置营销组织；如果市场由较大的几个细分市场组成，则需要为每个细分市场任命一个市场经理，那就应采用市场管理型组织形式。市场规模大、范围广，就需要庞大的市场营销组织、众多的专职人员和部门；市场范围窄、销量有限，市场营销组织自然也规模有限。

3．分析产品对市场营销组织设计的影响

产品的性质和类型影响市场营销组织设计、组织模式的选择。例如，面对产业市场的企业，它们的产品更多地通过推销人员直接销售，依赖广告较少，故推销部门庞大，广告部门较小；

面对消费者市场的企业，经营的是消费品，则往往需要较大的广告部门，推销部门则相对简单。同时，产品类型多，企业也应相应地设置产品经理。

4．分析企业类型对市场营销组织设计的影响

从事不同行业的企业，其市场营销组织的构成也各不相同。例如，服务行业的市场营销重点之一就是市场调研，市场调研部门规模就较大；而原材料行业，如木材和农产品初加工企业，它们的市场营销重点则在储存和运输，因而组织中储运部门规模就比较大。

12.2.3 运用市场营销组织设计的操作程序

1．分析组织环境

任何一个市场营销组织都是在不断变化的社会经济环境中运行的，要受这些环境因素的制约。由于外部环境是企业的不可控因素，因此市场营销组织必须随着外部环境的变化而不断地调整和适应。外部环境对市场营销组织影响最为明显的主要是市场和竞争者状况。此外，作为企业的一部分，市场营销组织也受整个企业特征的影响。

2．确定组织内部活动

市场营销组织内部活动主要有 2 种类型：

1）职能性活动。它涉及市场营销组织的各个部门，范围相当广泛。企业在制定战略时要确立各个职能在市场营销组织中的地位，以便开展有效的竞争。

2）管理性活动。它涉及管理任务中的计划、协调和控制等方面。企业通常是在分析市场机会的基础上，制定市场营销战略，然后再确定相应的市场营销活动和组织的专业化类型。假定一个企业年轻时易于控制成本，企业的几种产品都在相对稳定的市场上销售，竞争战略依赖于广告或人员推销等技巧性的活动，那么该企业就可能设计职能型组织。同样，如果企业产品销售区域很广，并且每个区域的购买者行为与需求存在很大的差异，那么它就会建立地区型组织。

3．建立组织职位

企业在确定了市场营销组织活动之后，还要建立组织职位，使这些组织活动有所归附。为此，企业需要考虑职位类型、职位层次和职位数量，以弄清楚各个职位的权力、责任及其在组织中的相互关系。

（1）职位类型

每个职位的设立都必须与市场营销组织的需求及其内部条件相吻合。对职位类型的划分有 3 种方法：

1）化分为直线型和参谋型。处于直线职位的人员行使指挥权，能领导、监督、指挥和管理下属人员；而处于参谋职位的人员拥有辅助性职权，包括提供咨询和建议等。

2）划分为专业型和协调型。显然，一个职位越是专业化，它就越无法起协调作用。但是各个专业化职位又需要从整体上进行协调和平衡，于是协调型职位就产生了，像项目经理或小组制都是类似的例子。

3）划分为临时型和永久型。严格地说，没有任何一个职位是永久的，它只是相对于组织发展而言较为稳定而已。临时型职位的产生主要是由于在短时期内企业为完成某项特殊任务（如组织进行大规模调整时），就需要设立临时职位。

（2）职位层次

职位层次是指每个职位在组织中地位的高低。例如，公共关系经理和销售经理的地位孰高孰低，对于不同的企业情况就大不一样。这主要取决于职位所体现的市场营销活动与职能在企业整个市场营销战略中的重要程度。

（3）职位数量。

职位数量是指企业建立组织职位的合理数量，它同职位层次密切相关。一般地，职位层次越高，辅助性职位数量也就越多。很明显，市场研究经理在决策时就要依靠大批市场分析专家和数据处理专家的帮助。职位决策的目的是把组织活动纳入各个职位。因此，建立组织职位时必须以市场营销组织活动为基础。企业可以把市场营销活动分为核心活动、重要活动和附属性活动 3 种。核心活动是企业市场营销战略的重点，所以首先要根据核心活动来确定相应的职位，其他的职位则要围绕这一职位依其重要程度逐次排定。

职位的权力和责任的规定主要体现在工作说明书上。工作说明书包括工作的名称、主要职能、职责职权与组织中其他职位的关系，以及与外界人员的关系等。如果企业决定设立新的职位，有关部门主管就要会同人事专家拟出一份关于该职位的工作说明书，以便对应聘人员进行考核和挑选。

4．设计组织结构

组织结构的设计和职位类型密切相关。企业如果采用矩阵型组织，就要对组织结构建立大量的协调性职位；如果采用金字塔形组织，则要求有相应的职能性职位。因此，设计组织结构的首要问题是使各个职位与所要建立的组织结构相适应。此外，市场营销组织总是随着市场和企业目标的变化而变化，所以设计组织结构要立足于将来，为未来组织结构的调整留下更多的余地。

5．配备组织人员

在分析市场营销组织人员配备时，必须考虑两种组织情况，即新组织和再造组织（在原组织的基础上加以革新和调整）。相比较而言，再造组织的人员配备要比新组织的人员配备更为复杂和困难。这是因为人们总是不愿意让原组织发生变化，往往把再造组织所提供的职位和工作看成一种威胁。

事实上，组织经过调整后，许多人在新的职位上从事原有的工作，这就大大损害了再造组织的功效；同时，企业解雇原有的职员或招聘新的职员也非容易的事情，考虑到社会安定和员工个人生活等因素，许多企业不敢轻易裁员。但是，不论哪种情况，企业配备组织人员时必须为每个职位制定详细的工作说明书，从受教育程度、工作经验、个性特征及身体状况等方面进行全面的考察。

此外，在市场营销组织中，小组的人员配备也应引起重视。小组往往是企业为完成某项特殊任务而成立的，是组织的一个临时单位，其成员多从组织现有人员中抽取。要使小组有效地发挥作用，市场营销组织必须使小组成员与其他成员之间保持协调关系。例如，以下层组织的人为领导来管理来自组织高层的成员构成的小组，肯定是行不通的。同样，小组领导的职位也不应该比该小组所隶属的经理的职位高。还有一点，如果人们意识到参与小组工作将影响到其正常工作和晋升机会，那么市场营销组织就很难为小组配备合适的人员。

6. 组织评价与调整

没有尽善尽美的组织，它总是不同程度地存在摩擦和冲突。因此，从市场营销组织建立之时，市场营销经理就要经常检查、监督组织的运行状况，并及时加以调整，使之得到发展。市场营销组织需要调整的原因主要有以下几点：

1）外部环境的变化。包括商业循环的变化、竞争加剧、新的生产技术出现、工会政策、政府法规和财政政策、产品系列或销售方法的改变。

2)组织主管人员的变动。因为新的主管人员试图通过该组织来体现其管理思想和管理方法。

3）改组是为了证明现存组织结构的缺陷。有些缺陷是由组织本身的弱点所造成的，如管理宽度过大、层次太多、信息沟通困难、部门协调不够、决策缓慢等。

4）组织内部主管人员之间的矛盾，也可以通过改组来解决。所以，为了不使组织结构变得呆板、僵化和缺乏效率，企业必须适当地、经常地对组织结构加以重新调整。

12.3 运用市场营销实施

【学习与培养思路】

许多战略目标和市场营销计划之所以未能实现，是因为没有得到有效的实施，所以市场营销实施是市场营销管理的重要环节。

在掌握市场营销实施具备的技能、市场营销实施的操作程序、市场营销实施中应注意的问题的基础上，培养运用市场营销实施的能力。

12.3.1 认知市场营销实施

1. 认知市场营销实施的概念

市场营销实施是指企业将市场营销战略和市场营销计划转为行为和任务，并保证这种任务的完成，以实现市场营销战略目标的过程。

2. 认知市场营销实施具备的技能

企业营销人员必须具备和善于运用市场营销实施技能。

1）分配技能。分配技能指营销经理为各种职能、政策和计划分配时间、费用和人力资源的能力。

2）调控技能。调控技能包括建立和管理对市场营销活动实施效果进行追踪的控制系统的能力，以便市场营销活动的实施。

3）组织技能。组织技能涉及确定市场营销人员之间的关系结构，以利于实现企业的各项目标。制定有效的实施程序的重要前提是将企业集中化和正规化程度掌握在与控制系统相适应的限度内，以及理解非正式组织的地位和作用。非正式组织和正式组织相互配合，才能对实施活动的效果产生影响。

4）相互配合技能。相互配合技能指营销经理借助于其他力量影响企业内部的人员来完成自己工作的能力。

12.3.2 运用市场营销实施的操作程序

1. 制定行动方案

为有效实施市场营销战略和市场营销计划，必须制定详细的行动方案。这个方案应当明确的具体问题是：

1）市场营销实施的任务有哪些？哪些是关键性任务？

2）采取什么样的措施完成这些任务？

3）本企业拥有什么样的实力？

2. 建立组织结构

企业的正式组织在市场营销战略和市场营销计划的实施过程中起决定性的作用。建立组织结构应当明确的具体问题是：

1）本企业的组织结构是什么样的？

2）各部门的职权是如何划分的？信息是如何沟通的？

3）临时性组织，如专题工作组和委员会的作用是什么？

3. 设计决策和报酬制度

决策和报酬制度直接关系到实施市场营销战略和市场营销计划的成败。设计决策和报酬制度应当明确的具体问题是：

1）重要制度有哪些？

2）主要控制因素是什么？

3）产品和信息是如何沟通的？

4. 开发人力资源

市场营销实施最终是由企业内部人员来完成的，所以人力资源的开发至关重要。这涉及人员的考核、选拔、安置、培训和激励等问题。此外，企业还必须决定行政管理人员、业务管理人员和一线业务人员的比例。开发人力资源应当明确的具体问题是：

1）本企业人员的技能、知识和经验各是什么？

2）本企业人员的期望是什么？

3）本企业人员对企业和工作是何态度？

5. 建设企业文化和管理风格

企业文化是一个企业内部全体人员共同持有和遵循的价值标准、基本信念和行为准则。企业文化对企业经营思想和领导风格，对职工的工作态度和作风均起着决定性的作用。管理风格是指企业中管理人员不成文的习惯约定和共同工作的方式，是一种人际关系和组织环境气氛。不管何种管理风格，都应有利于市场营销的实施。建设企业文化和管理风格应当明确的具体问题是：

1）企业内部是否具有共同价值观？

2）共同价值观是什么？它们是如何传播的？

3）企业经理的管理风格是什么？

4）如何解决矛盾？

12.3.3 市场营销实施中应注意的问题

1．计划脱离实际

由于企业的市场营销战略和市场营销计划的制定过于专门化，市场营销实施则要依靠市场营销管理人员。制定者和实施者之间常常缺乏必要的沟通和协调，导致以下问题的出现：

1)制定者只考虑总体战略而忽视实施中的细节，结果使市场营销计划过于笼统和流于形式。

2）制定者往往不了解实施过程中的具体问题，所以常常脱离实际。

3）制定者和实施者之间没有必要的沟通与协调，致使实施者在实施过程中经常遇到困难，因为实施者不能完全理解需要他们去实施的营销战略和营销计划。

4）脱离实际的战略导致制定者和实施者相互对立和不信任。

2．长期目标和短期目标的不一致

市场营销战略通常着眼于企业的长期目标，涉及今后 3～5 年的市场营销活动。而具体执行这些市场营销战略的市场营销组织人员是依据其短期工作绩效（如销售量、市场占有率或利润率等指标）来实施奖惩的，因而市场营销组织人员常常选择短期行为。为克服企业的长期目标和短期目标之间的矛盾，企业必须采取适当措施，设法求得两者的协调。

3．因循守旧的惰性

企业的市场营销活动往往是为了实现既定的市场营销战略目标。新的市场营销战略如果不符合企业的传统和习惯，就会遭到抵制。新旧战略之间的差异越大，实施新战略可能遇到的阻力也就越大。要想实施与旧战略截然不同的新战略，常常需要打破企业传统的组织结构。

4．缺乏具体明确的实施方案

有些市场营销战略和市场营销计划之所以失败，是因为制定者没有进一步制定具体明确的实施方案。企业的决策者和营销管理人员必须制定详尽的实施方案，规定和协调各部门的活动，编制详细周密的实施时间表，明确各部门经理的职责。只有这样，企业的市场营销战略和市场营销计划的实施才能有保障。

12.4 运用市场营销控制

【学习与培养思路】

由于市场营销计划在实施的过程中总会发生许多预料不到的事件，因此市场营销部门必须对市场营销活动进行控制，才可以避免和纠正产生的各种偏差，使市场营销活动向着预定目标进行。所以，市场营销控制是企业有效进行市场营销管理的基本保证。

在掌握市场营销控制的操作程序、市场营销控制的方法的基础上，培养运用市场营销控制的能力。

12.4.1 认知市场营销控制的概念

市场营销控制就是企业的管理者对市场营销计划实施情况和效果进行检查与评估，了解计划与实际是否一致，找出两者之间的偏离及造成偏离的原因，并采取修正措施以确保市场营销计划的有效执行。例如，一个公司为了达到一定的市场份额，规定了顾客渗透率必须在 60%以上，在检查过程中，公司如果发现顾客渗透率为 55%，就应进一步调查为什么会失去一些顾客，并采取相应的措施。在这个例子中，达到预期的市场计划要求就是组织的市场营销目标；对市场渗透率进行控制检查的目的是实现市场营销目标；为实现市场营销目标所采取的各种调整措施就是控制活动。

12.4.2 运用市场营销控制的操作程序

市场营销控制的程序如图 12-7 所示。

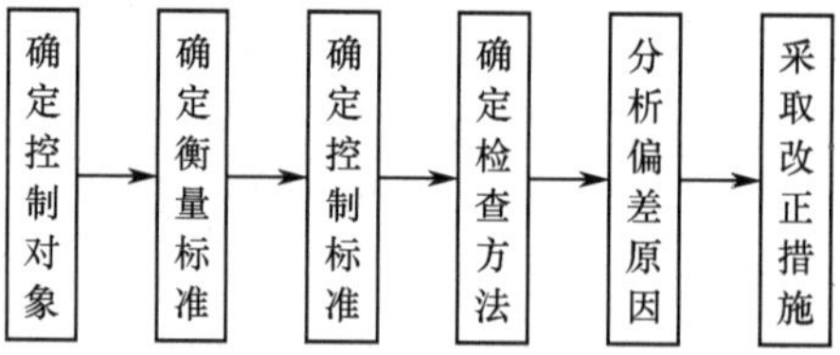

图 12-7 市场营销控制的程序

1. 确定控制对象

确定控制对象即确定对哪些市场营销活动进行控制。如果企业施行控制的范围广，可获得更多的信息，有利于市场营销管理。但任何控制活动都需要一些费用，所以在决定控制对象时，应当权衡利弊，使控制成本小于控制活动所带来的效益。

市场营销控制的对象包括销售收入、销售成本和销售利润 3 个方面。其他如市场调查的效果、新产品开发、销售人员的工作效率、广告效果等营销活动也应该通过控制加以评价。所以，企业可以根据实际情况对控制对象加以选择，同时还应确定控制的量，即控制频率。因为不同的控制对象对企业营销成功的重要作用不同，应该有不同的控制频率。一般来说，对于影响重大的、容易脱离控制或容易出现问题的对象应加大控制频率。

2. 确定衡量标准

一般情况下，企业的市场营销目标就可以作为市场营销控制的衡量标准，如销售额指标、销售增长率、利润率、市场占有率等。进行市场营销过程控制时，问题则比较复杂，需要建立一套相关的标准。例如，控制过程中，可能要将一个长期目标转化为各个时期的阶段目标，将战略目标分解为各个战术目标等。由于各企业的具体情况不同、市场营销目标不同，市场营销控制的衡量标准也各不相同。

3．确定控制标准

控制标准是对衡量标准的定量化，即以某种衡量尺度表示控制对象的预期活动范围或可接受的活动范围。例如，规定每个营销员每年必须增加 30 名新客户，规定营销员每次访问顾客的费用标准等。企业制定的控制标准一般应该允许有一定的浮动范围，不可绝对化。同时，应注意因地制宜、因时制宜、因人而异。以建立营销员的绩效标准为例，要充分考虑到个人之间的差别。为了激发营销员的工作热情，可实行两个标准：一个是基本标准，是必须完成的；另一个是奖励标准，达到这个标准必须付出较大的努力，因此能获得相应的奖励。

应该指出的是，任何标准都不是一成不变的。随着市场营销环境及企业内部条件的变化，各类标准也应不断修正，以适应新的情况。

4．确定检查方法

确立了控制标准后，就要把控制标准与实际结果进行比较。检查的方法有很多种，如直接观察法、统计法、访问法和问卷调查法等，可根据实际需要进行选择。此外，企业营销信息系统提供的各种信息也可以用来作为检查对照的依据。

任何检查都是在一定的频率和范围前提下进行的。频率是指检查的时间间隔有多长，这主要取决于控制对象是否经常变动。范围取决于是将全面情况同计划进行对照比较，还是进行局部的、单项的检查，这要根据需要进行抉择。

5．分析偏差原因

执行结果与计划发生偏差的情况是经常出现的，原因不外乎有两种：一种是实际过程中的问题，这种偏差较容易分析；另一种是计划本身的问题。而这两种原因经常是交织在一起的，加大了问题的复杂性，致使分析偏差原因成为营销控制的一个难点。

要确定产生偏差的原因，就必须深入了解情况，占有尽可能多的相关资料，从中找出问题的症结。例如，某部门没有完成计划，可能只是某种产品的亏损影响了整个部门的赢利或推销率不高，也可能是推销员的组织结构不尽合理。如果是由于定额太高，则应适当降低。

6．采取改正措施

针对存在的问题，应提出相应的改进措施，提高工作效率。这是市场营销控制的最后一个程序。采取改正措施宜抓紧时间。有的企业在制定计划的同时还提出应急措施，在实施过程中一旦发生偏差则可以及时补救。很多企业事先没有制定措施，这就必须根据实际情况迅速制定补救措施并加以改进，以保证计划目标的顺利实现。

12.4.3　运用市场营销控制的方法

1．运用年度计划控制的方法

年度计划控制是指企业在本年度内采取控制步骤，检查实际绩效与计划之间是否有偏差，并采取改进措施，以确保市场营销计划的实现与完成。许多企业每年都制定相当周密的计划，但执行的结果却往往与之有一定的差距。事实上，计划的结果不仅取决于计划制定得是否正确，还有赖于计划执行与控制的效率如何。

（1）认知年度计划控制系统

年度计划控制系统包括如下方面：

1）制定标准。即确定本年度各个季度（或月）的目标，如销售目标、利润目标等。

2）绩效测量。即将实际成果与预期成果相比较。

3）因果分析。即研究发生偏差的原因。

4）改正行动。即采取最佳的改正措施，努力使成果与计划相一致。

（2）运用绩效工具控制的方法

1）运用销售分析方法。就是衡量并评估实际销售额与计划销售额之间的差距，具体有两种分析方法：一是运用销售差距分析的方法，二是运用地区销量分析的方法。

运用销售差距分析的方法主要用来衡量造成销售差距的不同因素的影响程度。例如，一家企业在年度计划中规定，某种产品第一季度出售 5 000 件，单价 1 元，总销售额 5 000 元。季末实际售出 4 000 件，售价降为 0.80 元，总销售额为 3 200 元，比计划销售额少 40%，差距为 1 800 元。显然，引起差距既有售价下降方面的原因，也有销量减少的原因。但是，二者各自对总销售额的影响程度又是多少呢？计算如下：

$$销售下降的差距=(P_s-P_a)\times Q_a=(1.00-0.80)\times 4\,000=800\ （元）$$

$$销售下降的影响=(800\div 1\,800)\times 100\%=44.4\%$$

$$销售减少的差距=(Q_s-Q_s)\times P_s=(5\,000-4\,000)\times 1.00=1\,000\ （元）$$

$$销售减少的影响=(1\,000\div 1\,800)\times 100\%=55.6\%$$

式中 P_s——计划售价；

P_a——实际售价；

Q_s——计划销售量；

Q_a——实际销售量。

由此可见，没有完成计划销售量，是造成差距的主要原因。因此，企业需要进一步深入分析销售量减少的原因。

运用地区销售量分析的方法用来衡量导致销售差距的具体产品和地区。例如，某企业在 A、B、C 这 3 个地区的计划销售量，分别为 1 500 件、1 500 件和 2 000 件，共 5 000 件。但是，各地实际完成的销售量分别为 1 400 件、1 525 件和 1 075 件，与计划的差距为−6.67%、+1.67%和−46.25%。显然，引起差距的主要原因在于 C 地区销售量大幅度减少。因此，有必要进一步查明原因，加强该地区的市场营销管理。

2）运用市场占有率分析的方法。企业的销售绩效并没有反映出相对于其竞争者来讲企业的经营状况如何。市场占有率正是剔除了一般的环境影响来考察企业本身经营工作状况的。

全部市场占有率以企业的销售额占全行业销售额的百分比来表示。使用这种测量方法必须做两项决策：一是要以单位销售量或以销售额来表示市场占有率；二是正确认定行业范围，即明确本行业所应包括的产品和市场等。

可达市场占有率以其销售额占企业所服务市场的百分比来表示。所谓可达市场，一是指企业产品最适合的市场，二是指企业市场营销努力所及的市场。企业可能有近 100%的可达市场占有率，却只有相对较小百分比的全部市场占有率。

相对市场占有率（相对于 3 个最大竞争者）以企业销售额对最大的 3 个竞争者的销售额总和的百分比来表示。例如，某企业有 30%的市场占有率，其最大的 3 个竞争者的市场占有率分别为 20%、10%、10%，则该企业的相对市场占有率是 30/40=75%。一般情况下，相对市场占有率高于 33%即被认为是强势的。

相对市场占有率（相对于市场领导竞争者）以企业销售额相对市场领先竞争者的销售额的百分比来表示。如果相对市场占有率超过 100%，表明该企业是市场领先者；相对市场占有率等于 100%，表明企业与市场领先竞争者同为市场领导者；相对市场占有率的增加表明企业正接近市场领先竞争者。

（3）运用市场营销费用率分析的方法

年度计划控制要确保企业在达到销售计划指标时，市场营销费用没有超支。因此，企业需要对各项费用率加以分析，并控制在一定的限度。如果费用率的变化不大，在安全范围内，可以不采取任何措施；如果变化幅度过大，上升速度过快，接近或超出上限，就必须采取有效的措施。

通过上述分析，发现市场营销实绩与年度计划指标差距太大，就要采取相应的措施，或是调整市场营销计划指标，使之更切合实际；或是调整市场营销战略、策略和战术，以利于计划指标的实现。如果指标和战略、策略、战术都没有问题，就要在计划的实施过程中查找原因。

（4）运用财务分析的方法

市场营销管理人员应就不同的费用对销售额的比率和其他的比率进行全面的财务分析，以决定企业如何及在何处展开活动，以获得利润，尤其是要利用财务分析来判别影响企业资本净值收益率的各种因素。

（5）运用消费者态度追踪的方法

追踪消费者态度的系统构成如下：

1）抱怨和建议系统。企业对消费者书面的或口头抱怨应该进行记录和分析，并做出适当的反应。企业对不同的抱怨应该分析归类做成卡片，较严重的和经常发生的抱怨应及早予以注意。企业应该鼓励消费者提出批评和建议，使消费者有经常的机会发表意见，这样才有可能收集到消费者对其产品和服务反映的完整资料。

2）固定消费者样本。有些企业建立由一定代表性的消费者组成的固定消费者样本，定期地由企业通过电话访问或邮寄问卷了解其态度。这种做法有时比抱怨和建议系统更能代表消费者态度的变化及其分布范围。

3）消费者调查。企业定期让一组随机消费者回答一组标准化的调查问卷，其中问题包括职员态度、服务质量等。通过对这些问卷的分析，企业可及时发现问题，并及时予以纠正。

通过上述分析，企业在发现实际绩效与年度计划发生较大偏差时，可考虑采取如下措施：削减产量；降低价格；对销售队伍施加更大的压力；削减杂项支出；裁减员工；削减投资；出售企业财产；出售整个企业。

2．运用赢利能力控制的方法

除了年度计划控制之外，企业还需要运用赢利能力控制来测定不同产品、不同销售区域、不同消费者群体、不同渠道及不同订货规模的赢利能力。

（1）运用市场营销成本控制的方法

市场营销成本直接影响企业利润，它由如下项目构成：

1）直接推销费用。包括促销人员的工资、奖金、差旅费、培训费、交际费等。

2）促销费用。包括广告媒体成本、产品说明书印刷费用、赠奖费用、展览会费用、促销人员工资等。

3）仓储费用。包括租金、维护费、折旧、保险、包装费、存货成本等。

4）运输费用。包括托运费用等；如果是自有运输工具，则要计算折旧、维护费、燃料费、牌照税、保险费、司机工资等。

5）其他市场营销费用。包括市场营销管理人员工资、办公费用等。

上述成本连同企业的生产成本构成了企业总成本，直接影响企业的经济效益。其中，有些与销售额直接相关，称为直接费用；有些与销售额并无直接关系，称为间接费用。有时二者也很难划分。

（2）运用赢利能力考察指标控制的方法

赢利能力考察指标有以下几种：

1）销售利润率。一般来说，企业将销售利润率作为评估企业获利能力的主要指标之一。销售利润是指利润与销售额之间的比率，表示每销售 100 元使企业获得的利润。其公式是：

$$销售利润率=本期利润\div销售额\times100\%$$

但是，同一行业各个企业间的负债比率往往大不相同，而对销售利润率的评价又常需通过与同行业平均水平来进行对比，所以在评估企业获利能力时最好能将利息支出加上税后利润，这样将能大体消除由于举债经营而支付的利息对利润水平产生的不同影响。因此，销售利润率的计算公式应该是：

$$销售利润率=税后息前利润\div产品销售收入净额\times100\%$$

这样的计算方法，在同行业间衡量经营水平时才有可比性，才能比较正确地评价市场营销效率。

2）资产收益率。指企业所创造的总利润与企业全部资产的比率。其公式是：

$$资产收益率=本期利润\div资产平均总额\times100\%$$

与销售利润率的理由一样，为了在同行业间有可比性，资产收益率可以用如下公式计算：

$$资产收益率=税后息前利润\div资产平均总额\times100\%$$

其分母之所以用资产平均总额，是因为年初和年末余额相差很大，仅用年末余额作为总额显然不合理。

3）净资产收益率。指税后利润与净资产所得的比率。净资产是指总资产减去负债总额后的净值。这是衡量企业偿债后的剩余资产的收益率。其计算公式是：

净资产收益率=税后利润÷净资产平均余额×100%

其分子之所以不包含利息支出，是因为净资产不包括负债在内。

4）资产管理效率。这可通过以下两个比率来分析。

一是资产周转率。该指标是指一个企业以资产平均总额去除产品销售收入净额而得出的全部资产周转率。其计算公式如下：

资产周转率=产品销售收入净额÷资产平均占用额

该指标可以衡量企业全部投资的利用效率，资产周转率高说明投资的利用效率高。

二是存货周转率。该指标是指产品销售成本与存货（指产品）平均余额之比。其计算公式如下：

存货周转率=产品销售成本÷存货平均余额

这项指标说明某一时期内存货周转的次数，从而考核存货的流动性。存货平均余额一般取年初和年末余额的平均数。一般来说，存货周转率次数越高越好，说明存货水准较低，周转快，资金使用效率较高。

资产管理效率与获利能力密切相关。资产管理效率高，获利能力相应也较高。这可以从资产收益率与资产周转率及销售利润率的关系中表现出来。资产收益率实际上是资产周转率和销售利润率的乘积。

3．运用效率控制的方法

（1）运用销售人员效率

企业的各地区的销售经理要记录本地区内销售人员效率的几项主要指标。这些指标包括：

1）每个销售人员每天平均的销售访问次数。

2）每次会晤的平均访问时间。

3）每次销售访问的平均收益。

4）每次销售访问的平均成本。

5）每次访问的招待成本。

6）每百次销售访问而订购的百分比。

7）每个期间新增加的消费者数。

8）每个期间流失的消费者数。

9）销售成本对总销售额的百分比。

企业可以从以上分析中发现一些非常重要的问题，如销售代表每天访问的次数是否太少，每次访问的时间花费是否太多，是否在招待费上花费太大，每百次访问中是否签订了足够的订单，是否增加了足够的新消费者并且留住了原有的消费者等。当企业开始重视销售人员效率的改善后，通常会取得很多实质性的改进。

（2）运用广告效率

广告效率的高低可以通过以下几项指标来衡量：

1）每一媒体类型、每一媒体工具接触每千名购买者所花费的广告成本。

2）消费者对每一媒体工具注意、联想和阅读的百分比。

3）消费者对广告内容和效果的意见。

4）广告前后消费者对产品态度的衡量。

5）受广告刺激而引起的询问次数。

企业高层管理可以采取若干步骤来改进广告效率，包括进行更加有效的产品定位、确定广告目标、利用计算机来指导广告媒体的选择、寻找较佳的媒体、进行广告后效果的测定等。

（3）运用促销效率

为了改善销售促进的效率，企业管理阶层应该对每一销售促进的成本和对销售影响做记录，具体应注意做好如下统计：

1）由于优惠而销售的百分比。

2）每一销售额的陈列成本。

3）赠券收回的百分比。

4）因示范而引起询问的次数。

企业还应观察不同销售促进手段的效果，并使用最有效果的促销手段。

（4）运用分销效率

提高分销效率是探索节约流通时间、降低流通费用、更好地满足用户和消费者需要的问题。分销效率主要是对企业存货水准、仓库位置及运输方式进行分析和改进，以达到最佳配置并寻找最佳运输方式和途径。例如，分销网点的市场覆盖面，销售渠道中的各级各类成员——经销商、制造商代表、经纪人和代理商发挥的作用和潜力，分销系统的结构、布局及改进方案，存货控制、仓库位置和运输方式的效果等，这些都是提高分销效率要考虑的问题。

效率控制的目的在于提高人员推销、广告、营业推广和分销等市场营销活动的效率，市场营销经理必须重视若干关键比率，这些比率表明上述市场营销组合因素的有效性及应该如何引进某些资料以改进执行情况。

4. 运用战略控制的方法

战略控制的目的是确保企业的目标、政策、战略和措施与市场营销环境相适应。由于在复杂多变的市场和环境中，原来的目标和战略往往容易落伍或过时，因此企业很有必要通过市场营销审计这一工具，定期地、批判性地重新评估企业的战略、计划及其执行情况。

市场营销审计不只在出了问题的地方、时候才有用，其范围覆盖了整个的市场营销环境、市场营销系统及具体的市场营销活动的所有方面。市场营销审计通常由企业内部的相对独立、富有经验的市场营销审计机构客观地进行。市场营销审计需要定期进行，而不是出了问题才采取行动。市场营销审计不仅能为陷入困境的企业带来效益，同样可以帮助经营卓有成效的企业增加效益。

案例分析

金新农饲料有限公司的市场营销管理

在饲料业，深圳金新农饲料有限公司是个后来者，1999 年 11 月 6 日才由陈俊海创办，但短短两年多的时间里，其主打产品——市场占有率都已经位居广东省第一位，更成为“中国养猪学分会”的推荐产品，销售年增长率达 120%以上。到 2001 年年底，产品月销量突破 500 吨，产品走出广东销往广西、湖南、福建、江西、山东、湖北等省，全年销售收入超过 1 200 万元。

饲料业的进入门槛并不高，厂家非常多，但绝大多数是小企业。这些小企业大多又是家族企业，它们要做得大也很难，原因主要是管理，特别是决策者的思路和眼界。很多厂家的管理者素质不高，实施家族式管理，有一定的赢利就满足了，而且各企业在营销上的操作手法都差不多。

陈俊海的目标就是争取让金新农饲料有限公司 5 年内成为中国饲料行业领先品牌，跨入中国饲料企业第一梯队，并成为上市企业。

在陈俊海看来，做饲料的厂家虽然多，但大多都是在低水平竞争，主要集中于价格等方面。所以，从创业初始，陈俊海特别强调服务。在服务上面，金新农饲料有限公司确实投入了大量的人力、物力和财力。金新农饲料有限公司这种做法产生了不错的效应和效益。

金新农饲料有限公司还有一个优势是陈俊海本身。其一，出生于农村的陈俊海有着较深的农字情结和专业背景，他先后在华中农业大学、东北农业大学、中国农业大学获得学士学位、硕士学位和博士学位，攻读博士学位期间还主持国家“八五”科技攻关专题“早期断奶仔猪营养参数及配制技术研究”，并获得农业部科技进步奖，是预混料行业的开拓者之一。其二，陈俊海自 1990 年进入饲料业，并从 1994 年开始做当时以饲料为主业的华宝集团的副总经理，主管生产和技术，在饲料业有十几年的行业经验。其三，陈俊海作为博士，占有很大的技术资源优势，能有效地与国内外著名专家、学者进行各种培训与交流。

虽然竞争非常激烈，但 1999 年以 200 多万元启动资金创建的金新农饲料有限公司，现在已经做到了广东省第二，排在第一的是正大康地，第三是华宝。

这样的业绩是令人瞩目的。从营销上，陈俊海自己是这样来总结得失的：金新农饲料有限公司虽然是小公司，但在品牌定位、产品质量上都是比较前卫的，而且注重对人的培养。这体现在几个重要因素上：一是价格比较低，质量比较好，产品的质量和服务是金新农饲料有限公司产品最大的卖点；二是销售网络建设得好，这一方面金新农饲料有限公司投入了不少资金；三是金新农饲料有限公司专注于做猪饲料，不像其他厂家猪饲料、鸡饲料、鸭饲料等都做；四是通过其中一种产品“断奶宝”的旺销，带动了其他产品的销售，“断奶宝”产品技术含量高，如果没有这个产品，金新农饲料有限公司可能就不能发展得这么快。

现在，陈俊海已经不怕强大竞争对手的打压，他遇到最大的障碍主要来自两个方面：一是资金，赢利跟不上铺点资金的需要；二是管理，各级管理人员的管理能力需要提升。所以，他平时20%的时间用于融资和寻找合作伙伴，20%的时间用于内部管理，20%的时间用于技术研发，其余时间则是做市场，如拜访客户、了解市场和行业的情况、了解用户对产品及服务的反馈。

陈俊海想让自己真正成为一位儒商，他在公司创立之初，就摒弃家族管理模式，广纳各方人才，任贤不任亲。他看到家族制管理模式的弊端，在企业发展到一定阶段后，

家族制管理模式会严重影响企业的健康成长。他认为，做企业关键在做人，他要打造形成独特的金新农管理文化。他对自己的管理干部说："我们要进入行业前三名，必须通过人才的竞争、产品和服务的竞争，以及市场终端的竞争，才能做得到。实际上这个市场主要是靠人做起来的，不是靠资金，当然也是要靠一个好的理念才能发展起来的。这个行业是不能靠广告做起来的。我们的风险大，因为这个饲料业赊销方式普遍，会造成很大的应收账款。"他的用人标准是：首先要投入，不投入有再好的才能也没用；第二是专业化；第三是要公正、客观，不允许拉帮结派。

陈俊海很看重的团队精神，但他的困扰在于公司的人才结构：水平相近的人多，人才没有多样化，管理理念滞后，水平差不多。他准备在业务、管理和素质等培训方面多投入。他现在在全体员工中倡导进行个人修养及礼仪培训，并推行"五化"——职业化、网络化、车辆化、住房化、股份化，即现在总部已经实现网络化，每个业务员都配有笔记本型计算机，每个区域经理都配有小车，不久的将来要实现住房化、股份化，并要培养一支职业经理人队伍。

让陈俊海高兴的是，在人才流动奇高的饲料业，金新农饲料有限公司的人才流动率却很低。

（资料来源：全球品牌网）

辩证性思考：

1. 试分析陈俊海是如何去实现自己的目标的？
2. 从管理的角度看，陈俊海是如何经营金新农饲料有限公司的？

营销知识检测

1. 市场营销计划的类型有哪些？简述市场营销计划编制的操作程序。
2. 市场营销组织的形式有哪些？影响市场营销组织设计的因素有哪些？简述市场营销组织设计的操作程序。
3. 市场营销实施中应注意哪些问题？简述市场营销实施的操作程序。
4. 市场营销控制的方法有哪些？简述市场营销控制的操作程序。

营销能力训练

训练项目：

选择一家校企合作企业，对其市场营销计划、组织、实施与控制进行分析，撰写市场营销计划、组织、实施与控制分析报告。

训练目的：

通过训练，进一步认知、掌握市场营销计划、组织、实施与控制的操作程序、方法，具备运用市场营销计划、组织、实施与控制的能力。

训练要求：

由班级学习委员组织全员对市场营销计划、组织、实施与控制分析报告进行讨论、交流。

第13单元

运用市场营销策划

【学习与培养思路】

市场营销是企业找生意（寻找生意）——发现（创造）消费需求、做生意（经营生意）——满足消费需求、管生意（管理生意）——管理消费需求的活动过程，如何解决这个问题，就要运用市场营销策划。

通过学习，掌握市场营销策划的程序、市场营销策划的方法、市场营销策划方案的结构内容。

通过培养，具备市场营销策划的能力。

13.1 认知市场营销策划

【学习与培养思路】

学习市场营销策划首先要认知市场营销策划的概念与内涵、市场营销策划程序及市场营销策划方案的结构，为学习市场营销策划方法奠定基础。

在掌握市场营销策划的内涵、市场营销策划操作程序及市场营销策划方案的结构的基础上，培养运用市场营销策划操作程序的能力。

13.1.1 认知市场营销策划的概念

市场营销策划是企业对将要发生的市场营销行为进行超前规划和设计，以提供一套系统的有关企业市场营销的未来方案。这套方案是围绕企业实现某一市场营销目标或解决市场营销活动的具体行动措施。这种策划以对市场环境的分析和充分占有市场竞争的信息为基础，综合考虑外界的机会与威胁、自身的资源条件及优势劣势、竞争对手的谋略和市场变化趋势等因素，编制出规范化、程序化的行动方案。

13.1.2 认知市场营销策划的内涵

1）营销策划的对象是未来的营销活动。营销策划的对象是营销活动，特别是针对未来将要开展的营销活动进行的一种超前的谋划活动。它是在对未来营销环境变化做出前瞻性的判断和预测的基础上，对将要开展的营销工作所做的安排。

2）营销策划的根本任务是促进商品交换。营销的本质是商品交换，营销策划的根本任务是通过对营销活动的策划，促使企业与客户之间顺利实现商品交换。通俗地说，营销策划就是为企业出谋划策，促进企业通过满足客户需要赚取利润来实现营销目标。

3）营销策划的依据是信息。策划的依据是指策划者必须具有的信息和知识，既包括策划者的知识储备或信息积累，这是进行有效策划的基本依据，又包括有关策划对象的专业信息，如企业内部条件、客户情况、竞争对手情况等。显然，这些信息是营销策划的重要依据。因此，全面准确地掌握企业营销活动及其所有影响因素的信息是营销策划活动得以开展的先决条件，是营销策划活动能否成功的关键所在。

4）营销策划的灵魂是创意。在营销活动过程中，不断推出新的创意将是企业营销活动制胜的关键。策划并无定法，打破常规、出奇制胜是策划活动的魅力所在，也是策划的制胜法宝。实践证明，只有构思独特、有所创新的营销活动，才能产生巨大的市场冲击力与震撼力，才能给企业带来持久的生命力与竞争力。

5）营销策划的成果是营销活动方案。营销策划的成果是形成一套切实可行的营销活动方案。营销策划经过一系列的规划活动，最终要形成一套切实可行的营销活动执行方案，并以书面的形式反映在营销策划书中，供客户（或决策者）评价与分析，以决定是否执行。

6）营销策划方案成功实施的保证是不断调适。任何策划方案都不会是很完善的，所以在营销方案实施过程中，企业要根据营销活动所要实现的目标与外部营销环境变化所提出的要求，不断调和，逐步完善，这样才能保证营销策划方案顺利实施并取得预期效果。

实用链接

有人这样理解市场营销策划

营销是块布料，策划是把剪刀，裁剪缝纫衣服的过程就是营销策划。

营销是水泥、钢筋、沙子、砖头等建筑材料，营销策划则是工程师构思、设计与绘制图纸，并规划、指挥与监控建设过程。同样的建筑材料，通过不同的策划，会形成千差万别的建筑产品，即营造一种新的生活方式。

13.1.3　运用市场营销策划操作程序

市场营销策划操作程序如图 13-1 所示。

1．分析立项

1）分析市场营销现状。通过企业市场营销现状的初步分析，以明确企业市场营销活动的主要矛盾、关键问题，必要时还应进行深入的市场营销调研。

2）确定策划目标与主题。针对企业存在的关键问题，明确当前市场营销目标，确定策划主题。

3）拟定策划计划。策划计划书应对策划的重要性、可行性、策划进程、策划方案实施的成本、策划经费、策划报酬、策划方案实施效果估测等有一个说明。

4）审批策划项目。该阶段最关键，也是最重要的一步，是取得企业决策者的认同，经过审核批准，从而顺利立项。

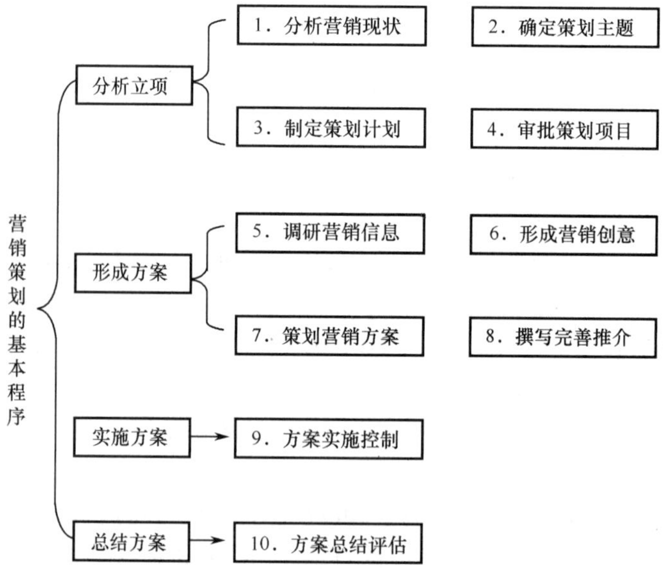

图 13-1　市场营销策划操作程序

2．形成方案

策划项目审批立项后，企业就要根据策划主题，或者建立任务性的临时策划工作组来制定方案，或者将策划项目交付企业常设的营销策划机构来完成，或者将策划项目外包给企业外部专业的营销策划机构来完成。

形成市场营销方案是整个营销策划最核心的工作，该阶段主要应依次完成以下几个方面的工作：

1）调研营销信息。策划的依据是全面的信息，因此在形成策划方案之前，通过营销调研与预测方法，收集策划所需的资料与信息是很有必要的。

2）形成营销创意。收集到比较全面的信息后，策划人就要根据策划主题，分析调研所收集到的信息资料，通过创造性思维激发创意、形成构思。当然，形成的创意一般并不止一个，这就需要对所形成的创意进行分析评估、比较选择，以选择较为合理的营销活动创意。

3）策划营销方案。创意只是一个初步的构思，要想顺利实现预定的目标、圆满完成策划任务，还需要将选定的创意具体化为一套可以操作实施的方案，并进行反复论证与完善。

4）撰写策划书。为了使策划方案被委托人或企业决策者接受并付诸实施，也为了使策划方案的执行人员能有一个统一的行动依据，还需要撰写出条理清楚、规范严谨的策划书。同时，向委托人或决策者递交策划书时还有必要进行细致、诚恳的讲解和说明。递交策划书后，最终可能会产生 3 种不同的结果：是、否或不完善。如“不完善”，还需进一步修正；如“是”方案，便可以进入实施阶段。

3．实施与监控方案

市场营销策划方案通过以后，应考虑到策划者不一定就是执行者，若在执行过程中“走样”，考虑再周全的策划案也会影响成效，况且方案设计时与实施时的外部环境、内部条件都可能发生变化，而且经常会出现一些突发事件，这就需要进行必要的监控，以实现预期效果。

4．总结与评估方案

策划方案实施完成以后，最好还要进行一定的评估总结工作，以分析、总结经验教训，扬长避短，为今后的营销策划工作提供依据和指导。

13.1.4　认知市场营销策划方案的结构

1．封面

策划方案的封面可提供以下信息：①策划书的名称；②被策划的客户；③策划机构或策划人的名称；④策划完成日期及本策划适用的时间段。因为营销策划具有一定的时间性，不同时间段上市场的状况不同，营销执行的效果也不一样。封面设计的原则是醒目、整洁，字体、字号、颜色则应根据视觉效果具体考虑。

2．策划方案的正文

（1）策划目的

策划目的就是营销策划所要达到的目标、宗旨。确立明确的目标，作为执行本策划的动力或强调其执行的意义所在，以要求全员统一思想、协调行动、共同努力，保证策划高质量地完成。

（2）分析当前的营销环境状况

这是指对同类产品的市场状况、竞争状况及宏观环境要有一个清醒的认识。它是为制定相应的营销策略、采取正确的营销手段提供依据的。“知己知彼，方能百战不殆”，因此这一部分需要策划者对市场比较了解。

（3）市场机会与问题分析

营销方案是对市场机会的把握和策略的运用，因此分析市场机会就成了营销策划的关键。只有找准了市场机会，策划才能成功。

1）针对产品目前营销现状进行问题分析。

2）针对产品的特点进行优劣势分析。

（4）营销目标

营销目标是在前面目的任务基础上公司所要实现的具体目标。例如，营销策划方案执行期间，经营效益目标达到：总销售量为××××万件，预计毛利×××万元，市场占有率达到××%。

制定营销目标要求：①营销目标必须针对一个单一目的；②营销目标必须数量化，以便执行和评估；③营销目标的实现要有一定的期限。

（5）营销战略及行动方案

1）营销宗旨。一般企业可以注重这样几个方面：以强有力的广告宣传攻势顺利拓展市场，为产品准确定位，突出产品特色，采取差异化营销策略；以产品主要消费群体为产品的营销重点；建立点广面宽的销售渠道，不断拓宽销售区域。

2）产品策略。即通过前面产品市场机会与问题分析，提出合理的产品策略建议，形成有效的营销组合，达到最佳效果。这主要从产品定位、产品质量功能、产品品牌、产品包装、产品服务等方面入手分析。

3）价格策略。这里只强调几个普遍性原则：拉大批零差价，调动批发商、中间商的积极性；给予适当的数量折扣，鼓励多购；以成本为基础，以同类产品价格为参考，使产品更具竞争力。若企业以产品价格为营销优势，则更应注重价格策略的制定。

4）销售渠道。这主要包括：产品目前销售渠道状况如何；对销售渠道的拓展有何计划；采取一些实惠政策鼓励中间商、代理商的销售积极性或制定适当的奖励政策。

5）广告宣传。广告宣传应坚持的原则：①服从公司整体营销宣传策略，树立产品的形象，同时注重树立公司的形象；②长期化，广告宣传商品个性不宜变来变去，变多了，消费者会不认识商品，反而使老主顾也觉得陌生，所以在一定时段上应推出一致的广告宣传；③广泛化，选择广告宣传媒体多样化的同时，注重抓宣传效果好的方式；④不定期地配合阶段性的促销活动，掌握适当时机，及时、灵活地进行，如重大节假日、公司有纪念意义的活动等。

6）具体行动方案。即根据策划期内各时间段特点，推出各项具体行动方案。行动方案要细致、周密，操作性强又不乏灵活性。同时，还要考虑费用支出，一切量力而行，尽量以较低费用取得良好效果为原则。尤其应该注意季节性产品淡、旺季营销侧重点，抓住旺季营销优势。

（6）策划方案各项费用预算

这一部分是整个营销方案推进过程中的费用投入，包括营销过程中的总费用、阶段费用、项目费用等，原则是以较少的投入获得最优的效果。费用预算方法在此不再详述，企业可凭借经验，具体分析制定。

（7）方案调整

这一部分是作为策划方案的补充部分。方案执行中可能出现与现实情况不相适应的地方，因此必须随时根据市场的反馈及时对方案进行调整。

3. 附录

附录的作用在于提供策划客观性的证明，因此凡有助于阅读者对策划内容理解的资料都可以列入。

13.2 运用市场营销策划的方法

【学习与培养思路】

市场营销策划的运作没有固定的模式，因人、因事、因时有所不同。但市场营销策划的运作有基本的规律，一般从创意开始，经过创意思维构思出市场营销策划概念，而后提炼出市场营销策划的主题，主题再经过时空策划运筹而繁衍出市场营销活动策划方案。市场营销策划是一门科学，又是一门艺术，策划技巧是市场营销策划的精髓、生命力，市场营销策划技巧主要体现在“势”“时”“术”上，通过机智运用，市场营销策划将能达到出奇制胜的效果。

在掌握创意的方法、“概念”“主题”“时空”运筹策划模式与“势”“时”“术”策划技巧的基础上，培养运用创意的方法、“概念”“主题”“时空”运筹策划模式与“势”“时”“术”策划技巧的能力。

13.2.1　运用营销策划创意的方法

1．认知营销策划创意的过程

（1）准备期

营销策划人在接受策划任务之后，在创意之前，往往有一个充分准备的过程。在这个准备期，策划人往往围绕策划主题，根据相关度由远到近、由粗到细，大量浏览相关的知识和资料，收集并分析研究同类问题创意的经验与教训，以寻求激发灵感，产生创意。

（2）酝酿期

在充分收集了大量相关资料信息后，策划人大脑中已经储备了大量的创意素材，对策划主题也有了一个比较全面的认识，此时就可以进入创意的第二个阶段——酝酿期。酝酿期需要对所要解决的问题进行周密的、多角度的、反复的思考。

这一阶段，就可以把上一阶段记录的那些零星的思维火花，进行逐个分析。这些思维的火花有的可能是谬误，有的可能是不现实的，有的在解决问题方面可能实际价值不大，因此策划人往往要经过较长的酝酿期。这一时期可能需要花费相当大的劳动，但仍然百思不得其解，处于停滞状态，恰如“山重水复疑无路”。酝酿期，人们的思维在探索、多方寻找解决问题的新思路，苏联心理学家巴甫洛夫把这种现象称为“相互诱导”。

（3）豁朗期

在经过长时间的充分酝酿后，营销策划人员就策划主题重新进行全面思考或审视，或者暂时把它放下来进行别的活动以图受到某种刺激，创意突然产生，使人眼前一亮、豁然开朗、令人振奋，百思不得其解的问题一举突破，恰如“柳暗花明又一村”。豁朗期的到来，也可以说是一种科学意义的灵感和直觉作用的结果。

（4）验证期

验证期是对豁朗期所提出的创意进行验证补充和修正完善，使之趋于合理可行。验证的方法有两种：一种是直接验证，即通过实践来验证这种创意是否有效，如新产品的小范围试销、促销效果的小范围尝试等。另一种是间接验证，即通过推论来检验。直接验证虽然可靠，但局限性很大，有些创意不可能或不允许进行直接验证；间接验证一般是由策划人头脑中用推论的方式进行的，通过推论，淘汰错误的成分，保留合理的成分，形成最合理的创意。

2．运用创意的形式

（1）发散性思维与聚合性思维

发散性思维即人们通常所说的“从不同角度考虑问题”，其表现形式为从某一点开始，向四面八方做尽可能多的发散，即从所给的已知信息中产生新的信息。也就是说，以观察到的某一事物为中心，从其用途、构成、替代物及存在的条件等众多方面尽可能多地进行思考、联想与猜测，以求发现事物某一方面与当前所要解决的问题之间所具有的某种隐秘的联系，如能将这种联系强化，很可能就会在“山重水复疑无路”的情况下出现“柳暗花明又一村”，发现曲径通幽处。

聚合思维，也称为求同思维、集中思维、辐合思维或同一思维等。聚合思维是把广阔的思路聚集成一个焦点的方法。它是一种有方向、有范围、有条理的收敛性思维方式，与发散思维相对应。因此，聚合思维对于从众多可能性的结果中迅速做出判断并得出结论是最重要的。

（2）逆向思维与侧向思维

逆向思维也称反向思维、求异思维，是指从常规思考路线的反面去寻求解决方法的一种思维方式。事实证明，逆向思维往往能得到“出其不意”“求异存同”“标新立异”的效果。要培养逆向思维，就应该在思想上摆脱传统的习惯，多从一些反传统、反常规的思路上考虑问题，如北京市有“难寻物品商店”、盐城市有“大不同”鞋店、苏州市有“无声商店”等。

侧向思维也称另辟蹊径，一般是在解决问题的思路较明显或者确定的情况下，在人们习惯地沿着某一条思路攻关不下时，果断地选择其他思维路径，并提出创造性设想的思维方法。侧向思维既不与一般思维相同，也不是正好相反，而是从旁侧开拓出思路的一种思维。

（3）直观思维与灵感思维

直观思维就是人们不经过逐步分析而迅速对问题的答案做出合理的猜测、估计或设想的一种跃进式思维，它是一种基于经验和有关知识的综合判断。其判断过程之迅速，致使人只是记住结果而无法记住过程。其判断结果之准确，致使人感到“莫名其妙”。男女交往中的所谓“一见钟情”，以及我们经常听到的“我觉得就该如此”“我觉得就是这样”等说法，就是直觉判断的表现。

灵感思维是人们借助直觉启示突然出现的一种超常的、最富有创造性的思维突破。诗人、文学家的“神来之笔”，军事指挥家的“出奇制胜”、思想战略家的“豁然贯通”、科学家与发明家的“茅塞顿开”等，都说明了灵感的这一特点。它是在经过长时间的思索，问题没有得到解决，但是突然受到某一事物的启发，问题却一下子得到解决的思维方法。“十月怀胎，一朝分娩”，就是这种方法的形象化的描写。灵感来自信息的诱导、经验的积累、联想的升华、事业心的催化。灵感思维是指凭借直觉而进行的快速、顿悟性的思维。它不是一种简单逻辑或非逻辑的单向思维运动，而是逻辑性与非逻辑性相统一的理性思维整体过程。

（4）类比思维与联想思维

类比推理是形式逻辑所揭示的一种思维推理方式。其基本思想为：如果 P 事物具有 A、B、C、D、E、F 6 种属性，同时 Q 事物具有与之相同或相似的属性 a、b、c、d、e，那么 Q 事物也可能具有属性 f，即与 F 相同或相似的属性。可见，类比推理，就是根据已知的两个事物在某些方面存在的相似或相同关系，推导出它们在其他方面也存在相似或相同关系的思维形式或思维方法。类比思维是通过对两个事物之间的比较或对比，进行类比推理，从而获得创造性设想的思维方法。

联想思维是人们通过一种事物的触发而迁移到另一种事物上的思维。具体地说，就是借助想象，把相似的、相连的、相对的、相关的事物联系在一起的心理活动过程。联想能够克服两个概念在意义上的差距，并在另一种意义上把它们联结起来，由此可以产生一些新颖的思想。

（5）想象思维与组合思维

想象思维是一种对记忆中的表象进行加工、改造、重新组合形成新形象的思维过程。它以形象性知识为素材，但不是这些表象的简单再现。在想象过程中，表象得到积极的再加工、再组合，加入到新联系之中，成为新形象的一个有机组成部分。想象有助于打破原有联系方式的局限性，使人从新的角度去看待事物，从而起到开拓思路，激发创造性思维的作用。

组合思维是指在思维过程中，根据营销策划的任务，将不同性质的事物或功能组合在一起，从而产生创意的方法。

13.2.2　运用概念、主题、时空运筹策划模式

在营销策划实践活动中，营销策划实际上是一个经过概念挖掘、主题开发和时空运筹的过程，即形成了一个概念、主题、时空策划模式。

1. 运用策划概念挖掘

（1）认知策划概念

策划概念是用有意义的术语表达的精心阐述的构思。它表现在产品上，则是能够满足消费者某种需求的产品特征。这里，概念构成了策划的核心。任何一种产品都有它的概念。例如，手机这种产品的概念是，能像固定电话一样清晰地通话，体积小、重量轻，能放在衣兜里，随时随地可以通话，能储存电话号码，能接收短消息，有时钟、闹钟和计算器及上网等功能。

（2）策划概念挖掘的过程

概念是创意的内在，也是主题的原始生长点。概念的挖掘过程是连续运用创造性思维和分析性思维的过程。其操作程序分述如下：

1）寻求营销策划概念的前提。依据营销策划对象的实际状况和以往的经验中抽取出来一系列的前提，从这些前提出发，运用创造性思维提出许多的构想。

2）初步形成营销策划框架。再运用分析性思维，使这些构想向同一目标流动，形成一个策划的轮廓和框架。

3）提炼营销策划概念。这一大致轮廓经过加工、整理、分析、挖掘逐渐变成一系列稍微明朗的印象，这些印象经过提炼后，形成了策划的概念。概念的挖掘过程如图 13-2 所示。

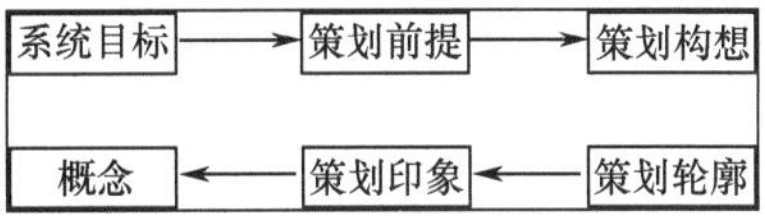

图 13-2　概念挖掘的过程

实用链接

分析性思维是合乎逻辑的，它衍生出单一或少数的答案，可以实施。创造性思维则需要借助想象，衍生出许多想法之后，必须经过分析，才能选出少数可以实施的方案。分析性思维可以把构想和实务结合起来，但如果要继续发展，则必须由创造力来推动。

分析性思维与创造性思维的关系与区别如图 13-3 和图 13-4 所示。

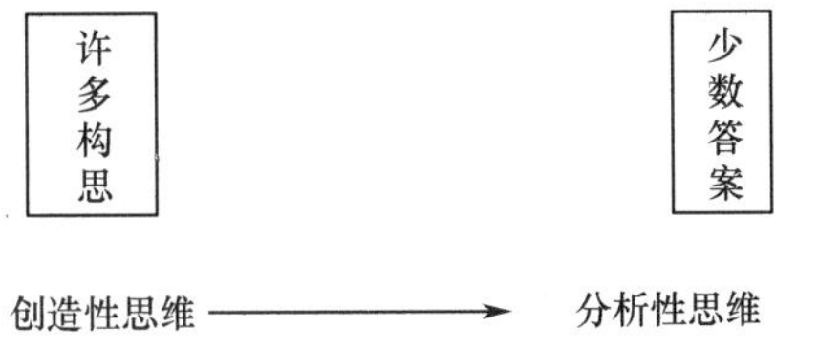

图 13-3　创造性思维和分析性思维的关系

分析性思维	创造性思维
逻辑的	想象的
唯一（或少数）答案	许多可能的答案或构想
收敛式	开放式
垂直式	平行式

图 13-4　分析性思维和创造性思维的区别

案例分析

概念营销更需要大道自然

“圣象”成功了，于是满大街都是“欧洲地板”；“王老吉”出名了，于是平地冒出几十家“罐装凉茶”……对于中国企业，“蓝海”是遥远的，但是“模仿”却是简单的，“模仿中创新”是中国市场特色，也是中国企业的生死结。

分析别人成功的时候，其实是“为我所用”的过程，但是很多企业往往“雾里看花”“盲人摸象”，把偶然归结为必然，在不了解内幕根源的情况下为自己的企业错误地开了药方。

采用完全不同的方法来分析案例，就是找到企业成功的一些因素，然后进行系统分析，来研究哪些因素是值得企业学习的，哪些是企业的陷阱。而最错误的企业研究方式就是一个企业成功了，就把企业所做的一切工作定性为“正确的工作”，一旦一个企业最后失败，那这个企业所做的一切就都成了“错误决定”。

王老吉成功了，很多人说电视剧《岭南药侠》立下了奇功，某少数民族药业集团的负责人极力主张同样复制电视剧模式，拍摄一部反映企业历史的电视剧或者电影。企业认为别人能成功我自然一样可以成功，“想当然”是企业管理者最可怕的瘟疫。企业并没有去系统研究王老吉所处的竞争环境、竞争程度和企业资源的整合运用，甚至包括后来企业反复宣传《岭南药侠》，都是传播手段而已。

王老吉的成功，首先还是进入了竞争程度较低的“罐装功能性凉茶”市场，可以称为“蓝海”。但是如果没有中央电视台广告的密集跟进，以及“怕上火”市场竞争的无人之境，王老吉再拍几部电视剧、电影也没有任何意义。所谓《岭南药侠》帮助企业的说法自然来自各个方面：企业的自我宣传、媒体的推波助澜及制作方的目的昭昭。而其他企业往往看到巨大成功的表象，却忽视了系统作战和整合的真正含义。

再说王老吉的“怕上火”概念，这是一个很容易理解的概念，基本每个中国老百姓都能理解“上火”及所带来的一些症状，如牙痛、起痘痘、嗓子痛等，所以王老吉在概念传递上做得比较简单，使顾客容易感受，加上产品本身所具有的历史积淀，“虚实结合，相辅相成”，王老吉先行一步，收获颇丰。

2007年以来，在食品行业具有一定地位的达利园看到了王老吉从区域市场到全国市场的营销奇迹，于是大手笔运作包括“和其正”在内的饮料系列。其中“和其正凉茶”使用“自从有明星起就是明星”（冯小刚语）的陈道明，大手笔地制作投入，“去火气　养元气”概念直逼“王老吉”，而且推出“中国凉茶和其正”的野心诉求，可以说有备而来，但是其硬伤却是有目共睹的。

首先我们来分析概念（企业和产品）的一般规律。最高明的概念是“直指人心”的，它和人类的基本情感、道德观念完全一致，属于“最接近真理的事实”，能够使绝大多数人产生情感和心理共鸣，从而成为企业的忠实顾客。例如，“味道好极了”“让我们做得更好”

"生活充满激情""渴望无限""如果没有联想世界将会怎样"这样的表述就直指人心，但是这些概念往往需要非常完善的企业文化支撑和事实支持，如果没有这些支持，再美丽的语言也只能是"镜花水月"，甚至出现"自我捧杀"的结果，所以一般企业都会在企业文化层次进行研究，而在产品概念层面退而求其次。诉说"利益和情感关系"，是什么意思呢？就是产品本身及衍生出来的、带给消费者的利益关系，以及情感体验和社会满足感，而且这些概念和说法也是具有"群众基础""文化基础""历史基础"或者"环境基础"的。例如，"果冻我要喜之郎"，就是基于企业品牌和市场环境，对于自己品牌行业领袖的自信，以及品牌名称直接诉说给顾客加深印象的需要；而"自然给你更多"则是把产品利益和"自然"关联，努力去"接近真理"，去追求企业营销的境界；"怕上火"则是把利益需求放在第一位，进行"需求引导"……所有这一切，一定是容易理解的，是直接的，是简单的，是纯粹的，也是符合一般社会规律的，可以有引申意义但是不能有歧义的，一旦产生理解困难，产品概念就肯定是危险的，也是很容易失败的。当然，产品概念还有第三个层次，就是"制造概念"，或者说"无中生有"。这个层次一样有众多经典案例，但是往往被不负责任的企业做成"忽悠和欺诈"，使营销被社会道德所唾弃。

（资料来源：新浪博客，2012-05-25）

辩证性思考：

通过分析，谈谈你对营销策划概念挖掘的看法。

2. 运用开发策划主题

策划主题是策划的中心思想，是策划为达到某个目的而要说明的基本观念。策划主题是策划的灵魂，统率着整个策划的创意、构思、方案、形象等各个要素，它像一根红线贯穿于整个策划之中，使组成策划的各要素有机地组合成一个完整的策划作品。

（1）认知策划主题构成要素

1）策划目标。策划目标是策划者根据组织的宗旨、行动方式、社会角色设定等因素确定的策划要达到的目的和要完成的任务。策划主题只有服从和服务于策划目标，策划才不至于无的放矢、不至于与组织的根本目的相违背。例如，德国大众金龟车广告主题"这是一辆诚实的车子"，表现出金龟质量的高超、检查的严格、对用户的负责，达到"取信于民"的目标。

2）信息个性。策划的信息个性是指这种策划对象区别于其他商品的特点。策划对象可以是商品、劳务，甚至是某种观念、某种行事方式，但只有把它与一般物品区别开来，才能吸引参与者的兴趣。产品促销策划中，策划对象即为产品，信息个性即为销售重点；广告策划中，策划对象即为广告对象的一种形象或一种观念，信息个性即为这种形象或观念的诉求重点。例如，M&M'S 糖果公司的巧克力是用可食用糖衣包着的，故主题广告语"只溶在口，不溶在手"，画龙点睛地表现出产品的信息个性。

3）心理需求。心理需求是指潜藏在人们心底里的欲望和追求，是策划者与参加者的共鸣点。例如，骆驼香烟的"骆驼世界任我闯荡"的广告口号，迎合了美国大多数移民对创业的狂热追求心理。

策划目标、信息个性和心理需求，三者在策划主题中缺一不可。离开了策划目标，策划主题就变成了随波逐流的小舟；离开了信息个性，策划主题就变成了为他人作嫁衣裳；离开了心理需求，策划主题就变成了枯燥无味的说教。因此，任何一个成功的策划主题，应当是策划目标、信息个性和心理需求的和谐统一：策划目标构成了策划主题的基础和依据；信息个性使策划主题针对特定的策划对象；心理需求则使策划主题有了生动的活力。

（2）认知策划主题的特点

1）吸引注意。策划主题必须引人注目，能引起公众的注意。像“拥有一片美国”就利用了国人的崇美心理，非常招人显眼。

2）通俗易懂。当策划主题把策划概念转变为语言和图像时，从某种意义上说是进行了“加工”，这种“加工”应当是通俗易懂、易于大众媒介的传播和公众的接受的。

3）强烈刺激。策划主题应当具备一定的冲击力，使策划作用的对象产生相应的行动，如“骆驼世界任我闯荡”。

4）别具一格。策划主题要有自己的独特之处，以便给人留下深刻的长久印象，如“全国走一圈，就喝老白干”。

5）简洁明快。最简单的东西其实最深刻地反映了本质，如 2008 年中国北京申办奥运会的口号——“新北京，新奥运”。

（3）运用策划主题开发的操作程序

1）运用创造性思维，发挥丰富的想象力，得到多个构思。

2）运用分析性思维进行筛选，依据主题的特点来确定主题。

3．运用时空运筹

策划有了概念，有了主题，有了初步的构思，还得以客观形势为依据，通过严格的分析和规划，制定出具体方案，才可切实推行。在制定这个方案的过程中，最重要的便是审时度势，在时间和空间上进行巧妙的运筹。

（1）认知时间运筹

时间运筹是指营销策划者根据策划势态的发展和变化，分步骤、有条理地安排一系列营销活动。它包括两层含义：一是营销策划活动的系列事件在时间顺序上如何安排；二是每一营销策划活动的事件在时间流逝中如何借势、造势，使营销策划活动释放巨大能量，产生最佳策划效应。

策划活动中往往面临很多繁复的问题，而成熟的策划家总能够在众多的问题中窥测到什么问题是最重要的、什么问题是次要的、什么问题应当立即着手解决、什么问题是可以缓而行之的，并能够根据问题的重要与否及缓急与否确定时间运筹的目标顺序。时间运筹的关键便在于分清事物的轻重缓急，统筹安排，积累或释放能量，人为地制造高潮和低潮，从而使策划产生巨大的影响力。

（2）认知空间运筹

营销策划的空间运筹是指对策划活动中的事件在空间位置上的设置和安排。

在营销策划的空间运筹中，最关键的是要找准策划事物的枢纽，这也是衡量策划者策划的要素。例如，在广告策划中，当策划者确定广告策划主题后，接下来便是对广告策划媒体的筛选和匹配。电视、广播、POP、DM、报纸、杂志和实物等媒体的特色各有千秋，选择媒介时，策划者要综合各种因素进行分析对比，权衡利弊，最终选取在空间上广告宣传的关键点，使策划趋利避害，以最小策划成本获得最大策划效应。

由于事物的各要素占据的位置不同，要素与要素之间的关系也不尽一致，因而在“势”的这张平面图上，便有许多相互连接的要素构成点，这些点有关键与非关键之分，关键点往往是决定“势”的发展变化的决定性因素。在空间运筹中，找准事物的枢纽，是策划家的一项把握关键点的工夫。

4．运用概念、主题、时空运筹的综合策划

概念、主题、时空策划的流程，其实就是思维的轨迹。策划的思路是一个从现实到抽象、再从抽象返回现实的过程。

事物在发展的过程中，蕴藏着无数的机遇，机遇能激发想象力，触发灵感，形成概念，以概念为基点、升华为主题，再通过把时间运筹和空间运筹结合起来，就能在事物的动态发展中，找准势态在时间和空间上的关键点，从而使策划趋利避害、顺理成章，以最小的投入获得最大的产出，以最小的代价获得最优的策划效果。这便是概念、主题、时空策划的全过程。

实用链接

三国演义中，诸葛亮在陇中运筹帷幄，以客观形势为依据，通过分析、全面综合，为刘备制定了“取荆州、夺西川、成鼎足和图中原”的四阶段性目标，使刘备的“兴汉室、伸张大义于天下”的目标具体化、阶段化、现实化，结果帮助刘备成就了霸业。这是一个成功进行时空策划的案例。

13.2.3　运用“势”、“时”、“术”营销策划的技巧

1．认知“势”“时”“术”营销策划技巧的内涵

运“势”、驾“时”、使“术”是营销策划的技巧。“势”指在营销策划中组织环境的发展变化，对“势”的运筹是对谋略所处的宏观战略、长远形势的筹划。“时”指谋略根据形势的发展变化而决定运演的最佳时机。“术”指谋略所采用的招数，任何一种招数都要以人为对象，符合自己的行动方向，对谋略的行使方式进行战略性、整体性的筹划。

2．运用“势”策划的技巧

（1）认知营销策划技巧之一：“势”

“势”，就是一种趋势，是组织本身环境形势的发展变化，也就是通常所说的“氛围”“大环境”“形势”“趋势”“潮流”等。从哲学的角度来看，势的发展是事物运动的必然结果，它是不

可阻挡的。孙中山先生说的“大千世界，浩浩荡荡，顺之者生，逆之者亡”也是这个道理。借势、顺势，是治国之大略，是人生之要领，更是营销策划者所必须看重的策划技巧。因此，营销策划者在策划之前，要先“度势”，后“运势”，只有认清了势的发展规律，并且顺应它，才能使“势”真正为我所用。

（2）认知营销策划中的“势”的增长链

“势”的增长链是指在营销策划过程中，不断寻求环境中各种因素的支持，使“势”处于周而复始、循环增长的过程。

1）寻求优势。指探究企业营销策划活动的优势。弄清“势”的多少和表现，用“势”研究可能达到的目标等，这是“势”的增长链的第一环节，是两次循环的连接点。寻求优势是发挥优势的前提，没有优势就根本谈不上发挥优势。

2）发挥优势。指对策划优势进行有机组合，使之发挥必然效应。发挥优势是寻求优势的目的，也是其逻辑的历史的推进，这是“势”增长链的第二个环节。

3）保持和强化优势。这是第一、第二环节的补充和必然要求，保持和强化优势就等于再次寻求和建立了优势，为发挥优势提供了新的可能。

4）再寻求新的优势。指“势”的增长链的第二次循环开始。这样，策划便能巩固已有的优势，并进一步发挥优势。

营销策划一定要追求更高的“势”，追求更强的“势”，追求更优的“势”，这是营销策划成功的一大秘诀。

（3）运用“势”策划的方法

营销策划中“势”的运用包括借“势”、造“势”、顺“势”、转“势”等。

1）运用借”势”策划的方法。借“势”就是借助具有相当影响力的事件、人物、产品、故事、传说、影视作品、社会潮流等，策划出对自己有利的活动。借“势”在营销实践中的做法很多，例如，借鸡下蛋、顺路搭车、借花献佛、别人搭台我唱戏等，其实质是“乘着东风好远航”。

运用借“势”策划的方法有以下几种：

一是借行业演进之“势”。即借助行业长阶段与发展趋势、技术创新等进行营销策划。

二是借决策之“势”。借决策之势，也可称为借政策之势，主要是指借助各级政府的重大经济决策进行营销策划。政府的重大经济决策，营销策划人总可以从中发现商机，抢住先机，趁势而为，取得佳绩。借政策之势的要点是对政策的理解、把握、熟悉和运用，政策不是一成不变的，所以要敏锐地观察政策在不同时期的变化。

三是借人物之“势”。借人物之“势”就是指借助于某一名人的影响，策划出相应的活动或开发项目，以达到自己的目的。人物可以分为古人和今人，只要他们有一定的影响，都可以“为我所用”。但要注意的是，名人的知名范围有所不同，有不同的等级，影响力也有时期性。不同的名人拥有不同的认知对象，关键还要分析企业所要传播的目标对象与名人拥戴者的重合部分是多少，以及名人在企业目标顾客群中能否引起共鸣。

四是借舆论导向之“势”。借舆论导向之“势”是指借助一定时期内，大众和新闻舆论的关注焦点、热点、倾向和走向进行营销策划。舆论导向有着引起人们心理共鸣的特征，有益于从深度和广度传播企业品牌。

五是借时间之“势”。借时间之“势”就是借助某一特殊的、有重大纪念意义的时间进行营销策划，以达到自己的目的。特殊的时间往往具有特殊的意义。有些活动，在平时显得毫无意义，一旦将其放到某一个特殊的时间里举行，就显得意义非凡了。

借“势”策划应注意的问题：①所借之“势”与本企业策划项目有无关联性，能否带来非常效应。②所借之“势”的发展趋势如何，有无发展潜力。③所借之“势”的影响指数如何，能否产生较强的影响力，价值意义怎样。④所借之“势”是否合法、合理。

2）运用造“势”策划的方法。造“势”就是制造声势，组织和制造具有新闻价值的事件，吸引媒体、社会团体和消费者的兴趣与关注，促使消费者在不知不觉中受此信息的影响而产生消费的欲望。

营销策划的本质就是“迎势”“谋势”，故“谋事者”方能执市场之牛耳，花小钱办大事。正如《孙子兵法》所云：“故善战人之势，如转圆石于千仞之山者，势也。”具体而言，处在不同发展阶段的企业，谋事的重点又有不同：初级阶段要造势，发展阶段要蓄势，成熟阶段要乘势。

第一，找准造势的基础。这个基础可以是一个新产品、一件公益事件、一个大众话题、一个新奇概念等，所有宣传造势的有关活动都要建立在这个基础之上并围绕其展开。

第二，定位造势的高度。如果造势的前提是一个宏观的高度，那么就可以给造势形成宣传推广的良好氛围，并创造出造势的外部生态环境。

第三，合理组合造势策略。这包括软、硬性广告的辅排，新闻发布会的召开，焦点任务的策划，花絮事件的制作，以及其他重要组合方式的应用。

第四，形成关注点。造势的落脚点必须与民众关注的热点相结合，这样才能最大限度地唤起民众的心里共鸣。

第五，借用第三方。造势的过程中，如果要有更好的说服力，必须在客观性的基础上，以第三方（如社会、消费者、媒体）评价的方面来表现。

3）运用顺“势”策划的方法。顺“势”就是顺应潮流之“势”，也就是常说的顺水推舟。由于消费者的消费需求是随时代发展而不断变化的，因此营销策划人员在进行营销策划时，要顺应时代发展潮流，顺应人们的消费需求变化趋势，不断进行项目和活动的创新，从而使企业立于不败之地。

4）运用转“势”策划的方法。转“势”就是通过一定的手段和方法将某种“势”转化为另一种对自己有利的势。通过转“势”，劣势往往能够转化成优势。

小思考

你认为运用“势”策划要注意哪些问题？

3．运用“时”策划的技巧

（1）认知营销策划技巧之二：“时”

“时”就是时机、时间、机会和机遇。因为时来去不定，转眼即逝，所以人们尤为看重时机，甚至认为“时”是决定事情成败的关键，“万事俱备”，但因为“只欠东风”，即便再好的营销策划，也只能付诸东流。营销策划如能捕捉到时机，就能取得事半功倍的效果；若与时机擦肩而过，那么事后即使花费更多的力气，只怕也收不到时机之效。企业对“时”的把握要与时俱进，适应主流文化，要牢牢地树立时间观念和时效原则，要有善于发现和把握机会的头脑，要根据形势的变化发展，机动灵活地决定营销策划的最佳时机。

（2）运用“时”策划的方法

1）寻时。寻时是指寻找营销策划的最佳切入时间。可捕捉的营销策划时机是多方面的，主要有：①社会节假日。包括国家性节庆、民族性节庆、外来节庆、各种文化艺术节、纪念日等。此外，还有许多地方性的节庆活动。因此，营销策划者应该抓住这些节庆契机，精心策划营销项目，借题发挥，借鸡生蛋，以达到事半功倍的效果。②重大社会活动。社会上具有一定影响的重大活动比较多，如各种体育盛会（奥运会、世界杯、亚运会、网球大满贯赛等）、政治活动、外交活动、教育活动、大型展览会等。③公众热点。公众关心、议论的热点和焦点，也是营销策划的最佳时机。如果抓住这些时机，则可以吸引公众的眼球，引起人们的关注，从而提升企业的知名度，创造良好的效益。

2）等时。策划的时间效应与时间变更有时并无绝对关联，也就是说时间可不断行走，而策划时机可储存，等到时机成熟时再蓄势迸发，从而创造策划奇迹。例如在我国，人们利用黄金周长假营造假日经济，利用中国传统节日——春节大力促销产品等，都是很好的证明。

3）用时。用时是指策划活动所用时间的期限。用时长短直接关系到策划成本的高低。一般来说，时间越少，策划效率就越高，收益就越大。

（3）运用“时”策划的操作程序

1）知“时”。这是指捕捉营销策划时机的第一步，即充分地掌握和了解多方面的信息，仔细判断和评估这些信息所表明的营销策划空间的运动轨迹。一旦发现营销策划空间的势态发展对己有利，便蓄势准备，待势态运动到最佳时刻，迅速推行营销策划。这里预先的“知”是非常重要的，杰出的营销策划正在于预先洞察到推行的时机。

2）算“时”。在“知”的基础上，对有可能出现的机会，认真计量、分析各种可能影响营销策划活动的内部因素和环境因素，以便准确把握。

3）胜“时”。这是高人一等的计谋准备，不打无把握之仗，有效地利用可能出现的机会，使之一蹴而就。

4．运用“术”策划的技巧

（1）认知营销策划技巧之三：“术”

营销策划的“术”，是指营销策划战术，也就是营销活动中所采用的奇招异术。奇招异术是指方法策略不同寻常，或标新立异，或千奇百怪，不为常人所运用；或反其道而行之，或功效奇特，给人意想不到的结局。总而言之，“术”是不落俗套、超出常规、非同寻常，不可等闲视之。

“术”指营销策划过程中所采用的战术、招数、套路或手段。营销策划者根据不同的形势和时机，采用不同的招数和手段，可以使形势和时机符合自己行为的方向，从而用最少的资源撬动最大的市场，获得最大的利益。

（2）运用“术”营销策划的要求

1）对“术”的运用，要求在遵循基本游戏规则的前提下，先守正后出奇，敢为天下先，为别人所不能，出奇制胜，非同寻常，标新立异，千奇百怪，想别人想不到的，做别人做不到的。

2）营销策划之“术”要有让人眼前一亮的“兴奋点”。这个“兴奋点”的实质就是要及时捕捉消费者的心理导向，抓住消费者特有的需求变化，注入某种情感、审美思想和文化品位，凭借感情的力量打动消费者，激发其潜在的消费动机，最终实现占领市场的目的，同时还要诱发需求，创造市场。

案例分析

英雄乳品“借势运作”终端促销

英雄乳品充分利用“国庆”“南昌大众购物中心开业”这一南昌市民的高注意力事件，借势运作，通过有形的活动在无形中增强了企业在消费者心目中的亲和力与美誉度，取得了消费者对品牌的“潜在性好感”，达到品牌与销售双赢的良好效果。

1．市场背景

改革开放 30 年来，我国的乳品业飞速发展，无论产品本身的质量，还是销售的数量，都有明显变化，其消费群体、消费结构、消费观念发生了巨大变化。

随着生活水平的不断提高，乳品已经逐渐从中高档饮品向大众饮品转变，这种转变使其消费面不断扩大。消费者的年龄结构也发生很大变化，以前多为老年人、儿童饮用，现在扩展到任何年龄段的人，社会需求总量的加大，使得乳品业呈兴旺态势。

乳品社会需求总量的加大，引来了各种品牌竞相应市，进口的或国产的，省外的或本地的，粉状的或液体的，都想分切乳品市场的蛋糕，各层面多种类的竞争也就越来越激烈。仅仅南昌市场就有百余种品牌乳品应市，市场竞争激烈。

竞争产品的生产技术水平、品种大体相同，知名度相近、价格接近，除了高档产品有某些强势品牌以外，中低市场品牌的竞争主要集中在品牌注意力竞争方面，品牌的心理占有率决定着市场占有率。

要消除消费者对品牌认知的惰性，就要提高品牌的社会注意力，最好的方法就是在售点进行生动、有视觉冲击力的品牌宣传与展示。策划关键是要有新的突破，要为品牌注入活性。

2．活动策划

1）确立宣传主题。明确宣传主题，细节的问题就能迎刃而解。金秋十月，喜事多、热点多，如国庆 51 周年华诞、悉尼奥运中华健儿捷报频传等，都有其丰富的内涵。在这些热点中，国庆 51 华诞更具万民同喜、举国同庆的特殊意义。对于南昌市民来说，南昌大众购物中心开业更与市民贴近，更显亮点，更具轰动效应，可能成为南昌节日的中心。于是，活动策划的主题确定下来，定为“与祖国同喜，与大众同乐——51个英雄大蛋糕庆大众开业”。

2）选择最适合宣传品牌的载体。以往的促销宣传中宣传的载体既丰又多，但是十几年下来，市民对此都司空见惯，见之不奇，已失去视觉冲击力。对于英雄乳品而言，其载体最关键的是要突出英雄乳品的特色，突出与祖国同喜，与大众同乐的特点。

英雄乳品选定了以突出英雄乳品的乳牛和蛋糕为宣传载体：英雄乳品的特色是“新鲜，奶味浓”；市场宣传定位是“是你随心所欲的家庭鲜奶库”，其万头乳牛的生产基地是产品新鲜的保证。另外，奶油蛋糕既是喜庆用品，同时又是新鲜产品的展现，更重要的是奶油暗含了是奶制品的意义。

3）用51这个数字突出活动的意义。具体设计如下：51个奶油大蛋糕寓意着祖国51岁华诞；51头乳牛的模型板，象征着英雄乳品的万头乳牛生产基地；51名礼仪小姐暗寓着英雄乳业的朝气和活力；万朵玫瑰喻示着英雄乳业对大众的关爱与回报。

4）品牌宣传定位。英雄乳品是南昌市的老品牌，多年来一直是本地区比较知名的大众品牌，将品牌关爱大众确定为宣传活动的主线，以突出展现“取之于社会，服务于社会，回报于社会”的英雄乳业的经营宗旨。

5）活动宣传两方面都要兼顾。不能太突出活动而忽视宣传品牌，也不能太突出品牌而忽视“与祖国同喜，与大众同乐”的大型活动，要以公关型促销为主、利益优惠型为辅的形式举办活动，进行活动宣传定位。

3. 活动实施

9月30日，活动道具：51只乳牛模型板、51个奶油大蛋糕、51名礼仪小姐、活动点的舞台、活动点其他宣传载体或到位或搭建或安装或培训完毕。

10月1日8时，南昌大众购物中心门前广场上，气球高悬，彩旗飞扬，生动的乳牛模型、喜庆的大蛋糕、端庄的礼仪小姐、鲜艳的玫瑰装装扮着即将开业的商场；场面大气恢宏，情景交融，与节日的喜庆气氛融为一体。

9时许，省市有关领导莅临会场，为南昌大众购物中心开业剪彩，英雄乳业“与祖国同喜，与大众同乐——51个英雄大蛋糕庆大众购物中心开业”活动同时展开，在售点形成一道亮丽的风景线，使售点促销更具生动性。

51头乳牛背负51个大蛋糕和万朵玫瑰簇拥着活动舞台，身披企业品牌绶带的51名礼仪小姐各就各位，青春、靓丽、充满活力，笑容满面、和蔼可亲地进行着宣传服务。

吹蜡烛仪式展开：在市民中邀请了51名代表（其中一位10月1日出生的小姐站最前面），蜡烛在《今天是您的生日——祖国》、《祝你生日快乐》的乐曲中点燃，在“与祖国同喜与大众同乐”的叫声中吹熄；歌声、笑声、掌声交织成一片。

“国庆生日的市民将获得一个英雄大蛋糕作为生日礼物”的消息传开，参与大众开业仪式观礼和购物的市民奔走相告，有的打电话通知家人亲友，有的干脆打车赶回家取身份证件。一时间周围的IC卡电话、公用电话都特别忙碌；先后来了十多位10月1日出生的消费者，现场气氛热烈。

“有奖问答”生动活泼，主题围绕英雄乳业的品牌、业绩、发展前景及牛奶与健康等，当日在大众购物中心购买一份英雄乳品者，均获蛋糕一份，购买者络绎不绝，活动使英雄乳品创单一售点日销售最高纪录。

4. 活动经验

通过借势运作来宣传品牌、促销产品，实行品牌扩张的形式各异，效果不等，应注意因势利导、运势得当。借势运作的社会注意力程度的强弱是成功运作的先决条件。受众对事件的关注程度特别是相关传媒对事件的聚焦程度越高越好。国庆本是万众瞩目的重大事件，老字号南昌大众商场以新的运营模式重新开业也是南昌人生活中的重大事件，必然是市民和传媒关注和参与的热点，具有很高的社会注意力。通过人们的口碑波及辐射的人员数量会更多，注意力程度肯定就非常高。英雄乳业借此事件给参与事件的市民送上生日蛋糕，无疑是喜上加喜、乐上添乐，有形的活动丰富了英雄乳业的“大众品牌关爱大众”的公众形象。

运作中品牌与活动之间关系要处理得当，不能太强调活动的商业性，同时又不能忽视产品品牌宣传，要让企业行为自然融入活动当中去，充分利用公众和传媒对事件本身的注意力来达到活动的效果。

促销战略需要鲜活的策划，要为品牌注入活性，突出表现售点生动化。

5. 活动效果

通过借势运作，“与祖国同喜，与大众同乐——51 个英雄大蛋糕庆大众开业”促销宣传活动，在南昌市民中获得了极高的社会注意力，成为南昌市民国庆活动的中心点；经过持续不断的视觉冲击力效果和售点生动化的表现，英雄乳品的品牌在消费者心目中的知名度得到很大提高，并受到新闻媒体的多次关注，同时也给企业带来了较好的经济效益和社会效益。

（资料来源：www.cnqihua.com，2009-1）

辩证性思考：

为什么英雄乳品终端促销策划能够成功？

营销知识检测

1. 如何理解市场营销策划的内涵？
2. 简述市场营销策划操作程序。
3. 简述市场营销策划方案的结构。
4. 营销策划创意有哪些方法？
5. 如何运用概念、主题、时空运筹策划模式？
6. 如何运用“势”“时”“术”营销策划技巧？

营销能力训练

训练项目：

对《英雄乳品“借势运作”终端促销》的案例进行评价。

训练目的：

通过案例评价，在加深对营销策划借“势”技巧理解的基础上，体验营销策划、体验借“势”技巧的运用，培养运用营销策划技巧的能力。

训练要求：

将学生分组，每组选 1 名负责人，组织对案例进行讨论。每位学生写 1 篇案例分析总结，每组推荐 1 名学生，在全班进行案例分析交流。

附录A

制定《×公司市场营销方案》工学结合团队项目任务化实践培养模式

1．制定《×公司市场营销方案》工学结合团队项目任务化实践培养模式的特色

选择两家经营状况一般或经营处于低谷的中小型企业作为市场营销实践训练的对象，根据《市场营销实务》（第2版）课程的12个项目任务，让学生针对选择的企业运用学习的营销策略同步进行诊断、策划，形成了实践培养模式的特色。

1）改变了传统的由教师依据每章内容主观设计实训内容和方式的做法。

2）改变了课后主观设计实训内容和方式，采取课前按照营销岗位工作内容和工作任务整体设计实训内容和方式。

3）改变了传统实训方式“空对空”（即虚）缺乏实践性的做法。由于学生针对客观存在的、活生生的、营销存在问题的企业进行诊断、策划，变“虚”为“实”。

4）由于学生毕业后大多数要到中小型企业工作，所以选择了中小型企业作为实训对象，为“零距离上岗”打下基础。

5）采用团队化运作，项目管理的方式，培养学生团队意识。

因此，《×公司市场营销方案》团队项目任务化实践培养模式突出了实战，体现了职业性、实践性、针对性，使学生在真实的企业营销环境中体验营销实践活动，有利于学生职业能力和社会能力的培养。

2．制定《×公司市场营销方案》工学结合团队项目任务化实践培养模式的培养目标

培养模式的创立是为了保证实现《市场营销实务》（第2版）的培养目标，因此培养模式的培养目标就是《市场营销实务》（第2版）的培养目标。

培养模式的培养目标包括以下两个。

（1）职业能力培养目标

1）培养找生意（寻找生意）——发现（创造）消费需求（创造消费需求）的能力。

2）培养做生意（经营生意）——满足消费需求的能力。

3）培养管生意（管理生意）——管理消费需求的能力。

4）培养综合运用营销理论和方法，进行营销诊断分析、策划、制定营销方案的能力。

5）培养管理消费需求的能力。

6）培养营销创新的能力。

（2）社会能力培养目标

1）培养营销道德。

2）培养交际与沟通的能力。

3）培养团队合作的能力。

4）培养自我管理、自我培养的能力。

3. 制定《×公司市场营销方案》工学结合团队项目任务化实践培养模式的内容

项目实践1　策划团队组建项目任务书

项目任务：《×公司市场营销方案》策划团队组建

项目目的：体验团队化运作的过程，培养学生团队意识与团队管理的能力。

项目任务内容：

课程教学开始前，在教师指导和自愿选择的基础上，学生按 4～6 人进行分组，组成《×公司市场营销方案》策划团队，每个团队按照项目任务进行目标管理。每个团队民主选举队长，由队长组织团队成员进行 CIS 设计，确立团队理念，根据团队理念，设计队名、队旗、队歌及团队管理制度，将设计的队旗张贴在教室的墙上。每次上课时，每个团队由队长带领成员展示团队形象，朗诵队名、口号，合唱队歌，激励大家增强团队意识，培养学生团队协作与合作的能力，为完成《×公司市场营销方案》打基础。

项目完成时间：2 课时

项目成果与考核：

在团队组建过程中，要调动全员的积极性，使全员参与设计队名、队旗、队歌及团队管理制度，共同体验团队化运作。在团队进行《×公司市场营销方案》过程中，进行目标管理，有分工又有合作，防止有人没事干的现象出现。

项目实践2　企业调查研究项目任务书

项目任务：企业调查研究

项目目的：

在第 1 章学习期间，策划团队自愿选择一家校企合作企业，或者自愿选择一家经营状况一般、经营处于低谷的中小型企业作为市场营销实践训练的对象。通过对×公司的参观访问座谈，了解和熟悉企业概况，找出企业存在的问题，为运用营销理论和方法解决企业营销问题打下基础。

项目任务内容：

1）了解企业基本概况。

2）熟悉企业营销现状、产品组合现状。

3）熟悉企业营销模式及特点。

4）掌握企业产品发展趋势。

5）分析企业存在的问题。

项目完成时间：6 课时

项目成果与考核：

通过对×公司的调查研究，分析×公司的优势与劣势，撰写×公司的优势与劣势分析报告书。

项目实践3　市场营销环境项目任务书

项目任务：企业营销环境分析

项目目的：

结合营销环境分析学习内容，通过对×公司市场营销环境的分析，培养学生运用市场营销环境理论对企业营销环境进行分析的能力。

项目任务内容：

1）熟悉营销环境的内容。

2）掌握营销环境的分析方法和对策。

3）对企业营销环境进行分析。

4）撰写企业营销环境分析报告。

项目完成时间：2 课时

项目成果与考核：

通过企业营销环境分析，每个团队撰写企业营销环境分析报告，在《企业营销营销环境研讨会》上宣讲交流，由同学们评议、交流，教师指导，达到交流、提高的目的。

项目实践4　企业市场分析、竞争者分析项目任务书

项目任务：企业市场分析

项目目的：

结合市场分析学习内容，通过对×公司的消费者市场分析、竞争者分析，培养学生运用市场分析、竞争者分析的理论和方法，对企业消费者购买行为、竞争者进行分析的能力。

项目任务内容：

1）掌握消费者购买行为特征和购买行为过程。

2）分析企业消费者购买行为特征和购买行为。

3）分析企业竞争者，选择市场竞争战略。

4）撰写企业市场分析报告。

项目完成时间：2课时

项目成果与考核：

通过企业市场分析，每个团队撰写市场分析分析报告，在《企业市场分析研讨会》上宣讲交流，由同学们评议、交流，教师指导，达到交流、提高的目的。

项目实践5　企业市场细分、目标市场选择与市场定位项目任务书

项目任务：企业市场细分、目标市场选择与市场定位

项目目的：

结合市场细分、目标市场选择与市场定位的学习内容，通过对×公司的市场细分、目标市场选择与市场定位，培养学生运用市场细分、目标市场选择与市场定位理论与方法对企业进行市场细分、目标市场选择与市场定位的能力。

项目任务内容：

1）掌握市场细分的条件、标准和程序。

2）掌握目标市场选择的策略和方法。

3）掌握市场定位的策略和方法。

4）撰写企业市场细分与目标市场选择方案。

项目完成时间：2课时

项目成果与考核：

通过企业市场细分与目标市场选择，每个团队撰写市场细分与目标市场选择方案后，在《企业目标市场与市场定位研讨会》上宣讲交流，由同学们讨论、评议、交流，教师指导，达到交流、提高的目的。

项目实践6　制定企业产品策略项目任务书

项目任务：制定企业产品策略

项目目的：

结合产品策略学习内容，通过对×公司的产品策略的制定，培养学生运用产品策略理论为企业制定产品策略的能力。

项目任务内容：

1）掌握产品组合策略。

2）熟悉新产品开发程序。

3）掌握品牌与包装策略。

4）撰写企业产品策略方案。

项目完成时间：2课时

项目成果与考核：

通过企业产品策略分析，每个团队撰写企业产品方案后，在《企业产品策略研讨会》上宣讲交流，由同学们讨论、评议、交流，教师指导，达到交流、提高的目的。

项目实践7 制定企业价格策略项目任务书

项目任务：制定企业价格策略

项目目的：

结合价格策略学习内容，通过对×公司的价格策略的制定，培养学生运用价格策略理论为企业制定价格策略的能力。

项目任务内容：

1）熟悉定价目标和定价方法。

2）掌握定价策略。

3）运用定价策略、制定企业定价策略。

4）撰写企业定价策略方案。

项目完成时间：2 课时

项目成果与考核：

通过企业价格策略分析，每个团队撰写企业定价策略方案后，在《企业定价策略研讨会》上宣讲交流，由同学们讨论、评议、交流，教师指导，达到交流、提高的目的。

项目实践8 制定企业分销渠道策略项目任务书

项目任务：制定企业分销策略

实践目的：结合分销策略学习内容，通过对×公司的分销策略的制定，培养学生运用分销策略理论为企业制定分销策略的能力。

项目任务内容：

1）掌握分销渠道的内容。

2）掌握分销渠道设计步骤。

3）掌握企业分销渠道策略的方法。

4）撰写企业分销渠道策略的方案。

项目完成时间：2 课时

项目成果与考核：

通过企业分销策略分析，每个团队撰写企业分销渠道策略方案后，在《企业分销渠道策略研讨会》上宣讲交流，由同学们讨论、评议、交流，教师指导，达到交流、提高的目的。

项目实践9 制定企业促销策略项目任务书

项目任务：制定企业促销策略

项目目的：

结合促销策略学习内容，通过对×公司的促销策略的制定，培养学生运用促销策略理论为企业制定促销策略的能力。

项目任务内容：

1）掌握促销组合决策的内容。

2）掌握企业推广策划的方法。

3）撰写企业促销策略的方案。

项目完成时间：2 课时

项目成果与考核：

通过企业促销策略分析，每个团队撰写企业促销策略方案后，在《企业促销策略研讨会》上宣讲交流，由同学们讨论、评议、交流，教师指导，达到交流、提高的目的。

项目实践10　企业营销战略制定项目任务书

项目任务：制定企业营销战略

项目目的：

结合营销战略学习内容，通过对×公司营销战略的制定，培养学生运用营销战略分析企业业务、制定营销战略的能力。

项目任务内容：

1）掌握营销战略类型。

2）确定企业任务和目标。

3）规划业务组合。

4）制定企业营销战略方案。

项目完成时间：2 课时

项目成果与考核：

通过企业营销战略分析，每个团队制定×公司营销战略方案，在《企业营销战略研讨会》上宣讲交流，由同学们相互评议，教师指导，达到相互学习、交流、提高的目的。

项目实践11　企业市场营销管理方案的制定项目任务书

项目任务：制定企业市场营销管理方案

项目目的：

结合市场营销管理学习内容，通过对×公司的市场营销管理方案的制定，培养学生运用市场营销管理理论为企业制定市场营销管理方案的能力。

项目任务内容：

1）掌握市场营销管理的任务与程序。

2）掌握市场营销计划的方法。

3）掌握市场营销组织的方法。

4）掌握市场营销实施的方法。

5）掌握市场营销控制的方法。

6）撰写×公司市场营销管理方案。

项目完成时间：4 课时

项目成果与考核：

通过对×公司制定市场营销管理方案，每个团队撰写×公司市场营销管理方案后，在《×公司市场营销管理方案研讨会》上宣讲交流，由同学们讨论、评议、交流，教师指导，达到交流、提高的目的。

项目实训12　制定企业市场营销方案项目任务书

项目任务：制定企业市场营销方案

项目目的：

运用营销理论和方法，通过对×公司的市场营销方案的制定，培养学生运用营销理论和方法，为企业进行全方位营销诊断、策划的能力，培养学生撰写营销策划书的能力，培养学生宣讲营销方案的语言表达能力、为“零距离上岗”打下基础。

项目任务内容：

1）在进行营销单项实训的基础上，形成企业整体营销方案。

2）学习企业营销策划方案的写作方法。

3）撰写具有特色的企业市场营销方案。

4）宣讲营销方案。

5）分析、评议营销方案。

项目完成时间：8 课时

项目成果与考核：

通过企业整体营销方案策划，每个团队撰写企业营销方案后，在《×公司市场营销方案研讨会》上宣讲交流，由同学们讨论、评议、交流，教师指导，达到交流、提高的目的。

4．制定《×公司市场营销方案》工学结合团队项目任务化实践培养模式的项目实践考核的方法

完成《×公司市场营销方案》策划项目后，评选优秀的《×公司市场营销方案》，在全院进行展示，推荐给企业参考，密切产学关系，并推荐参加全国营销大赛。实践考核由个人“平时成绩＋团队中个人表现＋团队合作成果”3 个部分构成，改变教师 1 人考核的做法。

1）个人平时成绩。主要考核平时的课堂纪律、学习态度、学习的积极性和主动性、个人课业完成质量、服从意识及课堂表现。

2）团队中个人表现。主要考核团队活动参与态度、为团队做贡献、对外沟通交往表现、学习创意表现、克服学习困难表现。

3）团队合作成果。主要考核策划创意方案具有一定的创意、方案具有可行性，能够具体实施并能取得一定的市场效果、完整性，符合一份完整策划书的内容要求、符合策划书格式的要求，封面、目录等齐全，排版美观大方，并制作 PPT。

附录B

《市场营销实务》（第2版）大学生综合能力自我培养模式

1. 《市场营销实务》（第2版）大学生综合能力自我培养模式研究的意义

1）目前高等职业教育的教学、教研、教改偏重于学院对大学生专业综合能力的培养，而忽略或缺少了对大学生专业综合能力自我培养的研究。高等职业教育培养目标的实现要通过两个途径：一是通过学院培养，由系、专业教研室、教师代表学院对学生进行专业综合能力培养。二是通过大学生自我培养，由大学生根据个人自身的优势与劣势，围绕专业培养目标设计符合个人特点的专业综合能力自我培养方案。只有学院培养和学生自我培养结合起来才能实现高等职业教育培养目标。然而目前的高等职业教育在大学生专业综合能力培养模式的教研、教改中，仅从学院、系、专业教研室、教师即培养者的角度，研究如何对大学生进行专业综合能力培养，而忽略了对实现高等职业教育培养目标的第二个途径——大学生专业职业能力自我培养问题的研究。大学生不明确围绕什么目标学习和自我培养，处于“迷茫”学习状态，只是被动地跟着教师学，很难实现培养目标。因此，对大学生专业职业能力培养模式的研究既要研究学院培养模式，又要研究大学生自我培养模式。同样，《市场营销实务》课程的教学、教研、教改也忽略或缺少了对大学生综合能力自我培养的研究。

2）《市场营销实务》（第 2 版）大学生综合能力自我培养模式，解决了围绕《市场营销实务》课程“把需要工作与职业发展的学生培养成能够适应营销岗位工作需要的具有找生意（寻找生意）——发现（创造）消费需求、做生意（经营生意）——满足消费需求和管生意（管理生意）——管理消费需求的综合能力的创新型营销合格职业人”的培养理念，如何进行综合能力自我培养的问题，大学生将是目标明确地积极主动地配合教师进行培养，变“迷茫”学习状态为“明确”学习状态，变被动地跟着教师培养的局面为积极主动地配合教师培养，保证培养目标的实现。

3）大学生通过自我培养有利于个性发展。高等职业技术院校实现“合格的职业人”的培养目标要通过学院培养和大学生自我培养，然而学院培养是一种共性培养，不利于大学生的个性发展。由于每个学生自身的优势与劣势不同，兴趣、爱好、特长不一样，学生还需要个性发展。因此，大学生专业职业能力要靠大学生自我培养，大学生个性发展更要靠大学生自我培养。所以，《市场营销实务》（第 2 版）大学生综合能力自我培养模式有利于学生个性发展。

4)大学生就业难度与就业压力越来越大，大学生专业综合能力的高低已成为就业的关键点。

近几年大学毕业生人数：2005 年 338 万人；2006 年 413 万人；2007 年 495 万人；2008 年

559万人；2009年614万人；2010年630万人；2011年660 万人；2012年680万人；2013年699万人；2014年725万人。

大学生已从昔日的“严重短缺”过渡到今天的“相对过剩”，由昔日的“鹤立鸡群”到今天的“遍地牛羊”，致使大学生就业的难度与就业的压力逐年增大。因此，大学生专业综合能力的高低已成为就业的关键点。大学生必须明确21世纪被淘汰的不是没有知识的人，而是没有能力的人。而大学生专业综合能力的形成更要靠自己在明确本专业应该具备哪些专业能力的基础上，积极地朝着这个方向进行“见、练、战”，即进行自我培养，才能保证专业培养目标的实现，做一个合格的职业化的营销职业人，促进大学生更快更好地与就业岗位“零距离”，这样的大学生企业才会欢迎。

2．《市场营销实务》（第2版）大学生综合能力自我培养模式的内容

《市场营销实务》（第2版）大学生综合能力自我培养模式的内容是以《市场营销实务》（第2版）课程综合能力自我培养理念为中心，以《市场营销实务》（第2版）课程的知识学习目标、职业能力培养目标、社会能力培养目标为自我培养目标，以四形态课堂体系为依托，以“学、见、练、战”相结合的四层次手段为保证，以成功心理激励为关键，结合教师培养，实现综合培养大学生成为能够适应营销岗位工作需要的创新型营销合格职业人的培养目标。

（1）《市场营销实务》（第2版）大学生综合能力自我培养理念

《市场营销实务》（第2版）大学生综合能力自我培养理念要和《市场营销实务》（第2版）课程的培养理念一致，确立“把需要工作与职业发展的自我培养成能够适应营销岗位工作需要的具有找生意（寻找生意）——发现（创造）消费需求、做生意（经营生意）——满足消费需求和管生意（管理生意）——管理消费需求的综合能力的创新型营销合格职业人”的自我培养理念。

（2）《市场营销实务》（第2版）大学生综合能力自我培养目标

《市场营销实务》（第2版）大学生综合能力自我培养目标要和《市场营销实务》（第2版）课程的培养目标一致，确立营销知识自我学习目标、职业能力自我培养目标、社会能力自我培养目标的自我培养目标。自我培养目标的内容是：

1）营销知识自我学习目标。①熟悉市场、市场营销、营销观念、顾客让渡价值的概念，掌握市场营销观念、顾客让渡价值的内容。②熟悉找生意（寻找生意）——发现（创造）消费需求的相关概念（市场营销环境分析、市场分析、市场细分、目标市场选择、市场定位），掌握发现需求的内容、操作程序和策略。③熟悉做生意（经营生意）——满足消费需求的相关概念（产品策略、价格策略、分销策略、促销策略、营销组合），掌握满足需求的内容、操作程序和策略。④熟悉管生意（管理生意）——管理消费需求的概念，掌握营销管理的内容、操作程序，掌握制定市场营销战略的操作程序，熟悉营销策划的概念，掌握营销策划的操作程序和策划方法，掌握营销策划报告的结构。

2）职业能力自我培养目标。①培养找生意（寻找生意）——发现（创造）消费需求的能力。②培养做生意（经营生意）——满足消费需求的能力。③培养管生意（管理生意）——管理消费需求的能力。④培养综合运用营销理论和方法，进行营销诊断分析、策划、制定营销方案的能力。

⑤培养营销创新能力。

3）社会能力自我培养目标。①培养营销道德。②培养交际与沟通能力。③培养团队合作能力。④培养自我管理、自我培养的能力。

（3）四形态课堂培养体系

第一课堂 +	第二课堂 +	第三课堂 +	第四课堂
为基础	为条件	为依托	为关键
理论课堂	校内实训课堂	社会课堂	企业课堂
（理论学习）	（专题实训+综合实训）	（社会+市场实践）	（见习+实践+顶岗实习+就业基地）

（理论学习）（专题实训+综合实训）（社会+市场实践）（见习+实训+顶岗实习+就业基地）

课堂形式由理论课堂向实训课堂、社会课堂、企业课堂延伸，形成课堂形式的多样化，保证自我培养目标的实现。

3.《市场营销实务》（第2版）大学生综合能力自我培养的方法

（1）明确《市场营销实务》（第 2 版）大学生综合能力自我培养理念和自我培养目标

学生只有明确了《市场营销实务》（第 2 版）综合能力自我培养理念和自我培养目标，才能解决《市场营销实务》学习和自我培养的指导思想和方向。这样在《市场营销实务》（第 2 版）的学习与培养过程中，教师朝着《市场营销实务》（第 2 版）的培养目标引导、培养，学生朝着《市场营销实务》（第 2 版）的培养目标学习，才能保证《市场营销实务》（第 2 版）培养目标的实现。

（2）正确进行自我分析，科学设计综合能力自我培养方案

在明确《市场营销实务》（第 2 版）大学生综合能力自我培养理念和自我培养目标的前提下，大学生要运用 SWOT 法进行自我分析。SWOT 法是从优势与劣势、机会与威胁 4 个方面进行分析的。通过分析对自己的职业兴趣、气质、性格、能力等进行全面认识，清楚自己的优势与特长、劣势与不足、成长环境的机会与威胁，在这个基础上重点解决劣势与不足，通过自我培养"补短"，把劣势培养成优势，把缺点培养成优点。在综合能力自我培养方案的设计中，不仅解决"补短"的问题，还要解决个人特长发展的问题。用一个合格营销职业人的标准要求自己，不断实践，完成每个阶段的任务，达到一个准职业人的标准，从而顺利就业，为未来职业生涯奠定良好的基础。

（3）"学、见、练、战"相结合的立体化自我培养的方法

"学"是大学生《市场营销实务》（第 2 版）职业能力自我培养的知识学习目标学习的方式，解决"是什么"的问题，使大学生认识市场营销。"见""练""战"是大学生《市场营销》职业能力自我培养的自我实践的途径和方式，解决"如何做"的问题，使大学生体验市场营销、实践市场营销。"见"是大学生《市场营销实务》（第 2 版）职业能力自我培养的自我实践的初级层次；"练"是大学生《市场营销实务》（第 2 版）职业能力自我培养的自我实践的中级层次，既是重点又是难点；"战"是大学生《市场营实务》（第 2 版）职业能力自我培养的自我实践的高级层次，既是关键点又是难点。百闻不如一见；百见不如一练；百练不如一战。

1）“见”。“见”即见习，体验营销的方式。通过到企业见习，熟悉企业基本情况，了解企业营销状态，为针对企业进行营销策划打下基础。

2）“练”。“练”即大学生营销实践的方式。练的途径有：课内与课外结合，校内与校外结合，第一课堂与第二课堂、第三课堂、第四课堂结合，网上与网下结合，团队与项目结合。练的方法：参加校内外营销实践活动，实践营销，提升人际沟通与自我管理的能力。

3）“战”。通过“战”的环节，顶岗实习，创业实践，工学结合，对企业进行营销策划。在营销实战环境中，提升职业能力。

4）营销职业人的自我培养方法

要成长为营销职业人，就要掌握职业人成长的途径，具备成功心理，按照职业人成长方式进行自我奋斗，实现《市场营销实务》（第 2 版）培养目标，成为一个合格的营销职业人。

1）掌握职业人成长途径。职业人成长的途径和规律是：①学习、学习、再学习！21 世纪是知识经济时代，知识的周期越来越短，信息量越来越多，每天都有新发现，每天都有新感觉，每天都有新问题，每天都有新探索，只有通过学习，才能不断更新观念和知识，不断前进，不断发展，不断提高，不断完善。所以，营销职业人要坚持学习，学习先进理念，学习专业知识；向成功人士学习，向师傅学习；在学习中发现自己，联想自己，检查自己，提升自己。②行动、行动、再行动！如果没有一定的行动，任何目标都不过是泡影。行动是成功的必然途径，行动的快与慢更是决定成功的关键。拿破仑•希尔说：“不要等到万事俱备以后才去做，永远没有绝对完美的事。如果要等所有条件都具备以后才去做，只能永远等待下去。”所以，学了就要用，有 50%的把握就要行动。③冲锋、冲锋、再冲锋！在营销职业生涯中，会遇上这样或那样的困难、障碍，必须具有战胜困难的勇气和决心。电视剧《亮剑》中，革命军人的典型代表人物李云龙之所以能在战场上不断取得成功，是因为他懂得冲锋、冲锋、再冲锋！冲锋可以战胜犹豫与恐惧，可以创造人间奇迹。④提高、提高、再提高！总结是提高之母。一天过去了，一项任务完成了，要进行反省与总结，通过总结成功的经验和失败的教训使自己掌握工作的规律，更快地成长起来，成为一个优秀的职业人。

2）掌握成功心理激励训练模式。市场营销专业大学生要实现职业生涯规划，要进行《市场营销实务》（第 2 版）综合能力自我培养，必须具有成功心理，必须每天坚持进行自我成功心理激励。成功心理激励训练的内容是：

朗诵：我年轻！我快乐！我能干！我能胜！

我年轻、我快乐、我能干是成功的条件。“我年轻”强调的是职业人心理的年龄，职业人心理的年龄保持年轻化，才有旺盛的精力去工作。“我快乐”强调的是职业人工作、学习、生活的心态，快乐的心态能够提高工作、学习、生活的效率与质量。“我能干”是对职业人的基本要求，只有具备了某种职业能力才能成为一个合格的职业人，通过不断努力由合格的职业人提升为优秀的职业人。“我能胜”是我年轻、我快乐、我能干的目标和结果，能胜是强烈的成功自信与动力。

参 考 文 献

[1] 侯丽敏. 中国市场营销经理助理资格证书考试教材[M]. 北京：电子工业出版社，2005.

[2] 屈冠银. 市场营销理论与实训. [M] 北京：机械工业出版社，2009.

[3] 熊远钦. 化工产品市场营销 [M]. 北京：化学工业出版社，2012.

[4] 刘厚钧. 推销技术 [M]. 郑州：郑州大学出版社，2008.

[5] 刘厚钧. 营销策划实务[2 版][M]. 北京：电子工业出版社，2014.

[6] 孟昭礼. 新编市场营销 [M]. 大连：大连理工大学出版社，2004.

[7] 王艳，程艳霞. 现代营销理论与实务[M]. 北京：人民邮电出版社，2012.

[8] 杨晶. 营销理论与实务 [M]. 北京：中国物资出版社，2010.

[9] 方凤玲，周博. 市场营销理论与实训 [M]. 北京：人民邮电出版社，2011.

反侵权盗版声明

举报电话：（010）88254396；（010）88258888
传　　真：（010）88254397
E-mail:　dbqq@phei.com.cn
通信地址：北京市万寿路 173 信箱
　　　　　电子工业出版社总编办公室
邮　　编：100036